Gerhard Fatzer
Ganzheitliches Lernen
Humanistische Pädagogik und Organisationsentwicklung
Ein Handbuch für Lehrer, Pädagogen, Erwachsenenbildner
und Organisationsberater

Reihe
Innovative Psychotherapie und Humanwissenschaften
Band 34
Herausgegeben von
Hilarion Petzold

Gerhard Fatzer

Ganzheitliches Lernen
Humanistische Pädagogik und Organisationsentwicklung

Ein Handbuch für Lehrer, Pädagogen, Erwachsenenbildner
und Organisationsberater

Junfermann-Verlag · Paderborn
1990

© Junfermannsche Verlagsbuchhandlung, Paderborn 1987
3. Auflage 1990
Lektorat: Christoph Schmidt
Einband-Gestaltung: Christof Gassner
Gesamtherstellung: PDC – Paderborner Druck Centrum

CIP-Kurztitelaufnahme der Deutschen Bibliothek
Fatzer, Gerhard:
Ganzheitliches Lernen: humanist. Pädagogik u. Organisationsentwick-
lung; e. Handbuch für Lehrer, Pädagogen, Erwachsenenbildner u.
Organisationsberater / Gerhard Fatzer. —
Paderborn: Junfermann, 1987.
(Reihe innovative Psychotherapie und Humanwissenschaften; Bd. 34)
ISBN 3-87387-269-2
NE: GT

ISBN 3-87387-269-2
ISSN 0720-2385

Inhaltsverzeichnis

Einleitung

Als ich in den Jahren 1980 bis 1982 durch ein Forschungsstipendium des Schweizerischen Nationalfonds Gelegenheit bekam, mich zwei Jahre lang intensiv mit dem Thema der „Humanistischen Pädagogik in Institutionen" an den Entstehungsorten der Humanistischen Pädagogik moderner Prägung, nämlich der West- und Ostküste der Vereinigten Staaten, zu beschäftigen, war dies ein Eintauchen in einen längeren Suchprozeß, dessen Stationen nur schwer vorhersehbar waren.

In einer ersten Station machte ich mich mit dem Ansatz der „Confluent Education" von *George Brown* an der Universität von Santa Barbara in Kalifornien vertraut. Dazu gehörte nicht nur die Teilnahme an programmatischen Kursen, sondern auch der Besuch diverser Schulen oder Lehrer, die sich mit solchen Ansätzen des Lernens und Unterrichtens versuchten. Von den Ansätzen der Humanistischen Pädagogik ist bei uns sicherlich die „Themenzentrierte Interaktion" von *Ruth Cohn* am bekanntesten, die *„Confluent Education"* oder Gestaltpädagogik von *Brown* breitet sich etwas langsamer aus, vor allem in diversen modifizierten Formen.

Wichtig an dieser ersten Station war, in der Kultur seiner Entstehung zu leben und so die Zielsetzungen des gestaltpädagogischen Ansatzes voller zu erfassen. Bei uns in der Schweiz hatten sehr viele Kollegen aus der Lehreraus- und -fortbildung, mich selbst eingeschlossen, vieles von den amerikanischen Ansätzen gehört, gelesen oder in kurzen Workshops kenngelernt, aber eine Übertragung dieser in einer ganz anderen Kultur entstandenen Ansätze war immer mit großen Schwierigkeiten verbunden. Zudem konnte sich niemand so genau vorstellen, wie das Ganze in der Praxis konkret aussehen würde. — Diese Fremdheit wurde für mich sehr schnell verringert. Der Besuch von gestaltpädagogischen Unterrichtsstunden bei verschiedenen Lehrern ermöglichte mir sehr schnell, Vergleiche mit üblichen Schulstunden zu ziehen. Es zeigte sich auch, daß Gestaltpädagogik ein pragmatischer Ansatz mit Schwächen und Stärken und auch mit Einseitigkeiten ist. Diese Einseitigkeiten ließen auch eine entsprechende Unzufriedenheit entstehen: Offenbar hatte ich mir zuviel von der Gestaltpädagogik erhofft. —

Solche Einseitigkeiten waren z. B.:
- das Fehlen von Unterrichtsmodellen,
- das Fehlen von Überlegungen zu unterschiedlichen Lernstilen (kognitiv, affektiv etc.),
- das Fehlen von Überlegungen zur „Schule als Institution" und zum Aufbau von Netzwerken von Schulen, die sich gegenseitig in diesen Neuerungen unterstützten,
- das teilweise Fehlen von historischen Verbindungslinien, die aufzeigten, daß Gestaltpädagogik uralte humanistische Forderungen aufgreift,
- schwache philosophische Grundlagen und eine einseitige Forschungsausrichtung.

Es ist klar, daß diese „Einseitigkeiten" auch mit meinen zum Teil überhöhten Erwartungen an die Gestaltpädagogik zu tun hatten. Zudem werden diese Lücken in der Weiterentwicklung von *„Confluent Education"* aufgefüllt (vgl. Quellentext 7 von *Stewart Shapiro*).

An diesem Punkt wurde klar, daß ich mich in einer zweiten Station mit diesen fehlenden oder schlecht ausgebildeten Bereichen beschäftigen würde. An der Konferenz der Amerikanischen Gesellschaft für Humanistische Psychologie (1981) an der Universität Los Angeles traf ich mit *Fred Massarik* und *Warren Bennis* zusammen. Es wurde klar, daß die zweite Station der Reise Los Angeles sein würde. Mit *Warren* und *Fred* und *Anthony Raia* hatte ich Gelegenheit, mich in das Gebiet der *„Organisationsentwicklung"* zu vertiefen. Ich hatte diese Ansätze schon in der Schweiz im Rahmen meiner Gruppendynamik-Ausbildung und in der Lehrerfortbildung kennengelernt (*Fatzer* 1980; *Fatzer, Jansen* 1980). Diese Zusammenarbeit ergänzte viele fehlende Puzzlesteine im Bereich des Umgangs mit Organisationen. Zudem war wichtig, daß ich dies im Bereich von Management durchführte, was mir die manchmal etwas betriebsblinde Optik des reinen Pädagogen überwinden half.

Die zweite Entwicklungslinie verlief im Bereich „Innovationen im Schulbereich", wo ich die seltene Gelegenheit hatte, mit einem der herausragenden Koryphäen auf diesem Gebiet, *John Goodlad*, zusammenzuarbeiten. Er ermöglichte mir, in unseren regelmäßigen Diskussionstreffen eine intime Kenntnis der amerikanischen Schule und des „Prozesses von Neuerungen im Schulsystem" zu erhalten. Die notwendige Anschauung erhielt ich durch die Teilnahme (in der Startphase) an einem Innovationsprojekt großen Ausmaßes: *„Partnership"*, mit zwölf teilnehmenden Schuldistrikten von Groß-Los-Angeles. Gerne erinnere ich mich an diese äußerst anregende Zusammenarbeit (vgl. Quellentext 1 von *John Goodlad* und die Ausführungen zu seinem Ansatz S. 199 ff.) Die Kombination von Management und Pädagogik war sehr fruchtbar. Sie schlägt sich in meinen heutigen Tätigkeiten mit diesen Zielgruppen nieder. Ergänzend dazu war der Besuch von humanistisch orientierten Lehrern in verschiedenen Schulen (vgl. Lehrerinterview mit *Hillman S. 155 ff.*). Zudem konnte ich am Management Development Center des Los-Angeles-Distrikts Einblick in die Organisationsentwicklungsarbeit in Schulen nehmen. In diese Zeit fiel auch der Besuch bei *Carl Rogers* in La Jolla, zusammen mit einer Gruppe um *Fred Massarik* (vgl. Quellentext 5).

Was jetzt noch fehlte, war eine Entwicklungsperspektive der Humanistischen Pädagogik, die sozusagen den Kreis schließen konnte. Diese fand ich an der dritten Station: Im Center of Humanistic Education an der Universität von Amherst/Massachusetts, am gleichen Ort, wo *Dwight Allen* den bekannten Trainingsansatz des *„Microteaching"* entwickelt hatte.

Gerald Weinstein mit seinem Ansatz der „Entwicklung des Selbst" hatte zum gleichen Zeitpunkt wie *George Brown* an der Ostküste sein Programm gestartet (vgl. Quellentexte 3 und 6). Er war vorher Mitarbeiter der innovativen Ford-Stiftung gewesen und ermöglichte den beiden Ansätzen („*Confluent Education"* und „*Education of the Self"* oder *„Self Science"*) den nötigen finanziellen Rückhalt. *Weinstein* entwickelte seine „Stufen der Selbst-Entwicklung" in Anlehnung an die bekannten Stufenansätze zur kognitiven Entwicklung von *Piaget* und zur moralischen Entwicklung von *Kohlberg*, zudem zum Ansatz der Ich-Entwicklung von *Loevinger*. Sein Ansatz ist der Versuch einer Kombination von Gestalt, Transaktionsanalyse und weiteren humanistischen Richtungen, der sehr strukturiert wirkt. Als Anschauungsbeispiel zeige ich eine Sequenz aus der Lehrerausbildung (vgl. S. 137 ff.). Die Zusammenarbeit mit *Bob Sinclair* am Center for Curriculum Studies erlaubte es mir, diese Ansätze etwas besser in den Rahmen von Lehrplänen einbetten zu können.

Dieses Handbuch, dessen Erstellung länger als geplant dauerte (dies als Entschuldigung an die Kollegen, die schon einige Zeit warten!), macht den im deutschsprachigen Raum ersten Versuch, die Humanistische Pädagogik als zusammenhängende Bewegung vor ihrem historischen Hintergrund darzustellen, indem die tragenden Ideen und die wichtigsten daraus entstandenen Programme ausgeführt werden (vgl. Teil I). Die jeweiligen Quellenartikel im Anschluß an jeden Teil lassen wichtige Vertreter selbst zu Wort kommen: *John Goodlad, Arthur Combs, Carl Rogers, Gerald Weinstein, Stewart Shapiro.* Zudem sind Praxisberichte beigefügt: Über humanistische Ansätze in der Medizinerausbildung (*Edgar Heim, Martin Thommen*) und Interviews.

In einem zweiten Teil stelle ich die „Humanistische Pädagogik in der Praxis" dar, in einem dritten Teil die „Humanistische Pädagogik und Organisationsentwicklung" und in einem vierten Teil die „Wirkungen und Resultate" (Forschung zum Thema). Das Handbuch vollzieht in etwa meinen eigenen Reiseweg nach, und ich hoffe, daß die unterschiedlichen Leser in den verschiedenen Teilen etwas finden, das sie anspricht. Teil I spricht vor allem die Leser an, welche sich für den historischen Entwicklungsgang der wichtigsten Ideen und für die verschiedenen langexistierenden Programme interessieren, die bei uns zum großen Teil unbekannt sind. Teil II steht für den Praktiker: Lehrer, Animatoren, in der Erwachsenenbildung tätige Personen, Kursleiter, Organisationsberater. Teil III spricht diejenigen Leser an, welche den Kontext der Organisation besser verstehen und mitverändern wollen: Berater, Lehrer u. a. Teil IV spricht Sozialwissenschaftler und Pädagogen an, auch Lehrer. Er beschreibt die Auswirkungen humanistischer Ansätze auf Schüler / Teilnehmer.

Danksagungen

Wie immer beim Verfassen eines Buches muß auch hier hervorgehoben werden, daß es nicht ohne den großen Einfluß und die vielen Impulse vieler entstehen konnte. In erster Linie danke ich dem Schweizerischen Nationalfonds und den Herren Professoren *François Stoll* und *Konrad Widmer* von der Universität Zürich, die den Aufenthalt in den USA möglich machten. Dann bin ich all meinen Berufskollegen und Freunden aus Amerika zu besonderem Dank verpflichtet, die mich mit einer Großzügigkeit, die ihresgleichen sucht, unterstützten und Zugang zu wichtigen Lernmöglichkeiten verschafften: *John Goodlad, Fred Massarik, Val Rust, Carl Weinberg* und *Tony Raia* von der University of California Los Angeles, *Warren Bennis* von der University of Southern California, *George Brown, Mark Phillips, Stu Shapiro* von der University of California Santa Barbara, *Carl Rogers* von La Jolla; *Gerald Weinstein, Al Alschuler* und *Bob Sinclair* von der University of Massachusetts in Amherst, *Chris Argyris* von Harvard, *Ed Nevis* und *Ed Schein* vom Massachussetts Institute of Technology. Zudem danke ich allen, die mit einem Artikel zum Handbuch beitrugen.

Ein weiterer Dank geht an die vielen Teilnehmer von Gestaltpädagogik-Kursen, -trainings oder Organisationsentwicklungs-Seminaren, die an der Weiterentwicklung maßgeblich beteiligt waren und sind: die Lehrerstudenten des Seminars für Pädagogische Grundausbildung und des Primarlehrerseminars in Zürich, die Teilnehmer der Ausbildung für „Supervision, Praxisberatung und Projektberatung", die ich am Institut für angewandte Psychologie in Zürich zusammen mit *Claus Eck* leite, die Studenten meiner Seminare an der Uni Zürich, die Kursteilnehmer in der Schweiz, Deutschland und Österreich. Speziell erwähnen unter den Kollegen aus dem Gestalt-Bereich möchte ich neben *Hilarion Petzold* die Münchner Gruppe mit *Joachim Vieregge*, die Berliner Gruppe mit *Wolfgang Looss* und *Susanne Zeuner*. Ebenfalls vielen Dank an *Christoph Schmidt* vom Junfermann Verlag, der die Herausgabe kompetent betreute.

Zum Schluß folgen normalerweise Entschuldigungen gegenüber Kindern, denen man seine Zeit nicht widmen konnte. Ich erwähne in meinem letzten Dank meine Frau und Freundin *Claudine Fessler*, die mich auf diesen Reisen begleitete und mich in allen Belangen unterstützte. Zudem akzeptierte sie in ihrem unwiderstehlichen Charme die Tatsache, daß ich mich als Perpetuum mobile am wohlsten fühle. Leider konnten wir die Entstehung dieses Buches nicht als Teamwork gestalten, wie dies bei den „Coyote-Geschichten" (1984) der Fall war.

Und an Sie, liebe Leser: Ich interessiere mich sehr für Echos über eigene Anwendungsversuche, Initiativen, über Wohlgefallen oder Mißfallen.

Zum Gebrauch dieses Handbuches

Dieses Buch stellt eine Mischung aus Handbuch und Lesebuch zur Humanistischen Pädagogik dar. Handbuch ist es insofern, als es allen im Bereich der Pädagogik, der Erwachsenenbildung und der Beratung Tätigen konkrete Vorschläge zur Unterrichts- und Kursgestaltung auf der Basis der Humanistischen Pädagogik oder des erfahrungsorientierten Lernens macht. Dies umfaßt Darstellungen der wichtigsten Ansätze und ihrer Begründer, ferner Darstellungen der wichtigsten Methoden des erfahrungsorientierten Lernens wie gelenkte Phantasie, Rollenspiel, Körper- und Bewegungsübungen und der Phasen des erfahrungsorientierten Lernprozesses. Dies kann durchaus die Form von Rezepten, Checklisten oder Unterrichtsbeispielen annehmen, wobei ich nicht bei Rezepten stehenbleibe, sondern beleuchte, was und wer hinter den Rezepten (oder Übungen) steht, welche Zielsetzungen mitschwingen. — Lesebuch ist es insofern, als es wichtige Vertreter der Humanistischen Pädagogik selbst zu Wort kommen läßt. So zeigt sich, daß die Humanistische Pädagogik eine breite Bewegung darstellt, die unterschiedliche Ansätze hervorgebracht hat.

Teil I

Grundlagen und Überblick

Dieser *erste Teil* stellt einen Überblick über die hauptsächlichen Ursprünge und Ideen der Humanistischen Pädagogik dar. Er zeigt, daß das Gedankengut dieser Pädagogik sehr alt ist, und geht der Frage nach, warum die wichtigsten Zielsetzungen nicht schon früher eine breitere Wirkung entfalteten. Zudem werden zum ersten Mal im deutschsprachigen Raum die wichtigsten Programme amerikanischer Humanistischer Pädagogik dargestellt. Als wichtigen Exponenten des politischen Hintergrundes zeige ich *Paul Goodman*, den geistigen Kopf der „Freien Schulen" und der Gestalttherapie. Die wichtigsten Problemkreise aller humanistischen Ansätze werden am Schluß diskutiert. Abgerundet wird der erste Teil durch zwei grundlegende Quellentexte der beiden führenden amerikanischen Pädagogen *Arthur Combs* und *John Goodlad*. Wenn Sie als Leser nur an der Praxis der Humanistischen Pädagogik interessiert sind, können Sie mit dem zweiten Teil beginnen.

1 Ursprünge Humanistischer Pädagogik

Es scheint mir notwendig, zuerst einen kurzen Blick auf die historischen Ursprünge der Humanistischen Pädagogik zu werfen, um die Humanistische Pädagogik heutiger Prägung auf einem größeren Hintergrund zu sehen und einige der aktuellen Probleme zu verstehen. Humanistische Pädagogik ist keine neue Erfindung, sondern kann zurückverfolgt werden über die deutsche, französische und italienische Geistesgeschichte bis zu den Griechen. Allerdings ist zu betonen, daß „humanistisch" oder „Humanismus" in den verschiedenen Kulturen und Epochen jeweils Unterschiedliches bedeutete.

Eine *erste Entwicklungslinie*, die wir „*rationalen Humanismus*" nennen möchten, verläuft von *Plato* und *Aristoteles* über *Descartes, Leibniz, Spinoza* bis hin zu den amerikanischen Humanisten *Robert M. Hutchins* und *Mortimer Adler*. *Plato* sah die Erziehung als Aufgabe der Philosophen, welche Weisheit und Vernunft, die höchsten Tugenden des Menschen, verbreiten sollten.

Aristoteles betonte zusätzlich, daß eine liberale Erziehung eine ausgeglichene Entwicklung der intellektuellen, moralischen und körperlichen Qualitäten beinhalten sollte. Erziehung sollte ohne Wettbewerbsdenken unter den Schülern stattfinden.

Descartes, Leibniz und *Spinoza* versuchten, philosophische Wahrheitssysteme aufzubauen, welche auf festen Grundprinzipien basierten. Diese sollten auch Grundlagen für eine Erziehung und für eine exakte Wissenschaft hervorbringen. Die amerikanischen Humanisten *Mortimer Adler* und *M. Hutchins* setzten sich Anfang dieses Jahrhunderts dafür ein, den Menschen als rationales Wesen zu erziehen und die wichtigsten Erziehungsziele von grundlegenden Prinzipien abzuleiten (*Adler* 1939; *Hutchins* 1962). Eine liberale Erziehung solle die menschlichen Denkfähigkeiten freisetzen. Dies könne z. B. geschehen durch das intensive Studium der Klassiker, was heute noch am St. Johns College in Minneapolis und Santa Fé praktiziert wird.

Eine *zweite Entwicklungslinie*, die wir den „*ganzheitlichen Humanismus* " nennen möchten, betont den Menschen als Ganzheit von

Geist, Körper und Seele. Ziel der Erziehung ist es, diese Ganzheit zu fördern. Sehr oft ist dieser Ansatz verbunden mit einer Kritik der einseitigen Entwicklung und Betonung des Geistes oder der Vernunft, unter gleichzeitiger Vernachlässigung der Seele oder der Gefühle. Diese Tradition beginnt mit *Protagoras* und verläuft über *Rousseau*, *Pestalozzi*, *Fröbel*, *Nohl*, *Kerschensteiner* und *John Dewey* bis zur heutigen Humanistischen Pädagogik.

Protagoras, der bekannteste Vertreter der Sophisten, hatte einen eher utilitaristisch gefärbten Humanismus vor Augen, wenn er *Plato* oder *Aristoteles* entgegenhielt, das Wichtigste in der Erziehung sei nicht die Spekulation über irgendeine verborgene Wahrheit, sondern dem Menschen zu helfen, sein Leben und seinen Alltag zu meistern.

Die Ansätze von *Rousseau* und *Pestalozzi* möchten wir hier nicht in extenso referieren und in den beiden Kurzformeln „Zurück zur Natur" und „Kopf, Herz und Hand" zusammenfassen, da diese Aspekte sehr oft zu mißverstandenen Interpretationen von *Rousseau* und *Pestalozzi* führten. Es ist interessant zu sehen, daß sie ihr Hauptgewicht auf den negativen Einfluß von Gesellschaft, Zivilisation oder Schule als Organisation legten. *Rousseau* argumentierte auf dem Hintergrund des französischen Liberalismus des 18. Jahrhunderts. Obwohl seine Beobachtungen über die negativen Einflüsse der Zivilisation auf Kinder richtig waren, blieben seine Lösungsansätze allgemein. Trotzdem hatten sie einen prägenden Einfluß auf das pädagogische Denken seiner Zeit. *Pestalozzi* übernahm einige seiner Ansätze und vertrat seine eigene Position vor allem aufgrund seiner Erfahrungen als Lehrer und späterer Begründer einer Schule. Seine Betrachtungen zur Beziehung zwischen Lehrer und Schüler nahmen vieles von dem vorweg, was *Rogers* als „helfende Beziehung" bezeichnet (*Rogers* 1969, dt. 1975).[1]

Friedrich Fröbel, der Begründer der Kindergarten-Bewegung, führte diese Ansätze weiter, indem er immer wieder die wichtige Rolle der Natur als Umgebung und Lehrerin betonte, was seinen Niederschlag in der Bewegung der Landerziehungsheime, in der Kunst- und Charaktererziehungsbewegung und in den Arbeitsschulen Anfang des 20. Jahrhunderts in Deutschland fand.

Nohl betonte in diesem Zusammenhang die wichtige Rolle der Schule als Gemeinschaft, die aktiv auf das Leben als Bürger vorberei-

---

[1] In diesem Zusammenhang muß sicher auch auf den humanistischen Bildungsbegriff bei *Schiller, Humboldt, Schleiermacher*, den Reformpädagogen und *Dilthey* verwiesen werden (vgl. *Bubolz* 1983).

ten könne und die Charaktererziehung von unabhängig denkenden und handelnden Schülern fördere.

Kerschensteiner hob genauso wie *Fröbel* die erzieherische Wirkung manueller Arbeit hervor und verband so die eher romantischen Ideen von *Rousseau* mit der Realität der industriellen Gesellschaft. Er setzte *John Deweys* berühmtes *„Learning by Doing"* in die Tat um und schuf eines der umfassendsten manuell-technischen Erziehungsprogramme seiner Zeit.

John Dewey tat sich Ende des 19. Jahrhunderts als eloquentester Vertreter einer progressiven Pädagogik in Amerika hervor und begründete 1896 seine Laborschule an der University of Chicago, welche ein Modell für die Schule der Zukunft werden sollte. Die drei wichtigsten Lernzentren waren Holzarbeit, Kochen und Arbeit mit Textil. Sie waren verbunden mit dem Park, den Wohnheimen, Geschäften und der Universität als sozialem Ganzen, um den Kindern einen natürlichen Zugang zur Gesellschaft zu ermöglichen. Mit seiner Modellschule verfolgte er eine doppelte Absicht: Sie sollte erstens den Kindern helfen, Identität und Gemeinschaftssinn in einer kooperativen Gemeinschaft zu entwickeln und zweitens die negativen und entfremdenden Folgen des städtischen Lebens zu überwinden und Arbeit als ganzheitlichen Prozeß zu erleben, als Kreativität, ganz im Gegensatz zur Langeweile und zur Fragmentierung, die der damalige Arbeiter in den Fabriken erlebte. Die progressive Erziehung blühte in den dreißiger und vierziger Jahren, wurde durch den zweiten Weltkrieg unterbrochen und erholte sich nie mehr ganz. Ende der fünfziger Jahre hörte diese Bewegung auf (*Cremin* 1964).

In den späten fünfziger und frühen sechziger Jahren verbreitete sich im Gefolge des technologischen Optimismus die allgemeine Überzeugung, Erziehung sei nun endlich unter Kontrolle, alles sei machbar. Curriculumbewegung und programmierter Unterricht sind nur zwei der Stichworte von damals, die bis in die siebziger Jahre populär waren. Die wenigen Kritiker wie *Paul Goodman* und *Edgar Friedenberg* wurden erst gehört, nachdem die journalistischen Darstellungen des Schullebens von *John Holt, Jonathan Kozol, Herbert Kohl* und *George Dennison* populär wurden und die verheerenden Folgen eines autoritären und technologisch orientierten Schulsystems illustrierten (vgl. *Fatzer* 1983). Als direkte Folge davon entstand in den sechziger Jahren die Bewegung der „Free Schools", die wie Pilze als Privatschulen aus dem Boden schossen. Sie sind heute mehrheitlich ins traditionelle System integriert in Form von „Alternativschule in der Schule", als *„Open Classroom"* oder als *„Mini Schools"*.

Die Humanistische Pädagogik heutiger Prägung entstand im Gefolge dieser Bewegung, wobei ein weitaus wichtigeres Element von der Humanistischen Psychologie stammt, die in den sechziger Jahren als Alternative zum Behaviorismus und zur Psychoanalyse begründet wurde. Viele Begründer der Humanistischen Psychologie halfen mit, eine Humanistische Pädagogik aufzubauen: *Jakob L. Moreno, Kurt Lewin, Carl Rogers* (1969), *Charlotte Bühler* (1969), *Abraham Maslow* (1968), *Paul Goodman*[2].

A. S. Neill mit seiner Schule Summerhill kann in diesem Rahmen als Verbindung gesehen werden zwischen den Erziehungsströmungen in Europa zu Beginn des Jahrhunderts und der Humanistischen Pädagogik moderner Prägung[3]. Allerdings wird diese Verbindung nur selten gesehen, doch die Ähnlichkeiten der Postulate beider Ansätze sind frappierend.

Das Kind lernt am besten, wenn es seine Lernaktivität selber wählen kann, wenn Lernen erfahrungsorientiert und im Rahmen einer Aktivität stattfindet. Lernen soll nicht nur den Intellekt, sondern das Kind als Ganzes umfassen. Die Schule ist eine Gemeinschaft, die dem Kind soziales Lernen und den Aufbau von sozialen Beziehungen ermöglichen kann. Das Kind ist ein Individuum mit eigenen Rechten und verdient die Unterstützung seiner Umwelt entsprechend seiner Entwicklungsstufe (vgl. *Rust* 1975).

---

[2] Als weitere Verbindungsperson könnten wir hier auch den Sozialphilosophen *G. H. Mead*, den Begründer des Symbolischen Interaktionismus, sehen (vgl. *Joas* 1978, 1981, zit. nach *Petzold, Mathias* 1983).

[3] Den Beitrag von *Moreno* können wir in seiner 1931 erschienenen Schrift „Play School" nachlesen. *Lewin* beschäftigte sich mit humanistischen Ansätzen im Zusammenhang mit seinen bahnbrechenden Forschungsarbeiten zu den drei verschiedenen Führungsstilen „autokratisch-demokratisch-laisser faire" (vgl. *Fatzer* 1980; *Fatzer, Jansen* 1980).

2 Die verschiedenen modernen Ansätze

Der größte Unterschied zwischen humanistischen Ansätzen moderner und älterer Prägung liegt darin, daß die modernen Ansätze Ende der sechziger Jahre versuchten, die oben aufgeführten Grundsätze in einen Erziehungsansatz zu übersetzen, der Methoden des ganzheitlichen und affektiven Lernens bereitstellen würde, die von den Erziehern auf den verschiedenen Stufen der Schule oder Erwachsenenbildung übernommen werden könnten. Im Gegensatz dazu waren die humanistischen Ansätze eines *Rousseau, Pestalozzi* oder *Neill* weitgehend von dem Charisma und der Ausstrahlung dieser Erzieher abhängig und lebten nach dem Tod ihrer Begründer nur in veränderter Form weiter.

2.1 Humanistische Psychologie und Humanistische Pädagogik

Die Hauptbegründer der Humanistischen Psychologie, *C. Rogers, Charlotte Bühler, A. Maslow, J. L. Moreno, P. Goodman* und *K. Lewin*, waren die ersten, welche die Grundanliegen der Humanistischen Psychologie in die Pädagogik übersetzten und damit all den Kritikern der Fortschrittsgesellschaft und des amerikanischen Schulsystems Perspektiven aufzeigten. Allerdings haben ihre Vorschläge mit Ausnahme von *Rogers'* in einem großen Ausmaß noch Postulatcharakter. *Bühler* schlägt für die Ausbildung von Psychologen vor, daß die Entwicklung der eigenen Persönlichkeit genauso wichtig sei wie das Lernen von psychologischem Grundwissen (1969, S. 736):

„Währenddem ich glaube, daß es wünschenswert ist, daß Erziehung sich mit dem Wachstum und der Entwicklung der eigenen Persönlichkeit beschäftigt, so glaube ich doch, daß auch Informationen über beobachtbares und meßbares Verhalten eine notwendige Ergänzung zum persönlichen Erleben sind."

Sie sieht das Studium des eigenen und anderer Lebensläufe als wichtigstes Instrument in diesem Prozeß und tritt mit ihrer Aussage all jenen Exponenten der „Human-Potential"-Kultur entgegen, die alle Versuche kognitiven Lernens als „bullshit" abtaten[1] und die z. B. *Bill Schutz* in Esalen hinderten, ein Referat zu halten, mit den Worten: „Give us an experience".

Abraham Maslow (1968) blieb in seinen Ausführungen ebenfalls eher auf der Ebene allgemeiner Überlegungen, indem er betonte, daß die Humanistische Psychologie im Gegensatz zum Behaviorismus und zur Psychoanalyse eine andere Auffassung des Selbst habe. Übersetzt auf den Erziehungsprozeß heißt das, daß wir mehr Wert auf „intrinsisches" Lernen als auf „extrinsisches" legen sollten (S. 691):

> „Wir sind nun konfrontiert mit der Wahl zwischen zwei sehr unterschiedlichen, sich zum großen Teil ausschließenden Auffassungen von Lernen. Extrinsisches Lernen …: Bei diesem Modell ist der Lehrer der aktive Part, der eine passive Person unterrichtet, die geformt wird und der etwas gegeben wird, das sie akkumuliert." „Intrinsisches Lernen: Dies sind die Lernerfahrungen, in denen wir unsere Identität entdecken, wo wir lernen, wer wir sind, was wir lieben, was wir hassen, was wir schätzen, wovon wir überzeugt sind, wovor wir Angst haben, was uns glücklich macht …" (S. 692)

Maslow sieht den Lehrer als Person, die den Schüler akzeptiert und ihm hilft zu erfahren, wer er ist, was er kann, noch nicht kann.

Rogers (1967a) wird in seinen Ausführungen schon sehr viel konkreter und sieht die Beziehung zwischen dem Lehrer und seinen Schülern als eine „helfende Beziehung". Er führt auch konkret aus, wie Schulen aussehen könnten und berichtet von verschiedenen Projekten (1967b, 1969). Für ihn steht im Zentrum einer Humanistischen Pädagogik der Lehrer, der seinen Schülern Akzeptanz, empathisches Verstehen, Vertrauen und Echtheit entgegenbringt (1967b). Zudem sieht er den Prozeß des Lernens und das Ziel der Erziehung in neuer Weise:

> „Wir sind, nach meiner Ansicht, mit einer völlig neuen Situation in der Erziehung konfrontiert, wo das Ziel der Erziehung, wenn wir überleben wollen, das Erleichtern von Wandel und von Lernen (*facilitaton of change and learning*) ist. Einzig derjenige ist gebildet und erzogen, der gelernt hat, wie man lernt, der gelernt hat, wie man sich anpassen oder ändern kann, der gelernt hat, daß kein Wissen sicher ist, daß einzig der Prozeß des Suchens uns eine Basis für Sicherheit gibt. Wandel und Veränderung, ein Abstützen auf Prozeß statt auf statisches Wissen ist das einzig sinnvolle Ziel einer Erziehung in der modernen Welt." (1967b, S. 2)

Weil die Ziele der Humanistischen Pädagogik oftmals recht breit gefaßt wurden, was von Gegnern oft kritisiert wurde, hat eine Arbeitsgruppe „Humanistische Pädagogik" der ASCD (*Association for Super-*

---

[1] In einer Diskussion zu den Ursprüngen der Humanistischen Pädagogik erklärte *Weinberg*, das wichtigste Jargonwort der Encounter-Kultur sei nicht etwa „*experience*" oder „*feel*" oder „*touch*" gewesen, sondern „*bullshit*". Dieser Ausdruck wurde auch von der politischen Gegenkultur benutzt, um auszudrücken, daß man nichts mehr glaube, was von offizieller Seite gesagt werde.

vision and Curriculum Development) 1978 ein Büchlein zusammengestellt, in dem die *Ziele der Humanistischen Pädagogik* folgendermaßen zusammengefaßt sind:

1. Sie akzeptiert die Bedürfnisse des Lernenden und stellt Erfahrungsmöglichkeiten und Programme zusammen, die sein Potential berücksichtigen.
2. Sie erleichtert „Selbst-Aktualisierung" und versucht, in allen Personen ein Bewußtsein persönlicher Wertschätzung zu entwickeln.
3. Sie betont den Erwerb grundlegender Fähigkeiten, um in einer aus vielen Kulturen bestehenden Gesellschaft zu leben. Dies beinhaltet akademische, persönliche, zwischenpersönliche, kommunikative und ökonomische Bereiche.
4. Sie versucht, pädagogische Entscheidungen und Praktiken persönlich zu machen. Zu diesem Zweck beabsichtigt sie, den Lernenden in den Prozeß seiner eigenen Erziehung miteinzubeziehen.
5. Sie anerkennt die wichtige Rolle von Gefühlen und verwendet persönliche Werte und Wahrnehmungen als integrierte Teile des Erziehungsprozesses.
6. Sie entwickelt ein Lernklima, das persönliches Wachstum fördert und das von den Lernenden als interessant, verstehend, unterstützend und angstfrei empfunden wird.
7. Sie entwickelt in den Lernenden einen echten Respekt für den Wert des Mitmenschen und die Fähigkeit, Konflikte zu lösen. (ASCD 1978, S. 9, 10)

Diese Ziele werden in einem nächsten Schritt konkretisiert und für die Schulpraxis ausformuliert. Ich möchte hier nur das erste Bespiel anführen:

Die Schüler zeigen die Bereitschaft zu neuen Lernerfahrungen, auch wenn die Erfahrung ein gewisses Risiko zu versagen beinhaltet. Den verschiedenen Lernstilen der Schüler sollte durch jeweils angepaßte Unterrichtsstile begegnet werden. Die Schüler helfen mit, Unterrichtsziele festzulegen und zu planen, wie diese erreicht werden sollen (1978, S. 10). In diesen Formulierungen sehen wir konkreter, wie die Postulate der Humanistischen Psychologie (Freiheit, Würde, Integrität und Selbst-Aktualisierung des Menschen) in die Erziehung übersetzt wurden. Sehr treffend ist dies zusammengefaßt in den Worten von *Arthur W. Combs*, einem der herausragenden Vertreter der Humanistischen Pädagogik:

„Der gute Lehrer hat Wege gefunden, sich selbst, seine Talente und seine Umgebung so einzusetzen, daß es sowohl seinen Schülern als auch ihm Zufriedenheit verschafft. Wir könnten den wirkungsvollen Lehrer als jemanden sehen, der *sich selbst als Instrument* benutzt, seine eigenen Absichten und die der Gesellschaft zur Erziehung anderer einzusetzen". (1974, S. 8)

Die verschiedenen Ansätze zur Humanistischen Pädagogik, die Ende der sechziger Jahre entwickelt wurden, nahmen unterschiedliche Ausformungen an: die „Gestaltpädagogik" („*Confluent Education*") von *George I. Brown* in Santa Barbara (Californien), die „Themenzentrierte Interaktionsmethode" von *Ruth Cohn*, die sich insbesondere in Europa verbreitete und die ich hier nicht referiere, da genug deutschsprachige Arbeiten dazu existieren, die „Humanistische Lehrerausbildung" von *Arthur W. Combs* an der Universität von Florida, das Programm in „Humanistischer Pädagogik" und in „Psychologischer Erziehung" an der Universität von Amherst (Massachusetts), begründet von *Gerald Weinstein, Mario Fantini* und *Alfred Alschuler* und zuletzt das Programm in „Affektiver Erziehung" von *Norman Newberg* in Philadelphia, an dem auch *Terry Borton* beteiligt war (vgl. die Quellentexte 3 und 6). Ich möchte die Schwerpunkte der einzelnen Ansätze nur kurz darstellen, um dann auf einige Problempunkte einzugehen, die alle Programme ausnahmslos teilen.

2.2 Die „Confluent Education"

Dieser Ansatz der Humanistischen Pädagogik wurde Ende der sechziger Jahre von *George I. Brown*, einem damaligen Kreativitätstrainer und Schüler von *Fritz Perls*, begründet. Grob gesehen läßt sich *„Confluent Education"* als die Übertragung von Elementen der Gestalttherapie und der Psychosynthese auf das Gebiet der Pädagogik bezeichnen, wobei der zentrale Gedanke in der Betonung des Zusammenfließens (confluence) von kognitivem und affektivem Lernen liegt. Ein Team von Lehrern und Pädagogen entwickelte im Rahmen des von der Ford-Foundation finanzierten DRICE-Projekts (= *Development and Research in Confluent Education*) eine Vielzahl von Methoden und Curricula für verschiedenste Schulstufen und Schülergruppen (*Brown* 1971, 1975; *Castillo* 1974; *Hillmann* 1977; *De Mille* 1972; *Lederman* 1973; *Phillips* 1974a, b). Das Ford-Projekt, das von 1970 bis 1974 dauerte, gliederte sich in vier Bereiche: Curriculumentwicklung für „Social Studies" in der Primarschule (*Castillo* 1974), Curriculumentwicklung für Englisch auf der Collegestufe (*Yeomans*, in *Brown* 1975), Curriculumentwicklung für den Leseunterricht in der Primarstufe und Unterstützung und Training von Lehrergruppen (*Hillman* 1977; *Shiflett, Brown* 1976; *Phillips* 1974). Heute werden einige dieser Aktivitäten von der universitätsunabhängigen Organisation CEDARC (*Confluent Education Development and Research Center*) weitergeführt. Ich möchte an dieser Stelle die Grundlagen von *„Confluent Education"* nicht im extenso darstellen (vgl. Teil II). Erwähnen möchte ich hier nur, daß *„Confluent Education"* einer der wenigen Ansätze Humanistischer Pädagogik ist, der versucht, traditionelle Lerninhalte mit humanistischen Methoden zu unterrichten, während die meisten anderen Programme bereits diese Inhalte in Frage stellen oder zumindest einer kritischen Diskussion unterziehen.

2.3 Die humanistische Lehrerausbildung von Arthur Combs

Ausgehend von seinen ausführlichen Forschungen zur Charakteristik der „helfenden Erziehung" in der Beratung (*Combs* 1959) baute *Combs* an der Universität von Florida ein umfangreiches Trainingsprogramm für Lehrer auf, dessen Grundideen erstmals 1962 im bekannten Jahrbuch der „*Association for Supervision and Curriculum Development*" unter dem Titel „Perceiving, Becoming, Behaving" dargelegt wurden. Sie wurden weiter ausgeführt in „The Professional Education of Teachers" (1965, 1974[2]). *Combs* stellt die Person des Lehrers ins Zentrum und erklärt, wichtiger als das Training bestimmter Unterrichtsmethoden sei die Entwicklung des „Selbst als Instrument", wobei die humanistische Psychologie eine vollständige theoretische und philosophische Grundlage anbiete. Der Lehrer sollte aufgrund dieses Trainings folgende Wahrnehmungsfähigkeiten haben (*Combs* 1974, S. 22):

„(1) eine reiche Kenntnis und „Wahrnehmung" seines Unterrichtsgebietes,
(2) eine angemessene Menschenkenntnis („wie verschiedene Leute sind"),
(3) adäquate Wahrnehmung seiner selbst,
(4) eine gute Kenntnis der allgemeinen Ziele und Prozesse des Lernens,
(5) persönliche Kenntnis von geeigneten Methoden, diese Ziele zu erreichen."

Das Florida-Trainingsprogramm besteht aus drei Bereichen:
a) Erfahrungen mit Kindern durch direkte Betreuung eines Kindes über eine längere Zeitspanne (Felderfahrung),
b) Auseinandersetzung mit grundlegenden Ideen (in Zusammenarbeit mit Mitgliedern der Fakultät),
c) Entdeckung und Erarbeitung einer persönlichen Bedeutung des Ganzen in Diskussionsgruppen, Integration.

Die Arbeit mit einem einzigen Kind umfaßt auch das langsame Hineinwachsen in die Lehrerrolle durch „*Practice Teaching*" (Übungsschule), wobei der Student resp. die Studentin zunehmend mehr Verantwortung in der Klasse übernehmen kann. Zudem lernen sie verschiedene Unterrichtsstile kennen und können sich so für ihre eigenen Vorlieben entscheiden. Die Auseinandersetzung mit grundlegenden Ideen umfaßt Angebote in Sprachen, Mathematik und in anderen obligatorischen Fächern oder Arbeit in Interessengruppen (unabhängige Studiengruppen). Die Integration des Ganzen erfolgt in Kleingruppen von etwa fünfzehn Studenten, die über die gesamte Ausbildungszeit denselben Berater haben, so daß auch eine Beurteilung möglich wird.

Der Ansatz von *Combs* ist zusammen mit demjenigen von *David Aspy* einer der wenigen humanistischen Ansätze, der über eine sehr

konsistente theoretische Basis und über beeindruckende Forschungsergebnisse verfügt, aufgrund derer Weiterentwicklungen möglich
werden (*Wass* et al. 1974; *Aspy* 1972, 1977, 1976; ASCD 1978; vgl.
Teil 4).

2.4 Der „Self-Science"-Ansatz von Gerald Weinstein und Al Alschuler

Weinstein begründete sein Programm in Humanistischer Pädagogik
an der University of Massachusetts in Amherst 1970 ebenfalls mit einer
dreijährigen Unterstützung durch die Ford Foundation. Mehr noch als
Combs stellt er die „Entwicklung des Selbst" in den Mittelpunkt aller
Pädagogik. Er stützt sich vorwiegend auf Gestaltmethoden, verwendet
diese aber im Rahmen einer festumrissenen Technik: der sogenannten
„*Trumpet*", die den gesamten Prozeß der „*Self-Science*" strukturiert:

„Die Trompete beschreibt den Prozeß der persönlichen Integration oder Entwicklung
in drei Phasen, wobei in jeder Phase eine andere Funktion die Hauptrolle spielt: Bewußtsein der eigenen Motive, abstraktes Denken und bewußte Aktion." (*Weinstein, Fantini*
1970, S. 164)

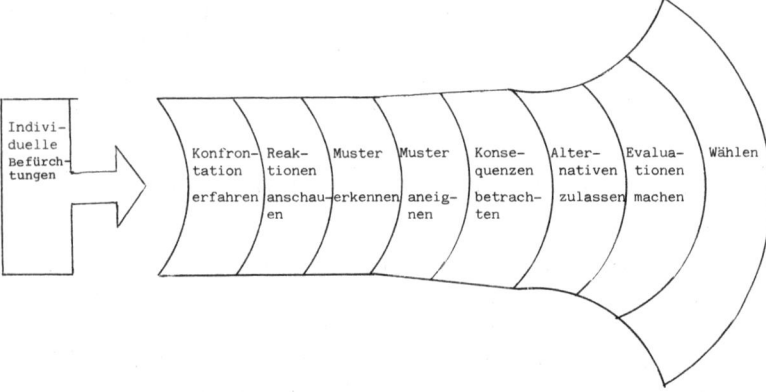

Abbildung 1: Trompete: Wie eigene Bedenken oder Ängste (concerns)
mit Gedanken und Aktion verbunden werden.

Der *Prozeß* läuft in *folgenden Schritten* ab:

1. Schritt: Konfrontation mit einer Situation oder Erfahrung. Dies
   kann eine Realsituation in der Gruppe oder ein Rollenspiel
   sein.
2. Schritt: Dazugehörige Gedanken, Gefühle, Verhaltensweisen.
3. Schritt: Erkennen von Verhaltensmustern.
4. Schritt: Sich dieses Muster bewußt aneignen. Welche Funktion hat
   dieses Verhalten für mich?

5. Schritt: Mögliche Konsequenzen in Betracht ziehen.
6. Schritt: Sich Alternativen erlauben.
7. Schritt: Wählen.

Für jeden dieser Prozeßschritte stehen eine Reihe von Fragen zur Verfügung, mit deren Hilfe die Gruppe vorwärtsgeht und immer wieder ihre eigenen Erfahrungen und Wahrnehmungen des betreffenden Gruppenmitglieds vergleicht. Der ganze Ablauf klingt vorerst sehr strukturiert und technisch, wird aber durch Medien wie Farbe, Musik, Bewegung, gelenkte Phantasien aufgelockert.

Al Alschuler, der in dieser Psychologischen Erziehung eng mit *Weinstein* zusammenarbeitet, beschreibt drei Bereiche, welche berücksichtigt sein sollten: der kongruente Bereich (Erfahrung und Studium des „Selbst"), der konfluente Bereich (Verbindung von affektivem Lernen mit traditionallen Schulfächern) und der kontextuale Bereich (Verbesserung des ganzen Schulklimas durch Methoden der Organisationsentwicklung, Umgang mit Lehrerkollegen, Eltern und Schulbehörden mit anderer pädagogischer Orientierung). Tatsache ist aber, daß zur Hauptsache der erste Bereich ausgebaut ist, während der zweite nur wenig und der dritte gar nicht berücksichtigt wurde. Ein wichtiges Begleitinstrument zum *„Trumpet"*-Prozeß ist das Tagebuch, das dem Teilnehmer wie auch dem Trainer als Feedbackinstrument dient (*Weinstein* 1970, 1971, 1973; *Alschuler* 1971; vgl. Quellentexte 3 und 6).

2.5 Das „Affective Education Program" (AEP) von Norman Newberg

Dieses Programm wurde 1966 von Terry Borton in Philadelphia begründet und von *Norman Newberg* weitergeführt. Das AEP wurde ins Leben gerufen, um Grundlagen gegen die überdurchschnittlich hohe „Versagerquote" und die massiven Rassenprobleme in Philadelphias Schulen zu erarbeiten. So begannen *Borton* und *Newberg*, Curricula aufzubauen, die auf den Interessen und Bedürfnissen der Schüler basierten („An Education for Student Concerns", 1968, dt. 1976). Dies waren die Bedürfnisse nach Identität (positives Selbstkonzept), Zugehörigkeit (sinnvolle Beziehungen zu anderen) und Selbstbestimmung (Gefühl der Kontrolle über das, was mit einem geschieht). Diese Grundbedürfnisse stammen von der *Maslow*schen Bedürfnishierarchie und spielen auch im *„Self-Science"*-Ansatz von *Weinstein* und *Alschuler* eine wichtige Rolle. Das Curriculummaterial für die Primär- und die Sekundarschulstufe konzentriert sich nicht primär auf Inhalte, sondern auf Prozesse des Lernens, die dann auch auf andere Lebens- und

Problembereiche übertragen werden können (Wahrnehmen, Beschreiben, Unterscheiden, Fragen stellen, Analysieren, Problemlösen). Der Lernprozeß wird auf drei Stufen gesehen: (1) Spüren, sinnlich Wahrnehmen (welche Information bekomme ich durch meine Sinne?), (2) Transformieren (was bedeuten die Daten für mich?) und (3) Handeln (wie kann ich dies für mich benützen, was kann ich nun tun?).

Im Laufe der Jahre wurden durch die verschiedenen Mitglieder des AEP Curricula für alle Schulstufen geschaffen: Für die Primarstufe das „Sharing book" von Sonka Shulkin (Entwicklung kognitiver, affektiver und psychomotorischer Fähigkeiten), dann sogar ein Curriculum für die Eltern mit affektiven „Hausaufgaben", für die Sekundarstufe ein „Curriculum for Urban Affairs" und ein „Communications Program", eingebaut in die Fächer Geschichte und Englisch. Dazu kommt ein Curriculum zum Thema „Entscheidungen fällen", wobei Gedichte als Ausgangspunkt für Dramatisierung, Rollenspiele etc. verwendet werden. Eine wichtige Rolle in allen Schulstufen spielt die psychomotorische Entwicklung, die durch Rollenspiel, Simulation, Drama, „body movement" und Körpersprache gefördert wird. Daneben baute das AEP auch ein umfangreiches Lehrertrainingsprogramm auf, das folgende Aspekte umfaßt: Umfangreiches Training im Unterrichten und im Umgang mit interpersonellen Bereichen, Aufbau von „support-groups", die sich gegenseitig durch Feedback, Hospitation und Erfahrungsaustausch unterstützen, theoretischer Rahmen, persönliches und berufliches Wachstum durch Enconter-Gruppen, Gruppendynamik, Problemlösungsgruppen.

Das AEP wurde von Anfang an von verschiedenen Seiten unter Beschuß genommen, zuerst von schwarzen Lehrerinnen und Lehrern, die kritisierten, mit der Betonung des affektiven Lernens würden Rassenprobleme nicht gelöst, sondern überdeckt. Im Jahre 1972 wurde der liberale und humanistische „Superintendent" Shedd (Shedd et al. 1971) durch einen reaktionären Nachfolger ersetzt, der das AEP einer harten Kontrolle unterzog. Durch diverse Forschungsberichte mußte nachgewiesen werden, daß das AEP Wirkungen wie Verbesserung von Leseschwächen, Rückgang von „Schulversagerquoten" etc. erreichen konnte. Diese ernste Krise, die sich bei Newberg (1978) wie eine „Chronologie der laufenden Ereignisse" im Kriminalromanstil liest, wird andernorts weiter ausgeführt werden. Auf jeden Fall stellt sie ein Paradelehrstück für „Humanistische Pädagogen" dar. Das AEP erklärte sich auf diesen Druck hin auch bereit, Curricula mit der Integration traditioneller Inhalte in den affektiven Bereich bereitzustellen (vgl. Teil II).

Diese Programme sind neben den Schulen von *Glasser* in Palo Alto, neben den rational-emotiven Schulen und neben der humanistisch orientierten Laborschule *Goodlad*s (1974) die wichtigsten Ansätze Humanistischer Pädagogik in Amerika. Es ist schwierig, generelle Vergleiche anzustellen, doch möchten wir einige Problempunkte beleuchten, die im Laufe der letzten zehn bis fünfzehn Jahre in den Vordergrund getreten sind.

3 Wichtigste Problemkreise Humanistischer Pädagogik

3.1 Mangelnde Berücksichtigung institutioneller Strukturen

Sehr selten kann man in der Literatur oder in Fallberichten der Humanistischen Pädagogik etwas über die Natur der „Schule als Institution oder Organisation" oder über Prozesse des „planned (educational) change" lesen, obwohl jeder Pädagoge die wichtige Rolle dieser beiden Bereiche bei pädagogischen Innovationen kennt. Dies nicht etwa, weil dazu keine umfangreiche und anschauliche Literatur existierte[1], sondern weil die meisten Humanistischen Pädagogen diese Faktoren nicht als wichtig ansahen. Humanistische Pädagogik war in erster Linie damit beschäftigt, ein neues Paradigma von Lehr-/Lern-Prozessen, vom Lehrer-Schüler-Verhältnis aufzubauen und die dringend benötigten praktischen Ansätze bereitzustellen. Organisationsbedingte Widerstände von seiten der Schule existierten wenige, da die pädagogische Welt und die Öffentlichkeit für die humanistischen Werte offen waren, weil die traditionelle Pädagogik versagt hatte. Man war nicht mehr bereit, Schule als das zu sehen, was *Goodlad* in seinem brillanten Referat und Artikel „The Trouble with Humanistic Education" (1978) mit folgenden Worten beschreibt:

„Die untere Schulstufe richtet sich auf die mittleren Schuljahre aus; die mittleren Schuljahres bereiten auf die ‚High school' vor; die ‚High school' bereitet uns auf den Beruf vor. Der Beruf bereitet uns auf die Pensionierung vor, und die Pensionierung bereitet uns vor auf den Tod. Etwas ist falsch und verkehrt hier." (1978, S. 8 f.;)

Er beschreibt den Gegensatz zwischen humanistischen Ansätzen und der Funktion der Schule folgendermaßen (1978, S. 10; Übersetzung G. F.):

---

[1] Zum Beispiel: *Bentzen, Tye* 1973; *Blumberg* 1976; *Coffey* 1971; *Cohen, Gadon* 1978; *Dalin* 1978; *Derr* 1976; *Dewey* 1970; *Dickenson* 1970; *Eichholz* 1963; *Fatzer* 1978, 1980; *Goodlad* 1975, 1975a, b, 1978; *Greening* 1981; *Havelock* 1967; *Herriott, Gross* 1979; *Hoyle* 1970; *Husen* 1979; *Kahn* 1981; *Miles* 1980; *Milstein* 1980; *Newberg* 1978; *Leer* 1973; *Runkel* 1976, 1980; *Sarason* 1971; *Schmuck* 1971, 1974, 1975, 1977, 1979; *Sergiovanni* 1977; *Signer* 1977; *Weinberg* 1974, *Weick* 1976; *Weller* 1977; *Whiteside* 1978; *Zaltman* 1973, 1977; *Bidwell* 1965; *Peter* 1973.

„Ich weiß noch nicht, wo ich ein solches (humanistisches) Programm finden kann. Und wieder muß ich mich fragen, warum? Weil meiner Meinung nach Schulen sowohl in ihrem Inhalt als auch in ihrer Substanz essentialistische Institutionen sind; das heißt, sie wurden geschaffen, um den Jungen beizubringen, was ‚fundamental' ist. Lehrer sehen sich selbst als Träger einer Verantwortung, das weiterzugeben, was essentiell ist, was immer das auch sein mag. Als essentiell wird das betrachtet, was in den Schulbüchern steht. Ihr Gebrauch vereinfacht den ganzen Lehr-/Lern-Prozeß. Die Subkultur der Schule und die Gemeinde unterstützen generell solche Praktiken. Jedermann, der unsere Schule radikal verändern will, indem er Programme aufbaut, die sich auf die Interessen und Bedürfnisse der Schüler abstützen, handelt gegen die Gesellschaft und das etablierte Verständnis der Ziele der Schule".

Obwohl diese Sichtweise sehr pessimistisch und absolut klingen mag, kommt *Goodlad* dann zu einem interessanten Punkt, indem er feststellt, daß einer der Faktoren, warum solche Praktiken tradiert werden, bei uns Lehrerinnen und Lehrern selber liegt. (1978, S. 13; Übersetzung G. F.)

„Die Schwierigkeiten mit humanistischen Ansätzen sind daneben hauptsächlich bei uns selbst zu suchen. Sie reflektieren die Bequemlichkeit, mit der basic education von uns in Schulen und Klassenzimmern gelehrt wird. ‚Back-to-basics' trifft auch ein wichtiges Anliegen derer, die unterrichten. Solche pädagogischen Strömungen mögen von Laien oder Bürgern gestartet werden, aber sie werden zuletzt von den Lehrerinnen und Lehrern und von Schulbehörden übernommen und in den Schulen in die Realität umgesetzt."

Goodlad trifft damit einen sehr wichtigen Punkt, der durch seine umfangreichen Forschungen im Bereich amerikanischer Schulen unterstützt wird („Behind the Classroom Door", 1974; „A Study of Schooling", begonnen 1979). Es wäre aber falsch, Lösungen zu diesem Problem bei Rezepten zu suchen, welche die komplexe Realität der Schule außer acht lassen. *John Holt*, berühmt für seine scharfsinnigen Analysen und Beschreibungen amerikanischer Schulrealitäten, kommt in seinem Buch „What do I do on monday?", das er als Antwort auf seine Analysen schrieb, zu vergleichsweise lächerlichen Lösungsvorschlägen, z. B. meint er, wenn man schon die ganzen Inhalt und Methoden der Schule, die Schule als Organisation nicht ändern könne, solle man wenigstens jeden Tag eine halbe Stunde seines Unterrichts auf humanistische Weise planen. Diese verzweifelte Antwort *Holt*s hängt mit der Tatsache zusammen, daß es wirklich schwierig ist, diese beiden Bereiche in Verbindung zu bringen, weil auch eine geeignete methodische Grundlage fehlt. Humanistische Pädagogik und *„Planned Educational Change"* (Innovationsansätze in Schulen) entwickelten sich — um mit einem Bild zu sprechen — auf verschiedenen Etagen des Gebäudes „Pädagogik", die erstere im Bereich psychologisch-pädagogischer Prozesse der Mikroebene („microlevel"; Stichworte: Menschenbild,

Lehrer-Schüler-Verhältnis, Unterrichtsphilosophie, Werte, personell-interpersonelle Ebene), die letztere im Bereich soziologisch-politischer Prozesse der Makroebene („macrolevel"; Stichworte: Rollen, Macht, Entscheidungsstrukturen, Innovationsprozesse, Erziehungssoziologie der Schule, Schule als System, Subsysteme, Struktur der Organisation und des Schulsystems, Funktion der Schule etc.).[2] Es existieren nur wenige Ansätze, die diese Kluft zu überbrücken suchen. Der vielversprechendste ist sicherlich die „Organisationsentwicklung in Schulen" von *Schmuck, Runkel, Miles* und die neugeschaffene Berufsgattung der *„Linkage Agents" (Lieberman* 1977; *Crandall* 1977), was mit „Brückenbauer" übersetzt werden könnte.

Organisationsentwicklung (oder *OE* bzw. engl. *OD*) entwickelte sich historisch gesehen aus dem Bereich des Managements in Industrien, aus den Bemühungen zur „Rationalisierung" oder „Humanisierung" der Arbeitswelt und als Weiterentwicklung der Gruppendynamik *Kurt Lewins* (vgl. *Margulies, Raia* 1978; *Fatzer* 1980a, b). Dieser historische Ursprung von *OE* ist gleichzeitig einer der Hauptgründe dafür, daß sie so schwer mit humanistischen Ansätzen verbunden werden kann: Die Grundlagen und Methoden von *OE* sind oftmals sehr technologisch, ebenso der ganze Jargon, während die Humanistische Pädagogik beinahe per definitionem auf der entgegengesetzten Seite steht. *Warren Bennis* drückte diesen Sachverhalt mit folgenden Worten aus:[3]

„What OD needs very badly, is a spirit and a heart. On the other hand, humanistic education and psychology need more technology".

Schmuck und *Runkel* in Oregon und *Miles* in New York haben mit ihrem umfangreichen Werk gezeigt, wie solche Verbindungen aussehen können.

Humanistische Pädagogik und *Organisationsentwicklung* können in diesem Zusammenhang als *zwei verschiedene Seiten derselben Medaille* gesehen werden, beide mit impliziten humanistischen Werten, das Gewicht mehr auf Prozeß als auf Inhalt legend, das eine Mal auf der Mikro-, das andere Mal auf der Makroebene ansetzend. „Linkage Agents" andererseits sind Pädagogen oder Sozialwissenschaftler, die Innovationen auf verschiedenen Ebenen miteinander zu verbinden versuchen.

---

[2] Eine gute Einführung in diese Unterscheidung bietet die völlig überarbeitete zweite Auflage *Katz* und *Kahn* des Grundlagenwerks von „The Social Psychology of Organizations", 1978.

[3] 1981, anläßlich des Workshops „Humanisierung der Arbeitswelt" auf der Jahreskonferenz der „American Association for Humanistic Psychology" an der UCLA.

Diese Integrationsansätze können auch in anderen Bereichen beobachtet werden. Zum Beispiel entwickelten *Kurt Lewin* mit der Gruppendynamik und *Fritz Perls* mit der Gestalttherapie — beide von der Gestaltpsychologie ausgehend — zwei auf unterschiedlichen Ebenen ansetzende Psychologien, erstere auf den sozialen, interpersonellen Bereich zielend, letztere eher auf den symbolischen, intrapersonellen, die jetzt in der Gruppengestalttherapie wieder zusammenfließen (*Feder, Ronall* 1980). Das gleiche geschieht in ersten Versuchen, Organisationen auf der Grundlage der Gestalttheorie zu verstehen oder zu verändern (*Herman, Korenich* 1977).

Das Endresultat einer solchen Verbindung zwischen humanistischen Ansätzen und Organisationsentwicklung wäre, daß Lehrer nicht nur in Gebieten wie *„Confluent Education"*, *„Self-Science-Education"* oder *„Affective Education"* ausgebildet werden, sondern daß solche Überlegungen zur „Schule als Organisation" einen breiten Raum einnehmen und in Form von Situations-Rollenspielen, Planspielen und Aufbau von „Support"-Gruppen erlebbar gemacht werden können. Lediglich *Newberg, Alschuler* und *Combs* versuchen, dieser Zielsetzung gerecht zu werden, allerdings erst in Anfängen (vgl. dazu auch *Sergiovanni* 1977; *Eiben, Milliren* 1976; (Teil III dieses Buches).

3.2 Schwache Verankerung in politischen Strukturen

Im Moment scheint Amerika von der „back-to-basics"-Welle überrollt zu werden. Dies scheint eine Reaktion auf die Offenheit, Liberalität und Experimentierbereitschaft der Jahre zwischen 1967 und 1975 zu sein, wobei diese Wellenbewegung zweier nebeneinander existierender Gedankenströmungen in der Pädagogik im Abstand von jeweils zehn Jahren erscheint. *Goodlad* (1978, S. 1 ff.) beschreibt dieses Phänomen folgendermaßen (Übersetzung G. F.):

„Jedermann, der fünfundzwanzig Jahre oder länger im pädagogischen Bereich gearbeitet hat, weiß, daß es zwei scheinbar miteinander nicht vereinbare Gedankenströmungen in der amerikanischen Pädagogik gibt. Sie stehen nebeneinander, mal die eine und mal die andere dominierend. Sie könnten als der harte und der weiche Lehrerstil charakterisiert werden. Der *harte Lehrstil* zielt auf klar definierte und voneinander abgegrenzte Wissensgebiete. Er basiert auf akademischen Zielsetzungen, einheitlichem Unterrichtsmaterial und auf Lehrerdominanz im Unterricht. Mathematische Benotung und Bewertungsgrundlagen, strenge Disziplin von oben, eine Normalverteilung der Leistungskurve sind weitere Stichworte. Der *weiche Lehrstil* kann charakterisiert werden durch eine breite Ausformulierung von Lernzielen mit Hauptgewicht auf ‚self-understanding' und ‚self-awareness' (‚sich selbst verstehen', ‚Wahrnehmung seiner selbst'). Er hat die Tendenz zu einer Integration verschiedener Fächer oder gar zu einem ‚integrativen Tag'. Die Unterrichtsmaterialien und -methoden sind breit gefächert und multimedial. Zudem legt der weiche Stil ein großes Gewicht auf die Mitplanung des eigenen Lernens durch die

Schüler, auf Lehrer-Schüler- und Schüler-Schüler-Interaktion. In der Leistungsbeurteilung ist der Schüler sein eigener Maßstab, Noten werden als Berichte abgefaßt. Ein weiteres Merkmal ist der ‚open classroom' (offenes Klassenzimmer, G. F.)".

Natürlich existieren der weiche und der harte Lehrstil nicht in Reinformen, sondern sind in der Praxis meistens vermischt. *Goodlad* (1978, S. 3; Übersetzung G. F.) meint weiter:

„Vor 25 Jahren gab das Buch von Rudolf Flesch, ‚Why Johnny Can't Read' den Anstoß zu einer Bewegung ‚back-to-basics'. Zwölf Jahre später war der ‚open classroom' in Mode, und nochmals zwölf Jahre später ist ‚back-to-basics' wieder das dominante Thema. Diese zwei Wellen scheinen in Zehn-Jahres-Zyklen anzusteigen und wieder zu verebben. Die eine läßt ein bißchen angeschwemmtes Material zurück, wenn die nächste hereinkommt.

Was ich nicht verstehe, ist, warum so viele Erzieher auf einer dieser Wellen reiten, sobald sie sich der Küste nähert. Sehr oft scheint es mir, daß es ihnen nicht darauf ankommt, welche Welle sie reiten, solange sie nur auf einer reiten. Opportunismus scheint über ein vernünftiges Urteil zu triumphieren".

Einer der Hauptgründe für diesen momentanen Zustand liegt in einem Mißtrauen der Öffentlichkeit, weil bestimmte Pädagogen humanistische Ansätze irrtümlicherweise gleichsetzten mit unsorgfältigen Experimenten, mit falsch verstandenen und angewandten „Anti-Autoritäts"-Ideologien, welche auch alle übrigen seriösen und sorgfältigen Projekte in ein schlechtes Licht rückten. Ein zweiter — noch wichtigerer — Grund liegt in der mangelnden öffentlichen Unterstützung der allgemeinen Schulen (vgl. dazu den dreiteiligen „Newsweek"-Report 1981). In den USA sind im Moment zwei von drei Schulen Privatschulen, in denen die Kinder der weißen Mittel- und Oberschicht und der schwarzen Oberschicht zur Schule gehen. Zudem stecken die öffentlichen Schulen in einer permanenten Finanzkrise, da alle Budgetanteile im sozialen Bereich von der gegenwärtigen Regierung gekürzt oder gestrichen werden. Dies betrifft auch einen Großteil der humanistisch orientierten Privatschulen (*Glass* 1981; *Goodlad* 1974; *Greening* 1981; *Kahn* 1981; *Newberg* 1978; *Leer* 1973).

Weiter trägt die Tatsache, daß vergleichsweise wenig Universitäts- und Lehrerausbildungsprogramme auf humanistischer Basis existieren, zur mangelnden politischen Verankerung bei. *Combs* (1978) und *Aspy* (1977) beklagen auch, daß nur wenig finanzielle Unterstützung für die Erforschung und Weiterentwicklung Humanistischer Pädagogik existiert. *Glass* und *Glass* (1981) kommen in ihrer selbstkritischen Bilanz ihrer Erfahrungen zu folgenden Schlüssen:

„Wir sehen heute in unseren Schulen eine Rückkehr zu kognitivem Lernen, bedingt durch die Schwierigkeiten, affektives und kognitives Lernen zusammenzubringen. Zudem tauchen neue Anliegen auf, von denen wir in den sechziger Jahren nicht viel hörten, nämlich daß die Schüler sowohl aus der oberen Mittelklasse als auch aus benachteiligten

Warum humanist. Erziehung

Klassen die Grundfähigkeiten des Lesens und des Schreibens nicht beherrschen. Wir dürfen auf keinen Fall den affektiven Bereich aus dem Lernprozeß ausklammern, aber wir brauchen neue Methoden. Wir können nicht einfach einen Bereich des Lernens durch einen anderen ersetzen.

Unsere Kultur ist sehr leistungsorientiert und resultatsorientiert, und die Resultate der Humanistischen Pädagogik sind nicht nur schwierig zu evaluieren, sondern zeigen sich oft als Langzeitwirkungen.

Mit unserem neugewonnenen Bewußtsein aller Bedrohungen und des langsamen ökonomischen Wachstums scheint es schwieriger, Erziehung um ihrer selbst willen zu sehen, als Prozeß. Vielmehr sehen die meisten Leute Erziehung als Vorbereitung auf einen Beruf. Wir ziehen es vor, Erziehung als Quelle zu sehen, um mit allen Krisen der Gegenwart umzugehen. Unsere Frage für die nächsten Jahrzehnte heißt demnach: Können wir ein Paradigma des Lernens entwickeln, das die Gegensätze kognitiv-affektiv, intrinsisch-instrumentell, Produkt-Prozeß, Fertigkeiten-Wachstum überwindet und verbindet?" (1981, S. 76 f.; Übersetzung G. F.)

Ähnliche Probleme sieht *Phillips* (1974b, S. 16 f.; Übersetzung G. F.) für den Ansatz der *„Confluent Education"*; das gleiche kann für die meisten Ansätze der Humanistischen Pädagogik gesagt werden:

„Die enge theoretische Basis von Confluent Education spiegelt sich auch in der minimalen Aufmerksamkeit gegenüber einer breiten gesellschaftlichen Perspektive. Das Hauptgewicht wurde auf Psychologie und Persönlichkeitsentwicklung gelegt. Die Grundannahme ist, daß eine gesündere, ganzheitlichere und integriertere Gesellschaft geschaffen werden kann, indem man Individuen gesünder macht und zu ihrer persönlichen Entwicklung beiträgt. Ich würde eher vorschlagen, Gesellschaft als ein komplexes Netzwerk von Beziehungen, Normen, Sitten und machtvollen Institutionen zu sehen. Dies heißt für uns, daß die Lehrer in unserer Ausbildung auch ein bestimmtes Training als ,change agents' erhalten sollten, daß wir ihnen ein Basiswissen über Institutionen vermitteln müssen".

3.3 Schwache theoretische und methodische Grundlagen

Ein Problemkreis, der in der Diskussion humanistischer Ansätze immer wieder genannt wird, ist die schwache theoretische Fundierung. Dies hängt primär damit zusammen, daß die Begründer der Entwicklung von methodischen Grundlagen Priorität einräumten, wobei diese oft von verschiedendsten Gebieten stammen. Die meisten humanistischen Ansätze sind *eklektischer Natur.*

„Confluent Education" zum Beispiel nimmt ihr methodisches Repertoire aus dem Bereich der Gestalttherapie, der Psychosynthese, der Gruppendynamik und der humanistischen Psychologie *Maslow*scher Prägung.

„Affective Education" baut auf gruppendynamischen Trainingselementen des NTL (Rollenspiele, Konfliktlösung, Entscheidungstraining), auf Gestalt und auf der Entwicklungspsychologie von *Piaget* und *Kohlberg.*

„Self-Science Education" und *„Psychological Education"* stützen sich auf Gestalt, auf die Entwicklungspsychologie von *Erikson* und *Kohlberg,* auf *„Values Clarification"* von *Sidney Simon* und auf behavioristische Lernelemente.

Die *Humanistische Pädagogik* von *Arthur Combs* baut auf den Grundlagen seiner phänomenologischen „Wahrnehmungspsychologie" und der Humanistischen Psychologie auf.

Unter solchen Umständen läßt es sich kaum vermeiden, daß die theoretische Grundlage schwach (im Sinne von nicht konsistent) ist. Der einzige theoretisch gut fundierte Ansatz ist derjenige von *Combs*, der ihn im Laufe der letzten 25 Jahre entwickelt und auf umfangreichen Forschungen zur Natur der helfenden Beziehung aufgebaut hat.

Humanistische Pädagogik ging in einem gewissen Sinne den umgekehrten Weg: von der Praxis zu einer eklektischen Theorie. In diesem Sinne wäre zu fordern, daß die Humanistische Pädagogik ihre *theoretischen Grundlagen auf verschiedenste Ansätze* ausdehnt: *Humanistische Psychologie, Entwicklungstheorien* von *Piaget, Erikson, Kohlberg, Gestalttheorie* und *Gestalttherapie, Lerntheorien, Gruppentheorien (Lewin* et al.), *Psychodrama (Moreno), Persönlichkeitstheorien (Freud; Rogers; Maslow), Psychosynthese (Assagioli), Innovationstheorien (Goodlad; Havelock; Sarason; Schmuck; Miles; Zaltman), Wissenschaftstheorien* und *Wissenstheorien (Kuhn; Polanyi; Berger; Luckmann; Bateson).*

In direktem Zusammenhang mit der schwachen theoretischen Fundierung steht eine methodische Schwäche humanistischer Ansätze: Es stehen zwar viele Methoden und Techniken zur Verfügung. Oft ist aber nicht klar, wie sie zusammenhängen und wie sie in den schulischen Lehr-/Lernprozeß umgesetzt werden. Dazu *Goodlad* (1978, S. 13; Übersetzung G. F.):

„Ein anderes Problem der Humanistischen Pädagogik besteht darin, daß sie über kein zusammenhängendes Repertoire von Methoden verfügt.

William H. Kilpatrick, der jahrelang am Columbia Teachers College unterrichtete, beeindruckte Tausende von Lehrern mit seinen Einführungen in Humanistische Pädagogik. Trotzdem war es so, daß die gleichen Lehrer am nächsten Montag große Schwierigkeiten in der Umsetzung in ihrem Unterricht hatten, von denen Kilpatrick nicht gesprochen hatte. Wie können wir diese sehr einleuchtenden und beeindruckenden Ideen nehmen und sie in die Praxis umsetzen?"

Einer der Hauptgründe für diese Tatsache liegt in den Zielen und Werten der Humanistischen Pädagogik, wie sie am Anfang dieses Kapitels ausformuliert wurden. Fest umrissene Methoden und Techniken werden auf diesem Hintergrund eher als „Tricks" gesehen, die ein humanistisch orientierter Lehrer nicht einsetzen sollte. Vielmehr sind Methoden oder Techniken Vehikel des Lernens, die mithelfen, gemeinsam gewählte Lernprozesse zu gestalten oder Lernziele zu erreichen, die aber nicht den Unterricht dominieren und den Kontakt zwischen Lehrer und Schüler und unter den Schülern behindern dürfen. Um die Zusammenhänge zwischen einzelnen Methoden und langfristigen Zielen besser zu sehen, müssen die langfristigen Auswirkungen humanistischer Ansätze grundlegend erforscht werden. So können auch Modifikationen der Methoden vorgenommen werden. *Goodlad* (1978, S. 14) schreibt dazu (Übersetzung G. F.):

„Wenn wir die Dinge anschauen, die unterstützenswert sind, müssen wir in den folgenden Jahren unsere Aufmerksamkeit stärker auf das richten, was wir unterrichten, auf die Qualität der pädagogischen Erfahrung und auf das, was die Lernenden daraus mitnehmen. In den letzten zehn oder zwölf Jahren habe ich sehr wenig Diskussion über diese Dinge gehört. Stattdessen wurde betont, daß es wichtig sei, Erziehungsziele verhaltensmäßig zu definieren und dann einen Lernprozeß mit 244 Verhaltenszielen in die Welt zu leiten. Das Feld der Evaluation wurde nicht bestimmt durch Wertfragen (wie z. B. der Art der Interaktion zwischen Schüler und Stoffgebiet), sondern durch Leistungsmessung. Es ist Zeit, unsere Aufmerksamkeit der Qualität der Methoden zuzuwenden. Wir waren verliebt in verhaltensmäßig definierte Erziehungsziele und in Leistungsmessung. Stattdessen sollten wir uns mit Fragen der Schülerzufriedenheit u. ä. beschäftigen, wie ungenau die Definitionen und Forschungsfragen auch sein mögen, und mit den damit zusammenhängenden Unterrichtsmethoden. Wir haben unsere Sicht beschränkt durch ein Industriemodell des Unterrichts und des Lernens, welches das Hauptgewicht auf das Erreichen gewisser Ziele legt und alle Mittel rechtfertigt, welche zur Erreichung dieser Ziele beitragen."

4   Paul Goodmans Rolle
in der Humanistischen Pädagogik

Paul Goodman ist zwar in den Vereinigten Staaten durch seine
Schulkritik und seine führende Rolle in der Studentenrevolte der
60er Jahre bekanntgeworden, doch ist sein möglicher Beitrag zur
philosophischen und politischen Grundlage der Humanistischen
Pädagogik und der Gestalttherapie noch weitgehend vernachlässigt
worden. Ich möchte *Paul Goodman* in meiner Collage von verschiedenen Seiten kurz beleuchten, in Form einer persönlichen Annäherung.

4.1 Einführung

Paul Goodman übte auf mich schon immer eine eigenartige Faszina-
tion aus: eine schillernde Persönlichkeit, kaum einzuordnen. Einmal
tauchte er auf als radikaler Kritiker des amerikanischen Schulsystems,
als Freund von *Ivan Illich* und *Everett Reimer,* ein anderes Mal als Mit-
verfasser des Buches von *Frederick Perls* über Gestalttherapie, wieder
ein anderes Mal als Soziologieprofessor, der sich schon in den vierziger
Jahren öffentlich zu seiner Homosexualität bekannte und deswegen seinen Lehrstuhl verlor. Dann wieder begegnete er mir in der Rolle eines
Anführers in der Studentenrevolte der sechziger Jahre, als Pazifist, als
Freund der jungen Generation, als provozierender Redner vor amerikanischen Rüstungsexperten, dann wieder als wütender Bürger, der
Briefe schreibt, in denen er sich für wehrlose Outsider der amerikanischen Gesellschaft einsetzt. Ein nächstes Mal tauchte er in einem
Traum von *Laura Perls* auf oder als Mitbegründer der „Free-School"-
Bewegung, der sich über Summerhill äußert, zuletzt als Verfasser psychologischer Essays über *Sigmund Freud,* über *Wilhelm Reich* und
über Gestalttherapie. Vervollständigt wird dieses Bild durch *Paul
Goodman* als verzweifelten und einsamen Tagebuchschreiber, der sich
zutiefst um die Zukunft Amerikas und unseres ganzen Planeten sorgt
und der in dieser Verzweiflung hektisch und prophetisch von Land zu

Land fliegt, um mit Freunden und Feinden zu diskutieren, um aufzurütteln.

4.2 Paul Goodman als Psychologe

Erst allmählich wird die herausragende Rolle bekannt, die *Goodman* als *Mitbegründer der Gestalttherapie* gespielt hat. Dies ist in Amerika vor allem das Verdienst von *Laura Perls*, die mit ihm befreundet war und zusammengearbeitet hat. Im deutschsprachigen Raum bemüht sich insbesondere *Hilarion Petzold* darum, *Paul Goodman* neben dem publizitätsbewußteren *Fritz Perls* und der ebenfalls lange im Hintergrund stehenden *Laura Perls* den ihm zustehenden Platz als Mitbegründer und philosophischen und politischen Kopf der Gestalttherapie zuzugestehen.

Die Geschichte von *Paul Goodman* als Gestalttherapeut erschien mir oftmals als die Geschichte einer großen Verdrängung, sehr oft zu vergleichen mit dem Schicksal *Wilhelm Reichs*, über den er einige sehr einfühlsame Essays geschrieben hat (in der 1979 erschienenen posthumen Sammlung psychologischer Essays, welche unter dem romantisch anmutenden Titel „Nature Heals" von *Taylor Stoehr, Laura Perls* und anderen herausgegeben wurde). In diesem Sammelband findet sich auch eine Anzahl von Vorträgen, die er vor Gestalttherapeuten hielt. Thema dieser „lectures" sind philosophische Grundlagen der Gestalttherapie. Zudem schrieb *Paul Goodman* etwa achtzig Prozent des bekannten Buches von *Perls, Hefferline* und *Goodman* über Gestalttherapie. In diesem Grundlagenwerk umreißt *Goodman* einige interessante Aspekte der Gestalttherapie und -philosophie, die in ihren Konsequenzen sehr schenll zu einer Sozialkritik der amerikanischen Lebensform führen:

(1) Die Idee der Ganzheit, der guten Gestalt

Dieses Prinzip wurde entliehen aus der Gestaltpsychologie, in der beobachtet wurde, daß die menschliche Wahrnehmung die Tendenz hat, alle Einzelteile aus der Umwelt zu einem sinnhaften Ganzen zu formen. Übertragen auf die menschliche Erfahrung heißt das, daß wir uns immer in einem fortlaufenden Prozeß der „kreativen Anpassung" zwischen unserem Organismus und der Umwelt (und umgekehrt) befinden. Allerdings sind wir durch die fortschreitende Zivilisation hoffnungslos entfremdet von dieser natürlichen Fähigkeit, von der „Weisheit unseres Körpers". Eine der hauptsächlichen Möglichkeiten der Gestalttherapie besteht darin, die im Körper „gefrorene" Energie *(frozen*

energy) durch gezielte physische Aktivität zu lokalisieren und „aufzu-
tauen". Es fällt in diesem Zusammenhang auf, daß *Paul Goodman* einen Großteil dieser Ideen bei *Wilhelm Reich* und *Laura Perls* entliehen
haben dürfte, die beide die wichtige Rolle von Körper und Energie in
ihrer therapeutischen Arbeit betonen.

(2) Die Argumentationsmethode ad hominem

Paul Goodman hat diese Gestaltmethode entwickelt, um als Sozial-
kritiker in öffentlichen Diskussionen die unbewußten Motive von Gegnern aufzeigen zu können. Er umschreibt dies so:

„Da ist die einzig sinnvolle Argumentationsmethode, das ganze Umfeld des Problems
ins Bild zu bekommen, einschließlich der Bedingungen der Erfahrung, des sozialen Milieus und der ‚persönlichen' Widerstände des Betrachters ...
Wir weisen nach, daß der Betrachter innerhalb seiner Erfahrungsbedingungen diese
Überzeugung haben muß, und dann ermöglichen wir, durch spielerische Bewußtma-
chung der einschränkenden Bedingungen, die Entstehung eines besseren Urteils (in ihm
und in uns) ...
Wir glauben jedoch, daß wir mit dieser unfairen Kampfmethode einem Gegner mehr
Gerechtigkeit widerfahren lassen, als es in der wissenschaftlichen Polemik üblich ist;
denn wir sind schon am Anfang im klaren darüber, daß ein starker Irrtum schon ein
schöpferischer Akt ist und für den, der an ihm festhält, ein wesentliches Problem lösen
muß." (*Perls, Hefferline, Goodman* 1979, S. 26 f.)

Goodman bediente sich des „Arguments ad hominem" nicht, um
seine politischen und wissenschaftlichen Gegner mit Psychologisierun-
gen mundtot zu machen, sondern um mehr Licht auf das zu werfen,
was gesagt wurde und wie es gesagt wurde. Er nahm sich davon nicht
aus und pflegte das ritualisierte Rollenspiel öffentlicher Diskussionen
dadurch aufzubrechen, daß er wünschte, man möge sich „ad hominem" unterhalten:

„Die Wahrheit ist genausosehr ein Produkt dessen, wer und was ich bin, als auch dessen, was ich weiß. Darum möchte ich hier auch zeigen, wer ich bin". (*Perls* et al. 1979,
S. 26 f.)

Goodman zeigte dies auch in seinen verschiedenen Tagebüchern, am
überzeugendsten in „Five Years" (1967). Daß man mit der Argumentationsmethode *ad hominem* mehr Licht auf einen Politiker werfen kann
als mit reinem Zuhören auf den Inhalt der Rede, hat *Goodman* am Beispiel von Reden des aus einer traditionellen Rednerfamilie stammen-
den damaligen Präsidenten John F. Kennedy gezeigt (in „Drawing the
Line" 1979). Mir scheint diese Methode ein gutes Beispiel der Verbindung von Therapie und Politik zu sein, die normalerweise in den meisten Therapieformen (auch in der Gestalttherapie) vernachlässigt oder
nicht ausdifferenziert ist. Schaut man beispielsweise auf die mystisch
verschwommene Vorstellung von Gesellschaft bei *Fritz Perls* oder auch

in der Gestaltpädagogik *George Browns*, so scheint mir *Paul Goodman* hier eine Lücke zu füllen.

(3) Der Stellenwert von Aggression

Goodman betont immer die positiven Aspekte von Aggression und hebt hervor, daß es wichtig sei, diese auszudrücken in einer Gesellschaft oder Umgebung, welche Aggression als schlechtes Benehmen oder als kindliche Unkontrolliertheit betrachtet. Weil wir Erwachsene nicht mit aggressiven Gefühlen umgehen können, schließen wir sie in unserem Körper ein und produzieren Magengeschwüre, Zahnweh und eine Vielzahl anderer Krankheiten, welche in der Gestalttherapie eindeutig als psychogen oder psychosomatisch angesehen werden. In seinen Novellen und Romanen bietet *Goodman* ein paar sehr farbige Beispiele von Aggression: Es sind Helden, die als Pazifisten an der Gewalttätigkeit von Kriegen verzweifeln. So überlegt sich z. B. Lothair in „The Empire City" (o. J.) ob er die Tiere des Zoos freilassen soll, als aggressiven Akt.

(4) Natur und Natürlichkeit

Im Werk von *Goodman* und auch in der Gestalttherapie tauchen diese Begriffe recht häufig auf, auch im Titel von *Goodman*s zuletzt erschienener Sammlung psychologischer Essays „Nature heals". *Goodman* gibt ein paar Beispiele von Natürlichkeit, so meint er: Im Kampf für den Pazifismus darf man durchaus den Faustkampf gebrauchen, „weil es natürlich ist". Auf der anderen Seite „ist Krieg eine unnatürliche Gewalttätigkeit, weil er nicht die natürlichen Gefühle freilegt und nicht beiträgt zur sozialen Kreativität, sondern im Gegenteil Gehorsam und Autoritarismus fördert" (aus: *Drawing the Line*, S. 26 f.; vgl. auch Kapitel 8 in: *Perls, Hefferline, Goodman* 1979). Nun, was ist mit natürlich und unnatürlich eigentlich genau gemeint? Natur bedeutet nach den Grundlagen der Gestalttherapie ein umfassendes Ganzes, das Krankheit wie auch Gesundheit, Destruktion wie auch Kreation, Krieg wie auch Faustkämpfe beinhalten muß. *Goodman* äußert sich zu diesem Paradox mit folgenden Worten:

„Die Menschennatur ist ein Potentielles ... Es ist ernsthaft zu fragen: Welches Kriterium bestimmt, ob wir die Menschennatur als das betrachten, was in der Spontaneität der Kinder verwirklicht ist, in den Werken der Helden, der Kultur der klassischen Epochen, der Gemeinschaft einfacher Völker, im Gefühl der Liebenden, in der erhöhten Aufmerksamkeit und in dem wunderbaren Geschick mancher Menschen in einer Notsituation? Auch die Neurose ist eine Reaktion der Menschennatur; sie ist gegenwärtig epidemisch verbereitet und normal, und vielleicht hat sie eine dauernde soziale Zukunft. Wir können diese Fragen nicht beantworten." (*Perls, Hefferline, Goodman* 1979, S. 105)

42

Die Gestaltkonzeption von „Menschennatur" und „Gesundheit" ist wie jede solche Konzeption eine moralisch-ästhetische. Von daher kann *Goodman* auch zu dem Schluß kommen, daß all jene, die sich in den Erfahrungen des Augenblicks verlieren können, natürlich und gesund sind: Kinder, Künstler, sogenannte Primitive, Liebende.

„Die kindlichen Gefühle sind von Bedeutung nicht als etwas Vergangenes, dessen man sich entledigen müßte, sondern als einige der schönsten Kräfte im Leben des Erwachsenen, die wiederhergestellt werden müssen: Spontaneität, Phantasie, Unmittelbarkeit im Gewahrsein (awareness) und im Zugriff auf die Umwelt." (*Perls* et al. 1979, S. 81)

In diesem Sinne ist auch der Titel von *Paul Goodmans* Essaysammlung „Nature Heals" zu verstehen.

(5) Selbst-Analyse

Immer wieder hat *Paul Goodman* betont und durch seine radikale Lebensweise demonstriert, wie wichtig und wertvoll Selbstanalyse sein kann. Seine Leistung auf diesem Gebiet kann durchaus verglichen werden mit den Bemühungen *Karen Horneys* im Bereich der psychoanalytischen Selbstanalyse. *Laura Perls* betonte in einem Gespräch nicht ohne Stolz, daß *Goodman* zuerst acht Jahre lang ihr Klient und nachher ein guter Freund gewesen war. Allerdings seien ihr seine Bemühungen um Selbstanalyse manchmal doch fast zu weit gegangen. Daß *Goodman* in seiner Vielseitigkeit und Universalität recht viele Möglichkeiten zur Selbstanalyse offenstanden, deuten die Titel seiner Essays „Notes of Self-Analysis" in „Nature Heals" (1981) an. Da heißt es beispielsweise: „On Being a Writer: An Essay for My Fortieth Birthday" oder: „The Politics of Being Queer" oder: „My Psychology as a Utopian Sociologist".

4.3 Paul Goodman als Pädagoge

Im Bereich der Pädagogik hat *Goodman* vermutlich seine bekanntesten Bücher geschrieben. Ausgehend von einer unbestechlichen und kompromißlosen Beschreibung des Zustands der amerikanischen Gesellschaft (im Jahre 1956 erstmals erschienenen „Growing up Absurd") und des amerikanischen Bildungswesens (im 1964 erschienenen „Compulsory Mis-Education") kam er zusammen mit seinen Freunden *Everett Reimer* („Schafft die Schulen ab!") und *Ivan Illich* („Entschulung der Gesellschaft") zu der Schlußfolgerung, daß innerhalb dieses Schulsystems nichts mehr zu reformieren sei, daß man vielmehr alles beitragen müsse zu seiner Abschaffung. Aus diesem Engagement heraus kam er dann auch zu dem Schluß, zusammen mit Lehrerkollegen sogenannte „Free Schools" aufzubauen. *Goodman* gelangte zu seinen

Grundsätzen für eine „Free School" ausgehend von seinem 1945 erstmals publizierten „Anarchistischen Manifest" (vgl. *Goodman, Blankertz* 1975). Sieht man sich einige der Grundsätze an, so überrascht, wie aktuell sie gerade heute sind, und es wird auch sehr schnell ersichtlich, wie verwandt sie mit den Grundlagen der weltberühmten „Free School" „Summerhill" seines Kollegen *Neill* sind:

(1) *Grundsatz der „Mini School"*: Kinder brauchen Gruppen, welche für sie überschaubar und transparent sind, in denen sie sich anlehnen und menschliche Beziehungen von Bedeutung knüpfen können. Die Schule ist kein Apparat, in dem alles auf Unterricht, Stoffplan, effizientes Lernen ausgerichtet sein soll, sondern in dem Menschen zusammenkommen.

„Das Ziel der Pädagogik im Elementarbereich sollte es sein, bis zum Alter von zwölf Jahren die freie Entwicklung des Kindes zu stützen und zu fördern, weil der von Gesellschaft und Familie ausgeübte Druck zu groß ist, als daß das Kind ihm aus freien Kräften widerstehen könnte." (*Goodman*, zit. nach *Blankertz* 1975, S. 123)

(2) *Grundsatz der „Free School"*: Heilsame Wirkungen sind nur von Gruppen zu erwarten, die auf den einzelnen eingehen und auf ihn Rücksicht nehmen, also seine Selbstentfaltung fördern. Darum müssen die Kinder frei wählen können. Der Freund *Goodmans, George Dennison*, der gleichzeitig Lehrer an *Goodmans* bekanntester „Free School" war, hat dies in seinem Erlebnisbericht „Lives of Children" (1969) (deutsch „Lernen und Freiheit", 1976) aufgezeichnet.

(3) *Grundsatz der „Street School"*: Die Schule sollte auf keinen Fall eine Insel werden, wie dies in Summerhill passierte oder wie ich es für die Arbeit mit Gruppen beschrieb (*Fatzer* 1980a, b). Die Schule darf die Schüler nicht immer mehr von der Außenwelt abschneiden, um diese dann in „Simulationsspielen" wieder hereinzuholen. Das heißt auch, daß Schulen zu verschiedensten Zwecken genutzt werden könnten, als Kultur- und Begegnungszentrum, auch als Lernstätte für Erwachsene und ältere Leute. Die Schulen untereinander sollten nicht isoliert sein, sondern gemeinsame Projekte und Querverbindungen jeglicher Art aufweisen.

Ein großer Nachteil all dieser „Free-School"-Versuche ist und war ihre Kurzlebigkeit. Sobald ihre Begründer wie *Neill* oder *Dennison* entweder starben oder sich einer anderen Aufgabe zuwandten, mußten die „Free Schools" relativ schnell ihre Pforten schließen.

Hier ist ein gewisser Vorteil eines Ansatzes wie „*Confluent Education*" (Gestaltpädagogik) von *G. I. Brown* (1971, 1975) zu sehen, der versucht hat, in verschiedenen Projekten eine Vielzahl von Methoden des affektiv-kognitiven Lernens zusammenzustellen (*Hillman*; diver-

44

se Unterlagen aus dem Cedarc-Zentrum; *Castillo* 1976). Allerdings besteht sehr schnell die Gefahr, daß diese zu reinen Techniken reduziert werden, statt Vehikel des Lernens zu sein. Zudem ist das Verhältnis von affektivem Lernen zur Institution Schule und zur Gesellschaft kaum reflektiert worden. Diese große Lücke könnten die Werke Paul Goodmans füllen. Obwohl diese Synthese offensichtlich ist, wurde sie nie gemacht. Dies mag damit zusammenhängen, daß sich „Humanistische Pädagogik moderner Prägung" im allgemeinen und „*Confluent Education*" im speziellen Mühe geben, pädagogisch und nicht politisch zu sein. Ich verweise hier lediglich auf die differenzierte Kritik von *Phillips* (1975).

Auf der anderen Seite macht es uns *Paul Goodman* in seiner Vielschichtigkeit nicht leicht, ihn ins Klischee des „Humanistischen Pädagogen" einzuordnen. *Goodman* hat nicht nur sehr konkrete Vorschläge gemacht, wie eine Humanistische Pädagogik praktiziert werden könnte, sondern hat in seiner Rolle als Schriftsteller und kritischer Chronologe und Zeuge seiner Zeit auch sehr anschaulich beschrieben, wie eine solche Pädagogik im Rahmen des Schulsystems und der Gesellschaft seiner Zeit scheitert. Seine epischen Romane sind Darstellungen von Helden, die kämpfen und untergehen („Making Do", „The Empire City", „Drawing the Line").

„Wir können beobachten, daß jedermann, der heute noch Leben und Energie hat und dies auf natürliche Weise zeigt, in einen unnatürlichen Zwang hineingerät. Und dann kann es passieren, daß er wegen irgendeiner Nebensächlichkeit aufgibt. Der nächste Schritt liegt dann auf der Hand, er wird einem durch die Gesellschaft aufgezwungen: Die moderne Gesellschaft läßt ihn nicht leben, sich entfalten, sie ist zu stark in ihren Einflüssen und zwingt uns das Leben auf." (*Goodman*, S. 8 f.; Übersetzung G. F.)

Daneben zeichnet er seine Beobachtungen auch in Tagebüchern auf („Five Years" und „New Reformation"). Dies alles können wir ansehen als eine riesige Sammlung von Fallbeispielen, mit der *Goodman* zeigt, wie humanes Lernen und Leben im amerikanischen Schul- und Gesellschaftsystem verunmöglicht wird. Es ist in diesem Zusammenhang nochmals auf die Aktualität *Paul Goodmans* für unsere Pädagogik hinzuweisen, wie dies *Hartmut von Hentig* in seinem Vorwort zu *Goodmans* Übersetzung von „Growing up Absurd" („Aufwachsen im Widerspruch") eindringlich gemacht hat (o. J., S. 12 f.).

Sehen wir uns *Paul Goodman* selbst *als Pädagogen* an, so hat er uns vieles *gelehrt*, am eindringlichsten, *daß es möglich ist, ehrlich zu sein.*

Auf der anderen Seite muß man die Kehrseite dieser Medaille auch sehr deutlich sehen: Paul Goodman kam aufgrund seiner bitteren Erfahrungen in Amerika zu einer düsteren Einschätzung von Schule, Ge-

sellschaft und Zukunft. In seinem Kommentar zu Summerhill äußerte er sich folgendermaßen:

„Trotzdem müssen wir sagen, daß die fortschrittliche Erziehung fast vollständig versagt hat. Die Demokratie in Frankreich und Amerika war nicht das, was *Rousseau* vorgeschwebt hatte. *Deweys* gesellschaftspolitische Entwürfe endeten in Technokratie, Bürokratie und Konformismus. Wahrscheinlich wird sich auch *A. S. Neills* Hoffnung nicht verwirklichen lassen ...
Wie läßt sich diese Entwicklung verhindern?
1. Indirekte Erziehung (durch Beteiligung an dem, was in der Gesellschaft geschieht) sollte das Hauptmedium des Lernens sein.
2. Die meisten High Schools sollten abgeschaft werden.
3. Die College-Ausbildung sollte dem Eintritt in den Beruf nicht vorausgehen, sondern danach erfolgen ...
Wir müssen den Schulbesuch drastisch einschränken, denn die langwährende Gängelung und Bevormundung ist gegen die Natur und hemmt die Entfaltung.
... Der Schulunterricht bereitet nicht auf das praktische Leben vor. Er wird weitgehend als Selbstzweck betrieben.
... So wie die Dinge liegen, werden die jungen Menschen von der Gesellschaft in Amerika entweder ausgeschlossen oder ausgebeutet ..." (*Goodman* 1971, S. 176-178)

Es fällt auf, daß sich *Goodmans* Schulkritik vornehmlich auf die Schul*struktur* richtet: offenbar glaubt er nicht an die Möglichkeit, durch neue Arten des Lernens Verbesserungen des Schulsystems zu erreichen. Anhänger der Humanistischen Pädagogik oder der „*Confluent Education*" dagegen sind überzeugt, daß man innerhalb des bestehenden Systems durch neue Arten des Lernens, dem sogenannten „Konfluenten Lernen" (ein Zusammenfließen zwischen affektivem und kognitivem Lernen), die Schule und ihre Atmosphäre verbessern kann. Allerdings entsteht damit oft die Gefahr, daß nur Kosmetik an der Schule betrieben wird. Oftmals ist nämlich zu Recht gegenüber der „*Confluent Education*" der Vorwurf erhoben worden, sie könne nicht so wertfrei sein, wie sie sich darstelle, wenn es ihr ernst sei mit den humanistischen Grundanliegen.

Ein zweites, das uns *Paul Goodman* als Pädagoge lehren kann, ist die *interdisziplinäre Betrachtung von Schule und Erziehung*. Oft kranken pädagogische Richtungen oder Ansätze daran, daß sie sehr einseitig bestimmte Aspekte von Schule oder Erziehung beleuchten und alles andere ausblenden: *"Humanistic Education"* oder *"Confluent Education"* fassen oftmals nur den affektiven Teil der Erziehung ins Auge, obwohl es klar ist, daß Erziehung nicht nur diesen Teil umfassen sollte; genauso, wie es klar ist, daß Erziehung nicht nur kognitive Aspekte berücksichtigen sollte, weil sonst die allseits bekannten Phänomene wie Lernstörungen und Motivationslosigkeit bei Schülerinnen und Schülern auftreten. Dieses Fehlen des integrativen Lernens und das Nicht-Berücksichtigen bestehender Schulstrukturen wirken sich für den einzelnen Lehrer dann so aus, daß er sich zwar im idealen Rahmen eines Trainingsprogramms ausbilden kann, daß es aber für spätere Auseinandersetzungen mit Mitlehrern, Eltern oder Schulbehörden kaum vorbereitet wird. Oftmals sind es nämlich gerade die Eltern, welche einer ganzheitlichen Erziehung ihrer Kinder Widerstand entgegensetzten, weil sie Angst haben, der Leistungsaspekt des Lernens falle völlig weg, und ihr Kind verpasse den Anschluß an die nächstfolgende Schulstufe. Dieser Widerstand von verschiedensten Seiten hängt auch damit zusammen, daß die grundlegenden Werte und Ziele der Humanistischen Pädagogik denen von traditioneller Erziehung in der Leistungsschule vielfach entgegenstehen. Auch diesen Gegensatz hat *Goodman* sehr anschaulich illustriert.

Auf der einen Seite stehen also soziologische Analysen des Schulsystems, die uns wenig konkrete Handlungsanweisungen zu geben vermögen, auf der anderen Seite finden sich humanistische Ansätze, welche uns zwar eine Vielzahl von Methoden und Möglichkeiten zum integrativen Lernen zeigen, die aber die strukturellen Hindernisse zu wenig berücksichtigen. Mir snd nur wenige konkretisierte Ansätze bekannt, die eine Synthese versuchen: *Schmuck* beschreibt einige Projekte in dieser Richtung (1973), wobei er sehr stark mit gruppendynamischen Elementen und mit Methoden der Organisationsentwicklung arbeitet. Ein sehr interessanter Ansatz wird von *Newberg*, einem Schüler *Browns*, ausgearbeitet (1976, 1977, 1978). Er versucht, eine Kombination von „Affektiver Erziehung" mit „Entwicklung eines städtischen Schulsystems" in Philadelphia, einer im Erziehungssektor reaktonären Gegend, zu realisieren. Die Tatsache, daß solche Ansätze nur schwer zusammengebracht werden, mag auch damit zusammenhängen, daß nur wenige Lehrer so universalistisch sind wie *Paul Goodman*: Gleichzeitig Psychologe, Pädagoge, Soziologe, Anarchist, Redner, Pazifist.

Goodman hatte bereits in den vierziger Jahren einige sehr visionäre Texte verfaßt, die lange Zeit lediglich in kleinsten Zeitschriften gedruckt wurden, und die in den sechziger Jahren zu politischen Leittexten der Jugend wurden und *Goodman* aus der Vergessenheit herausholten. Hier ist insbesondere sein 1945 anläßlich seiner Verteidigung der Wehrdienstverweigerung verfaßtes „Anarchistisches Manifest" zu nennen. *Goodman* wurde in den sechziger Jahren sehr aktiv, weil Amerika und Europa aus der langwährenden Grabesruhe erwachten, die er in seinem Tagebuch „Five Years" („Thoughts During a Useless Time") so akribisch analysiert und beklagt hatte. In diesem Zusammenhang steht auch sein Engagement als Bürger, der Briefe an Amtsstellen, an Politiker und Lehrer schrieb, in denen er sich für andere einsetzte. Um dies öffentlich zu machen, publizierte er sie in seinem Buch „The Society I Live in Is Mine" (*Hentoff* 1973). *Goodman* beteiligte sich an verschiedensten Aktionen, z. B. dem Free Speech Movement von Berkeley, an Antikriegs- und Antiwehrdienstaktionen, an einer gegen den Vietnamkrieg gerichteten Steuerverweigerungsbewegung. Schließlich war er sehr enttäuscht durch die Wendung der Neuen Linken zum Leninismus und starb 1972. Daß Goodman wieder sehr an Aktualität gewinnt, zeigt sich auch an der Tatsache, daß ein Großteil seiner Titel neu aufgelegt und übersetzt werden (*Blankertz* 1983; *Prengel* 1983).

Quellentext 1

Die Schwierigkeit mit der Humanistischen Pädagogik[1)]

John Goodlad

Jeder, der fünfundzwanzig Jahre oder länger in einem pädagogischen Beruf gearbeitet hat, stellt fest, daß es zwei scheinbar unvereinbare Denkströmungen in der amerikanischen Pädagogik gibt. Sie stehen Seite an Seite, manchmal dominiert die eine die Art des Unterrichtens, manchmal die andere. Tatsächlich könnte man die Geschichte der amerikanischen Pädagogik des zwanzigsten Jahrhunderts im Licht dieser zwei Gedanken oder Ideenströmungen darstellen. *William James* charakterisierte sie als „hart und rigide" auf der einen, „weich und zart" auf der anderen Seite. Sie beide haben die Pädagogen lange Zeit gefesselt.

Da Sie sich vermutlich selbst einiges unter dem harten und dem weichen Stil vorstellen können, möchte ich nicht viel Zeit für Definitionen verwenden. Ich möchte Ihnen die beiden Unterrichtsstile anhand von Beispielen illustrieren. Der harte, rigide Stil umfaßt klar definierte und voneinander abgetrennte Fächer oder Disziplinen. Er basiert auf akademischen Zielen, Unterrichtsbüchern, Arbeitstexten und einem lehrerdominierten Unterricht. Mit dem Lehrer als Zentrum des Wissens stellen wir uns Klassen- oder Leistungsstufen mit eindeutigen Kriterien für den Übergang von der einen zur jeweils nächsten vor. Charakteristisch sind weiter Noten und Zeugnisse, strenge Disziplin von oben, Bewertung mit Hilfe genormter Leistungstests, Leistungsgruppen und eine Normalverteilung der Leistungen. Es ist wichtig, hier zu betonen, daß der weiche Stil diese Praktiken nicht ausschließt, aber im harten Stil sind sie vorherrschend.

Für den weichen und zarten Stil könnten wir alle diese Ideen nehmen und völlig andere Aussagen machen. Ein breites Angebot an Lernzielen mit einem Hauptgewicht auf Verstehen und Wahrnehmen des eigenen

---

[1)] Der Inhalt dieses Artikels wurde als Rede an der vierten Nationalen Konferenz über Humanistische Pädagogik, West Georgia College, Carollton, Georgia, am 22. April 1977 vorgetragen und anschließend im „Journal of Humanistic Education", Februar 1978, S. 8-29, publiziert.

Selbst ist typisch. Eine Tendenz zur Integration verschiedener Fächer oder zum sog. „integrativen Tag" ist ein weiteres Merkmal dieses Ansatzes. Der weiche Stil bevorzugt ein breites Angebot von Unterrichtsmaterial mit vielfältigen Medien. Großes Gewicht wird auf die gemeinsame Planung des Lernens, auf gemeinsame Entscheidungen, auf Lehrer-Schüler- und Schüler-Schüler-Interaktion gelegt. Der Schüler wird als sein eigener Maßstab genommen. Bei der Bewertung werden Beschreibungen angewendet, zudem wird der Kontakt zu den Eltern gefördert. Flexibles Vorgehen, offene Klassenzimmer, Verzicht auf Benotung, kontinuierlicher Fortschritt und Wahlfächer sind ebenfalls grundlegend.

Dies sollte Ihnen einen Eindruck von beiden Stilen vermitteln. Allerdings ist es leichter, in der Theorie Unterschiede zwischen den zwei Stilen zu machen; in der Praxis erweist sich das als sehr viel schwieriger. Was die Diskussion über Unterricht betrifft, so haben sich die beiden Stil- oder Denkarten abgewechselt wie Ebbe und Flut. Während der Flut läßt jede der beiden Wellen einiges Treibholz liegen, der Sand wird ein bißchen verschoben. Trotzdem verändern sie beide das Aussehen der Küste nur wenig. In der Tat wird das Wesen des Unterrichts kaum verändert.

In letzter Zeit haben die Pädagogen den harten und rigiden Stil als „Basiserziehung" bezeichnet. Wenn heute der Ruf „zurück zur Basis" ertönt, dann bedeutet dies für unterschiedliche Leute Unterschiedliches, meistens hat es aber viel mit dem zu tun, was ich als den harten und rigiden Stil bezeichnet habe. Dieser Ruf wird von der Tagespresse aufgegriffen, von Radio und Fernsehen, auf Elterntreffen oder von Einzelnen, und meistens signalisiert er das Ende eines Zeitalters und den Beginn eines neuen. Aber weder wird das alte Zeitalter zu Grabe getragen noch wird das neue ganz neu geboren. Trotzdem lassen sich viele neue Aktivitäten beobachten, zunächst eher außerhalb als innerhalb der Schulen. Hunderte von Versammlungen haben dieses Thema. Basiserziehung ist heutzutage „modern".

Die Aktivitäten dauern meistens fünf bis sechs Jahre an. Dann beginnt die Bewegung an ihrer eigenen Rhetorik zu ersticken. Trotzdem überlebt sie noch weitere drei bis fünf Jahre. Vor 25 Jahren schürte das Buch „Why Johnny Can't Read" von *Rudolf Flesch* das Feuer und den Ruf „Zurück zur Basis". Zwölf Jahre später war das offene Klassenzimmer in aller Munde. Wieder zwölf Jahre später ist „zurück zur Basis" erneut das dominierende Thema.

Diese zwei Wellen scheinen in einem Abstand von jeweils zehn Jahren heranzufluten. Jede hinterläßt etwas Material am Strand, dann kommt die neue. Das periodische Neuerscheinen der weichen und der harten Welle hat aber auch sein Gutes. Die „aufgeblasene" Rhetorik sollte uns stets vor Augen halten, daß eine Humanistische Pädagogik, die sich an den Bedürfnissen und Interessen der Jugend orientiert, keine Entschuldigung ist für eine rührselige und doch lieblose Erziehung, die sich nur humanistisch nennt. Der weiche Stil kann — genauso wie der harte — in seinen Übertreibungen schädlich sein.

Periodische Anstrengungen, hier etwas genauer hinzuschauen, können durchaus fruchtbar sein. Was ich dagegen nicht verstehe, ist die Tatsache, daß so viele Erzieher auf jeder dieser Wellen reiten. Oft sieht es so aus, als komme es nicht darauf an, auf welcher Welle sie gerade reiten, so lange sie überhaupt auf einer reiten. Opportunismus scheint über die Vernunft zu triumphieren.

Lassen Sie mich jetzt darüber sprechen, was ich unter Basiserziehung (*basic education*) verstehe. Bei einer großen Gruppe von Leuten, die sich zur Basiserziehung bekennen, herrschen ziemlich unterschiedliche Auffassungen über deren Definition und Ziele, genauso wie es unterschiedliche Auffassungen über Politik bei Republikanern oder Demokraten gibt. Die extremsten Verfechter der „Zurück-zur-Basis"-Anhänger vertreten eine recht engstirnige Auffassung: Sie meinen Schreiben, Rechnen und Lesen, obwohl dies lediglich die Grundschule betreffen kann. Befürworter der harten Linie treten dafür ein, daß man diese Auffassung auf alle Schulstufen anwendet.

Allerdings muß man sagen, daß die meisten Schulen schon „zurück-bei-der-Basis" sind. In einem großangelegten Forschungsprojekt in Schulklassen (beschrieben in dem Buch „Behind the Classroom Door") untersuchten *Frances Klein,* einige andere und ich (*Goodlad* et al. 1974) 67 Grundschulen in den Vereinigten Staaten und entdeckten, daß die meiste Schulzeit mit Sprachen und Mathematik verbracht wird. In diesen Schulen wurde sehr wenig Gemeinschaftskunde, sehr wenig Naturwissenschaften und sehr wenig Kunst unterrichtet. Die Kinder lasen zwar naturwissenschaftliche und sozialwissenschaftliche Schulbücher. Aber das Lesen solcher Bücher und die Beantwortung von Übungsfragen heißt noch lange nicht, daß man die Basisfächer verläßt; es sind schlicht mehr Sprachübungen. In einer noch aktuelleren Studie untersuchte *Conant* Schulkassen in der Stadt Portland, Oregon, und kam zur Schlußfolgerung, daß, wenn man einen Schultag in der Grundstufe anschaut, die überwiegende Zeit für Mathematik, Sprachen und Lesen verwendet wird; nur wenige Minuten pro Tag werden für andere Fächer eingesetzt (*Conant* 1973). Mehr Gewicht kann auf Basiserziehung nicht mehr gelegt werden.

Weniger extreme Exponenten von Basiserziehung fragen sich eher, ob der weiche Stil nicht außerhalb jeglicher Kontrolle gerät. Grundsätzlich sind sie besorgter über Exzesse, und Exzesse gibt es sowohl beim weichen als auch beim harten Unterrichtsstil. Diese Leute wollen grundsätzlich eine Verbesserung der Erziehung. Wir können mit ihnen reden, wir sollten auf sie hören und wir können von ihnen lernen. Normalerweise wollen sie mit Erziehern konstruktiv zusammenarbeiten.

Gemäßigte Vertreter dieser Ansichten sind ernsthaft und haben gute Absichten. Sie beschäftigen sich ausführlich mit Schule und Erziehung. Während dieses Prozesses gewinnen sie eine außerordentliche Einsicht, weil sie der Natur des Menschen immer näher kommen. Unabhängig voneinander gewinnen sie eine humanistische Sicht. Es ist interessant zu sehen, daß das, was sie herausfinden, sie in Richtung von Unterrichtsstilen führt, die nicht leicht umzusetzen sind. Im Verlaufe eines Jahrzehnts verändern sich ihre Perspektiven vom harten und rigiden Stil in Richtung der vernünftigen Verfechter der weichen Perspektive. Sie beginnen zu realisieren, daß Erziehung ein komplexes Unterfangen ist.

Was finden sie heraus? Zunächst realisieren sie, daß in diesem Land eine überraschende Übereinstimmung darüber herrscht, wozu Schulen da sind. Einige Kollegen von mir und ich haben zusammen die soziopolitischen Ziele der amerikanischen Pädagogik seit dem Beginn der Schule genauer untersucht. Was fanden wir heraus? Zu Beginn lag das Schwergewicht auf einer Schule, die die Prinzipien der Religion und die Gesetze des Landes vermitteln sollte. Heute hat man daraus die drei Grundfächer Rechnen, Schreiben und Lesen gemacht. Später wurde das Hauptgewicht auf eine Schulung der zukünftigen Arbeitskräfte gelegt. Noch spätere Ziele waren die Sozialisierung und die Mitwirkung an unserer komplexen Gesellschaft. In den Anfängen des 20. Jh. erkannte man auch die Wichtigkeit der Person für die Ziele der Schule an. *John Dewey* sagte 1916 — und ich zitiere frei —: „Es genügt nicht, ein guter Vater, eine gute Mutter, ein guter Bürger oder ein guter Arbeiter zu sein. Jeder Mensch sollte ein sich selbst erneuerndes Individuum sein, das seine Erfahrungen zur Bereicherung und zur größeren Lebensfreude interpretiert". Seine Sichtweise schockierte eine Vielzahl von Leuten; sie ist heute in unserem pädagogischen Denken etabliert.

Ronald McIntire (1976), einer meiner Doktoranden, führte eine faszinierende Studie darüber durch, was Eltern in der Schule und in der Erziehung sehen. Er hatte in der Gegend von Denver eine Alternativschule eröffnet und wollte eine Methode entwickeln, mit der die Eltern die Art der alternativen Erziehung bezeichnen konnten, die sie sich wünschten. Er ging in verschiedene Schulgemeinden, um die Leute zu fragen, was sie von der Schule erwarteten, und baute ihre Antworten in eine Art von Typologie ein. Mit der Zeit konnte er drei verschiedene Typen von Schulen definieren. Er begann, diese Typen mit Etiketten wie traditionell, progressiv usw. zu versehen, doch er merkte bald, daß diese nicht paßten. Schließlich nannte er sie einfach X-, Y- und Z-Schultypen. Dann identifizierte er, was ich die Gemeinplätze von Schule und Unterricht nenne: Ziele, Inhalte, Lehrerverhalten, Schülerverhalten usw. Er hatte in seinem Raster sechs Spalten und drei Zeilen: 18 Zellen. Er wiederholte die Nennungen für eine Zelle drei- oder viermal und konstruierte das „Schulspiel". Das Schulspiel ermöglicht es den Eltern, konzeptionell genau ihre Wunschschule zu bauen. In einer ersten Aufgabe sollten die Eltern alle Dinge in einer Zelle nennen, die sie in der Schule wollten, in einer anderen die Dinge, die sie nicht wollten. ...

Ein Ergebnis war, daß Mütter und Väter, wenn sie zusammen das Schulspiel spielten, zwei Exemplare des Spiels brauchten, weil sie sich nicht einigen konnten. Interessant war auch, daß einige Eltern fragten: „Für welches Kind soll ich die Schule bauen?" Möglicherweise unterschätzen wir die Erwartungen, welche Eltern an die Erziehung ihrer Kinder haben. Auf jeden Fall war ein wichtiges Ergebnis der Studie, daß Eltern so verschiedenartige Dinge wollen wie grundlegende Lesefähigkeiten, Berufsvorbereitung und -zufriedenheit, intellektuelle Fähigkeit für ein unabhängiges Urteil, Verständnis von Traditionen und Wertmaßstäben, Selbsterkenntnis, emotionales und körperliches Wohlergehen, Moralerziehung.

Es liegt in der Verantwortung der Erzieher und der Schulen, diese Bandbreite von Zielsetzungen anzubieten und sich nicht einfach einer modischen Welle anzuschließen. Haben wir denn keine professionellen Grundsätze? Gibt es nicht einige Dinge in der Erziehung, für die wir kämpfen würden gegen Kritik und Anfeindung? Ich sehe nur allzu oft, daß manche Erzieher einfach einer Mode folgen. Kein Wunder, wenn unsere Glaubwürdigkeit im Wanken ist.

Was finden seriöse Kritiker noch heraus, wenn sie etwas über Erziehung herausfinden wollen? Sie entdecken, daß Erziehung und Schule etwas überaus Komplexes sind. Sie lernen, daß Unterrichten nichts Einfaches ist und daß ein guter Lehrer eine ganze Anzahl von Faktoren im Gleichgewicht halten muß. Sie finden heraus, daß Lernaktivitäten für die Schüler sinnvoll sein müssen. Sie lernen, daß Schüler Zeit brauchen zum Lernen und daß sie verschiedene Lerngeschwindigkeiten haben. Zudem erfahren sie, daß junge Menschen Ermutigung brauchen und daß Bestrafung den Erziehungsprozeß verlangsamt.

Oftmals behandeln wir unsere Hunde besser als unsere Kinder. Wenn wir Hunde trainieren, geben wir ihnen positive Verstärkung. Verständnisvolle Kritiker erfahren, daß wir unseren Jüngsten positives Feedback geben sollten. Sie müssen Gelegenheiten haben für Üben und Transfer, für aktives Einbezogensein und eine ganze Anzahl von Lernaktivitäten. Kritiker der Erziehung, die mit einer negativen Einstellung begannen, wurden sehr schnell ernsthafte Vertreter humanistischer Lernansätze.

Wie kommt es, daß die Flamme der Humanistischen Pädagogik immer nur ein kleines Flämmchen darstellt, wo doch sehr viele Amerikaner diese Ziele, Inhalte und Methoden der Humanistischen Pädagogik wollen und befürworten? Wenn Leute aus dem Ausland kommen und mich bitten, sie in eine offene Schule (open classroom), in ein integriertes Programm, in eine humanistische Schule zu schicken, fällt es mir schwer, ihnen eine zu empfehlen. Warum? — Es scheint, wir sind nicht ganz fähig, das Konzept des freien Selbst über die kritische Linie zu bringen, wo es eine natürliche Geburt und eine fortwährende Renaissance erleben könnte. Immer und immer wieder schaffen wir es beinahe, werden aber zurückgehalten durch Furcht, Zurückhaltung, Schuldgefühle und unsere instrumentellen Erziehungsmethoden.

Die frühen Schuljahre werden als wichtig erachtet für die folgenden mittleren Schuljahre; die Grundschule bereitet vor auf die *High School*; diese bereitet vor auf Berufsaktivitäten. Der Beruf bereitet uns auf die Pensionierung vor; diese bereitet uns auf den Tod vor. Irgendetwas ist falsch hier. Unsere noblen humanistischen Ziele werden zwar verfolgt, aber die nötigen Konsequenzen für das Erziehungssystem werden nicht gezogen — sie tauchen am Rande auf, aber nie ganz. Warum? Es ist klar, daß es uns nicht an Ausarbeitungen fehlt. Die Rhetorik der Humanistischen Pädagogik ist jahrhundertelang mit uns gewesen. Kürzlich brachte dies *Bailey* in einem kleinen Buch über die Ziele der Erziehung zum Ausdruck, indem er sagte: „Sicherlich hat das Erziehungssystem keine höhere Funktion als den Menschen zu helfen, in eine kreative Verbindung mit der Welt des höheren Selbst zu treten. Wenn die Welt des freien Selbst gut gepflegt wird, kann seine glückliche Mischung von Verspieltheit, Konzentration und Gesälligkeit die Welt der Arbeit und der Tätigkeiten positiv beeinflussen. Das freie Selbst ist dann nicht nur ein bloßer Ausschnitt der Existenz, sondern wird zu einer Existenzqualität." (*Bailey* 1976, S. 61)

Ich sehe mich veranlaßt zu sagen, daß das meiste, was er sagte, nur in Ansätzen, nicht in der Realisierung, nur in der Welt der pädagogischen Ziele, nicht in der pädagogischen Praxis vorhanden ist — mit Ausnahme einiger Inseln der Innovation.

Tatsächlich ist es so, daß unser Erziehungssystem sehr oft den Erziehungsprozeß korrumpiert. Warum? Die Antwort hat mehr mit denjenigen von uns zu tun, die Erzieher sind, als mit der Gesellschaft im allgemeinen. In der Tat haben wir den Feind getroffen: Wir sind es. Zurückzugehen zu den Grundlagen ist sehr viel leichter als sich an die Schaffung und Durchführung eines Erziehungsprogramms zu wagen, das auf den Interessen der Schüler oder Studenten aufbaut, auf ihren Bedürfnissen und Unterschieden. Der Ruf „Zurück zur Basis" mag seinen Ursprung bei Laien und Bürgern gehabt haben; er wird aber nur allzu schnell von uns Erziehern umgesetzt.

Ich erinnere mich an das wundervolle Buch von *Carolyn Tryon* (Association for Supervison and Curriculum Development 1950) in den 50er Jahren, als wir über die Entwicklungsaufgaben des Kindes sprachen und über Möglichkeiten, wie wir helfen könnten, diese zu entwickeln. Das Buch endet mit der Aufforderung, unsere Erziehungsprogramme auf diese Entwicklungsaufgaben abzustimmen. Ich weiß jetzt noch nicht, wo ich ein solches Programm finden kann. Und wieder frage ich, warum? Ich glaube, es hängt damit zusammen, daß Schulen sowohl vom Inhalt als auch von der Substanz her essentialistische Institutionen sind; das heißt, sie werden geschaffen und betrieben, um den Jungen das beizubringen, was „fundamental" ist. Lehrer sehen sich selbst in den meisten Fällen in der Verantwortung, den Schülern das Essentielle beizubringen, was immer das sein mag. Was essentiell ist, kann sehr leicht in Schul- und Arbeitsbüchern gesehen werden. Der Gebrauch dieser Hilfsmittel erleichtert den Prozeß des Unterrichtens. Es werden keine innovativen Wege verlangt. Zudem unterstützt die Kultur der Schule und der umgebenden Schulgemeinde solche Praktiken, auch wenn breitere Ziele formuliert sind. Folgt man diesen Büchern, gibt es keine Notwendigkeit, andere Ansätze zu entwickeln. Jeder, der unsere Schule radikal ändern möchte, indem er Programme aufbaut, die auf den Interessen und Bedürfnissen der Schüler basieren, läuft gegen die Gesellschaft im allgemeinen und gegen die gewohnte Art des Unterrichtens.

Der Weg von humanistischen Zielsetzungen zu humanistischen Praktiken ist dornenreich und verworren. Der Behaviorismus (als harter Stil) ist per definitionem präskriptiv. Die Ziele sind lehr- und lernbar. Die Technologie ist zugänglich. Folgt man *Skinner*, ist es möglich, positive Verstärker in die Umgebung einzubauen. Gewisse vorgegebene Verhaltensweisen leiten Schüler und Lehrer an. Der Lehrer wird zum Überwacher und zum Verstärker, zur Kontrollperson. In einer Kontrollfunktion zu sein, trifft sich gut mit verschiedenen konventionellen Vorstellungen von der Lehrerrolle und gibt den Schülern eine beruhigende Sicherheit. Viele der notwendigen Bedingungen für Belohnungen und Überleben in der künstlichen Umgebung des Klassenzimmers sind vorhanden. Jedermann, der die ersten drei Schulwochen des Jahres beobachtet hat, weiß, daß Lehrer und Schüler am Verhandeln sind. Zu guter Letzt entscheiden sie, was ein akzeptables Verhalten ist. Der Lehrer weiß, daß er an Freitagen keine Hausaufgaben geben sollte, und der Schüler weiß seinerseits, daß ähnliches von ihm verlangt wird. Die humanistische Position führt — im Gegensatz dazu — nicht zu solchen Verhandlungen. Die Epistemologie der humanistischen Position plädiert für die Kreativität des Individuums und der Gruppe. Es gibt keine verfügbare Technologie der humanistischen Erziehung. Man nimmt stattdessen an, daß das Individuum ein großes Potential für selbstgelenktes Lernen hat. Die Rolle des Lehrers ist es, dieses Potential freizumachen. Es gibt einige wenige Einschränkungen von seiten der Umgebung. Schüler und Lehrer sollten auf ihre gegenseitigen Interessen und Bedürfnisse achten. Der Lehrer ist ein Partner in einem Lernprozeß, der keine Grenzen hat.

Die Schwierigkeit mit der Humanistischen Pädagogik besteht darin, daß sie sich im Schulrahmen in einem gewissen Maße an die eng umgrenzte Lernumgebung anpassen sollte, die Grenzen setzt. Die induktiven Möglichkeiten des unbegrenzten Lernens sind nur schlecht zugänglich. Es gibt z. B. viele Probleme beim Zusammenstellen eines Busfahrplans für einen „Feldausflug". Die Laboratoriumsschule an der Universität Los Angeles ist ein hübscher Ort mit Bäumen, Wald, einem Weiher und Hügeln. Trotzdem sehe ich jeden Tag, daß die Kinder in der Nähe der Lehrer oder der Gebäude bleiben. Sie gehen nicht in den Wald, weil sie fallen oder sich ein Knie verletzen könnten, und dann würde den Lehrern der Prozeß gemacht. Darum werden neunundneunzig Prozent der Aktivitäten an dem Ort namens Schule durchgeführt. Bis wir nicht einen schönen Anteil der Aktivitäten auch außerhalb der Schule durchführen können, werden die Zielsetzungen der Humanistischen Pädagogik zurechtgestutzt.

Der humanistische Lehrer im normalen Schulzimmer, der sich zu einer offenen Erziehung bekennt, findet sich beschränkt auf fünfzig Quadratmeter Raum für dreißig lebendige Individuen. Auch der gutmütige Lehrer hat wenig andere Möglichkeiten als zu lenken und zu intervenieren, um Frieden und ein gewisses Maß an Ordnung zu gewährleisten. Der Lehrer ermuntert, hält zurück und straft abwechslungsweise, um schließlich mit Schuldgefühlen dazustehen.

Es existiert nur wenig empirische Forschung, die dieses Problem beleuchtet. Zum Beispiel verglich *Alexander* (1976) Praktiken in weichen, humanistischen und in harten, behavioristischen Schulen. Er mußte das ganze Gebiet von Los Angeles durchstreifen, bis er von jedem Typ ein klares Beispiel fand. Die weiche und humanistische Schule hatte eine klare humanistische Philosophie, auf welche sich die Lehrerschaft festlegte. Sie diskutierten darüber und internalisierten die Konzepte.

Die Lehrer in der behavioristischen Schule konnten sich nicht auf eine ausformulierte Philosophie einigen, aber sie folgten alle einem klar vorgeschriebenen Set von Verhaltensweisen im Unterricht. Sie folgten einer behavioristischen Methodologie und verwendeten „Verstärkung" und „Löschung" als Methoden. Die harte Schule hatte wenig Bedarf an Disziplinarmaßnahmen, weil sowohl die Erwartungs- als auch die Kontrollmechanismen in die Umgebung eingebaut waren. Das ist die Natur eines wahrlich behavioristischen Ortes. Die Lehrer kontrollierten und leiteten, aber sie fanden es selten nötig, ihre Macht zu mißbrauchen. Sie bestraften Kinder nur selten. Trotzdem war dies eine Umgebung, wo es von einem Schüler mutig gewesen wäre, das System herauszufordern. Das interessanteste Resultat der Studie von Alexander war, daß es in der weichen und humanistischen Schule weit mehr mißbräuchliches Verhalten gab als in der harten Schule. Und die Lehrer in der letzteren hatten große Schuldgefühle. Diese Resultate rütteln einen auf.

Schauen wir nicht nur auf verständnislose Eltern und nicht unterstützende Schulbehörden, um das Versagen der Humanistischen Pädagogik, eine dominante Kraft im Unterricht zu werden, zu erklären. Sie und ich werden vermutlich darin übereinstimmen, daß die Humanistische Pädagogik die Schulszene nicht dominiert. Aber die Ideen sind sehr stimmig und einleuchtend. Wir sollten nicht versucht sein, wegen mangelnder Umsetzung an den Ideen zu zweifeln oder diese sogar über Bord zu werfen. Die Praktiken aus diesen Ideen helfen mit, die kreative und ganzheitliche Entwicklung des Individuums zu fördern, wenn wir diese Praxis nur detailliert ausarbeiten können. Das Individuum, das nach den Prinzipien der Humanistischen Pädagogik erzogen wird, ist die Hoffnung aller.

Nein, die Schwierigkeit mit der Humanistischen Pädagogik liegt vornehmlich — bei uns selbst. Sie reflektiert die Leichtigkeit, mit der Basiserziehung im traditionellen Sinne in Schulen und Klassen unterrichtet werden kann. Der Rat „Zurück zu den Ursprüngen" berührt den Kern vieler, die unterrichten. Diese Bewegung mag mit Bürgern und Schulpolitikern beginnen, wird aber von vielen Lehrern dankbar aufgegriffen. Eine andere Schwierigkeit der Humanistischen Pädagogik besteht darin, daß eine unterstützende Technologie felt. *William Heard Kilpatrick*, der jahrlang am Teachers-College (Columbia-University, New York) unterrichtete, beeindruckte Tausende von Lehrern mit seinen Ansätzen der Humanistischen Pädagogik. Trotzdem gingen dieselben Lehrer am nächsten Montag zurück in ihre Klassenzimmer, um herauszufinden, daß sie ohne planvolle Logistik und mit unklaren Kontrollmechanismen einen Weg finden mußten, um im Klassenzimmer zu überleben, der sich gar nicht mit *Kilpatricks* Vorlesung von der vorigen Woche deckte. Die Ironie ist offensichtlich, aber nicht sehr tröstlich für diejenigen, die die zentralen Glaubenssätze der Humanistischen Pädagogik internalisiert haben. Wie nehmen wir diese wundervollen Ideen und setzen sie um, so daß Lehrer überleben können, ohne das Gesicht zu verlieren?

Es ging mir in meinem Vortrag darum, Probleme und nicht Lösungen aufzuzeigen. Lösungen sind für einen anderen Ort und für eine andere Zeit gedacht, aber trotzdem wäre es angebracht, mit dem Finger nicht nur aufwärts oder abwärts zu zeigen. Es gibt Dinge, die es wert sind, von Ihnen und von mir unterstützt zu werden, und es gibt Dinge, die dies nicht wert sind. Wenn wir die unterstützenswerten Dinge anschauen, so glaube ich, sollten wir in den nächsten Jahren mehr achtgeben auf die Substanz dessen, was wir unterrichten, auf die Qualität der erzieherischen Erfahrung und auf das, was der Lernende mitnimmt. In den letzten zehn oder zwölf Jahren habe ich nur wenig Diskussionen über diese Themen gehört. Die Modethemen zwangen uns, die Erziehungsziele verhaltensmäßig zu definieren und den Lernprozeß dann mit 244 Verhaltenszielen zu „managen". Der Bereich der Evaluation war nicht durch Wertfragen gekennzeichnet (wie z. B. nach der Qualität der Interaktion zwischen Schüler und Stoff), sondern durch Leistungsfragen. Es ist höchste Zeit, unsere Aufmerksamkeit auf die Qualität der Mittel zu richten. Wir waren verführt durch eine vornehmliche Beschäftigung mit verhaltensmäßigen Definitionen von Erziehungszielen und mit Leistungsmessung. Stattdessen sollten wir uns mehr mit Schülerzufriedenheit und der Bedeutung der erzieherischen Erfahrung beschäftigten, auch wenn sich das nicht so leicht messen läßt. Wir sind eingeschlossen gewesen in ein industrielles oder Fabrikmodell von Unterricht, das die Ziele in den Vordergrund schiebt und die Mittel rechtfertigt, je nach Zielsetzung. Schulen werden nicht erreichen, was jetzt nötig ist, indem sie diese oder jene Innovation ausprobieren, um eines dieser Ziele effizient zu erreichen. Forschungsergebnisse zeigen, daß wir keine einzige Innovation (= Neuerung) von solcher Kraft kennen, daß sie die Lernergebnisse oder -erfahrungen konsistent beeinflussen würde. Es gibt nicht eine bestimmte Lesemethode, welche für sich genommen die Resultate um fünf Prozent verändern (verbessern) würde. Es hat sich gezeigt, daß keine Methode signifikant besser ist als die andere. Vielmehr ist es so, daß wir wieder Kraft und Vitalität in den Erziehungsprozeß bringen, wenn wir uns leiten lassen durch breite menschliche Ziele und viel mehr Aufmerksamkeit für die Qualität der erzieherischen Erfahrung.

Ich möchte hier *Rosen* (1976) zitieren: „Der Wert liegt nicht im Erreichen von Antworten, sondern im Verlangen danach. Wir können das Verlangen nicht einfach über Bord werfen mit dem Hinweis darauf, daß die Ziele unerreichbar sind, weil das Verlangen an sich nobel ist. Darum werden wir bei unserer höchsten Aktivität nicht darüber streiten, ob das Ziel die Mittel rechtfertigt. Die Mittel rechtfertigen sich selbst. Die Qualität unseres Lebens liegt im Tun, nicht in dem, was getan wurde. Im Tun liegen unsere wirklichen Ziele, und dieses benötigt keine Begründung von Zielen zu seiner Rechtfertigung." (*Rosen* 1976, S. 29)

Übersetzung aus dem Amerikanischen von Gerhard Fatzer.

Humanistische Pädagogik — zu zart für eine harte Welt?[1]

Arthur W. Combs

Viele Leute betrachten den humanistischen Ansatz in der Pädagogik als eine vorübergehende Modeerscheinung, die von unklar denkenden Idealisten fernab von den *wirklichen* Werten und Zielen der Erziehung ins Leben gerufen wurde. Andere meinen, daß Humanistische Pädagogik darauf abziele, Haus und Kirche wieder als die Hauptgaranten der Erziehung einzuführen. Einige andere bezeichnen sie gar als „säkularen Humanismus" und betrachten sie als unchristlich und antireligiös. Wieder andere meinen, daß Humanismus eine gute Idee sei, aber viel zu weich, um Schüler und Studenten auf die harte Realität vorzubereiten. Alle diese Mißverständnisse sind schädlich und bewirken, daß eine Humanistische Pädagogik mit ihren Zielsetzungen — die für die amerikanische Pädagogik gut wäre — zurückgedrängt wird.

Was ist Humanistische Pädagogik eigentlich? Unsere Arbeitsgruppe definierte dies folgendermaßen: Humanistische Pädagogik ist eine Einstellung gegenüber Erziehung, die den Aspekten der Freiheit, der Wertschätzung, der Würde und der Integrität von Personen mehr Gewicht beimißt (vgl. 2.1).

...

Die humanistische Bewegung ist keine Modewelle, die schnell wieder verschwinden wird. Ganz im Gegenteil ist sie Teil einer weltweiten Tendenz des menschlichen Denkens. Sie existiert nicht nur in der Erziehung. Es gibt humanistische Bewegungen in der Psychologie, Soziologie, Anthropologie, Politik, Theologie, Philosophie und Medizin. Die Humanistische Pädagogik ist lediglich ein Teil einer größeren Bewegung und Tendenz. Wenn es sie nicht gäbe, müßten wir sie erfinden. Dafür gibt es drei Gründe.

---

[1] aus: Phi Delta Kappa Feb. 1981

1. Wechsel in der Natur der dringendsten Probleme der Menschheit

Eine große Umwälzung hat uns in den letzten hundert Jahren begleitet, am stärksten in den letzten dreißig. Seit der Anfangszeit des Menschen war eines der vordergründigsten Ziele die Kontrolle der Umwelt.
Millionen Jahre lang hatten die Menschen einen unablässigen Kampf
zu bestehen, um Nahrung, Kleidung, Schutz und Macht zu bekommen. Dies war das Hauptproblem. Mit der Entstehung von Wissenschaft und Industrie änderte sich das alles. Die phantastischen Ent-
deckungen der Wissenschaft gaben uns das „Know-how", um die gesamte Welt zu ernähren, zu kleiden und in Wohnungen unterzubringen. Technik und Industrie stellten uns die Mittel zur Verfügung, so
daß wir eigentlich Technologie und Wissen zur Lösung dieser uralten
Probleme hätten. Wenn wir aber die Menschen nicht ernähren, kleiden
und beherbergen können, geschieht das nicht länger, weil wir nicht
wissen wie, sondern weil wir uns und andere nicht dazu bringen können zusammenzuarbeiten, um dieses Ziel zu erreichen.

Wir haben unser altes Problem gelöst und finden uns nun konfrontiert mit einem neuen Problem: das menschliche Problem. Das Aufkommen von Wissenschaft und Industrie hat aus unserer Gesellschaft
die interdependenteste Gesellschaft seit dem Beginn unserer Geschichte
gemacht; damit auch die am meisten auf Kooperation angewiesene. Jeder von uns ist total abhängig von anderen Menschen, selbst für die
simpelsten Dinge des Lebens. Wenige von uns könnten mehr als ein
paar Tage vollkommen abgeschnitten von den anderen leben. Tausende von Menschen, die wir noch nie gesehen oder von denen wir
noch nie gehört haben, sind notwendig, um uns eine Lebensnotwen-
digkeit wie einen Viertelliter Milch zu produzieren.

Zudem haben wir eine Welt geschaffen, in der die Macht jedes Einzelnen zum Guten oder zum Bösen enorm zugenommen hat. Je abhängiger eine Gesellschaft ist, desto mehr Möglichkeiten stehen einem Individuum offen, das System durcheinander zu bringen oder zu unterbrechen. Heutzutage kann — bei uns in den USA — jedermann ein Ge-
wehr durch einen Fernversand kaufen. Gifte können in jedem Gärtner-
geschäft erworben werden. Jeder von uns fährt auf der Autobahn, ein-
gepackt in eine Tonne aus Metall, mit der er jederzeit den Tod von
Dutzenden von Menschen verursachen kann. Es ist diese — lästige —
wechselseitige Abhängigkeit, welche es Terroristen ermöglicht, ganze
Völker zu bedrohen. Ein paar wenige Leute am richtigen Ort zur richtigen Zeit können eine internationale Krise heraufbeschwören, indem sie

einige Geiseln festhalten, J. F. Kennedy oder Martin Luther King töten und so den Rest der Menschheit in Aufruhr bringen.

Diese Interdependenz hat die menschlichen Probleme zu den dringendsten gemacht, denen wir im Moment gegenüberstehen. Und dieser Druck wird noch größer werden. Durch jede neue technologische Entdeckung werden wir gegenseitig noch abhängiger. Wir haben die Ära der Naturwissenschaften verlassen und sind in die Ära der Sozialwissenschaften eingetreten.

Um erfolgreich in einer zunehmend interdependenten Welt zu leben, brauchen wir intelligente Bürger, die sich selbst und die Dynamik der menschlichen Interaktion verstehen, auf die wir zählen können, die sich für andere Menschen einsetzen und die als verantwortungsbewußte und problemfähige Individuen handeln. Ein Blick auf die schwierigsten Probleme zeigt, daß es sich durchweg um menschliche Probleme handelt: Bevölkerungsprobleme, Umweltverschmutzung, Ökologie, Energie, Armut, Krieg, Frieden, Bürgerrechte, Hunger, körperliche und geistige Gesundheit und Terrorismus. Selbst die Atombombe stellt mehr ein menschliches als ein technisches Problem dar. Wir müssen keine Angst vor den Bomben haben, sondern vor den Menschen, die sie einsetzen könnten. Und die Zukunftsforscher sagen uns, daß dies lediglich der Anfang sei. Ein Charakteristikum, das sie als kritisches Problem für die Zukunft vorhersagen, hängt mit der zunehmenden Wichtigkeit des persönlichen Wachstums und der menschlichen Interaktion zusammen.

Dieser große Umschwung im menschlichen Denken findet derart langsam statt, daß nur wenige Menschen ihn überhaupt wahrnehmen. Unsere öffentlichen Schulen, welche als ihre Hauptaufgabe die Jugend auf die Welt von morgen vorbereiten, sollten solche Tendenzen als erste Institutionen wahrnehmen und sich den neuen Erkenntnissen anpassen. Unglücklicherweise nehmen nur wenige Lehrer diesen Umschwung wahr, und nur wenige Schulen haben sich in ihren Lehrplänen und in ihrer Unterrichtspraxis diesen neuen Forderungen angepaßt. Es ist beispielsweise faszinierend festzustellen, daß die Sozialwissenschaften der Psychologie, der Soziologie, der Anthropologie und der Politologie über hundert Jahre alt sind — sie wurden speziell für die Beschäftigung mit menschlichen Problemen geschaffen. Trotzdem sind sie in den meisten öffentlichen Schulen noch nicht in die Lehrpläne eingegangen, außer vielleicht in einigen Wahlkursen in obersten Schulklassen — und dort lediglich als Belohnung für gute Noten in Allgemeinfächern.

Die Standardlehrpläne genügen nicht mehr, um unsere Jugend auf die Welt von morgen vorzubereiten. Vertreter der Humanistischen

Pädagogik glauben, daß unsere öffentlichen Schulen mehr Aufmerksamkeit auf die „Condition humaine" legen sollten. Als neuer zentraler Punkt sollte die *Person im Prozeß* gesehen werden. Das gesunde Wachsen des Schülers als Person — mit einem klaren Verständnis der Dynamik der menschlichen Interaktion und mit persönlichen Fähigkeiten, um mit anderen Menschen effizient zusammenzuarbeiten — sollte einen wichtigen Platz unter den wichtigsten Zielen der heutigen und der zukünftigen Schule finden.

2. Sorge um das innere Leben der Schüler (oder Studenten)

Die Mehrheit der heutigen Lehrer und Schuladministratoren werden in irgendeiner Form der behavioristischen Psychologie als theoretischer Grundlage ihres professionellen Denkens geschult. Diese Ansätze konzentrieren ihre Aufmerksamkeit primär auf das Verhalten und die äußeren Bedingungen, die dieses hervorrufen. Die Reiz-Reaktions-Psychologie versucht vor allem, den Reiz zu manipulieren, um ein gewünschtes Verhalten zu produzieren.

...

Solche Ansätze betrachten den Schüler als Objekt, das man formen und modellieren kann nach einem vorgefaßten Bild, und Motivation sieht als Problem so aus, daß der Lehrer beim Schüler ein gewünschtes Verhalten provozieren möchte und ihn dazu manipuliert. Solche Versuche mögen sinnvoll sein, um genau voraussagbares Verhalten oder Grundfähigkeiten des Lesens oder der Mathematik zu produzieren.

Seit kurzem stellt uns allerdings die Humanistische Psychologie eine andere Sichtweise von Menschen vor, die über den Behaviorismus hinausgeht, um uns mit neuen Sichtweisen des menschlichen Wachstums und der Entwicklung bekanntzumachen. Diese neue Perspektive sieht Verhalten nur als Symptom an. Die *Beweggründe* des Verhaltens werden als adäquatere Basis für berufliche Entscheidungen angesehen. Schließlich wären die wenigsten von uns zufrieden, wenn sich unser Arzt nur mit unseren Symptomen beschäftigen würde. Humanistische Psychologen heben hervor, daß sich die Menschen nicht in Übereinstimmung mit den Fakten verhalten. Wenn sich Individuen falsch verhalten, hat es in den wenigsten Fällen damit zu tun, daß sie nicht wüßten, was sie tun sollten. Die Gründe für das aktuelle Verhalten liegen vielmehr in ihren Grundannahmen, Gefühlen, Haltungen, Vorlieben, Abneigungen, Hoffnungen, Befürchtungen und Zielen. Das sind die wichtigsten Determinanten des Verhaltens. Dies sind die Charakteristika, die uns menschlich machen, und sie stellen den Hauptgrund für die Bezeichnung „Humanistische Pädagogik" dar. Humanistische Pädagogen glauben, daß sich Erziehungsprozesse (um die gesunden, verantwortungsbewußten und effizienten Menschen hervorzubringen, welche die Zukunft braucht) nicht nur mit dem Verhalten von Schülern oder Studenten, sondern auch mit ihrem Innenleben, speziell mit ihrem Selbst-Konzept, mit ihren Werten und Gefühlen beschäftigen müssen.

Der vermutlich wichtigste Beitrag der humanistischen Psychologie der letzten dreißig Jahre ist die Betonung des Selbst-Konzepts als Faktor des menschlichen Wachstums und Verhaltens. Das Selbstbild und die Grundannahmen über sich selbst sind ein vitaler Bestandteil jeder Aktivität eines Individuums. Menschen verhalten sich nach dem, was sie über sich selbst annehmen. Diejenigen, die glauben, daß sie etwas können, können es; die, welche das nicht glauben, können es nicht. Ausführliche Forschung hat uns gezeigt, daß das Selbstkonzept ein zentraler Faktor beim Erfolg oder Mißerfolg eines Menschen in der Schule, im Beruf oder in der sozialen Interaktion darstellt.

Da menschliche Gefühle, Haltungen und Annahmen über sich selbst grundlegend für das Verhalten sind, sollten sie hoch oben in der Liste der Zielsetzungen jeder öffentlichen Schule stehen. Das Verhalten zu kontrollieren heißt, sich nur mit Symptomen zu beschäftigen. Veränderungen in den Gefühlen, Haltungen und Grundannahmen machen die Kontrolle des Verhaltens überflüssig. Das Verhalten eines schwarzen Kindes, das sich aggressiv gegenüber einem weißen Kind verhält, kann kontrolliert werden durch einen Lehrer, der Methoden der Verhaltenstherapie verwendet, so daß das Verhalten des betreffenden Kindes aufhört, wenigstens so lange der Lehrer präsent ist. Wenn dagegen das gleiche Kind lernt einzusehen, daß der weiße Klassenkamerad „ein Kind wie jedes andere auch" ist, so kann das aggressive Verhalten für immer verschwinden.

Es ist tatsächlich seltsam, daß so viele Leute, innerhalb und außerhalb des Bereichs der Erziehung, glauben, Schule sollte nur objektiv sein. Vor mehreren Jahren erstellte ich eine Übersicht über die Ziele der staatlichen Schule, vom Beginn der Kleinschule in Massachusetts bis zu den Ergebnissen der letzten Konferenz im Weißen Haus. Ich war beeindruckt davon, daß die Zielsetzungen der öffentlichen Schulen durch alle Zeiten hindurch in den berühmten sieben Kardinalprinzipien zusammengefaßt werden können. Zusätzlich zu den Grundfähigkeiten in Schreiben, Rechnen und Lesen haben wir immer die Erziehung zur Familienfähigkeit, zur Bürgerverantwortung, zur körperlichen und geistigen Gesundheit, zur Berufsvorbereitung, zur sinnvollen Freizeitgestaltung und zu ethischem Verhalten gefordert. Solche Ziele können nicht erreicht werden, indem man die Schüler als Objekte behandelt. Sie können auch nicht erreicht werden durch vollständige Objektivität oder durch das bloße Abhandeln von Fakten. Die meisten Ziele können nur verstanden werden als Funktion der Werte, Gefühle, Haltungen und Grundannahmen des Schülers. Humanistische Pädagogen sind überzeugt, daß im Zentrum der Erziehung die Betonung des Innenlebens des Schülers stehen muß.

3. Lernen ist ein persönlicher, humanistischer und affektiver Prozeß

Von der verhaltensmäßigen Sichtweise des Lernens aus wird Unterrichten als ein Managementproblem betrachtet, das mit der Manipulation von Reizen und der Planung von Resultaten im Verhalten zu tun hat. Eine solche Sichtweise kann uns wichtige Richtlinien geben, wenn das Verhalten voraussehbar und planbar ist. Diese Bedingungen trifft man öfters in unteren Klassen an. Je höher man hinaufsteigt auf der Erziehungsleiter, desto weniger wird dies der Fall sein. Prozeßziele wie Problemlösen, intelligentes Verhalten und effiziente Kommunikation können nur schwer präzise als Verhalten umschrieben werden. Dafür ist ein adäquateres Konzept von Lernen nötig.

Glücklicherweise hat uns das humanistische Denken mit einer zweiten Perspektive des Lernens bekanntgemacht, welche uns adäquatere Richtlinien im Umgang mit komplexen Inhalten und mit Prozeßzielen zur Verfügung stellt. Humanistische Psychologen heben hervor, daß Lernen immer aus zwei Teilen besteht: Auf der einen Seite die Konfrontation mit neuen Informationen oder Erfahrungen, auf der anderen Seite das Entdecken eines persönlichen Sinnes. Die meisten Pädagogen können sehr gut mit dem ersten Aspekt umgehen. Wir sind Experten im Übermitteln von Information. Wir haben das schon jahrlang gemacht. Den Schülern zu helfen, einen persönlichen Sinn in der Information zu entdecken, ist etwas ganz anderes, bei dem wir oft versagen. Der „Dropout" (Schulversager) ist kein Dropout, weil wir ihm nichts mitteilten. Wir taten dies, immer und immer wieder. Er ist ein Dropout, weil er nie einen persönlichen Sinn im Gelernten entdeckte.

Lernen, vom humanistischen Standpunkt aus betrachtet, wird verstanden als die persönliche Entdeckung von Sinn. Das Grundprinzip könnte folgendermaßen formuliert werden: Jede Information wird das Verhalten eines Menschen nur insofern beeinflussen, als er den persönlichen Sinn dieser Information entdeckt. Nehmen wir beispielsweise an, daß ich morgens im Auto zur Arbeit fahre und Radio höre. Ich höre einen Bericht über einen Autounfall in der Gegend der Universität. Frau Joe Brown sei ernsthaft verletzt worden und hätte ins Spital eingeliefert werden müssen. Diese Information hat eine gewisse Bedeutung für mich. Ich kenne zwar Frau Brown nicht, aber ich fahre in einem Auto und denke für mich: „Das ist schrecklich. Noch ein Unfall! Es sollte etwas getan werden." Ich fahre etwas langsamer. Nehmen wir an, Frau Brown sei die Ehefrau eines Kollegen. Plötzlich hat diese Information noch mehr Sinn für mich und beeinflußt mein Verhalten entsprechend. Ich denke während meines ganzen Arbeitsweges daran. Ich erzähle es meiner Sekretärin und den anderen Kollegen der Fakultät. Es wird zu einem Gesprächsthema. Gehen wir noch einen Schritt weiter: Falls Frau Brown der Name meiner verheirateten Tochter ist, werde ich vermutlich so schnell wie möglich ins Spital rasen. Je größer die persönliche Bedeutung einer Information ist, desto größer beeinflußt sie mein Verhalten. Dies erklärt in großem Maße, warum so viel von dem, was wir in der Schule lernen, so wenig Wirkung hatte. Wir entdeckten nie dessen persönliche Bedeutung.

Wirkungsvolles Lernen ist auch *affektiv*. Wir empfinden Gefühle oder Emotionen, wenn Ereignisse wichtig für uns sind. Affekte oder Gefühle sind ein Hinweis auf den Grad der persönlichen Bedeutung. Wenn Erziehung nicht affektiv ist, wird es wahrscheinlich sein, daß sie wenig Bedeutung hat.

Die hysterische Opposition gegen die affektive Erziehung hat sich in diesem Sinne auch als sehr destruktiv erwiesen. Signifkantes Lernen wird immer begleitet durch Gefühle und Emotionen, und Schulzimmer, welche diese ausschalten wollen, reduzieren ihre Wirksamkeit.

Lernen ist eine tief menschliche, persönliche, affektive Erfahrung. Humanisten heben hervor, daß es auch stark beeinflußt ist durch das Selbst-Konzept, durch die Werte, Bedürfnisse, durch das Gefühl der Herausforderung oder Bedrohung, durch Zugehörigkeitsgefühle und Identifikationen des Lernenden.

Um nochmals zusammen zu fassen: Humanistische Pädagogik ist eine absolute Notwendigkeit aus drei Gründen:

(1) Alles, was wir über die zukünftige Welt wissen, deutet darauf hin, daß wir verantwortungsbewußte Bürger brauchen, die fähig sind, menschliche Probleme zu verstehen und mit ihnen umzugehen.

(2) Da die Ursachen unseres Verhaltens in Bereichen liegen, welche uns erst als Menschen charakterisieren — unsere Gefühle, Haltungen, Annahmen, Werte, Hoffnungen, Befürchtungen —, sollte sich ein wir-

kungsvolles Schulsystem mit diesen Bereichen beschäftigen, um seine Verpflichtungen gegenüber Jugend und Gesellschaft zu erfüllen.

(3) Humanistische Pädagogik ist essentiell, weil Lernen ein tief menschlicher, persönlicher und affektiver Prozeß ist.

Humanistische Pädagogik ist keine Modewelle. Sie ist fest verankert in neuen Konzepten der Natur des menschlichen Organismus', der Ursachen des Verhaltens und den Prozessen des Lernens. Dies sind Fakten. Sie werden nicht verschwinden und können nicht ignoriert werden, nur weil sie unbequem sind.

Wir Pädagogen sind sehr modeanfällig. Wir hoffen schon seit langem, daß irgendein Trick, eine Methode, Organisation oder administrative Gesetzesverordnung uns retten wird. Trotzdem haben wir über die Jahre die Modewellen kommen und gehen sehen — Radio, Television, audiovisuelle Apparate, Lernmaschinen, neue Mathematik, Fremdsprachen in der Primarschule, offene Schule und offene Klassenzimmer, Programmierter Unterricht und neuestens die leistungs- und verhaltensorientierte Instruktion und die „back-to-basics"-Strömung. Einige Leute glauben, daß es der Humanistischen Pädagogik ähnlich ergehen und daß sie langsam im Sande verlaufen werde. Eine solche Einschätzung ist sicherlich falsch. Humanistische Pädagogik ist nicht eine Technik, eine Trickkiste, eine Methode oder eine Organisationsform. Sie ist eine Art des Verstehens der „Condition humaine", dessen, wie Menschen sind, wie sie sich verhalten und lernen, welchen Problemen sie gegenüberstehen. Methoden und Techniken kommen und gehen. Aber die Art des Denkens über Menschen und über die Art, wie sie lernen, überdauert.

Die humanistische Bewegung wird bleiben. Als ich im Jahre 1935 zu unterrichten begann, fanden sich noch sehr wenig humanistische Pädagogen. Heute gibt es Tausende, und die Zahl wird größer. Sie schwenken keine Fahnen und machen keine Werbung. Sie beginnen erst, formale Organisationen zur Vertretung ihrer Interessen aufzubauen. Sehr viele Lehrer wären vermutlich erstaunt, wenn man sie als Humanisten bezeichnen würde. Sie verstehen humanistisches Denken und übertragen es auf den Unterricht. Trotzdem haben sie sich nicht die Etikette des Humanisten umgehängt. Man kann sogar erfolgreiche humanistische Pädagogen unter der Diktatur von autokratischen Administratoren beobachten. Es ist kein Zeichen von Schwäche, daß Schüler und Studenten glücklicher sind in humanistischen Schulen. Zudem verlangt die Humanistische Pädagogik keineswegs die Aufgabe traditioneller Erziehungsziele. Ich bin nicht ein Humanist, weil ich nett zu den Menschen sein möchte. Ich bin ein Humanist, weil ich *weiß*, daß Schüler alles besser lernen, wenn ich humanistisches Denken bei den Problemen des Unterrichtens anwende. Sie werden bessere Schreiber, Leser, Mathematiker, Bauern, Physiker, Lastwagenfahrer oder was auch immer sein. Humanismus ist keine fragile Blume, die zu zart ist für eine harte Welt. Ganz im Gegenteil. Er ist der systematische und bewußte Versuch, das Beste, was wir über Menschen und Lernen wissen, in die Praxis umzusetzen. Er ist die wissenschaftliche Vorgehensweise, wie sie Pädagogen seit Generationen praktiziert haben. Humanistisches Denken in die Tat umzusetzen ist kein Fehler. Es zu ignorieren, ist der weit größere Fehler. Humanistische Pädagogik plädiert dafür, daß das, was Schüler oder Studenten über sich und ihre Welt in Erfahrung bringen, viel zu wichtig ist, als daß es von der Pädagogik übersehen werden dürfte. Vielmehr sollten solche menschlichen Erwägungen in jeden Aspekt pädagogisches Denkens und Handelns miteinbezogen werden.

Übersetzt von Gerhard Fatzer (leicht gekürzt)

Teil II

Humanistische Pädagogik in der Praxis

Der *zweite Teil* stellt die Humanistische Pädagogik in der Praxis dar. Er gibt in einem ersten Abschnitt einen Überblick über Humanistische Pädagogik im Unterricht. Dies umfaßt Ausführungen über die wichtigsten Methoden erfahrungsorientierten Lernens, über gelenkte Phantasien, Körperübungen und Bewegung im Unterricht, über die verschiedenen Phasen des erfahrungsorientierten Lernprozesses und über Unterricht aus gestaltpädagogischer Sicht. Die Anleitungen sind mit zahlreichen Übungen versehen, so daß Sie sich als Lehrer, Kursleiter oder Berater damit vertraut machen können. Zudem stelle ich wichtige Unterrichtsmodelle und Unterrichtsbeispiele vor.

In einem zweiten Abschnitt gehe ich auf die Humanistische Pädagogik in der Lehrerausbildung ein mit Sequenzen zur Selbsterfahrung und zum Unterrichtsverhalten des Lehrers. Eine Abgrenzung zur Methodik des Projektlernens beschließt diesen Abschnitt.

Ergänzt werden diese Darstellungen durch ein Lehrerinterview mit *Aaron Hillman*. In Quellentext 3 wird ein bekannter Ansatz von seinem Begründer vorgestellt: Selbstentwicklung durch *Gerald Weinstein*. Praktische Beispiele zeigt Quellentext 4 von *Martin Thommen* und *Edgar Heim* (Humanistische Pädagogik in der Medizinerausbildung).

Wenn Sie sich vornehmlich als Praktiker betrachten, bietet Ihnen dieser Teil eine Vielzahl konkreter Anregungen für einen humanistischen Unterricht, die Sie sowohl in der Schule als auch in der Erwachsenenbildung direkt umsetzen können.

71

5   Humanistische Pädagogik im Unterricht

5.1 Die wichtigsten Methoden des erfahrungsorientierten Lernens

Die Ansätze der Humanistischen Pädagogik und der Gestaltpädagogik gehören zum größeren Rahmen des erfahrungsorientierten Lernens. Es ist klar, daß in diesem Handbuch nicht alle Methoden dargestellt werden können, zumal für einige Bereiche bereits sehr gute Unterlagen und Anregungen vorliegen. Das erfahrungsorientierte Lernen verfügt über fünf Methoden für den Unterricht:

(1) *Übungen:* Gestaltübungen, diagnostische Übungen, Aufwärmübungen, Prozeßübungen (Gestaltpsychodrama), gelenkte Phantasien
(2) *Rollenspiele:* Problemdarstellendes — problemlösendes — problemverarbeitendes Rollenspiel
(3) *Gruppeninteraktion:* Gruppenarbeit, Gruppenunterricht, Gruppendynamik, Encounter-Element, Gestaltgruppenansätze, Intergruppenprozesse, Konfliktlösung, Organisationsentwicklungselemente, Problemlösung
(4) *Simulationen:* Gruppensimulationen, Planspiel, Elemente des Projektunterrichts, Spiele mit / ohne Wettbewerbschrakter, Aufwärmspiele
(5) *Körper-Bewegung:* Nonverbale Kommunikation, Körperübungen, Bewegungsspiele, Entspannungsübungen, Körperreaktionen und -gefühle

Bei dieser Übersicht fällt auf, daß die meisten der fünf Methoden bei einem gestaltpädagogischen oder humanistisch orientierten Unterricht in Kombinationen, als integrierende Teile eines Prozesses auftreten (vgl. die Unterrichtsbeispiele S. 124 ff.).

5.1.1 Übungen

Übungen sind Aktivitäten, die in den meisten Fällen durch den Lehrer / Leiter vorgegeben werden mit dem Ziel, die Schüler / Teilnehmer mit einer Erfahrung oder miteinander in Kontakt zu bringen. Sie bestehen aus schrittweisen Instruktionen, die klar vorgegeben sind und die Möglichkeiten bieten, bestimmte Fähigkeiten zu üben, Reaktionen oder Gefühle anzuregen und die verschiedenen Schritte durch den erfahrungsorientierten Lernprozeß zu erleichtern.

Ich denke z. B. an die *Gestalt-Kontaktübung*, bei der Schüler sich gegenübersitzen, sich anschauen und mit den Sätzen „Ich sehe . . ." (Wahrnehmung), „Ich spüre . . ." (Reaktion) und „Ich stelle mir vor . . ." (Phantasie) aufeinander reagieren, dann die Erfahrung austauschen „Was spürtest du während der Übung?", „Wie war der Kontakt?" (Feedback), um nachher einige Ausführungen zum Unterschied von Kontakt und Phantasie zu hören und in der gesamten Gruppe auszutauschen. Weitere Beispiele für Übungen sind gelenkte Phantasien, diagnostische Übungen (wie die „Straßenkarten"-Übung von *Shapiro*) u. a.

Spezielle Gefahren von Übungen liegen in ihrer — scheinbar — leichten Handhabbarkeit. Ich denke an Handbücher wie *Stevens'* Gestalt-Handbuch, an *Antons'* Gruppendynamik-Handbuch, an *Pfeiffer* und *Jones'* „Strukturierte Erfahrungen", die einem vorgaukeln, man müßte lediglich zur rechten Zeit die richtige Übung zur Hand haben, um ein guter Gruppenleiter zu werden. Sehr viele Übungen geben genaue Anweisungen, erwähnen aber oft nicht, was für Auswirkungen aufgrund welcher Voraussetzungen sich ergeben werden. Ein gutes Beispiel dafür wird in einem Film der Reihe „Auf der Suche nach dem Ich" gezeigt, wo als Illustration zum Themenbereich „Gruppendynamik" ein Filmausschnitt von einem Gruppenwochende aufgenommen wurde, in dem ein Gruppenleiter mit einer wahllosen Übungsbatterie die Teilnehmer in eine tiefe Depression und Desorientierung hineintreibt. Übungen sollten folglich in einem engen Zusammenhang mit der beabsichtigten Lernerfahrung, mit den Teilnehmererwartungen und den Fähigkeiten des Leiters stehen.

Übungen zielen im allgemeinen darauf ab, eine Aktion in einem vorgeschriebenen Rahmen hervorzurufen. Bei der Gestalt-Kontaktübung z. B. besteht dieser Rahmen aus zwei Teilnehmern, die sich gegenübersitzen. Die Aktion besteht darin, daß jeder ausdrückt, was er beim anderen sieht, was er in sich fühlt und was er dazu phantasiert. In der Einführungsphase von Übungen sollte der Lehrer/Leiter die Bereitschaft der Schüler zur Teilnahme fördern, dazu ganz kurz die Instruktion und ihre grobe Zielsetzung bekanntgeben. (Aufteilen in Zweiergruppen, sich gegenübersitzen, eine Übung zum Unterschied von Realität und Phantasie im Kontakt.)

Anschließend durchlaufen die Teilnehmer den erfahrungsorientierten Lernprozeß, und der Leiter wird sie in der Auswertungsphase mit einigen gezielten Fragestellungen anleiten und gemeinsam mit ihnen ein Fazit ziehen. Sehr häufig scheinen Übungen allzu vereinfachend zu sein, vor allem für erwachsene Teilnehmer. Dies hängt damit zusammen, daß sie oft nur eine Illustration eines Sachverhalts sind und in einen größeren Rahmen eingebettet sein sollten. Die Gestalt-Kontaktübung kann z. B. illustrieren, wie unsere Phantasien hindernde Zwischenstücke im Kontakt zu anderen werden können, weil wir nicht mehr den anderen, sondern nur unsere Phantasien oder Klischees von ihm wahrnehmen. In der Gestaltsprache wäre dies der ganze Bereich der Mittelzone („middle zone"). Weil die einzelnen Übungen aber auch ganz bestimmte Prozesse auslösen können, die der Leiter / Lehrer kennen sollte, ist es wichtig, daß sie in einen größeren Rahmen eingebettet sind.

Wenn der Lehrer also ohne große Einführung im Physikunterricht eine gelenkte Phantasie durch ein Molekül macht, werden die Schüler begreiflicherweise mit Erstaunen oder Widerstand reagieren, da sie den Zusammenhang zum Unterricht nicht sehen und den Eindruck bekommen müssen, daß sie unfreiwillige Versuchspersonen des Lehrers sind (vgl. 5.5.4).

5.1.2 Rollenspiele

Rollenspiel ist eine weitverbreitete und wirkungsvolle Unterrichtsform, bei der die Teilnehmer / Schüler eine vorgeschriebene Perspektive („Rolle") oder ein Set von Verhaltensweisen („Rollenverhalten") einnehmen. Rollenspiele werden nicht nur im Rahmen der Schule oder Erwachsenenbildung, sondern auch im therapeutischen Bereich eingesetzt.

„Rollenspiel kann als Methode der menschlichen Interaktion gesehen werden, die realistisches Verhalten in imaginären Situationen beinhaltet. Es ist ene ‚spontane' Vorgehensweise, da die Teilnehmer frei — nicht nach einem Skript — handeln. Es ist eine ‚Als-ob'-Situation, in der die Teilnehmer handeln, als ob es ‚real' wäre." (*Corsini, Shaw, Blake* 1961, S. 8; Übersetzung G. F.)

Die meisten Anstöße für die Rollenspielmethode sind von *Jakob Morenos* Ansätzen zum Role-training mit schwererziehbaren Schülern (1934) und vom *Psychodrama* abgeleitet worden (*Moreno* 1946, 1959). Er prägte den Ausdruck „Rollenspiel" (1934, 1936) und fand heraus, daß Aktion und Rollenspiel, Spontaneität, Kreativität und eine Konzentration auf das Hier-und-Jetzt eine *Katharsis* („Reinigung") sowohl für den Spieler als auch für die Zuschauer hervorruft (1931). Diese

✳ Kontakt wichtig i.d. Kpfl.

emotionale „Ent-Spannung" ist zentral für das Lernen im Rollenspiel. Alle psychodramatischen Vorgehensweisen *Morenos* können für das Rollenspiel übernommen werden, indem sie für das nicht-therapeutische Setting der Schule oder Erwachsenenbildung modifiziert werden (*Broich* 1979; *Coburn-Stage* 1976; *Haug* 1973). *Rollenspiele verlangen* vom Teilnehmer, daß er entweder die Identität (oder „Rolle" als Teil davon) eines anderen übernimmt und so handelt, wie er annimmt, daß der andere in einer vorgegebenen Situation handeln würde, oder daß er sich selber in einer vorgegebenen Situation „spielt".

Je nach der Zielsetzung des Rollenspiels (problemdarstellend — problemlösend — problemverarbeitend) sind die Rollen oder die Situation mehr oder weniger vorstrukturiert: Wenn es Ihnen als Lehrer darum geht, daß der Schüler sich selber oder einen anderen spielen soll, wie er ihn erlebt, dann werden Sie wenig Struktur vorgeben; wenn die Schüler im Geschichtsunterricht ein Streitgespräch aus der französischen Revolution zwischen Robbespierre und Danton spielen sollen, werden Sie als Lehrer relativ viel Struktur vorgeben (unter Umständen sogar eine schriftliche Instruktion). Das gleiche gilt für die Situation: Ist das persönliche Erleben im Vordergrund, so werden Sie die Situation offen lassen; ist die geschichtliche Situation im Vordergrund, so wird diese die Struktur abgeben.

Ganz allgemein können die *Zielsetzungen des Rollenspiels* folgendermaßen zusammengefaßt werden:

— Eine Möglichkeit für die Teilnehmer bieten, Wissen oder bestimmte Fähigkeiten, die sie kenngelernt haben, einzuüben oder zu demonstrieren, z. B. die Wichtigkeit von sicherem Auftreten beim Debattieren oder Reden als Robbespierre oder Danton; das Einbringen von wichtigen Fakten in der Argumentation, um die Zuhörer vom eigenen Standpunkt zu überzeugen; das Ansprechen von Gefühlen der Zuhörer, um demagogisch zu wirken.

— Prinzipien im Zusammenhang mit dem behandelten Thema illustrieren, z. B. die Wichtigkeit von Tonfall und Wortwahl beim Ansprechen der Zuhörer („überzeugend"); das Prinzip des „Auslassens von wichtigen Fakten", um beim Zuhörer demagogisch zu wirken etc.

— Anerkennung der Wichtigkeit von Gefühlen im Zusammenhang mit eigenem Verhalten, z. B. Überwindung von „Lampenfieber" als Redner (indem ich mein Lampenfieber eingestehe und es nicht zu bekämpfen versuche); Rolle der Angst beim Redner, bei den Zuhörern (zu welchem Verhalten führt sie?) etc.

— Wahrnehmung und Sensibilisierung der eigenen Gefühle, Haltungen und Verhaltensweisen vergrößern. Das Gleiche trifft auch gegenüber anderen zu. Zum Beispiel werden die Schüler nicht nur sehr viel über Robbespierre und Danton erfahren, sondern auch über sich oder andere als Personen, die allein vor Zuhörern reden, die sich auf ihr Gegenüber einlassen, die Gefühle von Unsicherheit empfinden, die mehr oder weniger schlagfertig sind etc.
— Veränderungen des Verhaltens oder von Einstellungen erreichen oder anstreben, indem sich der Teilnehmer in neue, untypische und widersprüchliche Rollen versetzt. Zum Beispiel kann ein Schüler, der häufig Schwierigkeiten hat, sich vor anderen zu exponieren, die Erfahrung machen, daß ihm dies als Robbespierre oder Danton leichter fällt.
— Die Wichtigkeit des Übens im Entwickeln von zwischenmenschlichen Fähigkeiten illustrieren. Sich vor anderen zu exponieren kann z. B. besser gelernt werden, wenn man immer wieder übt, sich besser in andere einfühlen.

Es ist Ihnen sicher aufgefallen, daß Rollenspiele auch recht viel *Gefahren* in sich bergen können, die man als Lehrer / Leiter kennen sollte: Sie sollten sich bewußt sein, daß Schüler / Teilnehmer sich bedroht fühlen könnten, wenn sie vor anderen spielen. Das Rollenspiel sollte von daher sehr sorgfältig eingeführt werden. Die Teilnahme beruht immer auf Freiwilligkeit. Zudem sollten die Ziele des Rollenspiels mit den inhaltlichen Zielen des Unterrichts übereinstimmen (z. B. eine Rede halten — die Rolle des Rednertalents bei Robbespierre und Danton). Rollenspiel sollte von daher in einen größeren Rahmen eingebettet sein (beispielsweise als Teil einer Simulation, als Teil einer Darstellung eines Konflikts). Als Leiter sollte Ihnen auch klar sein, daß Rollenspiel in diesem Rahmen keinen therapeutischen Charakter haben darf, daß es diesen aber sehr schnell bekommen kann, wenn Sie bestimmte Gefahren nicht richtig abschätzen. Dazu zwei Illustrationen:
— die amerikanische Lehrerin, die ihre weißen und schwarzen Kinder eine Woche lang die Rollen tauschen ließ und zum Schluß die Gewalttätigkeit und Desorientierung der Kinder nicht mehr im Griff hatte;
— der Lehrer, der am Elternabend seine Schüler kurze Rollenspiele zum Thema „Drogen" spielen ließ und durch Unklarlassen der Situation erreichte, daß sich nachher im ganzen Dorf oder Quartier die Eltern und Bekannten über die „Drogenabhängigkeit" der Schüler ausließen, die *nicht sich selbst*, sondern einen „typischen" Drogenkonsumenten in einer Schule gespielt hatten. Der Lehrer hatte

genaues Erklären + Einführen d.
Rollenspiele — + Freiwilligkeit d. Spielende

dies zu wenig überlegt oder klargemacht, so daß es für die Zuschauer unklar war.

Im Verlauf des Rollenspiels ist nicht nur die Einführung durch den Lehrer, sondern auch das Feedback sehr wichtig. Die Teilnehmer sind meistens stark aktiviert und dadurch für Feedback angesprochen. Als Leiter sollten Sie das Feedback strukturieren, da nicht nur die Gefühle, Wahrnehmungen und Reaktionen der Rollenspieler, sondern auch die der Zuschauer angesprochen sind. Zudem sollten Sie in dieser Phase eine gewisse Schutzfunktion für die Spieler übernehmen und klarmachen, daß Rückmeldungen subjektiv sind, damit die Auswirkungen nicht negativ sind (vgl. Feedback-Regeln im Rollenspiel).

Drei Arten von Rollenspielen

Wie wir bereits ausgeführt haben, lassen sich drei Arten von Rollenspielen unterscheiden:[1]
(a) das problemdarstellende Rollenspiel
(b) das problemlösende Rollenspiel
(c) das problemverarbeitende Rollenspiel.
Die folgenden Ausführungen (*Fricker, Zbinden* o. J.) stellen Zielsetzungen und Möglichkeiten der einzelnen Rollenspielformen dar (aus einem Kurs „Schule-Familie"):

(a) *Problemdarstellendes Rollenspiel*
Wählen Sie eine Situation oder einen Fall aus, an dem Sie mit den Teilnehmern arbeiten möchten. Geben Sie diesen Fall allen Teilnehmern schriftlich und stellen Sie die Rollen, die für das Spiel gebraucht werden, zusammen. Bitten Sie nun die Teilnehmer, sich für eine der Rollen zu entscheiden. Kann eine Rolle nicht besetzt werden, so übernehmen Sie als Kursleiter diese Rolle.
Wichtig: Im problemdarstellenden Rollenspiel spielen die Teilnehmer den beschriebenen Fall. Es sollen keine Lösungsmöglichkeiten angespielt werden.
Nachdem die Spieler gefunden sind, geben Sie ihnen 10 bis 15 Minuten Zeit, damit sie sich alleine auf das Spiel vorbereiten können. Es empfiehlt sich, die Spieler dafür auf einen Spaziergang zu schicken.

---

[1] Es ist klar, daß sich noch weitere wichtige Formen von Rollenspiel anfügen ließen:
d) kreativitätsförderndes Rollenspiel
e) kompensatorisches Rollenspiel (*Shaftel, Shaftel* 1973; *Chesler, Fox* 1966)
f) Rollenspiel als Imitationslernen (*Bandura*).
Da dieser Abschnitt aber lediglich die wichtigsten Methoden des erfahrungsorientierten Lernens darstellt, verweise ich auf weiterführende Literatur im Text.

Während dieser Zeit geben Sie — falls Sie nicht mitspielen — den übrigen Teilnehmern eine kurze Information über die Problemzusammenhänge, die im Fall enthalten sind. Das problemdarstellende Rollenspiel sollte nicht länger als 30 Minuten dauern, in der Regel genügen 10 bis 15 Minuten. Im Anschluß an das Spiel vor allen Teilnehmern lassen Sie die Nicht-Spieler ihre Beobachtungen zusammentragen. Die Spieler greifen in dieses Gespräch nicht ein. Am Schluß geben die Spieler die Erfahrungen, die sie während des Spiels gemacht haben, bekannt.

Zu beachten: Das problemdarstellende Rollenspiel ist eine Illustration zu einem Thema. Es leitet ein Thema ein und eignet sich nicht zum Abschließen eines Themas.

(b) *Problemlösendes Rollenspiel*

Das problemlösende Rollenspiel kann im Anschluß an das problemdarstellende Rollenspiel erfolgen. Das Ziel dieser Form ist, darzustellen, wie die Probleme des Falles bearbeitet werden könnten. Da jedoch häufig die Zeit einer Unterrichtseinheit nicht reicht, um zwei Rollenspiele zu spielen, empfiehlt sich folgendes Vorgehen:

1. Sie besprechen den Fall mit den Teilnehmern.
2. Sie lassen Gruppen bilden (2-3) mit dem Auftrag, sich zu überlegen, wie die Problemsituation des Falles gelöst werden könnte. Die Gruppen stellen ihre Problemlösung anschließend im Plenum dar. Geben Sie den Gruppen genügend Vorbereitungszeit (ca. 30 Minuten); Darstellungszeit im Plenum: 5 bis 10 Minuten.
3. Nachdem die Gruppen nacheinander ihre Problemlösungen gespielt haben, heben Sie die Ihnen günstig erscheinenden Lösungsansätze hervor. Bei wenig günstigen weisen Sie auf mögliche Konsequenzen hin.

Wichtig: Hüten Sie sich davor, ein Rollenspiel zu „verreißen". Die Teilnehmer schätzen Ihre positive, verstärkende Haltung. Nur so werden sie ermutigt, auch weiterhin auf Ihre Spielvorschläge mit Begeisterung zu reagieren.

(c) *Problemverarbeitendes Rollenspiel*

Diese Art des Rollenspiels eignet sich, wenn die Teilnehmer über eigene Erfahrungen als Lehrer, Eltern, Behördenmitglieder oder Schüler in der Zusammenarbeit von Schule und Familie verfügen. Geben Sie einen ausgewählten Fall aus der Sammlung schriftlich an die Teilnehmer ab. Die Teilnehmer lesen den Fall und überlegen sich, ob sie auch schon eine ähnliche Situation erlebt haben. Wenn der Kurs zuviele Teilnehmer umfaßt, kann dies in Untergruppen geschehen. Sammeln Sie die Problemsituationen, die die Teilnehmer aus ihrer eigenen Erfahrung schildern. Wählen Sie eine der Situationen aus und lassen Sie sie durch den betroffenen Teilnehmer näher beschreiben. Suchen Sie nun Spieler für die geschilderte Situation. Bitten Sie den betroffenen Teilnehmer, mitzuspielen, sei es in seiner eigenen oder in einer fremden Rolle. Der weitere Ablauf ist der gleiche wie beim problemlösenden Rollenspiel. Denken Sie bei der Auswertung des Rollenspiels daran, daß der Teilnehmer, dessen Problemsituation gespielt wird, gefühls- mäßig sehr engagiert und dadurch auch verletzbar ist. Die problem- verarbeitende Form des Rollenspiels ist eine fortgeschrittene Form. Sie ist vor allem bei spielgewohnten Teilnehmern angebracht.

Übersicht

Phase 1. *Vorbereitung*
— Orientierung — Gruppensicherheit — Zielsetzung
Möglichkeit: nonverbal-verbale Übungen

Phase 2. *Motivation und Aufbau*
— Information zur Szene: Spielinhalt — Verlauf — Rollen —
Beobachteraufgabe
— Rollenübernahme: Mitspieler — Beobachter — Rollentausch
— Beobachtungskriterien

Phase 3. *Rollenspielphase*
— Spielzeit einschränken
— Beobachtung

Phase 4. *Reflexion*
— Spielerbefragung
— Beobachterbefragung
— Diskussion des Spielverlaufs
— Realitätsbezug
— Neu- und Andersspielen (Spielrevision)

Tabelle 1: Rollenspielphasen.

5.1.3 Gruppeninteraktion

Gruppeninteraktion als Unterrichtsmethode wird an Popularität oder Häufigkeit nur noch durch den Vortrag übertroffen. Gruppenin- teraktion kann Rollenspiel, Körperbewegungselemente, gelenkte Phantasien, audiovisuelle Aspekte (Video o. ä.) enthalten. Simulatio- nen und Projekte beinhalten häufig auch Gruppeninteraktion.

80

(a) *Gruppe als Kontext für eine Aktivität*

Meistens ist es so, daß die vorgegebene Aufgabe die Struktur der Gruppeninteraktion bestimmt, z. B. tun sich die Schüler nach einer ersten Phase der Einzelarbeit („Schreibt euch eine Situation auf, wie ihr einen Konflikt zwischen zwei Menschen miterlebt habt") zu einer Vierergruppe zusammen und einigen sich aufgrund vorgegebener Kriterien (z. B. „Welche der beschriebenen Situationen steht unserem Schulalltag am nächsten?") auf eine Situation, die sie dann den Mitschülern im Rollenspiel vorspielen. Unterrichtsformen wie Gruppenunterricht, Gruppen- und Partnerarbeit, Problem- und Konfliktlösung in Gruppen sind *aufgabenbezogene Gruppeninteraktionen*: Das Zusammenarbeiten dient der Erarbeitung eines Themas oder der Lösung einer Aufgabe.

(b) *Gruppeninteraktion als Lerninhalt*

Eine *zweite,* seltener verwendete *Form* hat die Gruppe oder Gruppenerfahrung in der Klasse / im Kurs zum Inhalt / Thema: Die *Gruppeninteraktion selbst macht die Erfahrung aus.* Dies kann Unterricht als Gruppendynamik oder als Encounter-Gruppe sein. *Carl Rogers* hat einige Erfahrungen mit Encounter-Gruppen in Schulen begleitet. Meistens ist es so, daß der Unterricht oder das erfahrungsorientierte Lernen mit Erwachsenen und Schülern gruppendynamische Elemente aufweist: Die „Selbst-Entwicklung" von *Weinstein* (vgl. Quellentext 3) enthält viele gruppendynamische Elemente. Starkes Gewicht liegt auf dem Prozeß der Gruppenbildung und auf der Auswahl von Gruppenteilnehmern. In einem gewissen Maße kann themenzentrierter Unterricht auch zu diesem Bereich gezählt werden.

Ein Hauptgrund für die Tatsache, daß in der Schule die Gruppe eher selten zentrales Thema des Lernprozesses ist, kann in der Aufgabenbezogenheit der Schule und in der Überfülle von vermitteltem Inhalt gesehen werden. Zudem erfordert es eine recht gute Fähigkeit und Ausbildung des Lehrers / Leiters im Umgang mit Gruppen. Auf jeden Fall liegt es kaum am Fehlen von methodischen Vorschlägen (z. B. *Fritz* 1977).

(c) *Gruppeninteraktion in der Zweier-, Dreier- oder Vierergruppe*

Dyaden, Dreier- oder Vierergruppen sind Untergruppen, die sich in bestimmten Phasen des erfahrungsorientierten Lernens besser eignen als die Gesamtgruppe einer Klasse oder eines Kurses. Dyaden haben vor allem zum Ziel zu lernen, mit einem Partner zusammenzuarbeiten, etwas zu erarbeiten, zusammenzutragen, eine kurzfristige Beziehung aufzubauen. Dreier- und Vierergruppen eignen sich zu Beginn einer Lernerfahrung zum Austausch von Erwartungen; sie können Lernerfahrungen auswerten, im Rahmen einer Simulation Ziele diskutieren, Vorgehensweisen planen, Aufgaben ausführen. Kleine Gruppen können sehr schnell Reaktionen oder Rückmeldungen auf einen Film, einen Vortrag, eine Präsentation austauschen. Zudem ermöglichen diese Kleingruppenformen auch Schülern oder Teilnehmern, die in der Gesamtgruppe zu den konstanten „Schweigern" gehören, sich zu äußern.

5.1.4 Simulationen

Simulationen (und Spiele) sind Modelle oder Veranschaulichungen eines bestimmten Aspekts der menschlichen Erfahrung. Vorgegebene Regeln oder Richtlinien und Material ergeben eine Struktur, die einen Ablauf, ein Ergebnis oder eine Situation illustriert. Bekanntestes Beispiel ist sicher das Planspiel (*Freudenreich* 1979), wo Spielregeln, eine Situation und ein möglicher Ablauf vorgegeben werden. Simulationen können für sehr viele Themenbereiche eingesetzt werden.

Eigentlich können wir zwei Arten von Simulationen unterscheiden: Simulationen i. e. S. und Spiele. *Simulationen* versuchen, einen bestimmten Aspekt der Realität in leicht vereinfachter Form wiederzugeben, so daß die Teilnehmer in einem vorstrukturierten Rahmen ein Faksimile dieser Realität erleben können. Rollen und Unterlagen sind vorgegeben, aber die Ziele und einzelnen Teilnehmeraktivitäten nicht. Die Teilnehmer können sich im gegebenen Rahmen frei bewegen. Eine bekannte Simulation ist sicherlich das NASA-Mondspiel. *Spiele* sind wettbewerbs- bzw. nicht-wettbewerbsorientierte Aktivitäten mit Regeln und vorgegebenen Zielen: Aufwärmspiele, neue Spiele, bei denen das Ziel z. B. das Zusammenarbeiten ist, um einen großen Ball im Kreis herumreichen zu können. Dieser Bereich erlebt im Moment einen recht großen Aufschwung (vgl. die Zeitschrift „Gruppe und Spiel"; *Vopel* 1975).

Simulationen haben verschiedenste Auswirkungen auf die Teilnehmer. Sie können motivieren, einen Suchprozeß anregen, einen persönlichen Bezug zu einem Aspekt der „Condition humaine" schaffen, Haltungen verändern, Einfühlungsvermögen fördern und ganz generell Unterricht auf eine neue — konkretere — Stufe der Vermittlung von Wirklichkeit anhaben. Sie bieten eine gute Möglichkeit, gleichzeitig Prozesse und Inhalte zu lernen.

Für den Lehrer/Leiter ist es wichtig, verschiedene Dinge im Auge zu behalten. Er sollte die Charakteristik, den Ablauf und die möglichen

Auswirkungen einer Simulation kennen und abschätzen. Zudem sollte die Simulation in einem Rahmen mit den übrigen Lernerfahrungen stehen und gleiche Lernziele anstreben. Idealerweise hat der Leiter die Simulation bereits als Teilnehmer mitgemacht. Er sollte auch fähig sein, sich soweit aus der Aktivität herauszuhalten, daß er jederzeit weiß, wann und wie er intervenieren soll. Da Simulationen zu den klassischen Formen erfahrungsorientierten Lernens gehören, sollte der Leiter die einzelnen Phasen im Lernprozess kennen (vgl. Abschnitt 5.4).

5.1.5 Körper-Bewegung

Diese Aktivitäten reichen von Entspannungsübungen, nonverbaler Kommunikation und Bewegungsspielen bis zu eigentlichen Körperübungen und dem Ansprechen von Körperreaktionen von Teilnehmer und Leiter. Beispiele für Körperübungen oder Bewegung sind in diesem Handbuch zu finden (vgl. 5.3.1). Zudem sind viele zusätzliche Quellen vorhanden (*Brooks* 1979). Alle Aktivitäten aus diesem Bereich werden eingesetzt, um die Energie zu erhöhen, die Wahrnehmung verschiedener Teile des Körpers zu verbessern, Gefühle zu mobilisieren und Spannung zu spüren oder abzubauen. Ich habe andernorts schon angedeutet, daß Schule generell und Lernen im speziellen sonst Gefahr laufen, *körperlos zu werden, den Körper zu vergessen* oder *zu verdrängen*. Die Methoden im Bereich Körper/Bewegung bieten eine Alternative zum rein verbalen Lernen, indem sie dem Schüler/Teilnehmer Aspekte ins Bewußtsein bringen, die ihm sonst verborgen blieben. Sie bieten zweierlei Vorteile: In vielen Situationen ermöglichen sie Zugang zu Bereichen, die dem rein Verbalen verschlossen sind. Zudem erlauben sie dem Lernenden ganz neue Arten von Einsichten und Lernprozessen.

Leiter/Lehrer, die Körper- oder Bewegungsmethoden im erfahrungsorientierten Lernen einsetzen, sollten die jeweilige Aktivität und ihre Wirkungen genau kennen und selbst als Teilnehmer erlebt haben. Zudem sollten sie eine Übung oder Aktivität aus diesem Bereich wählen, weil sie in den Rahmen der gesamten Lernerfahrung paßt, und nicht, weil sie spektakulär ist. In diesem Zusammenhang muß ich einmal mehr darauf hinweisen, daß gestaltpädagogisch-humanistisches Lernen *nicht als Therapie* zu sehen ist, daß ein gestaltpädagogischer Lehrer *kein Therapeut* ist, da er als Lehrer oder Erwachsenenbildner keinen therapeutischen Auftrag hat. Der Lehrer/Leiter wird sich darüber im klaren sein, daß gewisse Teilnehmer/Schüler sich durch eine Aktivität aus diesem Bereich verunsichert fühlen können. Folglich ist die Bereitschaft des Teilnehmers und ein angemessenes Anleiten durch den Leiter eine wichtige Voraussetzung.

Die beschriebenen Methoden im Bereich Körper / Bewegung sind in vielen Fällen die eigentliche Lernaktivität. Zusätzlich können sie aber auch Teil einer Einführungsphase sein, wenn z. B. Entspannungsübungen oder Bewegung als Eisbrecher oder Aufwärmübungen eingesetzt werden (vgl. 5.3.1) — zudem zur Entspannung oder zum Freisetzen von Energie. In der Gestaltpädagogik selber existieren eine Anzahl von Gestaltübungen (Verstärken, Übertreiben, das Gegenteil Machen, Aufstehen, Herumgehen), welche der Mobilisierung von Energie im Rahmen des Lernprozesses dienen. Bei Aktivitäten aus diesem Bereich ist es wichtig, darauf zu achten, daß bei den Teilnehmern nicht Gefühle angeregt werden, die vom eigentlichen Lernziel wegführen oder die den Schüler / Teilnehmer „überschwemmen". Als Lehrer / Leiter sollten Sie eine Atmosphäre von Sicherheit aufbauen (auch räumlich) und unterstützend sein, zudem das Feedback und die einzelnen Phasen des erfahrungsorientierten Lernprozesses anleiten. Freiwilligkeit der Teilnahme ist oberstes Prinzip, weil sonst der Schüler / Teilnehmer eine negative Erfahrung macht, sich künftig gegenüber dieser Art von Lernen verschließt. Bei Körper- bzw. Bewegungsmethoden ist die Einbettung in einen Gesamtrahmen vordringlich, damit neue Einsichten oder Erkenntnisse möglich sind. Bei aller Vorsicht, die Sie als Leser aus meinen Ausführungen spüren, möchte ich doch bemerken, daß gut angeleitete Aktivitäten aus diesem Bereich sehr intensive Lernprozesse ermöglichen.

In den beiden folgenden Abschnitten möchte ich Sie schrittweise in zwei wichtige Methoden des humanistischen oder erfahrungsorientierten Lernens einführen: gelenkte Phantasien („rêve éveillé"; *Desoille, Frétigny, Virell, Franzke*) und Körper- und Bewegungsübungen (*Dalcroze, Gindler*; Eutonie; Medau-Gymnastik; Projekt Uni Oldenburg; *Diem* „Körperlernen in der Schule" 1978/79; vgl. *Petzold, Mathias* 1983).

5.2 Gelenkte Phantasien im Unterricht

Phantasieren ist etwas, was jedermann tut, aber nur wenige Leute verstehen es, dies zu *nutzen*. Die Unterscheidung ist wichtig. Sie bezeichnet den Unterschied zwischen einem ungebetenen Besucher, der Sie ablenkt, und einem kreativen Kollegen, der Sie inspiriert. Die häufigste Form der Phantasie, die ins Klassenzimmer kommt, ist der ungebetene Besucher, und so verpaßt man die Chance, Phantasieren als

Instrument oder Werkzeug zu entdecken. Forschungen im Bereich von Problemlösungen und Kreativität haben gezeigt, daß Phantasien wichtige Voraussetzungen für Kreativität sind. Phantasie ist ein Tor zu unserer inneren Welt, so die Grenzen der äußeren Welt wie Zeit und Raum nicht mehr gelten. In der Phantasie ist es kein Problem, nach China zu reisen oder auf die Größe eines Atoms zusammenzuschrumpfen, um mikroskopische Welten zu erforschen. Ein offensichtlicher Vorteil von Phantasien ist es, daß sie einen an Plätze führen können, zu denen man normalerweise nicht gelangt. Dies kann z. B. eine Reise durch eine Pflanze sein. Zudem können Phantasien uns neue Perspektiven aufzeigen. Eine gelenkte Phantasie kann die Motivation und das Interesse der Schüler heben und das Verständnis einer Sache vermitteln, die weit über das verbale Präsentieren eines Sachverhalts hinausgeht. Gelenkte Phantasie ist aber nicht nur ein Unterrichtsmittel, sondern auch eine spezielle Denkfähigkeit, die jeder Schüler einsetzen sollte.

Da Phantasien der rechten Hemisphäre des Gehirns entstammen, verbinden sie die Ressourcen beider Hirnhemisphären. Gerade weil Phantasieren eine rechtshemisphärische Tätigkeit ist, fühlt es sich anders an als linkshemisphärische Prozesse: Linkshemisphärische kognitive Prozesse sind aktiv; das Gehirn manipuliert Ideen. Rechtshemisphärische affektive Prozesse sind passiver, tauchen auf, sind unbewußter. Sie erscheinen in Bildern, ein bißchen wie in einem Film. Man kann eine Phantasie nicht erzwingen, weil sonst eine Blockade auftaucht. Allerdings kann man Bedingungen schaffen, die es erlauben, daß auch Bilder von der linken Hemisphäre das Bewußtsein erreichen. Das Bewußtsein muß in einem Zustand von *entspannter Aufmerksamkeit* sein, empfänglich für die inneren Bilder. Dieser rezeptive Zustand ist der Schlüssel zu jeder Phantasie.

Der / die Lehrer(in) beginnt die Phantasie mit einem Einstiegspunkt (z. B. „Du befindest dich in einer Blume"), und das Bewußtsein wartet auf das nächste Bild oder eine Serie von Bildern. Die Bilder können visuell oder durch andere Sinne (kinästhetisch etc.) empfangen werden, oder sie können in ein Wort oder einen Satz verwandelt werden, so daß sie verbal übermittelt werden können. Die *Perspektive*, die man in einer Phantasie einnimmt, ist sehr wichtig: Es macht einen großen Unterschied, ob man Beobachter ist oder sich direkt mit einem Gegenstand identifiziert, ob man z. B. ein Herz von außen sieht oder das Herz ist.

Der Grad des Eindringens in eine Phantasie wird hauptsächlich durch die Art und Weise bestimmt, wie der Lehrer die Phantasie vorträgt. Als Lehrer kann man gelenkte Phantasien im Rahmen des normalen Unterrichts einbauen, um zum Beispiel erleben zu lassen, was es heißt, als Flüssigkeit im Thermometer in warmes Wasser eingetaucht zu sein. Man kann aber auch die gelenkte Phantasie über einen längeren Zeitraum einsetzen, z. B. als Gedicht (vgl. die Unterrichtsbeispiele 5.5.3).

Gelenkte Phantasien erleben lassen

Da der bewußte Einsatz von gelenkten Phantasien im Unterricht oder in der Erwachsenenbildung bis jetzt relativ selten erfolgt ist und die wenigsten Lehrer / Leiter Erfahrungen aus erster Hand haben, möchte ich in verschiedenen Schritten in die gelenkte Phantasie als didaktische Möglichkeit einführen und die jeweiligen Schritte mit Übungen illustrieren, die Sie selber leicht durchführen können.

Die ersten zwei Übungen, die ich vorschlagen möchte, sind als Einstieg für Sie selber gedacht, wenn Sie noch keine eigenen Erfahrungen mit gelenkten Phantasien haben. Das erste stellt eine Phantasie aus der Perspektive des Beobachters dar, in der zweiten Phase verwandeln Sie sich. Machen Sie eine Übung nach der anderen und nehmen Sie sich genug Zeit zur Entspannung. Phantasien sind eines der Gebiete, wo das Lesen die Erfahrung nicht ersetzen kann.

Vorbereitung

(a) Wählen Sie einen *Ort*, der bequem und ruhig ist. Jegliche *Geräusche,* auch die leisen, werden zu einem Teil der Phantasie, laute Geräusche können sie empfindlich stören. Entweder müssen Sie diese eliminieren durch einen sogenannten Geräuschteppich (gleichmäßiges Geräusch z. B. durch Ventilator) oder in die Phantasie einbauen (du hörst das Geräusch eines Flugzeuges, das über dich hinwegfliegt). Das *Licht* sollte nicht allzu hell sein, aber auch nicht ganz dunkel. Gleichmäßiges, gedämpftes Licht ist am empfehlenswertesten.

(b) Wählen Sie einen *Zeitpunkt* aus, wenn Sie nicht gehetzt oder zu stark mit anderen Dingen beschäftigt sind. Geben Sie sich zwanzig bis dreißig Minuten Zeit. Wenn Sie gelenkte Phantasien mit Schülern oder Erwachsenen durchführen, sollten Sie diese nicht direkt nach einer Mahlzeit oder spät abends durchführen. Falls Sie dies zu wenig berücksichtigen, werden Sie oder ihre Schüler in einem ziemlich tiefen Schlaf fallen. Dies ist in Ordnung und wird erst zur Störung, wenn jemand zu schnarchen beginnt.

(c) Wenn Sie die nächsten zwei Phantasien selber durchführen wollen, fragen Sie jemanden, der Sie durch die Phantasie führt. Diese Person sollte mehr tun als einfach die Phantasie herunterzulesen. Er / sie sollte das Lesen in einen angenehmen Rhythmus bringen, nicht zu schnell, aber auch nicht mit zu langen Pausen, so daß die Spannung abfällt. Ich werde etwas später (vgl. 5.2.5) eine Zusammenfassung der Instruktion geben. Wenn Sie niemanden finden, der Sie durch die Phantasie hindurchführt, können Sie sie in angenehmem Tempo auf Tonband aufnehmen und abspielen lassen. Beginnen sie mit der Entspannungsübung.

(d) Zur Einstimmung können Sie eine Pflanze betrachten, die Ihnen gefällt. Schauen Sie ihre verschiedenen Teile eingehend an und vertiefen Sie sich in ihre Strukturen.

(e) Die meisten Leute können besser mit geschlossenen Augen auf Phantasiereisen gehen. Wenn Sie die Augen offen behalten, sollten Sie nicht starren, sondern möglichst entspannt schauen.

5.2.1 Phase 1: Entspannung und Einstieg

Der erste Schritt in einer gelenkten Phantasie dient dem Erreichen eines Zustands der entspannten Aufmerksamkeit, d. h. dem Ausschalten der Verbalisierung der linken Hirnhemisphäre, so daß man auf die rechte Hemisphäre hören kann. Für sehr verbal Orientierte kann diese Umorientierung ungewohnt bis schwierig sein. Die innere „Stimme" ist so vertraut, daß man nur schwer umstellen kann. Trotzdem sollte es mit der Zeit und mit einiger Übung möglich sein, diese verschiedenen Bewußtseinszustände zu erreichen und vom einen in den anderen zu gelangen. Jedesmal, wenn Sie alleine oder mit der Klasse in eine Phantasie einsteigen, sollten Sie sich einige Minuten nehmen, um zu entspannen und den Übergang zu machen. Die folgende Übung zeigt eine Möglichkeit, wie Sie dies tun können. (Punkte sind Unterbrechungen.)[2]

Übung 1: Die Entspannungsübung

„Bringen Sie ihren Körper in eine bequeme Position, wo Sie sich gut entspannen können ... dann schließen Sie Ihre Augen ... achten Sie auf ihre Atmung .. verändern Sie nichts an ihrer Atmung, nehmen Sie einfach wahr, wie die Luft hinein- und hinausgeht ... lassen Sie den Sauer-

---

[2] Manchmal müssen die Teilnehmer eher energetisiert als entspannt werden. Es gibt eine Vielzahl von Möglichkeiten, dies zu erreichen. Das kann in Form von Rennen, Hüpfen, Tanzen, bioenergetischen Übungen oder Neuen Spielen geschehen. Vermutlich am empfehlenswertesten sind die „Neuen Spiele", die kreative, nicht wettbewerbsorientierte Spielerfahrungen ermöglichen.

stoff weit in ihren Körper hinein, aber pressen Sie nicht ... spüren Sie
Ihre Füße ... beginnen Sie sie zu entspannen, lassen Sie sie schwer wer-
den ... lassen Sie diese schwere Entspanntheit in ihre Füße wandern ..
durch die Knie ... in die Hüften ... über ihren ganzen Körper ... stellen
Sie sich vor, daß sich die Entspannung über den ganzen Körper aus-
breitet ... den Magen erfüllt ... Brust ... Rücken ... Schultern ... lassen
Sie ihre Arme sich entspannen ... ihre Hände ... spüren Sie, wie sich
Ihr Hals entspannt ... Ihr Gesicht ... wie Ihr Kiefer lose wird, weich
... Ihre Lippen ... Ihr Kinn ... Ihre Augen ... die Stirn ... Ihre Kopfhaut
... nehmen Sie weiterhin wahr, wie Sie atmen und nehmen Sie sich ein
bißchen Zeit, das Gefühl in Ihrem ganzen Körper zu genießen, bevor
wir unsere Phantasiereise beginnen."

Wenn Sie die Erfahrung machen, daß sich Schüler / Teilnehmer un-
wohl fühlen, wenn sie die Augen schließen und längere Zeit geschlossen halten müssen, können Sie das folgende Spiel vorschlagen.

Übung 2: Der Einstieg

„Schau, ob du die Augen schließen und sie so schnell wieder öffnen
kannst, daß jemand, der dir zuschauen würde, nicht herausfände, daß
du sie geschlossen hattest ... Wie nennen wir dies? ... Richtig, blinzeln.
Kannst du sie jetzt einmal so lange schließen, daß du merkst, daß du
sie geschlossen hattest. Dann kannst du sie wieder öffnen ... gut, dann
darfst du die Augen wieder schließen und schauen, ob du einen roten
Punkt oder einen roten Ball sehen kannst ... wenn du diesen einmal ge-
sehen hast, kannst du deine Augen wieder öffnen. Nimm dir so viel
Zeit, wie du brauchst ... gut, dann schließe deine Augen wieder und
versuche, einen großen blauen Kreis zu sehen. Nimm dir so viel Zeit,
wie du brauchst, dann kannst du die Augen wieder öffnen ... gut, dann
schließe deine Augen wieder und versuche, ein gelbes Dreieck zu se-
hen; wenn du es gesehen hast, kannst du die Augen wieder öffnen."

Einige Schüler werden diese einführenden Übungen sehr leicht finden. Andere werden sie schwieriger finden und nur die Form oder die
Farbe sehen. Wieder andere werden überhaupt nichts sehen. Es ist
wichtig, diesen Schülern / Teilnehmern klarzumachen, daß sie sich
keine Sorgen machen müssen, und daß sie mit zunehmendem Training
etwas sehen werden. Nach jeder Übung frage ich die Klasse / Kursgruppe, ob jemand nichts sehen konnte. Als nächstes bitte ich sie, die Augen so lange zu schließen, bis sie ein Tier sehen. Dann bitte ich sie, auszutauschen, was sie gesehen haben. Wir sprechen über die verschiedenen Tiere, welche Tiere die einzelnen Teilnehmer gesehen haben, wie
die Tiere aussahen, warum jeder ein anderes Tier sah. Als nächstes

bitte ich sie, die Augen nochmals zu schließen und das gleiche Tier nochmals anzuschauen, als ob sie einen Film sehen würden, und zu sehen, was das Tier macht. Beim Austauschen berichten die Schüler / Teilnehmer alle Arten von interessanten Szenarien. In den meisten Fällen ist es spätestens zu diesem Zeitpunkt so weit, daß sie fasziniert sind und weitermachen wollen. Bei erwachsenen Teilnehmern empfiehlt es sich, als Einstieg alltägliche Dinge zu visualisieren, wie z. B. die Haustüre oder etwas anderes, was sie häufig sehen.

In einem nächsten Schritt können Sie den Schülern / Teilnehmern aufzeigen, welchen Einfluß die Bilder, die sie in sich tragen, auf ihre Erfahrungen haben. In diesem Zusammenhang kommt eine wichtige psychologische Gesetzmäßigkeit zum Tragen: Alle Bilder oder mentalen Phantasien haben die Tendenz, die dazugehörigen physikalischen Reaktionen zu produzieren. Jedes Bild in unserem Bewußtsein wird darum unsere Erfahrung und unser Verhalten beeinflussen. Die folgende Phantasie zeigt diesen Zusammenhang auf. Bitten Sie die Schüler / Teilnehmer, entspannt auf ihrem Stuhl zu sitzen und die Augen zu schließen, einige Male tief durchzuatmen. Dann beginnen Sie mit der folgenden Phantasie:

Übung 3: Die Wolkenkratzerphantasie

„Stellt euch vor, daß ihr in der Mitte einer schmalen Terrasse steht, oben auf der Spitze des höchsten Wolkenkratzers der Welt. Stellt euch zusätzlich vor, daß diese Terrasse kein Geländer hat … während ihr dort steht, schaut ihr auf eure Füße hinunter und versucht herauszufinden, aus welchem Material die Terrasse gemacht ist … Steht ihr auf Marmor, Beton, Asphalt, Holz, Stein oder was sonst? … Das Wetter ist sehr schön. Die Sonne scheint, und ihr könnt die warmen Sonnenstrahlen im Gesicht spüren, auf den Armen … Was für Geräusche könnt ihr hören? … Vielleicht gibt es Tauben oder andere Vögel hier oben. Vielleicht hört ihr einen Helikopter oder den Lärm der Straße von weit unten her … Jetzt möchte ich gerne, daß ihr zum Rand der Terrasse geht und auf die Straße weit, weit unten schaut … während ihr das macht, achtet darauf, was ihr in eurem Körper fühlt und versucht euch zu erinnern, was immer es ist … dann möchte ich, daß ihr ganz langsam in die Mitte der Terrasse zurückgeht … Wenn ihr dort angekommen seid, möchte ich, daß ihr ganz, ganz langsam die Augen öffnet … und in den Raum hier zurückkommt. Nehmt euch genug Zeit, es besteht keine Eile."

Nachdem alle Teilnehmer die Augen geöffnet haben, bitten Sie sie, der Klasse / Kursgruppe und Ihnen mitzuteilen, was sie in ihrem Körper spürten, als sie an den Rand der Terrasse gingen. Sagen Sie ihnen, daß Sie nicht erfahren möchten, was sie hörten oder sahen, sondern was sie in ihrem Körper fühlten. Die meisten Schüler werden Körperreaktionen mitteilen. Mögliche Reaktionen sind erhöhter Puls, schwitzende Hände, flaches Atmen, Schwindel, ein hohles Gefühl im Magen, ein Anspannen der Füße oder Fäuste. Einige werden vielleicht die Augen geöffnet haben. Nach einigen Minuten des Mitteilens können Sie folgende Fragen vorschlagen:

(a) „Wo spürtest du deinen Körper? Wo war er?" (Im Raum)

(b) „Auf was reagierte dein Körper?" (Auf das Bild im Bewußtsein)

(c) „Wer kreierte das Bild?" (Die Teilnehmer)

(d) „Gibt es andere Bilder oder Körperreaktionen, die ihr ‚produziert'?" (Schmetterlinge im Magen bei Aufregung; Leere im Magen, wenn euch jemand zurückweist ...).

Sie merken vielleicht bereits beim Lesen, daß diese Phantasie auch angstmachend sein kann. Wenn Sie die Teilnehmer vor Augen haben, können Sie selber besser als ich einschätzen, ob der Zeitpunkt für eine solche Phantasie bereits in der Einstiegsphase reif ist. Das sogenannte „timing" oder die „Bereitschaft" („readiness') spielen bekanntlich hier eine zentrale Rolle. Wenn Sie also unsicher sind, nehmen Sie diese Phantasiereise erst zu einem späteren Zeitpunkt!

Die nächste Phantasiereise hat zum Ziel, Ihnen aufzuzeigen, wie weit die Teilnehmer mit ihren Bildern umgehen können. Sie hat also vornehmlich diagnostischen Charakter.

Übung 4: Apfelphantasie

„Ich möchte wieder, daß ihr eine angenehme Position findet und die Augen schließt ... atmet ein paar Mal tief durch ... werdet mit jedem Durchatmen entspannter und entspannter ... Dann nehmt die Hand, mit der ihr normalerweise eßt, und haltet sie so vor euch hin, als ob ihr einen Apfel essen würdet. Welche Farbe hat der Apfel? Ist er rot, gelb, grün oder vielfarbig? ... Schaut, was für ein Apfel es ist. Ist es ein Jonathan, ein Golden Delicious, ein Granny Smith oder ein biologischer mit kleinen Flecken... dann versucht, die Temperatur des Apfels festzustellen. Ist er kalt, wie aus dem Kühlschrank, oder warm, als ob er in der Sonne gelegen hätte? ... Schaut, ob ihr das Gewicht des Apfels in der Hand fühlen könnt ... hebt den Apfel zur Nase hin, schaut, ob ihr ihn riechen könnt. Wie riecht er? ... Dann möchte ich, daß ihr euch weiterhin den Apfel vorstellt, die Augen öffnet, und ohne zu sprechen den Apfel mit jemandem in der Nähe tauscht. Gebraucht beide Hände, als ob ihr richtige Äpfel hättet ... dann schließt Eure Au-

gen wieder und schaut euch den Apfel an, den ihr gerade erhalten habt
... wie sieht dieser Apfel aus? Welche Farbe hat er? Welche Form? Von
welcher Sorte ist er? Schaut, was ihr gegenüber diesem Apfel empfindet
... Habt ihr irgendein Urteil darüber? Ist er besser oder schlechter als
derjenige, den ihr weggegeben habt? ... Schaut ihn von verschiedenen
Seiten an, hebt ihn in die Höhe ... schaut den Stiel an, ist er noch da,
oder ist er abgebrochen? ... Dann öffnet ihr nochmals die Augen, und
ohne zu sprechen gebt ihr den Apfel wieder zurück und bekommt den
ursprünglichen zurück ... Wenn ihr den ersten Apfel wieder habt, könnt
ihr die Augen schließen ... vergewissert euch, daß es derselbe Apfel ist
... schaut, wie ihr euch fühlt, nachdem ihr den ursprünglichen Apfel zu-
rückerhalten habt ... dann, immer noch mit geschlossenen Augen,
möchte ich, daß ihr aufhört, euch den Apfel vorzustellen ... gut, wenn
ihr soweit seid, öffnet ihr die Augen und kommt zurück in den Raum ..."

Beim Austausch oder bei der Auswertung der Phantasie (vgl. den Abschnitt zur Auswertung von Phantasien, 5.2.3) können Sie folgende Fragen vorschlagen:

(a) „Hatte jemand von euch Schwierigkeiten aufzuhören, sich den Apfel vorzustellen? Möchte jemand mitteilen, was passierte?"

(b) „Wieviele von euch zogen es vor, den eigenen Apfel zu haben und fühlten sich besser damit?"

(c) „Wieviele von euch hatten das Gefühl, daß der Apfel, den sie weggaben, besser war als derjenige, den sie erhielten?"

Hier können Sie etwas zum Ziel der Phantasie ausführen, nämlich, daß wir sehr schnell uns an die eigenen Bilder „anhängen", daß wir uns sehr schnell an ein bestimmtes Bild von uns, von der Welt und von anderen gewöhnen. Wir hatten das Bild vom Apfel vielleicht nur für ein oder zwei Minuten und hatten möglicherweise bereits Schwierigkeiten, es verschwinden zu lassen. Genauso kann es uns gehen mit dem Bild von uns selbst: Wir stellen uns z. B. vor, wir seien schlecht in der Schule oder in einem einzelnen Fach. Auch wenn wir besser werden, bleiben wir oft am alten Bild hängen. Dies zeigt uns, wie z. B. in der Wolkenkratzerphantasie, daß diese Bilder uns kontrollieren und beeinflussen statt umgekehrt. Es besteht dann die Gefahr, daß wir die Opfer unserer Bilder werden.

5.2.2 Phase 2: Die Phantasieerfahrung

Übung 5: Beobachterphantasie

„Stellen Sie sich vor, daß Sie immer kleiner werden ... versuchen Sie, immer kleiner zu werden, so klein, daß Sie in einem Wassertropfen

Platz haben ... nun, sicher und geschützt im Wassertropfen drin, drin-
gen Sie ganz langsam durch die Erde hindurch in den Boden hinein ...
immer tiefer. Schließlich kommen Sie bei einem ganz kleinen Haar an
der Wurzel einer Pflanze an ... nehmen Sie sich einen Moment Zeit,
um die feuchte Erde und die Wurzeln um Sie herum zu spüren. Fühlen
Sie die Temperatur ... schauen Sie sich um ... hören Sie auf die Töne
und Geräusche ... achten Sie auf die verschiedenen Gerüche ... ent-
decken Sie, daß Sie sich bewegen können und alles rund herum erkun-
den können ... Sie können Ihren Wassertropfen zu jedem Zeitpunkt
verlassen, wenn Sie das wünschen ... nun werden Sie von der Pflanze
durch das kleine Wurzelhärchen ins Innere gezogen und beginnen die
Rundreise, die die Feuchtigkeit auch unternimmt, durch die ganze
Pflanze hindurch ... achten Sie darauf, wie die Wurzeln aussehen ...
wie es riecht ... welche Geräusche sie hören ... welche Temperatur
herrscht ... nun bewegen Sie sich durch den Stamm hindurch ... kom-
men langsam höher, zu den Blättern hin ... jetzt kommen Sie in ein
Blatt hinein ... was geschieht um Sie herum? ... scheint die Sonne? ...
was für Farben sehen Sie? ... wenn Sie die Entdeckungsreise im Blatt
beendet haben ... kommen Sie langsam zur Außenseite des Blattes ...
schauen Sie sich um ... sehen Sie Unterschiede zwischen der Innen- und
der Außenseite des Blattes ... achten Sie auf Geräusche ... Gerüche ...
Wenn Ihnen danach ist, beginnen Sie ein bißchen herumzuspielen ...
dann können Sie vom Blatt herunterspringen Richtung Boden, sie flie-
ßen ganz weich dorthin und landen sanft ... schauen Sie die Pflanze,
durch die Sie hindurchgegangen sind, ein letztes Mal an und kehren Sie
langsam zu ihrer normalen Größe zurück ... wenn Sie soweit sind,
können Sie langsam in den Raum hier zurückkehren und die Augen
öffnen ..."

Wenn der Leiter mit der nächsten Phantasie weiterfahren will, kann
er die letzte Zeile auslassen und stattdessen sagen: „Erlauben Sie ihrem
Bewußtsein, für ein paar Momente entspannt und klar zu bleiben, bevor wir zur nächsten Phantasie übergehen."

Nach diesen Phantasiereisen sollten Sie sich einige Zeit nehmen, um
sie näher anzuschauen und zu verstehen. Sie können mehr erfahren
über ihr Denken oder Bewußtsein, wenn Sie darauf achten, welche
Teile der Phantasiereise für Sie leicht und welche schwieriger waren.
Manche Leute können sehr gut riechen, andere nicht. Sahen Sie Farben? Hörten Sie Töne? Spürten vor, während oder nach der Reise Gefühle? Oftmals ist es gut für die gemeinsame Vertrauensbildung, wenn
auch der Lehrer oder Kursleiter seine Empfindungen und Beobachtungen mitteilt, seine Schwächen und Stärken.

Die Pflanzenphantasie kann bei einer großen Altersgruppe von Teilnehmern — Schülern und Erwachsenen — und bei einer großen Anzahl von Themenbereichen eingesetzt werden. Für Lehrer, die gerade erst mit dem Einsatz von Phantasien im Unterricht begonnen haben, kann sie als Einstieg dienen. Wenn Sie sie so nicht anwenden können, kann die Idee der „Reise durch etwas hindurch" für jedes beliebige andere Fach eingesetzt werden. In der Geometrie können Sie verschiedene geometrische Figuren und Formen von innen und von außen erforschen. In der Geschichte können Sie die Schüler (-innen) zu einer Reise zurück in die Vergangenheit anleiten. In Deutsch oder in einer Fremdsprache können Sie sich eine Geschichte oder ein Gedicht vornehmen (vgl. die exemplarische Lektion mit dem Gedicht, S. 123). Das Objekt oder der Stoff, durch den die Reise führt, sollte den Schülern/Teilnehmern schon recht vertraut sein. Je mehr sie wissen, desto konkreter wird die Reise. Ich möchte aus diesem Grund noch eine dritte Übung oder Phantasie vorschlagen, diesmal eine Identifikationsphantasie. Dies ist ein zweiter Typus von Phantasien, wobei dies nicht die einzig möglichen Phantasiearten sind. Sie werden später noch weitere kennenlernen. Die Phantasiearten können auf einfache Art und Weise, wie das Beispiel vom Thermometer zeigte, in einen normalen Unterrichtsablauf eingebaut werden, ohne daß man zuviel Vorbereitungszeit braucht und ohne daß es zu ungewohnt im Vergleich zum „normalen" Unterricht erscheint.

Übung 6: Die Identifikationssphantasie

„Stell dir vor, du seist ein Samenkorn ... fühle deinen runden Körper in der Erde drin, schlafend ... nun beginnt es zu regnen, die Erde um dich herum wird langsam feucht und naß ... du beginnst von der Feuchtigkeit zu trinken ... spürst, wie du zu wachsen beginnst ... merkst, wie dein Körper größer wird ... du beginnst eine Wurzel zu treiben ... spüre, wie es wächst und wie du langsam auf die Schale zu pressen beginnst ... die Schale beginnt zu bersten ... du spürst, wie die Wurzel in die dunkle Erde hinaustreibt ... du wächst immer noch ... nur spürst du, wie du langsam gegen die Oberfläche hin wächst ... du kommst heraus, schaue um dich ... was siehst du? ... höre auf die Töne ... rieche die Gerüche ... schau dich um in dieser neuen Welt ... spüre den Wind und die Sonne ... beginne dich zu strecken ... laß deine Blätter langsam herauskommen ... und wenn du bereit bist, komm mit deinem Bewußtsein langsam zurück in diesen Raum ... und öffne deine Augen ..."

Wozu können Phantasien eingesetzt werden?

(1) Beobachtungsphantasien

Um etwas Neues einzuführen

Phantasien wie die Pflanzenreise stellen eine gute Möglichkeit dar, etwas Neues bei einer Klasse/Kursgruppe einzuführen. Setzt man die Phantasie vor der Lektüre von Material zum Thema ein, kann man damit eine Erfahrung vermitteln, welche die nachfolgende Lektüre oder Präsentation erleichtern kann und sinnvoller macht.

Wenn Sie eine solche Phantasie entwerfen, sollten Sie Etiketten und Klischees vermeiden und sie umschreiben. Häufig nehmen wir nämlich an, daß Etiketten oder Klischees klar sind, was in den wenigsten Fällen zutrifft. Dies führt höchstens zu Blockaden. *Schreiben Sie die Phantasie schriftlich auf,* fast wortwörtlich, so daß Sie den Text vor sich haben, nichts auslassen oder sich verheddern. Je nach Altersgruppe der Schüler/Teilnehmer können Sie detailliertere Beschreibungen vornehmen.

Zum Rückblick, zur Wiederholung

Phantasien können auch als Rückblick oder Wiederholung eingesetzt werden. Sie helfen den Schülern/Teilnehmern, Informationen zu speichern. Wenn man sensorische Bilder mit den gelernten Informationen verknüpft, speichert das Gedächtnis Bilder und Wörter. Dieser Ansatz hilft vor allem Leuten, die weniger verbal orientiert sind. Sie sollten den Schülern/Teilnehmern zur Einführung sehr genau sagen, wozu die Phantasie dient. Der Inhalt der Phantasie sollte so spezifisch als möglich sein (z. B. wie eine Wasserpumpe funktioniert).

Eine zweite Möglichkeit, eine Phantasie zum Rückblick einzusetzen, stellt die Kombination von Phantasie und einer Schreibaufgabe dar, deren Grundlage die Phantasie darstellt. Bei der Vorbereitung der Aufgabe sollten Sie klar herausstreichen, welche Aspekte des Themas berücksichtigt werden müssen. Kriterien für die Beurteilung sollten vor allem Gründlichkeit und Genauigkeit sein (vgl. auch „Auswertung der Phantasien").

(2) Identifikationsphantasien

Um etwas nicht nur von außen zu „analysieren", sondern um sich in etwas „hineinzuversetzen"

Identifikationsphantasien erzeugen ein noch größeres inneres Engagement als Beobachtungsphantasien. Sie verlangen, daß die Schüler/Teilnehmer sich in ein Ding hineinprojizieren, so zu fühlen, wie „es" fühlen würde. Einige Teilnehmer finden diese Art von Phantasien schwieriger als die Beobachtungsphantasien. Aus diesem Grunde ist ein *Skript* notwendig, das die Schüler/Teilnehmer in die Szene hineinbringt, ihnen erzählt, was sie sind.

Zu Beginn können Sie die Identifikation erleichtern, indem Sie etwas wählen, was viele menschliche Attribute hat: Tiere sind relativ einfach. Auch hier sollten Sie von Tieren ausgehen, die die Schüler/Teilnehmer kennen und gern mögen. Eine Eidechse ist z. B. leichter als eine Schlange, weil eine Eidechse Arme und Beine hat. Lebendige Dinge sind leichter als tote, bewegliche Maschinen sind leichter als unbewegliche.

Phantasien sind aber keinesfalls eingeschränkt auf Tiere oder Maschinen: Schüler/Teilnehmer können genausogut zu einer Nervenzelle, einer Stadt, einem Dokument, einer Seuche oder zu einem Molekül werden.

Die Kraft einer Identifikationsphantasie stammt sowohl aus ihrem Potential für emotionale Identifikation als auch aus der sensorischen Bilderwelt. Muskuläre oder kinästhetische Identifikation führen den Teilnehmer noch tiefer in die Phantasie. Wenn der Schüler eine Verbindung herstellen kann zwischen muskulären Reaktionen und dem Inhalt der Phantasie (z. B. als Samenkorn), kann dies tiefe Einsichten fördern. Die *Anleitung* zu einer Identifikationsphantasie sollte immer in der ersten Person („Ich") erfolgen. Identifikationsphantasien können mit ähnlichen Zielen verbunden werden wie Beobachtungsphantasien: Um etwas Neues einzuführen, um einen Rückblick zu machen, um das Schreiben anzuregen. Die folgende Übung vermittelt eine Idee, wie konkret der Inhalt einer Phantasie sein sollte.

Übung 7: Zum Inhalt einer Phantasie: Der Verbrennungsmotor

„Stellen Sie sich vor, Sie seien der Kolben eines Verbrennungsmotors. Sie verrichten all die Arbeit. Sie saugen die Luft und das Benzingemisch ein. Sie drücken es zusammen, so daß es mit mehr Energie verbrennen wird. Sie explodieren und schießen hinunter, wenn sich die Mischung entzündet. Sie drehen den Kopfteil und reinigen die ganze Kammer. Sie drücken die verbrannten Gase nach außen, so daß alles für den nächsten Zyklus bereit ist. Versuchen Sie zu beschreiben, was Sie als ‚Kolben' erleben, indem sie durch die vier Zyklen der Verarbeitung hindurchgehen ..."

Mit dieser Übung bringen Sie den Schüler/Teilnehmer zur Identifikation mit einem Teil des Verbrennungsmotors; die Phantasie konzentriert sich auf den einen Ablauf, der die vier Stufen des Verbrennungsvorganges umfaßt. Wenn wir mehr als diesen einen Mechanismus nehmen, wird die Phantasie eingeschränkter und weniger wirkungsvoll. Diese Übung aus *Gordon* und *Pozes* „Teaching is Listening" (1972) zeigt, wie wichtig ein genau und detailliert umschriebener Inhalt einer Phantasie ist.

Den Inhalt einer Phantasie wählen

Bei allen Identifikationsphantasien hat der Inhalt der Phantasie eine große Auswirkung auf das Resultat, darum sollten Sie ihn sorgfältig auswählen. Nehmen Sie z. B. eine Geschichtslektion, in der sie die amerikanische Kolonialisierungsperiode behandeln und den Schülern die Schwierigkeiten aufzeigen wollen, welche die Pioniere auf ihrem Zug westwärts meistern mußten. Sie entschließen sich, nach einführenden Informationen eine Phantasie durchzuführen. Eine naheliegende Identifikationsfigur könnte der Siedler sein, aber er ist gleichzeitig nicht die beste. Wenn Schüler / Teilnehmer sich mit einer anderen Person identifizieren, kommt dies einem Rollenspiel sehr nahe. Gefühlsmäßig mag sich der Schüler recht gut einlassen, aber die Gefahr ist groß, daß stereotype Erkenntnisse resultieren. Dieses Problem kann vermieden werden, indem Sie den Schüler bitten, sich mit einem Objekt zu identifizieren, das dem Siedler oder den Menschen dort nahestand, z. B. mit der Hütte des Siedlers oder mit dem Land, das besiedelt wurde.

Übung 8: Die Siedlerphantasie

„Du bist ein Siedler in der Siedlerkolonie in Massachusetts. Du und deine Familie sind aus der Sicherheit einer größeren Siedlung in eine neue kleine Stadt gezogen. Zusammen mit ein paar anderen Siedlern hast du Land gerodet, und jeder von euch hat eine kleine Holzhütte gebaut. Es ist September, und das Wetter beginnt schon kälter zu werden; du beeilst dich, um die letzten Vorbereitungen vor Einbruch des Winters abzuschließen, bevor es zu schneien beginnt und du isoliert in deiner Hütte sein wirst. Versuche, dich in den Siedler einzufühlen, zum Siedler zu werden. Was empfindest du angesichts deines neuen Hauses und des herannahenden Winters?"

Wenn diese Phantasie — wie schon ausgeführt — stereotype Antworten oder Einsichten hervorbringt, versuchen Sie, anstelle des Siedlers seine Hütte oder die Landschaft zu nehmen.

Übung 9: Die Hütte des Siedlers

„Du bist die Hütte des Siedlers. Du stehst ganz allein in einer Lichtung, eine ziemliche Distanz vom nächsten Haus und mehrere Kilometer von der nächsten Siedlung entfernt, wo man Nahrung und Haus-

haltsmittel kaufen könnte. Du bist klein, du mußt aber der Siedlerfamilie und ihren Vorräten den ganzen Winter hindurch Schutz gewähren. Versuche, die Hütte zu werden. Fühle die ersten kalten Winde übers Land streichen. Wie fühlst du dich?"

Übung 10: Die Landschaftsphantasie

„Du bist ein Stück Land im Tal des Connecticut-Flusses. Jahrhundertelang bist du bedeckt gewesen von dichten Wäldern, voll von allen Arten von Vögeln und Tieren. Von Zeit zu Zeit zeltet ein Indianervolk während einer Jahreszeit auf dir und zieht dann weiter, und im nächsten Jahr sieht man schon fast nicht mehr, daß sie einmal dagewesen sind. Jetzt aber sind neue Leute gekommen, mit Äxten, um die Bäume umzuhauen, oder mit Pflügen, um die Erde zu roden. Einer dieser Männer hat einen Platz gerodet und eine Hütte aus den Bäumen erbaut, die er gefällt hat. Du fühlst, daß der Winter nahe ist, deine Pflanzen bereiten sich auf den langen Winter vor. Du beobachtest den Mann bei seinen Vorbereitungen, wie er sich beeilt, die Hütte fertigzustellen und seine Vorräte aufzuschichten. Werde das Land. Was fühlst du gegenüber diesem Mann und seiner kleinen Hütte? ... Was fühlst du gegenüber seinem Pflug? ... Wie fühlt dein Körper die Veränderungen, die der Mann gebracht hat?"

Während Sie vielleicht zwischen den ersten zwei Phantasien keinen großen Unterschied sehen, ist es doch so, daß die zweite eher ursprüngliche Antworten und neue Einsichten bringt. Bei der ersten ist die Gefahr groß, daß Klischees in den Antworten oder Bildern auftauchen. Die zweite und die dritte Phantasie zwingen die Schüler / Teilnehmer zu einer ungewöhnlichen Perspektive. Beim Austausch der Phantasien ist es wichtig zu sehen, daß es keine richtigen oder falschen Antworten gibt: Die einen Schüler mögen reichere Bilder mit mehr Details und Komplexität als andere produzieren. Man sollte sich aber davor hüten, Phantasien zu bewerten. Das hindert die „schwächeren" Teilnehmer beim nächsten Mal einzusteigen (vgl. den Abschnitt zur Auswertung von Phantasien 5.4.6).

Phantasien als Ausdrucksmöglichkeiten beim Schreiben von Texten

Phantasien können für verschiedene Zielsetzungen eingesetzt werden. Oftmals beklagen sich Schüler, daß sie nicht wissen, worüber sie schreiben sollen oder daß sie das Ganze langweilig fänden. Was sie damit meistens sagen wollen, ist, daß sie keinen Zugang zu ihrer Vorstellungs- und Bilderwelt finden. Die Vorstellungskraft kann aber geübt werden, genauso wie andere Fähigkeiten auch. Eine Phantasie zur Stimulation des Schreibprozesses wird weniger geführt sein als eine zur Einführung in ein Thema. Auf jeden Fall sollten Sie soviel Raum als möglich für die Kreativität der Schüler offenlassen, dabei aber darauf achten, daß sie keine angstmachenden Inhalte verwenden (z. B. „dunkle Höhle" etc.). Die folgenden drei Phantasien sind Möglichkeiten zur Stimulation des Schreibens.

Übung 11: Musikmeditation

Wählen Sie ein Musikstück aus, das starke Bilder in Ihnen wachruft. Spielen Sie es der Klasse vor (nach einer Entspannungsübung und einer passenden Einführung) und ermutigen Sie die Schüler, durch die Musik Bilder, Stimmungen, Gefühle und Empfindungen heraufkommen zu lassen. Ermuntern Sie sie, offen zu sein gegenüber dem, was kommt. Bitten Sie sie nachher, über die ganze Erfahrung entweder in Prosa oder Poesie zu schreiben. Sie können mit Prosa anfangen und die intensivsten Bilder für Poesie aufsparen.

Diese Phantasie kann auch für den Kunstunterricht eingesetzt werden. Wenn Sie sie sowohl für verbale wie auch visuelle Ausdrucksarten einsetzen, lohnt es sich, nachher auszutauschen, wie sich die beiden Erfahrungen unterscheiden. Manche Schüler bevorzugen das Schreiben, andere das Malen.

Übung 12: Phantasie zu zwei Charakteren

Führen Sie diese Phantasie in Verbindung mit einem Stück durch, das Sie in der Klasse / im Kurs gerade lesen. Wählen Sie eine Begegnung oder Situation zwischen zwei oder mehreren Charakteren, die starke Gefühle hervorruft. Die Szene sollte sehr eindrücklich vorgetragen werden, aber die Gefühle der Charaktere sollten dem Schüler, der die Phantasie macht, überlassen werden. Fordern Sie die Schüler / Teilnehmer auf, die Augen zu schließen und einer der Charaktere zu werden. Lesen Sie die Szene vor und fragen Sie die Schüler, wie sie sich als die verschiedenen Charaktere fühlen. Ermuntern Sie sie, die Gefühle voll und ganz wahrzunehmen, darauf zu achten, wo im Körper sie Gefühle spürten, wo sie sie am stärksten spürten und ob Sie visuelle Eindrücke hatten. Lassen Sie sie nachher beschreiben, was sie erlebten. Das Geschriebene sollte in der Gegenwart und in der ersten Person verfaßt sein.

Übung 13: Abenteuerphantasie

Kündigen Sie den Schülern an, sie würden in ihrer Phantasie ein Abenteuer erleben. Lassen Sie sie in ihrer Vorstellung einen Platz erschaffen. Kundschaften Sie mit ihnen diesen Platz aus. Unterwegs be-

gegnen Sie einem Hindernis. Lassen Sie sie einen Weg finden, wie sie dieses Hindernis umgehen können. Lassen Sie sie eine Schatztruhe finden, sie öffnen und den Inhalt genießen.

5.2.3 Phase 3: Austausch und Auswertung der Phantasie

„Grounding" und „processing" von Phantasien

Nachdem die Schüler / Teilnehmer zum normalen Wachzustand zurückgekehrt sind, ist ein „grounding" (auf den Boden bringen) und ein „processing" (ein Reflektieren) dieser Erfahrung notwendig. Genauso wie Träume haben Bilderfahrungen die Tendenz, verloren zu gehen, wenn sie nicht in irgendeiner Form festgehalten oder in eine Handlung umgesetzt werden. Vermutlich haben wir alle schon die Erfahrung gemacht, daß es uns nicht gelungen ist, ein Traum, den wir vor einer Stunde träumten, zurückzuerinnern.

Es gibt viele Formen, eine Phantasie „auf den Boden zu bringen" oder festzuhalten: Die Bilder, die man sah, zeichnen, in ein Tagebuch schreiben, ein Gedicht verfassen, die Erfahrung mit einem Partner (einer Gruppe, der ganzen Klasse) diskutieren, zusammen mit anderen in eine Improvisation umsetzen, etwas aus Ton oder aus anderen Materialien formen. Am besten hat sich für mich eine Kombination von Zeichnen, Schreiben und Diskussion bewährt. Zuerst lasse ich die Teilnehmer zeichnen, was sie gesehen haben (fünf Minuten), darüber schreiben (fünf Minuten) und dann mit einem Partner oder zu dritt austauschen (fünf Minuten). Dies beinhaltet alle drei Wahrnehmungssysteme: visuell, auditorisch und kinästhetisch.

Wenn Sie die Phantasien diskutieren oder austauschen, sollten Sie folgende Richtlinien im Auge behalten:
(1) Interpretieren Sie nicht.
(2) Beurteilen Sie die Bilder nicht.
(3) Geben Sie einer gelenkten Phantasie keine Note.
(4) Erlauben Sie den Schülern / Teilnehmern nicht, die Phantasien im Sinne von gut / schlecht miteinander zu vergleichen.
(5) Wenn ein Schüler / Teilnehmer nicht versteht, was die Bilderfahrung bedeutet, erklären Sie ihm, daß er sich nicht sorgen muß. Vielleicht können Sie helfen, später noch einmal in das Bild hineinzugehen, um es besser zu verstehen.
Hilfreich sind folgende Prozeßfragen:
— „Was hast du gesehen?"
— „Was fühltest du?"
— „Was dachtest du?"

— „Was tatest du?"
— „Was bedeuteten dir die Bilder?"
— „Was lerntest du daraus? Wie kannst du das umsetzen?"

Rechtshemisphärische Formen des Lernens erfordern eine Atmosphäre des Vertrauens. Die Schüler / Teilnehmer müssen wissen, daß sie nicht lächerlich gemacht oder kritisiert werden. Sonst ziehen sie sich in die Sicherheit des Schweigens zurück. Dies gilt vor allem für Phantasien. Die Arbeit mit Phantasien ist für die meisten Schüler / Teilnehmer etwas Neues und Unbekanntes. Sie ist etwas Persönliches. Phantasien sind ein Teil der Persönlichkeit und sollten aus diesem Grunde nie bewertet oder gar benotet werden. Wenn Sie eine Phantasie als Ausgangspunkt für das Schreiben eines Textes nehmen, sollten Sie ganz klarmachen, daß Sie nicht die Phantasie, sondern das Geschriebene bewerten.

Phantasien werden leichter handhabbar, je mehr Sie sie einsetzen. Zu Beginn mögen die Reaktionen sehr geteilt sein, die Schüler / Teilnehmer werden sich über diese „verrückten Dinge" äußern, allerdings zunächst außerhalb des Unterrichts / Kurses.

Anderseits muß man sich darüber im Klaren sein, daß Phantasien negative Auswirkungen auf instabile Persönlichkeiten haben können. Dies sollten Sie vorher abklären. Zudem können Sie dies auch dadurch beeinflussen, daß Sie keine angstauslösenden Bilder nehmen. Von daher sollten Sie sich überlegen, wie Sie mit Reaktionen umgehen können, die Sie nicht vorausgesehen haben. Dies gilt genauso für Rollenspiele, bei denen ebenfalls viele Lehrer/Kursleiter das Ausmaß möglicher Identifikation unterschätzen, die besonders bei problematischen Themen wie Behinderung, Diskriminierung und Schmerz entstehen kann. Besonders intensiv erinnere ich mich in diesem Zusammenhang an die amerikanische Lehrerin, welche ihre weißen und schwarzen Schüler eine Woche lang „im Rollenspiel" die Hautfarbe wechseln ließ und vollkommen die Kontrolle über die entstehende Dynamik verlor.

5.2.4 Ungewöhnliche Anwendungen von Gelenkten Phantasien

Sie haben gesehen, daß sich Phantasien sehr vielfältig einsetzen lassen. Ich möchte Ihnen zum Schluß dieses Abschnitts noch ein paar Anwendungsbeispiele zeigen. *Beverly Galyean*, eine Gestalt-Lehrerin, berichtet von den Möglichkeiten, Phantasien zur Beruhigung von unruhigen und ängstlichen Schülern einzusetzen (z. B. vor einer Prüfung).

Übung 14: Prüfungsphantasie

„Stell dir vor, daß du dich auf eine Prüfung oder eine schriftliche Arbeit vorbereitest. Entscheide dich, wo du arbeitest, nimm dir einige Minuten, um ein klares Bild von dem Ort zu bekommen ... begib dich jetzt an den Ort ... versuche, eine möglichst bequeme Haltung einzunehmen und versichere dich, daß du alles hast, was du zum Arbeiten brauchst ... nun fühlst du, wie es ist, dich auf die Arbeit zu konzentrieren, ... zu spüren, daß du die Aufgabe verstehst ... zu wissen, daß du die Prüfung oder schriftliche Arbeit gut bestehen wirst ...“

Natürlich können Phantasien die Arbeit nicht ersetzen, sie können einem aber helfen, sich zu entspannen. Vor dem Test oder der Prüfung können Sie die folgende Phantasie einsetzen.

Übung 15: Vorbereitungsphantasie

„Zuerst möchte ich, daß ihr euer Bewußtsein von allen negativen Gedanken freimacht. Laßt alle Sorgen und Nervosität los ... erlaubt euch, entspannt, ruhig und aufmerksam zu sein ... das Material, das ihr erarbeitet habt, ist in eurem Hirn vorhanden; alles, was ihr tun müßt, ist, euch zu entspannen, so daß ihr es finden werdet, wenn ihr es braucht. Stellt euch vor, wie ihr die Prüfung macht ... wie ihr gut seid ... wie ihr ruhig, aber gut arbeitet, ihr genießt es richtig ... seht, wie ihr die Arbeit abschließt und abgebt ... laßt euch euer Selbstvertrauen spüren und euren Stolz ... nun versucht ihr, die Ruhe und die positiven Gefühle in euch zu spüren, öffnet langsam die Augen und beginnt die Prüfung ...“

5.2.5 Zusammenfassung

Sie können die geschilderten Phantasien als Modell zum Entwurf eigener Lektionen oder Kurssequenzen einsetzen. Der normale Aufbau einer Phantasielektion vollzieht sich in folgenden Schritten:

(1) einer kurzen Erklärung zum Inhalt und zur Zielsetzung der Phantasie (was wir tun werden und warum),

(2) einer Entspannungsübung (wird mit genügendem Training kürzer),

(3) der Phantasie,

(4) einer Klassendiskussion, einer Schreibaufgabe oder einer Zeichnung.

Wenn Sie eine Phantasie entwerfen, sollten Sie zunächst für sich selbst folgende Fragen beantworten:

(a) Was ist das Ziel der Phantasie? Soll sie gefühlsmäßiges Engagement hervorrufen, im Verstehen oder Assimilieren von neuem Material helfen, einen Rückblick ermöglichen oder Schreiben / Malen stimulieren?

(b) Was für Material wollen Sie hineinnehmen? Was werden die Schüler/Teilnehmer von der Phantasie lernen?

(c) Welche Perspektive wollen Sie einnehmen lassen? Wird es eine Beobachter- oder eine Identifikationsphantasie werden?

(d) Wenn es eine Identifikationsphantasie werden soll, womit sollen sich die Schüler/Studenten identifizieren? Wenn es eine Beobachterphantasie ist, was speziell sollen sie beobachten?

Wenn Sie diese Fragen beantwortet haben, können Sie die Phantasie schriftlich festhalten und eine Entspannungsübung wählen. Um vorher Erfahrungen zu sammeln, empfiehlt es sich, die Phantasie mit einem vertrauten Partner durchzuführen und Rückmeldungen zu erhalten. Vor Beginn der Phantasie können Sie den Raum leicht abdunkeln, die Schüler/Teilnehmer sitzend oder liegend sich einstimmen lassen. Wenn ein Teilnehmer Angst hat, die Augen zu schließen, kann er die Phantasie auch bei offenen Augen mitmachen. Ermuntern Sie die Teilnehmer, die Phantasie jederzeit abzuändern, wenn ihnen eine Szene Angst macht oder unangenehm ist (vgl. auch den Abschnitt über Vorbereitungen). Beim Leiten einer Phantasie sollten Sie auf folgende Dinge achten:

(1) Versuchen Sie, in einem Ton zu sprechen, der weich und beruhigend ist. Ein Alltagston wird vermutlich zu eindringlich sein und die Teilnehmer abhalten, in die Phantasie einzusteigen.

(2) Versuchen Sie, Ihre Lesegeschwindigkeit etwas zu drosseln, aber nicht so langsam zu werden, daß die Spannung abfällt. Machen Sie nach jedem Vorschlag etwa sieben Sekunden Pause, so daß die Teilnehmer genug Zeit haben, die Bilder sich formen zu lassen (angegeben durch Punkte im Text).

(3) Geben Sie den Teilnehmern am Ende der Phantasie mehrere Minuten Zeit, ihre Phantasie zu Ende zu führen und in den Raum zurückzukehren. Beenden Sie die Phantasie immer mit der Aufforderung, langsam die Augen zu öffnen und in den Raum zurückzukehren.

(4) Wenn Sie bei der Diskussion Fragen stellen, seien Sie so spezifisch als möglich: „Wie sah ... aus?" „Hast du Töne im ... gehört?" „Wie fühlten sich deine Muskeln an, als du ...?" Wenn Sie nacher schreiben lassen, sollten Sie die „vorhandene Energie" sofort ins Schreiben fließen lassen.

5.3 Körperübungen und Bewegung im Unterricht

In diesem Abschnitt möchten wir eine kleine Auswahl von Möglichkeiten im Bereich von Körperübungen und Bewegung im Unterricht (oder in Kursen) beschreiben, um am Schluß weiterführende Literatur anzugeben (*Canfield* 1976). Die vorgeschlagenen Übungen umfassen in einem ersten Teil Aufwärmübungen mit Bewegung und Körper, in einem zweiten Teil Übungen mit dem für die Schüler wichtigen Thema „äußere Erscheinung", in einem dritten Teil Entspannungsübungen und Übungen zur Erhöhung der Aufmerksamkeit bezüglich Körperbotschaften oder -reaktionen.

5.3.1 Körperübungen und -spiele

Übung 16: Zinnsoldat und Marionette

Diese Übung lockert die Teilnehmer, da sie auf spielerische Art und Weise miteinander in Kontakt treten können. Fordern Sie die Schüler/Teilnehmer auf, Zweiergruppen mit einem etwa gleichgroßen Partner zu bilden. Zuerst sollen sie sich entscheiden, wer A und wer B ist. In einem ersten Durchgang werden die As Zinnsoldaten sein, die Bs die Direktoren. Die Zinnsoldaten können sich nur vorwärts bewegen, sie können nicht denken oder Entscheidungen fällen. Machen Sie vor, wie ein Zinnsoldat geht: langsam, mit steifen Beinen — wie ein Spielzeug. Dann erklären Sie, daß es Bs Aufgabe sei, seinen Zinnsoldaten herumzuführen, so daß er nicht in Wände oder Tische hineinläuft, auch nicht in andere Zinnsoldaten. Lassen Sie die Zinnsoldaten aufziehen und einige Minuten herumgehen. Greifen Sie nur ein, wenn es zu chaotisch wird. Nach einigen Minuten stoppen Sie und lassen die Rollen tauschen: B wird Zinnsoldat, A wird Direktor. Nach einigen Minuten unterbrechen Sie die erste Übung und geben neue Instruktionen: Alle As sollen sich auf den Rücken legen und sich völlig durchhängen lassen, wie Marionetten. Die Bs sollen versuchen, sie aufzurichten. Es ist beinahe unmöglich, dies zu schaffen, wenn A nicht mithilft. Lassen Sie nach einigen Minuten wieder die Rollen wechseln.

Nach Beendigung dieser zwei Teile fordern Sie die Schüler/Teilnehmer auf, in einen Kreis zu kommen und auszutauschen, wie es für sie war. „War es lustig?" „Was tatet ihr?" „Wie fühltet ihr euch!" „Wie war es als Direktor, wie war es Zinnsoldat oder Marionette?" „War es leichter, Zinnsoldat, Marionette oder Direktor zu sein?" „War es frustrierend, die Marionette aufzurichten?" Im Verlaufe des Austausches werden sich noch weitere Fragestellungen ergeben. Diese Übung sollte aber lediglich eine Aufwärmübung sein.

Übung 17: Die Brezel

Fragen Sie einen Schüler/Teilnehmer, der gerne Rätsel löst, als Freiwilligen. Bitten Sie ihn, kurz aus dem Raum zu gehen oder einfach die

Augen zu schließen. Der Rest der Gruppe soll einen Kreis bilden und sich die Hände reichen. Nun sollen sie sich so stark als möglich „verknoten", indem sie unter den Armen hindurch und über die Arme klettern. Wenn sie alle verknotet sind, bitten Sie den Detektiv, zurückzukommen und die Gruppe zu „entwirren", indem er ihnen verbale Anweisungen gibt, wie sie sich bewegen sollen.

Übung 18: Spiegeln

Lassen Sie die Klasse oder Kursgruppe in zwei ähnlich zusammengestellten Reihen stehen; die zweite Reihe soll hinter der ersten stehen. Die Schüler in der ersten Rehe sollen sich bewegen, mit dem ganzen Körper, mit Armen und Beinen. Die Schüler in der zweiten Reihe sollen versuchen, den Partner aus der ersten Reihe ganz genau zu kopieren. Lassen Sie diese Übung während drei bis vier Minuten ablaufen. Dann lassen Sie beide Reihen sich umdrehen und die Übung mit vertauschten Rollen wiederholen.

Dann erklären Sie ganz kurz das Prinzip des „Spiegelns" oder „Spiegels". Lassen Sie die Schüler sich anschauen. Der eine soll der „Spiegel" sein, der andere der „Aktive", der die Bewegungen vorzeigt. Nach drei Minuten lassen Sie wieder die Rollen vertauschen. Ermutigen Sie die Schüler, den ganzen Körper zu gebrauchen, inklusive Gesichtsausdruck. Sie können sich auch drehen und im Raum umhergehen.

Nach der Übung bitten Sie die Schüler zu diskutieren, welche Rolle für sie leichter war, die Rolle des Aktiven oder die Rolle des Spiegels. Welchen Zusammenhang sehen die Schüler zwischen dem Führenden und dem Nachfolgenden? Haben sie ähnliche Beispiele in der Klasse erlebt? Was ist schwierig beim Führen (beurteilt werden, kreativ sein zu müssen, beneidet werden etc.), was ist schwierig beim Nachfolgen (sich unterlegen fühlen, es nicht gut imitieren können, die Bestimmung über mich selber aufgeben)? Was sind die Vorteile beim Führen und beim Nachfolger?

Übung 19: Spontane Bewegung

Diese Übung stammt aus der Praxis der „Psychosynthesis" (Assagioli 1970). Die Grundidee ist folgende: Ein Schüler/Kursteilnehmer stellt sich selbst eine Frage und wartet dann, um zu sehen, welche Bewegung im Körper entsteht. Dies kann mit offenen oder geschlossenen Augen geschehen. Unsere Erfahrung ist, daß es mit geschlossenen Augen besser geht; dies muß aber nicht für jedermann zutreffen. Nach einer Periode der Bewegung — grob oder subtil, kurz- oder langatmig, einzeln oder als Serie — leiten wir die Schüler/Kursteilnehmer an, ihre

Erfahrungen niederzuschreiben, um die Qualität des symbolischen Ausdrucks ihres tieferen Selbst nicht zu verlieren. Nachdem sie die Eindrücke niedergeschrieben haben, können wir sie anleiten, die Bedeutung der Bewegung(en) herauszufinden.

Diese Übung eignet sich für ältere Schüler und Erwachsene. Einige Fragen, die Sie für diese Übung vorschlagen könnten, lauten:

— *„Welchem Aspekt meines Lebens möchte ich im Moment meine Aufmerksamkeit widmen?"*

— *„Welches ist der nächste Schritt in meiner persönlichen Weiterentwicklung?"*

— *„Welche Hindernisse sehe ich im Rahmen dieses nächsten Schritts?"*

— *„Welche Qualitäten oder Eigenschaften sollte ich entwickeln, um diese Hindernisse zu überwinden?"*

— *„Wie kann ich einen besseren Kontakt zu anderen Menschen aufbauen?"*

— *„Was möchte ich jetzt wirklich tun?"*

Diese Fragen sind lediglich Vorschläge. Jede andere Frage, die für die Schüler/Teilnehmer relevant ist, kann hier eingefügt werden.

Die Zielsetzung oder Absicht besteht darin, daß es einen Teil unseres Selbst gibt — unser „höheres Selbst", unsere „innere Weisheit" —, das die Antwort zu fast jeder dieser Fragen weiß, die unser Sein betreffen. Dieses „Selbst" spricht zu uns in symbolischer Form, in Träumen, intuitiven Einfällen, Musikmelodien, die ohne sichtbare Zielsetzung durch unser Bewußtsein ziehen. Körperausdruck und -bewegung sind eine Form dieses symbolischen Ausdrucks — daher auch die Bedeutung des Tanzes in traditionellen Religionen. Wenn wir lernen, uns selbst sinnvolle Fragen zu stellen, und offen gegenüber möglichen Antworten zu sein, kann spontane Bewegung sehr nützlich zur Verbesserung der Selbst-Kenntnis sein.

Mit denselben Fragen könnten Sie die Schüler auch auffordern, einfach die Augen zu schließen, sich die Frage zu stellen und auf ein Bild oder ein Symbol in ihrem Bewußtsein zu warten. Nachher sollen sie das Bild in ihr Tagebuch zeichnen und versuchen, die Bedeutung zu interpretieren. Später können sie ihre Erfahrungen im Rahmen der Gruppe austauschen.

5.3.2 Äußere Erscheinung

Übung 20: Photographien

Viele Schüler haben Fotos von sich selbst, von zu Hause, von der Schule. Wenn Sie genug Fotos zusammengetragen haben, können Sie diese auf verschiedenfarbige Kartons aufkleben, aufhängen und mit biographischen Unterlagen der Schüler wie Geschichten und Erzählungen illustrieren. Wenn Sie keine Fotos zur Verfügung haben, können Sie diese mit einer Sofortbildkamera aufnehmen. Eine Variation kann darin bestehen, daß Sie Säuglingsbilder der Schüler mit aktuellen Fotos vergleichen oder daß Sie aufgrund dieser den jeweiligen Schüler erraten lassen. Allerdings kann dies recht delikat sein und verlangt viel Fingerspitzengefühl, da Sie nicht zulassen sollten, daß sich ein Schüler/eine Schülerin verletzt fühlt. Diese Übung fördert die Wahrnehmung äußerer Unterschiede und Charakteristika. Zudem illustriert sie den Umgang mit Wachstum und Veränderung.

Übung 21: Körperzeichnung

Fordern Sie die Schüler auf, Paare zu bilden. Lassen Sie den einen auf einem großen Stück Verpackungspapier liegen, während der zweite den Umriß seines Körpers zeichnet. Die Schüler können nachher die Figur ausschneiden und farbig ausmalen. Dies ergibt ein lebensgroßes Selbstportrait jedes Kindes. Wenn die Bilder fertig sind, können Sie sie an der Wand aufhängen lassen. Es kann gut sein, wenn Sie die Übung am Ende des Jahres nochmals wiederholen und die Klasse die Bilder vergleichen lassen.

Um die Wirkung der Übung noch zu vergrößern, können Sie vorschlagen, daß jedes Kind noch eine kurze Geschichte mit dem Titel „Das bin ich" dazuschreibt. Heften Sie die Geschichten an die Hand der Selbstportraits. Auch hier ist zu sagen, daß die Übung sehr wirkungsvoll sein kann, daß dies aber auch vom Geschick und Feingefühl des Lehrers abhängt: Die äußere Erscheinung spielt vor allem für Schüler in der Pubertät eine wichtige Rolle und erfordert sehr viel Einfühlungsvermögen von seiten des Leiters.

Übung 22: Bildkomposition

Lassen Sie Ihre Klasse in Gruppen von fünf oder sechs Teilnehmern aufteilen. Sagen Sie jeder Gruppe, daß sie ein Bild einer imaginären Person zeichnen solle. Diese Person wird eine Zusammenstellung der besten Eigenschaften jedes Gruppenmitglieds sein. Bei dieser Übung zählt nicht die Kunstfertigkeit, sondern die Fähigkeit, die positiven Seiten der Gruppenmitglieder zusammenzustellen. Vielleicht können Sie einige Vorschläge von Teilen machen: Kopfform, Haare, Haarfarbe, Augen, Ohren, oder Sie lassen die ganze Klasse zuerst ein kleines Brainstorming von möglichen körperlichen Eigenschaften oder Teilen machen. Wenn einmal die erste Wahl gefallen ist, ergibt sich der Rest meistens sehr schnell.

Bei der Auswertung können Sie die Schüler fragen, wie sie sich vorher und nachher gefühlt haben. Die Übung erhöht die Wahrnehmung des anderen, weil die Erlaubnis gegeben wird, sich näher anzuschauen. Sie kann durchaus die Beziehungen untereinander verbessern. Vielleicht finden Sie auch, daß das Zeichen selbst unnötig sei, vielleicht genügt es schon, die Charakteristiken zusammenzutragen.

5.3.3 Wahrnehmung

Übung 23: Kameraspaziergang

Sie führen diese Übung am besten durch, wenn sich die Schüler schon ein bißchen kennengelernt haben. Sie erhöht das Vertrauen erheblich. Fordern Sie die Schüler auf, sich einen Partner auszusuchen, den sie gut mögen oder kennen (in einem zweiten Durchgang: Partner, die sie weniger gut kennen). Erzählen Sie ihnen, daß sie zusammen auf einen Spaziergang gehen werden, wo der eine seine Augen geschlossen hat und der andere führt. Bitten Sie sie, zuerst zu entscheiden, wer mit geschlossenen Augen beginnen möchte. Wenn Sie das gemacht haben, fordern Sie den „Führenden" auf, dafür zu sorgen, daß sein Partner immer sicher ist. Zudem sollten Sie versuchen, dem Partner einen interessanten Rundgang zu vermitteln. Sie können sie treppauf und -ab führen, an Orte, wo sie noch nie gewesen sind, rückwärts, rundherum etc. Sie können ihren Partnern auch eine Menge von Sinneseindrücken vermitteln, indem Sie sie z. B. die Hand auf die Klaviertasten legen lassen, Glas oder Beton berühren lassen, einen weichen Teppich, Wasser. Während der ganzen Übung können sie insgesamt fünf Bilder „schiessen", indem sie ihnen hinten auf den Rücken drücken. Sagen Sie ihnen, daß sie die ganze Übung ohne Reden durchführen sollten. Lassen Sie sie nach zehn oder fünfzehn Minuten die Rollen tauschen, indem Sie ein vorher abgemachtes Signal geben. Lassen Sie sie nachher ins Plenum zurückkommen und Erfahrungen austauschen. Fragestellungen können sein:
— *„Konntest du dem Partner mit geschlossenen Augen vertrauen?"*
— *„Hast du zwischendurch mal die Augen geöffnet?"*
— *„Hast du lieber geführt oder bist du lieber nachgefolgt?" „Was daran war leicht, was weniger?"*
— *„Hat dir die Übung gefallen? Was daran hat dir gefallen?"*

Übung 24: „Sensory Awareness"

Erziehung oder Unterricht vernachlässigt in vielen Fällen die Entwicklung der Sinne; die Schüler oder Kursteilnehmer sind oftmals nicht in Kontakt mit sich selbst oder mit den anderen. Die Methoden des „Sensory Awareness" (entwickelt von *Charlotte Selver* und popularisiert von *Bernard Gunther*) helfen Schülern und Erwachsenen, ihre Fähigkeit zu fühlen — im wörtlichen Sinne — wiederzufinden und zu „ihren Sinnen zu kommen". Wir haben eine kleine Sammlung von Übungen zusammengestellt, die Sie in Ihrem Unterricht einsetzen können. Während Sie sie durchführen, nehmen Sie sich genügend Zeit — stürmen Sie nicht hindurch — und geben Sie den Teilnehmern am Schluß Gelegenheit auszutauschen, was sie erlebt haben.

(a) „Schließe deine Augen und beginne wahrzunehmen, wie sich dein Kopf fühlt. Biege die Finger an deinen Gelenken und klopfe ganz leicht das obere Ende deines Kopfes. Klopfe die Rückseite, die Seiten, den Vorderkopf. Jetzt nehme deine Hände herunter und spüre, wie sich dein Kopf und deine Hände anfühlen."

(b) „Schließe deine Augen und spüre, wie sich dein Gesicht anfühlt. Lasse die Augen geschlossen und beginne, dein Gesicht leicht mit deinen Fingern abzuklopfen. Beide Hände und die Finger sollten locker sein und das Gesicht gleichzeitig abklopfen. Dann beginne, das Kinn, den Kiefer, die Lippen und den Oberkiefer zu bewegen. Dann gehst du langsam über zu Nase und Augenlidern. Dann hälst du inne, läßt deine Hände langsam nach unten fallen und spürst, wie sich das Gesicht anfühlt. Dieses Klopfen kannst du an allen Teilen deines Körpers machen, mit oder ohne Partner."

(c) „Wähle einen Partner aus, der etwa die gleiche Größe hat wie du. Teile seinen Körper in deiner Vorstellung in zwei Hälften — eine rechte und eine linke Seite. Konzentriere dich nur auf die linke Seite, beklopfe den ganzen Kopf deines Partners, gehe dann weiter bis zu seinen Schultern und seinem Arm, Rücken, Bauch, Bein und linkem Fuß. Derjenige, der beklopft wird, sollte seine Augen geschlossen halten. Nachdem ihr dies abgeschlossen habt, solltest du und dein Partner mit geschlossenen Augen stehenbleiben und den Körper erspüren. Nach ein oder zwei Minuten tauscht ihr eure Erfahrungen aus, vor allem den Unterschied zwischen linker und rechter Seite. Nachdem ihr ausgetauscht habt, solltet ihr noch die rechte Seite ‚behandeln', damit ihr euch wieder ausbalanciert fühlt."

(d) „Versuche, während einer ganzen Unterrichtssequenz deine linke Hand zu gebrauchen (bei Linkshändern: rechte Hand). Mache alles, was du kannst, mit der schwächeren Seite. Beginne zu spüren, wie sich das anfühlt. Was erlebst du? Bist du fähig, geduldig mit dir selbst zu sein? Wie erlebst du dich am Ende der Unterrichtsperiode?"

(e) „Wähle einen Partner aus. Setze dich ihm gegenüber. Nimm beide Hände deines Partners in deine beiden Hände. Schließe deine Augen. Spüre den Kontakt, wo hören deine Hände auf, wo beginnen seine? Mit geschlossenen Augen und ohne zu reden: Beginnt einen Dialog mit euren Händen. Erlaube dir selbst, am Anfang ein bißchen scheu zu sein, dann etwas mutiger. Teste die Kraft deines Partners, dann deine. Als nächstes habt ihr einen kleinen Streit, der etwas stärker wird. Dann seid ihr freundlich miteinander. Drückt eure Verspieltheit aus. Dann kreiert ihr zusammen einen Tanz. Laßt den Tanz schwächer werden. Sagt auf Wiedersehen. Hört den Kontakt auf. Spürt, wie ihr euch jetzt fühlt. Öffnet eure Augen und schaut euren Partner an. Dann sprecht ihr über die Erfahrung mit ihm."

(f) „Atmet durch die Nase ein und zählt bis acht. Während ihr einatmet, laßt euren Magen herauskommen. Dann atmet Ihr aus und zählt ebenfalls bis acht, laßt Euren Magen hineingehen. Wiederholt das insgesamt fünfzehnmal." Diese Übung eignet sich sehr gut für den Beginn einer Unterrichtsstunde, wenn die Energien der Schüler verstreut und nicht gesammelt sind. Zudem hat sich diese Übung als hilfreich erwiesen, damit sich die Schüler vor einer Prüfung gut entspannen konnten.

(g) „Jedermann steht oder sitzt in einem Kreis herum, alle schauen in eine Richtung, so daß immer einer hinter einem anderen ist. Dann beginnt ihr, dem Partner vor Euch Nacken und Schultern zu massieren (3 Minuten). Dann dreht ihr euch um und gebt dem anderen Partner eine Massage."

(h) „Die ganze Klasse beginnt herumzuwandern. Schüttelt beide Hände von jeder Person, die ihr trefft. Dann schüttelt ihr die Ellbogen jeder Person, die ihr trefft. Dann die Schultern. Macht weiter mit Füssen, Hüften, Kopf und Nase. Dann stoppt ihr, schließt die Augen und spürt, wie ihr euch fühlt."

Dies ist nur eine kleine Auswahl von über hundert Übungen in „Sensory Awareness" von *Gunther* (1968, 1971) und *Brooks* (1979). Wir empfehlen diese Bücher sehr. Natürlich ist es auch hier so, daß man ähnlich wie bei einem gestaltpädagogischen oder humanistischen Unterricht zuerst die Atmosphäre aufbauen sollte. Zudem sind alle „strukturierten Erfahrungen" immer freiwillig. Ein Austausch muß nicht immer nötig sein, sollte aber auf jeden Fall durch den Lehrer angeleitet werden.

Die Hauptabsicht all dieser Übungen zu „Körper und Bewegung im Unterricht" liegt im Bestreben, Körperempfindungen und Sinneswahrnehmungen im Unterricht als positive Faktoren anzusehen und den Schülern oder Kursteilnehmern Gelegenheit zu geben, diese auszudrücken und wahrzunehmen.

„Erziehung ist idealerweise eine aktive, interessante Entdeckungsreise: Fähigkeiten, Lernen, Wissen, Tun. Zuviel in der formellen Erziehung ist Langeweile, Memorieren, passive Zerlegung in verschiedene Teile, Indoktrination." (*Gunther* 1968)

Wie wir schon zu Beginn dieses Kapitels ausführten, sollten die vorgestellten Methoden nicht im Sinne einer Trickkiste eingesetzt werden, mit der die Schüler/Teilnehmer immer wieder neu verblüfft werden. Sie sollten eingebettet sein in den Rahmen des „erfahrungsorientierten Lernprozesses", der aus verschiedenen Phasen besteht.

5.4 Phasen des erfahrungsorientierten Lernens

Das *erfahrungsorientierte Lernen* — und dazu zählen wir sowohl Gestalt- als auch Humanistische Pädagogik — kann in *sechs Phasen* beschrieben werden (*Walter, Marks* 1981, S. 159):

Erste Phase: *Planung*
Zweite Phase: *Einführung*
Dritte Phase: *Aktivität*
Vierte Phase: *Austausch*
Fünfte Phase: *Zusammenfassung*
Sechste Phase: *Auswertung*

Ich möchte in diesem kurzen Überblick die wichtigsten Aktivitäten, die Rolle und Verantwortlichkeit von Leiter und Teilnehmer und die Auswirkungen bestimmter Verhaltensweisen in den einzelnen Phasen näher beleuchten.

5.4.1 Planung

Planung umfaßt im Falle des erfahrungsorientierten Lernens zwei Aspekte: die Entscheidungen bezüglich der Wahl der verschiedenen Aktivitäten („design") und die konkreten Vorbereitungen der einzelnen Teile der Lernerfahrung. Planung umfaßt das Feststellen der Lernbedürfnisse der Schüler/Teilnehmer, der Leiterfähigkeiten (Was kann ich? Was kann ich noch nicht?), der notwendigen Begleitmaterialien (Medien, Kopien, Requisiten), das Festlegen geeigneter Ziele und die Auswahl der Aktivitäten.

Die Wichtigkeit der Planung wird oftmals wegen ihrer scheinbaren Einfachheit übersehen. Sehr viele Lehrer oder Leiter im erfahrungsorientierten Bereich vertrauen auf „den Prozeß" und die „zwischenmenschlichen Themen". Sie nehmen an, daß die notwendigen Vorbereitungen implizit sind und lediglich von ihren Leiterfähigkeiten abhängen. Sie vertrauen auf ihre „Erfahrung" und ihr Charisma und verweisen auf frühere Erfolge. Besonders ärgerlich für die Teilnehmer sind

Erfahrungen, bei denen das technische Begleitmaterial ausfällt: Tonband, Video, Filmapparat, Plattenspieler etc. In Wirklichkeit erfordert erfahrungsorientiertes Lernen im voraus ein großes Maß an Vorbereitung, inklusive der Möglichkeiten eines Ausweichprogramms für den Fall, daß das Unvorhergesehene eintritt. Wenn ein Lehrer/Leiter nicht plant (im Rahmen der Vorbereitung), läuft er sehr schnell Gefahr, ein „Kochbuch"- oder Rezeptangebot zu machen, das gar nicht auf die Teilnehmer zugeschnitten ist.

5.4.2 Einführung

Die Einführungsphase umfaßt zwei unterschiedliche Themenbereiche:
— die *allgemeinen Ausführungen* zu Beginn jeder Lernerfahrung, und
— die *spezifischen Instruktionen* zu jeder Aktivität im Rahmen dieser gesamten Lernerfahrung

Die allgemeinen Ausführungen beinhalten Themen, mögliche Erwartungen der Teilnehmer und soziale Normen des Lernens (z. B. Gibt es Regeln oder nicht?). Die spezifischen Instruktionen dagegen umfassen die Beschreibung der Aktivität, die Klärung der Verantwortlichkeiten der Teilnehmer und die Umschreibung der verschiedenen Rollen. Am Beispiel der vorher erwähnten Gestalt-Kontaktübung kann dieser Unterschied folgendermaßen illustriert werden:

Die allgemeinen Ausführungen umschreiben die Themen Realität-Phantasie-Wahrnehmung-Kontakt und als soziale Normen den Hinweis, daß einer nach dem anderen statt miteinander sprechen solle, daß beim Austausch nur Wahrnehmungen und keine Urteile ausgetauscht werden sollen u. a. m. Die spezifischen Instruktionen führen aus, daß sich die Schüler/Teilnehmer in Zweiergruppen aufteilen, sich gegenübersitzen und sich anschauen sollen.

Die Teilnehmer sind einmal in der aktiven und einmal in der passiven Rolle. Sie achten auf ihre Wahrnehmungen, Gefühle und Phantasien.

Die allgemeinen Ausführungen sind die erste Face-to-face-Möglichkeit für den Lehrer/Leiter, das gewünschte Lernklima aufzubauen und die wichtigsten Punkte aus der Vorbereitung mitzuteilen. Die Aktivitäten in dieser Phase bestimmen den ganzen weiteren Verlauf. Wichtige Themen sind Aktiv-Sein versus Passiv-Sein, Offenheit gegenüber der Erfahrung, Bereitschaft zum Risiko, Prozeßorientierung, Leiter- und Teilnehmerverantwortlichkeit. Als Lehrer/Leiter können Sie diese Themen erfahrungsorientiert (indem Sie sie durchführen) oder beschreibend mitteilen. Indem Sie z. B. die Teilnehmer sich gegenseitig vorstellen lassen („Partnerinterview"), geben Sie ein Beispiel, wie Sie sich das Engagement oder Aktiv-Sein vorstellen.

Das zweite Thema „Offenheit gegenüber der Erfahrung" soll ansprechen, daß es ziemlich unproduktiv ist, sich hinter kritischen Urteilen über die vorgeschlagene Aktivität (z. B. Übung, Rollenspiel, Simulation etc.) zu verstecken. Hier kommt das „Prinzip des aufgeschobenen kritischen Urteils" zum Zug, was heißt, daß es sinnvoller ist, die Aktivität *nachher* kritisch zu beurteilen.

„Bereitschaft zum Risiko" bedeutet, daß alle Beteiligten bereit für das Geben und Empfangen von Feedback sein sollten, zudem so authentisch (oder „selektiv authentisch" in der Sprache der TZI) als möglich. Mit „Prozeßorientierung" ist gemeint, daß erfahrungsorientiertes Lernen sehr viel Wert auf den „Prozeß des Lernens" legt. Oft ist der Prozeß zentraler als der Inhalt. Allerdings ist es auch hier so, daß Prozeß nicht gegen Inhalt ausgespielt werden sollte, weil beides ja untrennbar verbunden ist. Die Lerninhalte erhalten eher die Rolle, Prozesse in Gang zu setzen, die Sie mit den Schülern / Teilnehmern reflektieren. Bei einer Vorlesung kommt auch ein Prozeß in Gang, nämlich daß die Teilnehmer oder Zuhörer passiv sein müssen, daß ihre Aufnahmebereitschaft nach kurzer Zeit nicht mehr da ist (vgl. die Ergebnisse aus der Lernforschung), daß sie in Phantasien abdriften, sich mit anderen Dingen beschäftigen, daß ihre Lernmotivation absinkt. Das heißt aber nicht, daß eine Vorlesung oder ein Referat a priori schlecht wäre, nur weil sie solche Auswirkungen haben können. Man erlebt nur allzu oft in Kreisen von Gestalt- oder Humanistischen Pädagogen, daß solche Lernformen a priori abgelehnt werden. Genau das gleiche gilt, wenn jemand behauptet, ein informatives Referat spreche nur das kognitive Lernen an und unterdrücke den affektiven Teil. Hier ist zu erwähnen, daß es rein kognitives Lernen gar nicht gibt, daß immer affektive Prozesse ablaufen (oft negative) und daß ein solches Modell die Realität allzu sehr vereinfacht. Oftmals leidet auch die Diskussion der Gestaltpädagogik unter solchen klischeehaften Vereinfachungen.

„Verantwortlichkeiten des Lehrers / Leiters und der Schüler / Teilnehmer" meint, daß beide Seiten Verantwortung für das Lernen tragen: Der Teilnehmer entscheidet selber, wie er sich bezüglich Aktivsein, Offenheit, Risikobereitschaft und Prozeßorientierung engagieren will, der Leiter legt seine Rolle und seine Lernangebote dar. Dies alles muß im Rahmen eines sogenannten „Lernvertrags" ausgehandelt werden.

Ein anderer wichtiger Teil der Einführungsphase ist der *Austausch der Teilnehmererwartungen.* Mit einem großen Teil davon werden Sie

112

sich bereits bei den allgemeinen Ausführungen befaßt haben. Trotzdem ist es notwendig, daß die allgemeinen Erwartungen in systematischer Weise formuliert und ausgetauscht werden (vgl. Anhang A). Dies kann in spielerischer, schriftlicher oder mündlicher Form geschehen. Generell bestimmt die Art und Weise, wie der Leiter diese Phase gestaltet, die Normen, die sich im weiteren Verlauf etablieren werden: Hält er zuerst eine fünfzigminütige Vorlesung, um nachher innerhalb von zehn Minuten die Erwartungen der Teilnehmer formulieren zu lassen, so werden diese sehr schnell merken, daß ihr Anteil am Lernprozeß eigentlich gar nicht gefragt ist. Ebenso kann es höchst problematisch sein, wenn Sie bereits zu Beginn eine Aktivität vorschlagen, die sehr viel persönliches Sich-Öffnen von den Teilnehmern verlangt, so daß sie mit Angst und Zurückhaltung reagieren. Auch hier gilt für den Leiter, daß er nicht zuviel gleichzeitig anreißen sollte, was er nicht handhaben kann. Nur allzuoft befriedigen spektakuläre Übungen oder Aktivitäten mehr den Narzißmus des Leiters als das Lernbedürfnis der Teilnehmer.

Zum Austausch der Erwartungen möchte ich abschließend bemerken, daß diesem Teil auch *nicht zuviel Raum* zugedacht werden sollte: Oftmals wird dann nämlich allen Beteiligten klar, wie diffus und unklar die Erwartungen sind, wie schwer es ist, diese zu formulieren. Daher kann durch ein Zerreden und Zerpflücken auch die Motivation absinken, und gerade bei prozeßorientiertem Vorgehen besteht die Gefahr, daß die Teilnehmer den Leiter für Anfangserwartungen verantwortlich machen und sich beklagen, wenn diese nicht erfüllt wurden, obwohl sie unklar oder illusorisch waren. Sehr viele Erwartungen können oftmals gar nicht erfüllt werden. Auf die spezifischen Instruktionen möchte ich hier nicht mehr näher eingehen, da sie im Rahmen der jeweiligen Aktivität gegeben werden.

5.4.3 Aktivität

Das Ende der Einführungsphase fällt zusammen mit dem Beginn der Aktivitätsphase. Ich habe vorher auf die Wichtigkeit der Vorbereitung und Einführung hingewiesen, mit der alles steht oder fällt. In der Aktivitätsphase selber sind zwei Aspekte wichtig: Der *organisatorische Rahmen*, der Einsatz von Hilfsmitteln und Material, das Einrichten der Räumlichkeiten. Es können beispielsweise große Spannungen und Frustrationen entstehen, wenn keine geeigneten oder nicht genug Räumlichkeiten für Untergruppenaktivitäten vorhanden sind. Der zweite Aspekt ist die Abfolge und das sogenannte „timing" der *Instruktionen*:

Als Lehrer/Leiter sollten sie die Abfolge der Teilaktivitäten bekanntgeben und von einer Sequenz in die andere überleiten (z. B. Beginn mit einer gelenkten Phantasie, Überführen in ein Rollenspiel, Schlußplenum, vgl. die Unterrichtsbeispiele).

In diesem Zusammenhang sind folgende Punkte wichtig.

Als Leiter sollten Sie den Teilnehmern einen ungefähren Anhaltspunkt bezüglich der zur Verfügung stehenden Zeit geben. Diese können sich dann innerlich darauf einstellen. Zudem ist es gut, wenn Sie die vorgegebene Zeit realistisch bemessen: z. B. ist es sinnlos, für eine Gruppenaufgabe zehn Minuten einzuräumen, wenn die Aufgabe mindestens dreißig erfordert. Sie können als Leiter in Erfahrung bringen, ob die einzelnen Gruppen oder Teilnehmer noch mehr Zeit brauchen. Wenn Sie sehen, daß nicht genügend Zeit vorhanden ist, sollten Sie die Schüler/Teilnehmer darauf aufmerksam machen, damit man sich gemeinsam überlegen kann, wie und wo Unerledigtes bearbeitet werden kann und wie man eine „Schließung" erreicht.

Zeit ist ein sehr wichtiger Strukturierungsfaktor im Bereich des erfahrungsorientierten Lernens. Dabei kann es durchaus sein, daß in der Kürze die Würze liegt oder daß gewisse Aspekte auch in einem längeren Zeitrahmen nicht angegangen werden können. Vielleicht erinnern Sie sich mit einem leichten Schmunzeln an die verschiedenen Gelegenheiten, bei denen das Wichtigste ganz kurz vor Abschluß des vereinbarten Zeitrahmens auftauchte, so daß keine Gefahr oder Gelegenheit bestand, dies noch anzugehen. Gewisse Themen, die im Rahmen von Einheiten von fünfundvierzig Minuten nie angetippt wurden, tauchen erst im Rahmen eines ganzen Tagesprogramms auf. Dies kann aber auch genau umgekehrt sein. Auf diesem Hintergrund ist auch die Diskussion, ob gestaltpädagogisches, lebendiges oder humanistisches Lernen in Stundeneinheiten möglich ist, zu sehen.

Für Sie als Lehrer(in)/Leiter(in) ist es wichtig, eine gute Balance bzw. Nähe und Distanz zu finden. Als Stichwort möchte ich die „selektive Echtheit" von *Cohn* (1975) nennen. Zu starkes Engagement des Leiters wird von den meisten Teilnehmern als „Einmischung" („meddling"), zu starke Distanz wird als „Störung" oder „Desinteresse" empfunden. Ein guter Leiter erfahrungsorientierten Lernens sollte nahe bei der Aktivität sein (beobachten, fühlen, zuhören), aber nicht dazwischenfahren. Hauptaufgabe ist es, den Wahrnehmungsprozeß („awareness") der eigenen/anderen Bedürfnisse, Gefühle, Reaktionen anzuleiten.

5.4.4 Austausch

Da erfahrungsorientiertes (gestaltpädagogisches, humanistisches) Lernen — wie die Bezeichnung sagt — Erfahrungen evoziert, sind die Teilnehmer meistens stark an einem Austausch interessiert. Zu diesem Zeitpunkt ist eine kritische Rückschau auf die Aktivität noch verfrüht (und destruktiv), diese folgt in der Evaluationsphase. Sie würde auch vom Inhalt der Erfahrung und vom Prozeß der Teilnehmer wegführen. Als Leiter sollten Sie dies sehr genau unterscheiden.

Beim Austausch sind zwei Aspekte wichtig: sich mitteilen („sharing") und Rückmeldung („feedback"). Beim Mitteilen ist es wichtig, daß die Teilnehmer ihre eigenen Gefühle, Reaktionen, subjektiven Eindrücke, Phantasien und Erfahrungen in die Gruppe hineingeben. Das Feedback ist eine Rückmeldung auf andere, auf die Gruppe und stammt von einem Beobachter, von den anderen Teilnehmern und — in beschränktem Maße — vom Leiter. Dabei ist es Aufgabe des Leiters, das Gespräch zu moderieren, damit konstruktives Feedback (= spezifisch, konkret, auf Beobachtungen basierend, nicht-wertend, für den Empfänger aufnehmbar) gegeben wird. Die Kunst besteht darin, nicht Regeln einzuführen, die erfahrungsgemäß das Feedback hemmen, sondern diese Aspekte schrittweise einzuflechten und aufzuzeigen. Als Leiter können Sie wichtige Themenpunkte für den Austausch vorschlagen, damit das Gespräch schneller in Gang kommt. Zudem sollten Sie schützende oder unterstützende Funktionen übernehmen. Der Austausch sollte ein gewisses Zeitmaß nicht überschreiten, weil sonst die Gefahr besteht, daß die Erfahrung zerredet wird. In Überleitung zur nächsten Phase der Zusammenfassung können Sie wichtige Themen bei einzelnen Teilnehmern oder der ganzen Gruppe beleuchten.

5.4.5 Zusammenfassung

Die Zusammenfassung — genauso wie die Einführung — umfaßt die spezifische Aktivität (Übung, Rollenspiel, Simulation etc.) wie die gesamte Erfahrung. In beiden Bereichen ist es Aufgabe des Leiters, in der Phase der Zusammenfassung den Teilnehmern / Schülern einen Verarbeitungsrahmen anzubieten, damit sie Sinn und Inhalt der Erfahrung verstehen.

Die *Zusammenfassung der spezifischen Aktivität*, z. B. der Gestalt-Kontaktübung, umfaßt verschiedene Aspekte: Erstens die Vermittlung einer Perspektive zu Inhalt und Prozeß der Übung vermitteln (Anknüpfen an den Austausch: Wie haben dies die einzelnen Teilnehmer erlebt?); zweitens eine Integration der Teilnehmererfahrungen mit

Hintergrundinformationen (gestaltpsychologische Erläuterungen zur Rolle von Kontakt-Phantasie-Realität, Konzept der „Mittelzone") („Habt ihr andere Erfahrungen gemacht? Hat sich das bestätigt?"); drittens Verallgemeinerungen und Anwendungen auf die Tätigkeit oder auf Alltagserfahrungen der Schüler / Teilnehmer („Wo habt ihr ähnliche Erfahrungen in der Schule schon gemacht? Mit wem?" „Habt ihr ähnliche Erfahrungen im Beruf schon gemacht? Wie hat sich das ausgewirkt? Was habt ihr damit gemacht?" „Was heißt das für mich als Schüler / Teilnehmer?" In dieser Phase liegt die Würze in der Kürze, in der die Teilnehmer die Erfahrung schon gemacht und ausgetauscht haben. Der Leiter oder Lehrer hat hier also eine aktive Rolle, da das hauptsächliche Ziel die Integration der Erfahrung ist. Es genügt bekanntlich nicht, in Übungen neue oder alte Erfahrungen zu machen, ohne sie zu integrieren. Erst hier beginnt das Lernen. Erfahrungen machen allein hat noch nichts mit Lernen zu tun, erst die Integration der Erfahrung.

Die *Zusammenfassung der gesamten Lernerfahrung* hat vor allem mit der Übertragung — mit dem Fremdwort Transfer — des gesamten Lernprozesses auf den schulischen oder beruflichen Alltag des Schülers / Teilnehmers zu tun. Der Leiter / Lehrer wird in diesem Zusammenhang Ausführungen machen über den Unterschied dieser Art von Lernen oder Atmosphäre zum Schulalltag, zur Berufssituation, wo meistens keine derartige Offenheit gegenüber dem Ausdruck von Gefühlen herrscht wie hier. Oftmals kann dies eine richtiggehende Insel- oder Ausnahmesituation einer Klasse oder Gruppe sein. Falls hier Enttäuschungen entstehen, kann ich die Schüler / Teilnehmer bereits damit vertraut machen, wie sie mit möglichen Konflikten umgehen könnten (breiter ausgeführt in Teil III). Dies kann z. B. die Bildung einer sogenannten „Support"-Gruppe sein, wo die Erfahrungen mit gestaltpädagogisch-erfahrungsorientiertem Lernen ausgetauscht werden können. Für die Schüler kann dies heißen, daß sie z. B. Mitschüler darüber informieren, was sie erlebt haben, was anders ist im Vergleich zu Frontalunterricht, welchen Sinn diese Art von Lernen für sie hat. Zudem kann es auch heißen, daß die Jargonsprache, die vielerorts im Zusammenhang mit erfahrungsorientiertem Lernen verwendet wird, vermieden werden sollte, weil dies entfremdend wirkt für jemanden, der diese Art von Lernen noch nicht kennt.

Wichtig in dieser Phase ist die Offenheit des Leiters / Lehrers, der sich auch über seine Einschätzung der Lernerfahrung und Sicherheiten / Unsicherheiten im Anleiten äußert. Lehnt es ein Leiter / Lehrer ab, sich mit diesen Themen auseinanderzusetzen, fühlen sich die Schüler /

Teilnehmer in ihrer Offenheit verletzt und reagieren mit Mißtrauen. Die Glaubwürdigkeit des Leiters oder des erfahrungsorientierten Lernens kann stark darunter leiden, so daß sich die Schüler / Teilnehmer einer solchen Lernerfahrung nicht mehr öffnen werden. Eine Illustration dieses Sachverhalts zeigt der Gruppenleiter im oben angesprochenen Fernsehfilm über Gruppendynamik, der zwar eine desorientierte Gruppe nach Hause schickt, aber bei einem Nachinterview über den Erfolg oder Mißerfolg seiner Kurse mit einem unübertrefflichen Zynismus darauf hinweist, daß schon über zweitausend Teilnehmer in seinen Kursen waren, wobei sich nur einige wenige psychiatrisch nachbehandeln mußten. Die Problematik, die damit aufgezeigt wird, zeigt einmal mehr, daß erfahrungsorientiertes Lernen nur in einem größeren Rahmen sinnvoll und konstruktiv ist, nicht als Augenblickserlebnis, das wie ein Instantkaffee angerichtet wird und schnell verfließt. Meistens mit einem bitteren Nachgeschmack.

Wenn das Übertragungsproblem durch den Leiter zuwenig angesprochen wird, kann dies zur Folge haben, daß die Teilnehmer das neue Verhalten (Offenheit, Feedback etc.) beim ersten Mißerfolg über Bord werfen, daß sie mit naiven Vorstellungen nach Hause gehen („Ist ja alles gar kein Problem!") und dann desto schmerzhafter fallen oder daß sie zu sektenhaften Evangelisten werden („Jeder, der dies noch nicht entdeckt hat, ist auf dem falschen Weg"), wie uns dies die neuen und höchst erfolgreichen Selbsterfahrungssekten augenscheinlich demonstrieren, die im Grunde lediglich „alten Wein in neuen Schläuchen" präsentieren.

5.4.6 Auswertung (Evaluation)

Die Auswertung hat zum Ziel, die Wirksamkeit der Lernerfahrung für die Schüler / Teilnehmer, die Stärken und Schwächen einer Aktivität, das Leiterverhalten näher zu beleuchten, um Änderungen oder Korrekturen für Verlauf und spätere Neuplanung herauszuschälen. Zudem soll betrachtet werden, ob die vorgegebenen Lernziele für den Einzelnen oder insgesamt erreicht wurden. Die Auswertung erfolgt also während des gesamten Lernprozesses und beginnt gleich am Anfang mit dem Austausch möglicher Erwartungen. Diese sollte auch zwischendurch erfolgen, damit sie nicht einfach als Schlußbilanz dasteht, wenn nichts mehr geändert werden kann. Sie kann also im Rahmen einer gesamten Lernsequenz bei vorgesehenen Zeitpunkten eingebaut werden, oder spontan in einer Situation, wo Blockierungen das Weiterkommen behindern. Es gibt viele Auswertungsmöglichkeiten;

die meisten sind aber recht kompliziert und rufen Widerstand bei den Schülern / Teilnehmern hervor. Aus diesem Grund habe ich im Anhang eher *spielerische Methoden der Auswertung vor, während und nach einer Lernsequenz* zusammengestellt.

5.5 Unterricht aus gestaltpädagogischer Sicht

Eines der größten Probleme der Gestaltpädagogik besteht im Fehlen von überzeugenden Unterrichtsmodellen. Unterricht ist ein derart komplizierter Vorgang und Prozeß, daß er mit vereinfachenden Modellen veranschaulicht werden muß. Dies schon aus Gründen der Planbarkeit. Allerdings ist Unterricht nicht durch und durch planbar, schon gar nicht erfahrungsorientierter Unterricht.

Unterricht hat — in diesem Sinne — Ähnlichkeiten mit einem Theaterstück; er ist eine Inszenierung von Lernprozessen und von allen Beteiligten abhängig. Als Leiter oder Lehrer kann man sicherlich ein Skript mit Inhalt, Formen und Erfahrungswerten erstellen, aber der resultierende Lernprozeß hängt von Faktoren ab, die man nicht alle gleichzeitig beeinflussen kann. Spontaneität ist ein wichtiges Lernmoment. Sicher kennen Sie die Langweiligkeit vollkommen durchstrukturierter und vorgeplanter Unterrichtseinheiten.

Das Destruktive oder Lerntötende kann in einer Akzentverschiebung gesehen werden: Statt offen zu sein für vorder- und hintergründige Lernbedürfnisse, verlagert der Leiter seine Energien krampfhaft auf die Einhaltung des Planes und auf das Verhindern von Störungen. Das extreme Beispiel kann im folgenden Bild gesehen werden: Unterricht wird derart perfekt, daß Schüler nur noch Störfaktoren eines perfekt vorgegebenen Ablaufs sind. Sie können ihren Rollenpart nie „perfekt" spielen, da sie ihn nicht kennen. Die Schüler verlagern ihre Energien aufs „Rätselraten" statt aufs Lernen. Gestaltpädagogik hat sich — wie gesagt — immer schwergetan mit Unterrrichtsmodellen, weil sie sie als etwas Totes ablehnte. Eine Ausnahme stellt das „Würfelmodell" des Gestaltpädagogen *Norman Newberg* aus Philadelphia dar (1980), welches Unterricht in drei Dimensionen erfaßt.

5.5.1 *Würfelmodell des gestaltpädagogischen Unterrichts (Newberg)*

Norman Newberg schuf das Würfelmodell im Rahmen seiner Bemühungen, humanistisches und gestaltpädaogisches Lernen für die Schule und die Lehrerausbildung fruchtbar zu machen (1980). Unterricht kann nach *Newberg* in *drei Dimensionen* gesehen werden:

Dimension 1: Inhalte der Erziehung
Persönliches — zwischenmenschliches — öffentliches Wissen
Dimension 2: Erziehungs- oder Verhaltensstil
Unabhängig — interdependent (gegenseitig abhängig) — abhängig)
Dimension 3: Beurteilung (Evaluation)
Durch: Autoriät — Mitlernende — sich selbst

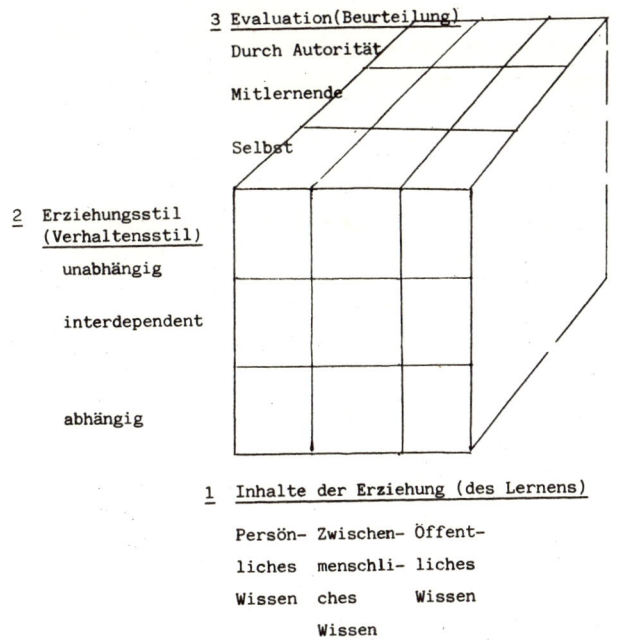

Abbildung 2: Gestaltwürfel des Unterrichts (nach *Newberg* 1980).

Newberg umschreibt die einzelnen Dimensionen folgendermaßen:

(1) Inhalte der Erziehung
(a) Persönliches Wissen
— Selbst-Kenntnis, Wahrnehmung von Gefühlen, Werthaltungen,
  Hoffnungen, Befürchtungen, Pläne / Ambitionen
— Fähig sein, seinem Leben einen Sinn zu geben, sich systematisch
  selber kennenlernen, Muster und Unregelmäßigkeiten im Le-
  bensskript kennen
— Seine eigenen Stärken und Schwächen kennen

119

(b) Zwischenmenschliches Wissen
— Einschätzen können, wie ein Mensch in einer sozialen Situation reagiert und handelt
— Grundfähigkeit und Rollen:
— etwas beginnen und leiten
— teilnehmen
— beobachten
— aktiv zuhören
— Feedback geben und bekommen
— sich mitteilen („sharing")
— kämpfen
— Konflikte lösen

(c) Öffentliches Wissen
— Wichtigste akademische Disziplinen oder Fächer
— Verständnis unserer eigenen und fremder Kulturen

(2) Erziehungsstile

(a) Unabhängig
— Der Lernende arbeitet allein, ohne größere Unterstützung
— Entscheidet mit, wie das Material gelernt wird
— Arbeitet in seiner eigenen Geschwindigkeit
— Reagiert auf seine persönliche Art und Weise
— Übernimmt Verantwortung für sein Lernen

(b) Interdependent
— Der Lernende arbeitet in einer kleinen Gruppe oder als Teil eines Teams
— Akzeptiert Gruppenentscheidungen
— Trägt bei zu Gruppenarbeit und einem gemeinsamen Produkt
— Übernimmt einen Teil der Verantwortung für Gruppenarbeit

(c) Abhängig
— Lernender akzeptiert die Autorität des Lehrers oder Experten
— Arbeitet nach den Erwartungen des Lehrers
— Lehrer oder Autorität strukturiert und lenkt den Lernprozeß

(3) Beurteilung (Evaluation)

Bei dieser Dimension macht *Newberg* keine ausführlichen Erläuterungen, da sie eigentlich selbstverständlich ist. Wir haben im Abschnitt über die Phasen des erfahrungsorientierten Lernprozesses schon die Wichtigkeit der „Auswertungsphase" hervorgehoben. Mit dieser

Dimension verfeinert *Newberg* die Diskussion um die Fragen, ob Noten in einer Humanistischen Pädagogik ihre Berechtigung haben. Die Antwort auf diese Fragen kann nicht einfach „ja" oder „nein" sein, wichtig ist die Quelle der Beurteilung. Nur alleinige oder ausschließliche Fremdbeurteilung durch den Lehrer tut einem erfahrungsorientierten Lernen Abbruch, da wir verschiedentlich hervorhoben, daß Lernen einen großen subjektiven Anteil aufweist und deshalb durch Selbsteinschätzung und gegenseitige Beurteilung ergänzt werden sollte.

Der *Würfel* von *Newberg* stellt gleichzeitig ein *Instrument zur Planung* als auch *zur Auswertung* gestaltpädagogischen Unterrichts dar.

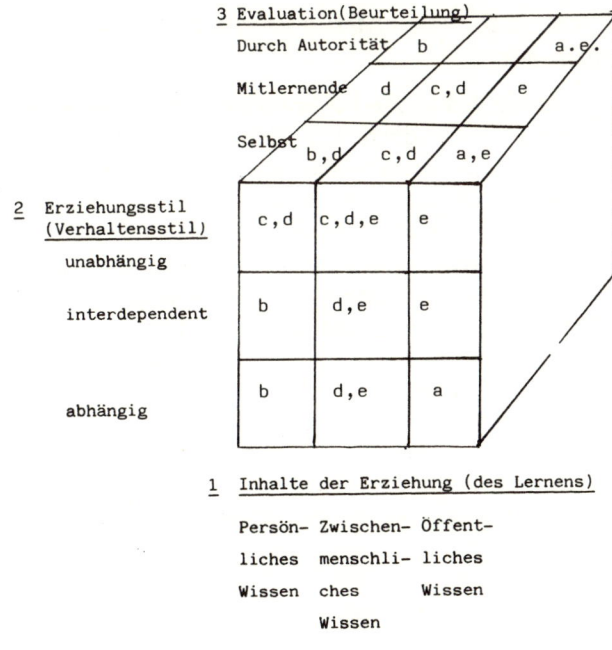

Abbildung 3: Anwendungsbeispiel des Gestalt-Würfels.

Aufgabe für Sie als Leser:

Nehmen Sie eine durchschnittliche Unterrichtsstunde oder Gruppensitzung und versuchen Sie, die Dimensionen von *Newbergs* Würfel zu lokalisieren. Nehmen Sie jede einzelne Aktivität und tragen Sie sie im entsprechenden Ausschnitt ein? Was fällt Ihnen dabei auf? Finden Sie Ihre Unterrichtseinheit balanciert oder unbalanciert? Welche Möglichkeiten sehen Sie, allenfalls die Balance zu verbessern? In den meisten

Beispielen fällt auf, daß sich der Unterricht nur in ganz wenigen Ausschnitten des Würfels abspielt. Der Würfel kann Ihnen eine Handhabe zur Planung eines möglichst abwechslungsreichen Lernangebotes sein. Nehmen wir als Illustration ein Unterrichtsbeispiel von *Brown* aus dem Fach Geschichte (Abbildung 3).

Beispiel: Geschichtslektion über Ägypten
a) *Einführung* ins Thema (Info durch Lehrer)
b) *Gelenkte Phantasie:* Sklave — Herr in Ägypten
c) *Rollenspiel:* Sklave — Herr (in Paaren, mit Rollenwechsel)
d) *Austausch:* Wie spürst Du „Sklave-Herr" im eigenen Leben?
e) *Diskussion:* Wie seht ihr das Thema „Sklave-Herr" in Gesellschaft-Politik-Schule?

5.5.2 Unterschiedliche Lernstile in einem Gestaltexperiment

Sehr oft reagieren Schüler oder Erwachsene auf unterschiedliche Lernformen sehr unterschiedlich. Von daher ist es nicht sinnvoll, erfahrungsorientiertes oder gestaltpädagogisches Lernen als einzig heilbringende Lernform zu propagieren und alles zu kritisieren, was kognitives Lernen beinhaltet. Es gibt tatsächlich Schüler oder Erwachsene, die einen Stoff besser lernen, wenn sie ihn hochstrukturiert und kognitiv aufbereitet präsentiert bekommen. Sie sind z. B. durch eine erfahrungsorientierte Lernform wie eine gelenkte Phantasie überfordert oder verunsichert.

Die pädagogische Diskussion beginnt auch hier zu differenzieren, weil man nicht mehr — wie am Anfang — einfach kognitives durch affektives Lernen ersetzt. Dies wird sehr schön illustriert in einem Experiment mit dem Gedicht „Ich schaue ...", das ich in Santa Barbara entwickelt habe und in der Zwischenzeit schon öfters durchführte (vgl. dazu auch *Lauer* 1972).

Das Gedicht — ein Lernexperiment

Gehen Sie folgendermaßen vor:
(1) Gedicht rezitieren (im Plenum)
(2) Aufteilen in Kleingruppen mit je einem vorbereiteten Gruppenleiter.
    Gruppe 1: Gedicht als „gelenkte Phantasie"
    Gruppe 2: Gedicht als Dramatisierung
    Gruppe 3: Gedicht als traditionelle Interpretation
(3) Nach der Durchführung der Unterrichtssequenz: Austausch
    Was für Erfahrungen machte ich?
    Was waren meine Blockierungen?
    Wie erfuhr ich das Gedicht?
    Wie beeinflußte es meinen Prozeß?
(4) Austausch in gemischten Kleingruppen

(5) Austausch im Plenum:
  — Absicht des Lernexperiments erklären
  — Wie erfuhrst du das Gedicht? Offen — geschlossen? Kamst du hinein?
    Heraus?
  — Unterschiedlicher Lehrerstil
  — Phasen des Lernprozesses
  — Prozeßprodukt?

Gedicht für Gestalt-Unterrichtssequenz

Von *Björn Obstfelder*, Norwegen (1866-1900)

Ich schaue ...

Ich schaue in die weißen Himmel,
ich schaue in die grau-blauen Wolken,
ich schaue in die blutrote Sonne.

So, das ist die Welt,
so, das ist die Heimat der Sphären.

Ein Regentropfen!

Ich schaue zu den hohen Häusern empor,
ich schaue zu den tausend Fenstern,
ich schaue zum weit entfernten Turm der Kirche.

So, das ist die Erde,
so, das ist die Heimat der Menschheit.

Die blau-grauen Wolken werden größer. Die Sonne hat sich verzogen.

Ich schaue die gutgekleideten Herren an,
ich schaue die lächelnden Damen an,
ich schaue die angeschirrten Pferde an.

Wie schwer die blau-grauen Wolken sind!

Ich schaue, ich schaue ...
Ich bin sicherlich auf einen falschen Planeten gekommen!
Es ist so fremd hier ...

Die Teilnehmer des Experiments, das eine Unterrichtssimulation
darstellt, stellen meistens mit Überraschung fest, das sie mit dem gleichen Ausgangspunkt, mit demselben Gedicht sehr unterschiedliche
Lernerfahrungen machen.
Bei den Teilnehmern der Gruppe „Gedicht als gelenkte Phantasie"
kann es vorkommen, daß jemand gar nicht in das Gedicht hineingehen
kann, sondern bereits zu Beginn eine eigene „Reise" unternimmt. Eine
andere Teilnehmerin blieb bei der „blutroten Sonne" stehen und hatte
in sich diesen Eindruck von Licht und Wärme. Zudem gelingt es den
Teilnehmern dieser Gruppe sehr häufig, sich vollkommen in die Stimmungslage des Dichters zu versetzen, seine Melancholie nachzuempf-
finden.Die meisten können auch herausfinden, daß es sich um eine

nordische Szenerie handeln muß und daß das Gedicht eine regelmä-
ßige Bewegung (Wahrnehmen, Kommentieren, Außenbeschreibung)
ausführt. Ganz im Gegensatz zur üblichen Gedichtinterpretation gelingt es ihnen relativ leicht, sich in die Bilder hineinzubegeben. Wenn
jemand erzählt, daß er nicht „einsteigen" konnte, sollten Sie als Leiter
erwähnen, daß dies nicht schlimm oder ein Zeichen von Unfähigkeit
sei, sondern diese Möglichkeit offenlassen, da erfahrungsorientiertes
Lernen immer auf Freiwilligkeit beruhen sollte.

Bei den Teilnehmern der Gruppe „Gedicht als Dramatisierung" dauert es oftmals eine Weile, bis sie sich soweit vom Gedicht gelöst haben,
daß sie einen Ausschnitt nehmen und dramatisieren. Eine Studenten-
gruppe spielte z. B. die Wetterveränderungen in Form von Bewegung,
untermalt mit Musik.

Bei den Teilnehmern der Gruppe „Gedicht als traditionelle Interpretation" erlebte ich bei verschiedenen Gelegenheiten, daß sie sehr oft
Schwierigkeiten hatten, in die Bilderwelt einzusteigen. Sie waren so
sehr bemüht, die Bilderwelt und Symbolik aus der Sicht des Dichters
zu verstehen, daß sie ihrer Intuition wenig freien Lauf ließen. Diese
Lernerfahrung kann frustrierend und entfremdend sein und erzeugt im
Extremfall eine Abneigung gegen „schwierige Lyrik" allgemein.

Dieses Experiment zeigt — vielleicht in überspitzter Weise —, was
für unterschiedliche Lernerfahrungen mit dem gleichen „Stoff" — hier
einem Gedicht — gemacht werden können. Sie sollten dies bei der Vorbereitung von Unterricht oder Lernen im Auge behalten und sich immer auch überlegen, welche Erfahrung sie vermitteln wollen.

Wir möchten im folgenden Abschnitt einige gestaltpädagogische Unterrichtsentwürfe von Lehrerstudenten aller Stufen darstellen, um dann
mit einer „Checkliste zur Planung einer gestaltpädagogischen Unterrichtseinheit" abzuschließen.

5.5.3 Gestaltpädagogische Unterrichtsentwürfe

Die nachfolgenden Unterrichtsentwürfe stammen aus verschiedenen
Ausbildungsgruppen oder Kursen mit Lehrerstudenten und Erwachse-
nenbildern oder Gruppentrainern, die ich an verschiedenen Orten in
„Gestaltpädagogik" einführte. Sie sind zum Teil nur skizzenartig und
sollen lediglich die Grundidee eines erfahrungsorientierten Unterrichts
vermitteln.

Unterrichtsbeispiel 1: „Wasserverschmutzung"

Thema: Wasserverschmutzung
Stufe: 2. Sekundarklasse
Zeitrahmen: 2 bis 3 Stunden

(1) *Gelenkte Phantasie*

Inhalt: Fahrt auf dem Floß von der Rheinquelle bis Amsterdam.
Zu Beginn ist das Wasser noch frisch und sauber, am Bodensee sind bereits die ersten
Ölflecken sichtbar, Algen bedecken Teile des Wasserspiegels. In Basel werden große
Lastkähne sichtbar, das Wasser schimmert bereits in allen Farben. Bis Mainz und
Amsterdam wird es noch schlimmer, tote Fische schwimmen auf dem Wasser.

(2) *Über Phantasie Absprechen: Austausch*

Welches sind die Unterschiede zwischen Anfang der Reise und Schluß?
Warum kommt es nach Meinung der Schüler zu dieser Verschmutzung?

(3) *Informationsteil: Lehrervortrag*

Warum tritt diese Verschmutzung auf?
Technische Details — Dias

(4) *Rollenspiel: Gerichtsverhandlung*

Zurückkommen auf den Schluß von (1)
Gerichtsverhandlung: Wer ist der Mörder der Fische? Wer ist verantwortlich für den
Tod des Flusses?
Beteiligte: Kläger: Staatsanwalt
           Angeklagte: Fabrikbesitzer, Hausfrauen
           Beratende: Geschworenengericht
           Entscheidungsgremium: Richter
Schriftliche Unterlagen

(5) *Auswertung des Rollenspiels:*
Ziel: Problembewußtsein fördern
Aufzeigen, daß alle mitbeteiligt sind
Information über Maßnahmen

Lernziele:
Teil 1 und 2: Bewußtwerden und Erleben des Problems,
           Information
Teil 2 und 3: Gründe und Ursachen analysieren
Teil 4 und 5: Eigene Beiträge und Verhaltensänderung zur Problemlösung, Ursa-
           chenanalyse
           Versachlichung der Thematik (nicht: schuldig-unschuldig)

Mögliche Fortsetzung:
Projekt

Unterrichtsbeispiel 2: „Gruppeninterpretation" im Deutschunterricht

Stufe: 2. bis 3. Sekundarklasse, Zeitrahmen: ca. 6 Stunden

(1) *Allgemeine Arbeitsunterlagen*

Ganzes Stück lesen
— Gesamteindruck
— Erste Eindrücke in Stichworten

Gruppenarbeiten

Gruppe 1 *Ort und Zeit, Atmosphäre*
   Wo spielt die Geschichte ungefähr? Versuche Anhaltspunkte zu finden.
   Wann spielt die Geschichte ungefähr?
   Wie könnte die Stimmung dieser Geschichte beschrieben werden? Wie
   wirkt sie auf dich?

Gruppe 2 *Personen beschreiben*
   Stelle eine Liste aller Personen auf, die vorkommen, zuerst die Hauptper-
   sonen, dann die weniger wichtigen.
   Stelle zu jeder Person oder Personengruppe Stichwörter zusammen:
   — Äußeres (Gesicht, Haare, Größe, Statur, Gang, Kleider)
   — Charaktereigenschaften
   — Auffälliges Verhalten
   — Wie läßt sich dies erklären?

Gruppe 3 *Fragen zum Stück/Fremdwörter*
   Was für Fragen tauchen beim Lesen auf? Zu Personen, zur Handlung, zur
   Rolle einer Person? Stelle alle Fremdwörter oder fremdartigen Ausdrücke
   zu einer Liste zusammen. Erkläre ihre Bedeutung.

Gruppe 4 *Früher/Heute*
   Was müßte man abändern, wenn die Geschichte heute und bei uns spielen
   würde? Detailvorschläge. Oder wenn sie früher spielen würde?

Gruppe 5 *Gliedern*
   Die meisten Geschichten bestehen aus verschiedenen Teilen, Episoden,
   Abschnitten. Versuche, die Geschichte sinnvoll zu gliedern, in Abschnitte
   zu unterteilen, und jedem Abschnitt einen Titel zu geben, der die Handlung stichwortartig zusammenfaßt.

Gruppe 6 *Zusammenfassen*
   Stellt eine schematische Zusammenfassung der Geschichte auf: Für Perso-
   nen, Sachen, Symbole.
   Was tritt neu auf? Wie läuft die Haupthandlung weiter?
   ● Personen
   ■ Dinge
   ▲ Symbole

Gruppe 7 *Deuten*
   Was will der Autor mit diesem Stück sagen? Erinnerst du dich an eigene
   Erlebnisse in dieser Richtung oder an ein geflügeltes Wort?
   Was will der Dichter mit den verschiedenen Symbolen sagen?
   Was meint ihr zum Inhalt des Textes?
   Was meint ihr zur Sprache?

Gruppe 8 *Ergänzung*

Meistens ist eine solche Geschichte nur ein Ausschnitt aus dem Leben dieser Menschen (und des Dichters), nur eine Schilderung eines Augenblicks, einer Situation wie ein Schnappschuß mit einem Fotoapparat.
Was könnte vorher passiert sein, was nachher?
Versuche, dies anhand der verschiedenen Personen etwas auszumalen.

Gruppe 9 *Inszenieren als Theaterstück oder Szene*

Versucht, die Handlung zu einem Theaterstück umzuändern, zu dramatisieren.
Die Handlung darf verlängert oder verkürzt werden. Wichtig ist, daß der Hauptsinn der Handlung ähnlich bleibt und daß die Personen ähnlich bleiben.
Verfaßt einen Text mit Abschnitten für die einzelen Personen, mit einem Erzähler.
Dann versucht, die Rollen zu verteilen, es zu spielen.
Vergleicht die Wirkung mit dem Original.
Wie wirkt das Stück auf euch? Was war gut, was weniger gut? Waren die einzelnen Personen wiederzuerkennen, ohne daß man ihren Namen weiß?
Was ist anders geworden als die Vorlagen, und warum? (vgl. dazu *Barnfield* 1974).

(2) *Darstellung eines Beispiels*

Lektüre: Die Kurzreportage „Am Fließband" von Günther Wallraff

Zeitaufwand: ca. 6 Lektionen

Zuerst gebe ich der Klasse einige einführende Informationen über den Autor, über seinen Werdegang, über seine Absichten, über seine jüngsten Aktionen (in Athen).
Ich lese vor aus einem Interview mit der National-Zeitung.
Als spätere Ergänzungen lesen einzelne Schüler vor aus Wallraffs „Neuen Reportagen". Unter Umständen können alle diese Aufgaben der Klasse übertragen werden.

Erste Eindrücke der Klasse:
— „Das ist ja noch schlimmer, als ich es mir vorgestellt habe"
— „So stumpft der Mensch ab, keine zwischenmenschliche Beziehung mehr"
— „Monotonie"

Gruppe 1 *Atmosphäre*
Zeit:
„Sehr wahrscheinlich spielt das Ganze in unseren Tagen. Es hätte aber genau so gut früher so sein können (angedeutet z. B. im Film von Charlie Chaplin ,Modern Times')".
Ort:
„In einem Industriestaat (z. B. Deutschland)."
Umgebung:
„Trostlos, häßlich, deprimierend, kalt."
„Jeder arbeitet für sich."
„Vielleicht bestehen noch Rivalitäten (Kampf um gute Posten, z. B. Aufstieg vom Arbeiter zum Kontroller)."
Stimmung:
„Abgestumpftheit"

Gruppe 2 *Personen beschreiben*
Ich-Erzähler (Wallraff):
„Er ist sehr kritisch."
„Ehrlich, wie er beschreibt."
„Aufgeschlossen."
„Engagiert (er verrichtet diese mißliche Arbeit, um die Lage der Arbeiter beschreiben zu können)."
„Beschreibt nicht Dinge, die er nicht kennt."
„Versucht, Kontakte und Beziehungen herzustellen, scheitert aber an den widrigen Umständen."
„Ziemlich einfühlend (spürt die verschiedenen Ängste der Arbeiter)."

J., ein 49jähriger Arbeiter:
„Schon ziemlich abgestumpft (fügt sich, hat resigniert)."
„Zum Teil sentimental (erzählt von früheren Zeiten, die er nicht mehr heraufbeschwören kann)."
„Gewohnt, nach der Arbeit und an Wochenden Alkohol zu trinken, ohne an die Familie zu denken."
„Typischer Arbeiter, der in seiner Freizeit nichts Besseres anzufangen weiß (oder vielleicht doch?)."

Frau, die den Wallraff einarbeitet:
„Im Grunde ist sie hilfsbereit, sieht aber nicht die Schwierigkeiten, die ein Neuling noch hat."
„Sie hat Angst, möchte nicht versetzt werden."
„Sie sieht die größeren Zusammenhänge überhaupt nicht, weiß nicht, wer wofür zuständig ist (das ist bei den meisten Arbeitern so)."

Meister und Kontrolleur:
„Sie sind kaum bekannt."
„Die Arbeiter kennen sie nicht."
„Sie wollen Distanz halten (Autorität), herablassend."

Lackschaden-Notierer:
„Hat auch schon erste Tendenzen zu überheblicher Haltung."
„Läßt sich von der Arbeit auffressen (nicht einmal Zeit, sich zu entschuldigen)."

Gruppe 3 *Fragen*
Was kann ein Arbeiter machen, um nicht uniformiert und ausgeliefert zu sein?

„Es sollte ein Vertrauensmann vorhanden sein, an den man sich wenden kann (Sache des Betriebes)."
„Die Arbeiter könnten sich der Gewerkschaft anschließen oder selber eine gründen und so ihre Interessen besser wahrnehmen."
Textausschnitt:
„. . . Bandarbeit erscheint leer, weil nichts geschieht, was mit dem wirklichen Leben zu tun hat."

Was möchte Wallraff mit diesem Satz sagen?
„Bei der Bandarbeit fehlt irgendwie das Ziel, man weiß nicht einmal, wann man Pause hat, sieht auch seine Arbeit nicht wachsen."
„Der Mensch ist im Grunde seines Wesens nicht auf Monotonie eingestellt."

„Aber so ist doch das Leben vieler Leute, wirklich. Wallraff müßte das anders sagen."

„Wahrscheinlich meint er: nicht das Leben, das man sich in seiner Jugend vorgestellt hat."

Der Autor erwähnt im Text einmal diese Werkbesichtigung. Warum?

„Alles ist derart eintönig, daß auch so etwas noch eine Abwechslung ist."
„Die Leute kriegen nur einen ganz oberflächlichen Eindruck von der Arbeit, wie sie wirklich ist. Auch wollen viele Betriebe nur Show machen, zeigen, wie gut die Produktion läuft."
„Das Ganze hat so etwas Zoohaftes, Theaterhaftes. Eine Fassade zeigen."

Warum besteht kein besseres Verhältnis zwischen Arbeitern und Chefs?
„Beim Chef ist die Autorität eine Haltung, die er nicht mehr ablegen kann. Sie ist wie der Panzer einer Schildkröte."
„Der Chef hat Angst, seine Autorität zu verlieren, er will gar kein gutes Verhältnis."
„Früher einmal war der Chef auch unten. Dann stieg er auf in der Hierarchie."
„Nun kann er sich nichts erlauben, wegen der Rivalität, und im Grunde wird ja auch er kontrolliert."

Ausschnitt:
„Das Band stand eine Weile still. Umso heftiger setzte es sich wieder in Bewegung, wie um die verlorene Zeit aufzuholen."
Ist das eine Täuschung, was Wallraff hier beschreibt?
„Nein, auch wir brauchen ja eine Anlaufszeit, um von Ruhe in den Arbeitszustand zurückzukehren, auch am Morgen beim Aufstehen. Es ist vielleicht wie ein Schock."

Gruppe 4 *Früher-heute*

Im Zusammenhang mit „Früher-Heute" muß man nichts verändern.

Gruppe 5 *Gliedern*
Die verschiedenen Unterabschnitte oder Episoden:
(1) Wallraffs Eintritt
(2) Eine Frau arbeit ihn ein
(3) Monotonie am Band, Beschreibung der Handgriffe
(4) Er lernt J. kennen
(5) Der Meister kommt vorbei
(6) Beziehungslosigkeit
(7) Müdigkeit
(8) Die schweigenden Fremdarbeiter
(9) Der Lackschaden-Notierer
(10) Nach getaner Arbeit, Freizeit?

Gruppe 6 *Zusammenfassen*

Gruppe 7 *Deuten*
Symbole: Das Band — „Sinnbild für die Eintönigkeit, für die Technik, welche den Menschen zu entmenschlichen droht"
Haus — „Vielleicht für den Schutz, die Geborgenheit"

„Wallraff will uns in diesem Stück zeigen, wie Bandarbeit vielfach ist. Er möchte, daß wir die Situation solcher Leute begreifen lernen und versuchen zu helfen, statt auf sie herabzuschauen."

„Er will zum Denken anregen, eine Änderung und Diskussion auslösen."

„Die Sprache ist verständlich und anschaulich. Die Beschreibungen der Details sind nicht langweilig, sondern helfen einem, sich besser in diese Situation hineinzuversetzen."

Gruppe 8 *Ergänzung*

„Meiner Meinung nach geht die Geschichte genau gleich weiter, bis zum Grab."

„Nein, ich glaube, daß jedermann das beste aus seinem Leben machen kann, daß das Leben das ist, was man daraus macht."

„Ist es wirklich möglich, sein Leben derart selbst zu bestimmen? Hat Marco (ein Schüler der Klasse) nicht schon im Zusammenhang mit den Fremdarbeitern darauf hingewiesen, daß soziale Benachteiligung existiert bei uns? Wenn man z. B. die Tatsache anschaut, daß gewisse Leute noch weiter in die Schule gehen und sich aus dem Arbeitsbereich (im Sinne Wallraffs) heraushalten können. Und wenn man sich anschaut, aus welchen Milieus die kommen?"

„Eine mögliche Fortsetzung wäre die, wie sie heute teilweise in den Volvo-Werken verwirklicht ist: Man hat erkannt, daß das Fließband eine unmenschliche Verwendung findet, daß die hineingesetzten Hoffnungen (Produktionssteigerung) nur mit viel Negativem erkauft werden können (Monotonie, Ausfälle). Die Verantwortlichen beginnen, auf das Paketsystem umzustellen, d. h. ein Team ist für die Herstellung eines ganzen Wagens verantwortlich. Die Arbeiter können die Aufgaben austauschen und sehen auch, was sie herstellen (nicht nur Schrauben anziehen)."

Gruppe 9 *Inszenieren*

Weil es (beim ersten Mal) nicht darum geht, jemanden zu exponieren, wollen wir uns die Inszenierung gemeinsam überlegen. Die wichtigsten Punkte, auf die wir schauen sollten, sind:

Wie weit gelingt es den Darstellern, auch ohne aufwendige Bühnenrequisiten, die Atmosphäre des Textes herzustellen?

Worauf müssen die verschiedenen Rollenträger die Schwerpunkte setzen?

Wie ist das Verhältnis Rahmentext — Gesprochener Teil — Mimik? Ist es dem Text entsprechend?

Was bereitet am meisten Schwiergkeiten beim Darstellen einer Rolle?

Wie reagieren die Zuschauer? Löst es die beabsichtigte Wirkung aus?

Hat sich im Klassenverband etwas geändert, im Verhältnis untereinander?

Unterrichtsbeispiel 3: Deutschunterricht „Das Adjektiv"

Stufe: 4. Primarklasse
Zeitrahmen: ca. 2 Std.

(1) Kurze Einführung durch den Lehrer

(2) Kreis bilden mit 2 Halbklassen. Je in der Mitte steht ein Rucksack, der mit verschiedensten Gegenständen gefüllt ist.
Ein Schüler geht hin und ertastet die einzelnen Gegenstände ohne hinzuschauen.

Die übrigen Schüler fragen: „Ist dieser Gegenstand …?"
Antworten dürfen nur mit „ja" oder „nein" gegeben werden.
Wenn die Mitschüler kein Adjektiv bringen, sollte man keinen Kommentar geben,
sondern offenlassen.

(3) Austausch: Liste der wichtigsten Adjektive zusammenstellen lassen, Gegenstände
und ihre Eigenschaften zusammenbringen

(4) Zusammenfassen und Auswerten

Unterrichtsbeispiel 4: Das „Herbstlied"

Stufe: 3. Primarstufe
Zeit: ca. 2 Std.

(1) Melodie und Begleitung des Herbstliedes „Die Blätter fallen" vorspielen
(2) Schüler in eine ungelenkte Phantasie hineinführen
(3) Inhalt der Phantasie austauschen lassen, auf Thema „Herbst" hinführen
(4) Melodie und Begleitung nochmals vorspielen
(5) Lied einführen
(6) Lied „spielen": Wer stellt Blätter dar? Wer den Wind?
    Spielen der ersten Strophe, kurzer Austausch.

5.5.4 Checkliste zur Planung einer gestaltpädagogischen Einheit

Diese Checkliste kann eingesetzt werden, wenn Sie die Lektionen eines Tages oder einer Woche zusammenstellen oder planen. Sie enthält sechs Fragestellungen zur Planung und eine Übersicht zum erfahrungsorientierten Lernen. Weiter soll die Liste dazu dienen aufzuzeigen, was im Moment „zur Verfügung steht", um ihren Unterricht interessant, anregend und auf die Bedürfnisse und Befürchtungen der Schüler hin orientiert zu gestalten.

Zuerst möchte ich mit den sechs Fragen beginnen:

1. Habe ich mindestens drei affektive Komponenten in dieser Lektion berücksichtigt?

Damit meine ich mindestens drei der Prozesse oder Methoden, die am Schluß aufgelistet sind. Es kann sein, daß sie aus Zeit- oder Interessensgründen nur einen Prozeß berücksichtigt haben. Trotzdem würde ich ihnen vorschlagen, daß sie mindestens drei Komponenten oder Prozesse berücksichtigen, auf die sie sich dann abstützen können. Sie erhalten so auch bereits bei der Planung weitergehende Perspektiven auf Varianten im Unterrichtsinhalt oder Fach. Sie könnten z. B. die Lektion starten mit einer Zweiminutenperiode von Abstimmungsfragen, die sich auf den Inhalt des Faches beziehen. Dann fahren sie fort mit einem Simulationsspiel, um den Stoff zu vermitteln, und hören auf mit einer gelenkten Phantasie.

2. Habe ich eine Aktivität zur „Aufbereitung der Bühne" vorgesehen?

„Aufbereitung der Bühne" meint alle Aktivitäten, die der/die Lehrer(in) vorkehrt, um in den Unterricht einzusteigen oder die Schülerinteressen anzuregen. Beispiele von „Bühnenvorbereitung" könnten sein:

— die Schüler einen „blinden Spaziergang" machen lassen, bevor man in die Biographie von Helen Keller einsteigt;

— einen Knallfrosch explodieren lassen, bevor man an das Thema „Explosion" im naturwissenschaftlichen Unterricht herangeht;

— vor einem Film über „Kommunikation unter Bienen" eine gelenkte Phantasie machen, in dem die Schüler Bienen sind, die eine große Blume entdeckt haben, zurückkehren und dies den anderen „Bienen" ohne Worte erklären.

Die „Aufbereitung der Bühne" weckt das Interesse der Schüler und bietet einen Kontext für die Präsentation der Lektion. Für die Schüler bietet es einen Übergang von den Gedanken oder Aktivitäten vor der Lektion zum gegenwärtigen Geschehen und bündelt die Aufmerksamkeit. Es macht die Lektion „persönlich sinnvoll" und erhöht das Engagement der Beteiligten. Wenn diese Aufbereitung fehlt, ist dies genauso schwerwiegend, wie wenn man einen Schlafenden mit einem Kübel Wasser weckt.

3. Habe ich eine Übung oder eine Pause zum „Ablassen der Energie" eingebaut?

Es gibt sehr viele Gründe, warum das „Herauslassen" oder „Herausbringen von Energie" ein wichtiges Thema in diesem Zusammenhang darstellt: Schüler verschiedener Altersstufen haben unterschiedliche Spannungsbögen; das Herauslassen der Energie erlaubt ihnen, ihre Aufmerksamkeit kurzfristig auf etwas anderes zu lenken und nachher erfrischt oder erholt wieder zur ursprünglichen Beschäftigung zurückzukehren. Das allzulange Sitzen erzeugt Bewegungsdrang oder Langeweile, die Aufmerksamkeit sinkt ab, nach der Mittagspause überwiegt das Bedürfnis nach Schlaf, wenn man die Schüler nicht durch körperliche Aktivität aufweckt. Es kann vorkommen, daß die Schüler von einer vorangegangenen Stunde verärgert oder aggressiv, frustriert, enttäuscht oder gespannt sind und so gar nicht auf etwas Neues eingehen können. Am besten ist es, etwa in der Mitte einer Lektion eine Aktivität zum „Herauslassen der Energie" vorzusehen. Falls sie aber feststellen, daß die Schüler besonders unruhig oder irritiert sind, sollten sie das früher vorschlagen.

4. *Habe ich meinen Unterrichtsinhalt irgendwie auf persönliche Anliegen/Erwartungen der Schüler bezogen?*

Sehr oft stellen wir uns die wichtige Frage „Wie kann ich den Unterrichtsinhalt auf die eigene Lebenserfahrung des Schülers beziehen?" nicht. Ohne diesen Bezug wird Unterricht für die Schüler zu einem sinnlosen Totschlagen von Zeit in einer entfremdeten Umgebung. Dazu *Arthur Combs:*

„Einer meiner Freunde meinte einmal, das Hauptproblem der amerikanischen Erziehung von heute sei die Tatsache, daß wir Lehrer alle damit beschäftigt seien, den Schülern Antworten auf Probleme geben zu wollen, die sie erst in Zukunft heben werden." (*Combs* 1974).

Es gibt viele Möglichkeiten, den Unterrichtsinhalt auf die Lebenserfahrungen der Schüler zu beziehen.

Beispiele sind:

Sozialkunde:

(a) Gibt es etwas, was du so hoch einschätzt, daß du unser Land verlassen würdest, wenn es dir genommen würde?

(b) Wenn du den Ozean überqueren würdest wie die Seefahrer oder Auswanderer und nur einen Koffer mitnehmen könntest, was würdest du mitnehmen?

Englisch (Shakespeares Hamlet):

(a) König Claudius tötete, um zu seinem Ziel zu kommen.
Wie weit würdest du gehen, um ein Ziel zu erreichen?

(b) Hamlet verhält sich sehr grausam gegenüber Ophelia.
Auf welche Art und Weise bist du auch schon grausam gewesen gegenüber einem Mitschüler(in)? Wann hat dich schon jemand vom anderen Geschlecht grausam behandelt?
Gehören für dich Grausamkeit und Liebe zusammen?

Aufgabe für Sie als Leser:

Nehmen Sie sich eine Unterrichtseinheit aus einem anderen Fachbereich vor und formulieren Sie ähnliche Fragestellungen, so daß der Inhalt zum persönlichen Leben des Schülers in Bezug gesetzt wird!

5. *Habe ich in meiner Vorbereitung mindestens drei induktive Fragestellungen oder Fragen berücksichtigt, die nicht durch einfache Ja-Nein-Antworten oder Fakten beantwortet werden können?*

Zuviele der Lehrerfragen zielen auf reine Ja-Nein- oder Faktenantworten ab und verlangen keine Vorstellungskraft oder kreatives Denken. Gute Fragen sollten weiterführen. Planen Sie vielleicht einmal einige solche Fragen im voraus.

6. Habe ich den Abschluß der Lektion so geplant, daß er für den Schüler integrierend, persönlich bedeutsam und sinnvoll wird?

Sehr oft kann man beobachten, daß es vielen Lehrern schwerfällt, das, was im Laufe der Lektion gelernt wurde, zu integrieren und auf den persönlichen Hintergrund der Schüler zu beziehen. Vielfach läutet einfach die Glocke, die dann den Rahmen abgibt, die Integration bleibt dem Schüler selber überlassen.

Ein gutes Beispiel einer solchen „Schließung" oder Integration zeigt sich in einer von *Beverly Galyean* beschriebenen Französischlektion auf Gestaltbasis, wo sie die Schüler in einer gelenkten Phantasie an die Seine führt und in einen Dialog mit einem französischen Schüler bringt, wo die neugelernten Ausdrücke eingebaut werden können.

Aufgabe für Sie als Leser:
Nehmen Sie sich eine vorbereitete Lektion vor und überlegen Sie sich verschiedene Möglichkeiten, wie Sie eine Schließung / Integration auf der inhaltlichen Ebene und auf der methodischen Ebene erreichen können. Hat diese Art von Schließung auch einen persönlichen Bezug zum Schüler?

5.5.5 Planung von erfahrungsorientiertem Lernen und Unterricht (Übersicht)

Checkliste

(1) Zielbereich
(a) *Zielsetzung*
   — kognitiv   (z. B. Information, Wissen vermitteln)
   — affektiv   (z. B. persönlichen Bezug herstellen)
   — somato-motorisch
   — verhaltensmäßig   (z. B. zusammenarbeiten lernen)
   — sozial
(b) *Thema und Inhalt*

(2) Kontextbereich
(a) *Teilnehmer*
   — Fähigkeiten, Ausbildungsstufe, Vorerfahrung
   — Hintergrund, Alter
   — Bereitschaft, Motivation
   — Gruppenzusammensetzung
(b) *Gruppengröße*
   — Partnergruppe, Dreier-, Vierer-, Fünfergruppe, Plenum

134

(c) *Physikalische, Ressourcen*
   — Räumlichkeiten, Technologie, Finanzen
(d) *Zeitrahmen*
   — Länge der Einheit, Lektion, Doppelstunde, Tag, Woche
   — Tageszeit

(3) Prozeßbereich
(a) *Themenzentrierung*   Thema

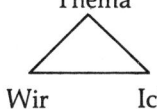

(b) *Intensität*   Wir   Ich

Themenkonzentrierte
Interaktion (Cohn)

(c) *Interaktion*   groß — klein
                   Teilnehmer — Teilnehmer
                   Teilnehmer — Kursleiter

(4) Organisatorischer Bereich
(a) *Struktur*
   hochstrukturiert — unstrukturiert
(b) *Leitung*
   Kursleiter als:
   — „Ermöglicher" von Lernprozessen
   — Vermittler zwischenmenschliche Fähigkeiten
   — Vermittler von Wissen
   — Leitungsstil: direktiv — nicht-direktiv

6 Humanistische Pädagogik in der Lehrerausbildung

Eine Humanistische Pädagogik in der Ausbildung von Lehrern besteht aus zwei Elementen:
1. Selbsterfahrung als Lehrer,
2. Humanistische Elemente im Unterricht.

6.1 Selbsterfahrung als Lehrer — einige Übungselemente

Die Unterlagen zum Unterricht und erfahrungsorientierten Lernen habe ich bereits dargestellt. Entsprechend möchte ich jetzt zuerst einige Übungselemente zum Thema „Selbsterfahrung als Lehrer" ausführen, die ich mit allen Studenten durchführte. Aus dem „Selbst-Entwicklungs-Ansatz" von *Gerald Weinstein* (siehe Quellenartikel) stammt folgende mit ihm entwickelte Sequenz.

6.1.1 Warum ich Lehrer werden möchte (Thema)

Grundannahme: Selbst-Kenntnis ist eine wichtige Voraussetzung für den Lehrerberuf.

Zielsetzungen: 1. Einige der eigenen *Erfahrungen* mit und *Haltungen* gegenüber der Schule näher betrachten.
2. Herausfinden, ob und *wie* diese Erfahrungen und Haltungen die eigene *Entscheidung*, Lehrer zu werden und als Beruf zu wählen, *beeinflußt* haben.

Übung 25: Polaritäten wählen („Forced Choice")
Was bist du mehr?
Ozean — Berg
Hammer — Nagel
Lieferwagen — Rolls Royce
Schauspieler — Zuschauer
Roman — Kurzgeschichte
Austauschen: Was haben diese Wahlen mit mir zu tun?

Übung 26: Tagebuch

Fragestellung: Beeinflussen diese Wahlen mein Verhalten als Lehrer?

Übung 27: Wörter-Kreuz

Was war die Schule für mich?

Freunde	Angst
Wettbewerb	Ungewißheit

Versuche, in 4 Wörtern zu charakterisieren, was Schule für dich war.

Meine Freunde hielten zu mir, trotz schlechten Leistungen	Dieses Gefühl war immer vor Prüfungen da und lähmte mich
An vielen Inhalten hatte ich kein Interesse von mir aus, nur der gegenseitige Wettbewerb spornte mich an	Der Lehrer machte sich einen Spaß daraus, uns in Prüfungen Fallen zu stellen. Ich war nie sicher.

Versuche, diese Wörter durch Sätze auszubauen.

Tagebuch:
Was für Verbindungen siehst du zwischen den Wörtern / Sätzen und deiner Entscheidung, Lehrer zu werden?
Sind sie positiv / negativ?
Gibt es eine Verbindung zu Übung 25: Polaritäten?

Austausch in Kleingruppen: Gibt es Themen, Gemeinsamkeiten?
Sehe ich einen Auftrag?

Sammlung von Beschreibungen und Wörtern

		Was fällt Ihnen auf?
Langeweile *Vergnügen* *Beurteilung* *Aufwachen*	*Verschwendung* *von Zeit* *idyllisch* *lebendig* *anspruchsvoll*	
Anpassung *Wettbewerb* *Passivität* *Kampf*	*furchtbar* *schmerzlich* *geschäftig* *schnell*	

Wenn Schule so wäre, was würde das für mich als Lehrer heißen:
Langeweile — *einen anregenden Unterricht gestalten*
Angst — *positive und negative Gefühle aussprechen lassen*
Ungewissheit — *klar und nicht-manipulativ sein*
Wettbewerb — *jeden Schüler zu seinem eigenen Maßstab nehmen*
usw.

Übung 28: Gelenkte Phantasie „Schulweg und Schule"
— *Umgebung*
— *Entspannen*
— *Inhalt gelenkt: wenn man zu spezifisch ist, schweifen Einzelne ab*
                wenn man zu unspezifisch ist, steigen Einzelne
                gar nicht ein
— *Sorgfältiges Zurückholen*
Austausch:
Wie war es? Einzelheiten?
Welche Schulstufe? Atmosphäre? Lehrer(in)?
Mitschüler? Wie war mein generelles Gefühl?
Beeinflußte das meine Entscheidung, Lehrer(in) zu werden?
Diese Stufe zu wählen?

139

Einschübe des Leiters:
Oft fällt es schwer, diese Verbindungen zu sehen, weil sie unbe-
wußt/verborgen sind („Hidden Agenda").
Trotzdem sind sie oft sehr bestimmend:

Beispiel einer Lehrerin:
Meine Motivation zu unterrichten ist, den Schwachen zu schützen und
mich an meinen Lehrern für die verübten Ungerechtigkeiten zu rächen
(„spürte die Macht des Lehrers, gegen schwache Schüler vorzugehen").

Übung 29: Waage meiner Erwartungen (Einzelarbeit)

Positive und negative Erwartungen bezüglich
- *meiner selbst*   *— Anerkennung/Ablehnung seiner selbst*
- *anderen*   *— Anerkennung/Ablehnung der anderen*

1. *Positiv oder negativ für mich selbst*	*Positive Vorannahmen*	*Negative Vorannahmen*
Wie interessant wird meine Arbeit sein? *Welche Möglichkeiten werde ich haben zu wählen, wo ich leben will?* *Was für eine berufliche Sicherheit werde ich haben?* *Wieviel Zeit werde ich für Erholung und Hobbies haben?* *Wie fühle ich mich gegenüber den Leuten (Kinder, Eltern, Lehrer, Behörde), mit denen ich zu tun haben werde?*		
2. *Positiv oder negativ für andere*		
Was sagt meine Familie über meinen Entschluß, Lehrerin/Lehrer zu werden? *Wie wird dieser Entschluß die Leute, Dinge, die mir wichtig sind, beeinflussen?* *Was für Auswirkungen auf den Lebensstil wird das auf meine zukünftige Familie haben?*		

3. Selbst-Anerkennung oder -ablehnung	Positive Vorannahmen	Negative Vorannahmen
Wie gut fühle ich mich bei diesem Entscheid mir selber gegenüber? Wie wird dies mich befähigen, so zu werden, wie ich werden möchte? Inwiefern könnte mich diese Entscheidung oder Wahl davon abhalten, so zu werden, wie ich werden möchte? Was sagt diese Wahl oder Entscheidung darüber aus, wer ich bin und was mir wichtig ist? Wie stimmt diese Wahl mit meinen langfristigen Zielen und Anliegen zusammen? Welche ethisch-moralischen Überlegungen spielten für diese Wahl mit? Wie fühle ich mich, wenn ich anderen sage, daß ich Lehrer bin?		

6.1.2 Gestaltübungen zur Persönlichkeit des Lehrers

In diesen zwei Übungen werden vor allem die Polaritäten im Lehrer angesprochen. Die Vorannahme lautet, daß es wichtig ist, seine eigenen Polaritäten zu kennen, bevor man mit Schülern arbeiten will.

Übung 30: Gestaltübung: Polaritäten mit Tarot-Karten *(G. Brown)*
Vorgehen:
1. *Nehmen Sie die Tarot-Karten als Grundlage.*
2. *Jeder wählt eine positive Karte und eine negative Karte.*
3. *Versuche, die Karte zu sein und als Figur zu sprechen.*
4. *Dialog zwischen der positiven und der negativen Karte.*
5. *Nimm eine gute als schlechte Karte und umgekehrt. Sprich als solche. Mach einen Dialog.*
6. *Austausch: Was überraschte mich? Was fiel mir auf?*
   Was heißt das für mich als Lehrer?

Übung 31: Gestaltübung: Topdog-Underdog *(F. Perls, G. Brown)*
Vorgehen:
1. *Paare bilden, mit einem leeren Stuhl.*
2. *A ist Protagonist, B ist Beobachter.*

3. *Topdog erzählt: Was ich tun sollte, wie ich sein sollte (ist rechthabe-*
   risch)
   Underdog erzählt: Was ich will? Warum ich es nicht tun kann? (Ent-
   schuldigung).
4. *Dialog zwischen Topdog und Underdog.*
5. *Austausch:Was fühlte ich als Underdog, was fühlte ich als Topdog?*
   Beobachter: Welches Muster konnte ich beobachten?
6. *Wechsel zwischen A und B.*

Zielsetzung:
Bewußtwerden von Polaritäten, Kontrolle der Polaritäten.

Auswertungskommentar:
— *Underdog gewinnt immer.*
— *Unbewußt laufen diese Dialoge immer ab.*
— *Man kann diese Energie zurückgewinnen, indem man sich der gan-*
  zen Abläufe bewußt wird.
— *Neben diesen zwei Figuren gibt es mich.*

6.1.3 Arbeit an der eigenen Lernbiographie
Übung 32: Vier-Schritt-Methode persönlicher Lerninhalte
        (nach C. D. Eck)

Indikation   *Die Vier-Schritt-Methode ist besonders geeignet*
                      bei Lerninhalten, die einen starken persönlichen,
                      intimen Bezug haben bzw. bei denen sich der Ler-
                      nende stark exponiert oder engagiert. Grundtech-
                      nik: der Lernende entscheidet, was er mitteilen
                      möchte und was nicht; er ermöglicht sich dadurch
                      eine relativ angstfreie Bearbeitung.

1. Schritt: *Ziel dieses Schrittes ist, einen erfahrungs- und er-*
Einzelarbeit   *lebnismäßigen Bezug zum Thema herzustellen,*
                      ohne daß dabei ein sozialer Druck entsteht. Tech-
                      nik: Anknüpfen an Erinnerungen, besondere Si-
                      tuationen, Vorkommnissen, Problemen, etc.
                      Wichtig: auffordernde, inspirierende und konkrete
                      Aufgabenstellung. Zeit: z. B. 30'.

2. Schritt: *Ziel dieses Schrittes ist, einen Austausch von Erfah-*
Partnerarbeit   *rungen und eine erste Versachlichung zu ermögli-*
                      chen. Technik: Wahl eines Partners, mit dem über

	Inhalte, aber vor allem auch über Erfahrungen der Einzelarbeit gesprochen werden kann. Zeit: z. B. 30'.
3. Schritt: *Teamarbeit*	*Ziel dieses Schrittes ist, Erfahrungsgehalte auszutauschen, eine weitere Versachlichung und vorsichtige Verallgemeinerung herbeizuführen. Technik: Verdoppelung der Partnerarbeit bis maximal 6 Personen. Aufgabe: Austausch, welche Strukturen, Dimensionen des Problems / Themas zeichnen sich ab, welche Fragen sollen im Plenum gestellt werden. Zeit: z. B. 30'.*
4. Schritt: *Plenumssitzung:*	*Ziel dieses Schrittes ist, auf dem Hintergrund persönlicher Erfahrungen, zu einem vertieften, sachlichen und persönlichen Verständnis zu kommen, Entscheidungen über das weitere Vorgehen des Lernens zu treffen und / oder Handlungsimpulse zu erhalten. Technik: Einbringen der Ergebnisse aus Schritt 3. Visualisierungen, Fragestellungen, Diskussionen, Bilden von Schwerpunktgruppen für Weiterarbeit, etc. Zeit: z. B. 40'.*

Eine mögliche Fragestellung für diese Übung wäre: Was war für mich eine positive Lernerfahrung?

Als weiterer Bestandteil der Lernbiographie empfehlen wir das Lerntagebuch (vgl. Seite 307 im Anhang), das den Veränderungsprozeß im eigenen Lernen dokumentieren kann.

6.2 Gestaltelemente im Unterricht

6.2.1 Gestaltübungen zum Lehrer-Schüler-Kontakt

Kontakt ist nach dem Gestaltansatz eine der wichtigsten Dimensionen einer erfahrungsorientierten Pädagogik: Kontakt zwischen Lehrer und Schüler, Kontakt zwischen den Schülern, Kontakt mit dem „Stoff", Kontakt mit sich selbst. Daß im Kontakt nicht nur Wahrnehmung, sondern auch Projektionen eine große Rolle spielen, zeigt die folgende Gestaltübung.

Übung 33: Gestaltübung „Schwieriger Schüler"

Zielsetzung: Sich bewußt machen, was mir an einem „schwierigen Schüler" schwerfällt.

Vorgehen:

1. *Paare bilden*
2. *Nummer 1 ist Lehrer, hat vor sich einen leeren Stuhl, in den er seinen „schwierigen Schüler" setzt*
3. *Nummer 2 ist Beobachter*
4. *Der Lehrer stellt sich einen Schüler vor, den er besonders schwierig fand, über den er besonders frustriert war*
5. *Dialog zwischen Lehrer und Schüler, Wechsel auf den leeren Stuhl (einige Male hin und her)*
6. *Kurzer Austausch zusammen mit Beobachter:*
   — *Welche Gefühle hatte ich dabei?*
   — *Was machte mir Schwierigkeiten? Was schätzte ich?*
   — *Beobachtungen?*
7. *Wechsel: Nummer 2 ist Lehrer, Nummer 1 ist Beobachter, Ablauf von 4 bis 6*
8. *Schlußaustausch („Processing"):*
   — *Was ist mir aufgefallen?*
   — *War es schwierig, das zu spielen?*
   — *Welche Zusammenhänge sehe ich?*
9. *Schlußkommentar zum Thema „Lehrerprojektionen" durch Leiter*

Beispiele aus einem Kurs „Gestalt-Pädagogik"

Lehrerstudent: Ich möchte einen Dialog mit meiner Schülerin Marion aus der ersten Klasse führen. In Wirklichkeit habe ich bereits ein solches Gespräch gemacht. (Setzt sich auf den einen Stuhl.)
Marion, an dir stört mich einfach, daß du überhaupt keine Rücksicht nimmst auf die anderen. Du konntest während 20 Minuten brüllen und schreien, daß dir die Adern herausquollen. Das hat mir wehgetan.
Ich wollte dich damals auch nicht vor die Türe stellen, aber es ging einfach nicht anders. Und an dem Morgen, als deine Lehrerin nicht da war, und du mich einfach als „jungen Lehrer" hingestellt hast, deine Beine auf den Tisch legtest, herumzutoben begannst und deine Kameraden abschlugst ... das hat mich schon sehr überrascht ...
Wechselt Stuhl, antwortet als

Schülerin: (lehnt sich zurück) Es ist einfach gemein, es ist gemein, es ist ungerecht. Ich war nicht die Einzige, die Blödsinn anstellte, auch Emmenacher hat nicht aufgepaßt, immer bin ich es, die „drankommt", immer bin ich es. (wechselt Stuhl)

Lehrer: Du sagst, daß auch Emmenacher Blödsinn machte. Er begann aber erst, nachdem du schon fünf Minuten herumgetobt hast, nachdem du alle angesteckt hast. Ich glaube, du weißt das schon selber, daß du die anderen angesteckt hast, das muß ich dir nicht sagen. (wechselt)

Schülerin:	(nachdenklich zurücklehnend, dann nach vorne preschend) Nein, das stimmt nicht, immer bin ich es, die vor die Türe gehen muß.
	(wechselt)
Lehrer:	(nachdenklich) Ich habe dir vorher auch gesagt, daß ich dir das nicht böse nehme und daß ich es vergesse, daß ich dich vor die Türe gestellt habe. Ich würde an dieser Stelle vorschlagen, daß wir einen Vertrag machen: Ich schicke dich nicht vor die Türe, und du versuchst, mitzuarbeiten, auch wenn Frau Moser nicht da ist. Bist du mit dem einverstanden?
	(wechselt)
Schülerin:	Es ist immer gemein, immer nimmt man mich dran ...
	(trotzig)
Lehrer:	(denkt nach, schaut zu Boden) ... Ich habe den Eindruck, daß du das Ganze als Erpressung durchführst, daß du mit deinem Losschreien etwas zu erreichen versuchst, wenn dir das kleinste Detail nicht paßt, daß du das vielleicht zu Hause auch machst, bei deiner Mutter, weil ja dein Papi nicht da ist, nur der Freund, daß deine Mutter dann nachgibt, weil sie Angst hat, daß die Nachbarn erschreckt sein könnten, weil du so schreist. Aber ich kann dir nur sagen, daß das hier in der Schule nicht funktioniert, ich steige auf das nicht ein, merk' dir das.
	(wechselt)
Schülerin:	sagt nichts
Lehrer:	Mein Angebot gilt, du weißt es. Wir schließen wieder Frieden und machen einen Kompromiß. Du kannst jetzt nach Hause gehen. Wir sehen uns morgen."

Austausch:	Was ist Ihnen aufgefallen?
Teilnehmerin:	Mir ist aufgefallen, daß du die Rolle der Schülerin sehr überzeugend gespielt hast, der Ausdruck, das trotzige Gesicht ...
Leiter:	Ist Ihnen etwas aufgefallen zum Gesprächsverlauf?
Teilnehmer:	Die Schülerin hat kaum geredet, der Lehrer hat immer gesprochen.
Lehrer:	Hmmm.
Teilnehmer:	Die Schülerin sagte ganz zu Beginn, daß es ungerecht sei. Da hatte ich den Eindruck, daß der Lehrer nicht auf das einging.
Lehrer:	(sehr schnell) (lacht) Bewußt nicht!
Teilnehmer:	Bewußt nicht?
Lehrer:	Das hat sie sicher 150mal schon gesagt und hat dazu immer noch geschrien. Ich habe noch nie einen Schüler so schreien sehen. Das war ihre „Masche". Ich weiß nicht, ob man das mit dem Etikett „verhaltensgestört" bezeichnen müßte.
Leiter:	Es fiel mir auf, als Sie das zweite oder dritte Mal gewechselt haben, daß Sie sehr lange zögerten, daß Ihnen nichts mehr einfiel, weil die Schülerin immer die gleiche Antwort gab. Sie wirkten ratlos, und sie ging ja auch auf Ihren Vorschlag vom Vertrag nicht ein. Dann bekam ich allmählich den Eindruck, daß Sie ungeduldig wurden; Sie wiesen auf den Unterschied zwischen Schule und Elternhaus hin und betonten, daß ein solches Verhalten hier nicht akzeptiert werde.
Lehrer:	Hmmm, ja.
Leiter:	Ich hatte ziemlich am Anfang die Phantasie, Sie würden in der Rolle als „Marion" aufhören. So wie es jetzt aufgehört hat, wirkt die Situation sehr offen, ungelöst. Mir fehlt der Moment, wo Sie das hilflose Verhalten

von Marion angesprochen haben. Vielleicht kann sie sich nicht anders äußern als auf diese Weise. Das Gespräch fand auf zwei verschiedenen Ebenen statt. Die Schülerin scheint noch nicht so weit zu sein, daß sie über einen „Vertrag" reden kann, darum schreit sie. Sie übt durch ihr Verhalten auch Macht aus, sie terrorisiert. Die Frage ist dann: Wie reagieren Sie darauf? Mit Gegenmacht?

Teilnehmer: Hast du nicht am Schluß gesagt, man müsse jetzt mal „darüber schlafen", es bringe nichts mehr weiter zu diskutieren?

Lehrer: Ja, ich hatte auch den Eindruck, es bringe nichts mehr.

Leiter: Die Frage wäre dann, ob sich Marion wirklich anders verhalten würde. Oder anders gesagt: Liegt das Problem in einem Bereich, wo es für Sie lösbar ist?

Teilnehmerin: Ich hatte immer den Eindruck, daß die Familiensituation hier sehr stark hineinspielt.

Leiter: Das könnte heißen, daß Sie den Vertrag nicht mit Marion, sondern mit ihrer Mutter schließen müßten. Die Schule ist ja in diesem Falle die Fortsetzung der Familie (und umgekehrt). Dies ist ein schönes Beispiel einer Problemsituation, die von der Familie her „durchdrückt". Sie haben sich richtig verhalten, indem Sie (1) Grenzen setzen (Unterschied Familie-Schule) und indem Sie (2) Kontakt mit der Mutter aufnehmen wollen.

Lehrer: Die Mutter behauptet, sie hätte gar keine Probleme. Sie weist die Verantwortung von sich.

Leiter: Bei dieser Situation wäre zu fragen: Liegt das Problem dort, wo Sie es in seinen Auswirkungen zu spüren bekommen. Sie sehen ein Symptom, und die Überreaktion von Marion sieht sehr nach einem Ventil aus.

Lehrer: Ich könnte mit dem Klassenlehrer zusammen herausfinden, wie er das einschätzt.

Leiter: Die Mutter würde insofern einbezogen, als Sie ihr zeigen könnten, daß die Situation für Sie unzumutbar ist ... Bei Marion sehen Sie sehr klar, daß Sie noch nicht bereit ist zu einem Gespräch, weil zu viele Emotionen im Vordergrund stehen, die sie nirgends ausdrücken kann ...

Lehrer: Es ist für mich erstaunlich und eindrücklich, was in dieser Übung mit den zwei Stühlen herausgekommen ist.

Leiter: Es wurde sehr prägnant, daß Sie das Problem in dieser Gesprächssituation nicht angehen können.

Lehrer: Ich habe jetzt auch ein besseres Verständnis für das Verhalten von Marion, auch wenn ich es nicht akzeptieren kann.

In dieser Übung war erstaunlich, wie gut sich der Lehrer in die Rolle von Marion hineinversetzen konnte. In der realen Schulsituation hatte er immer mit Druckversuchen und Ungeduld reagiert. Dadurch verstärkte sich jeweils das Verhalten von Marion. Jetzt erhielt er einige Hinweise, in welche Richtung Lösungsversuche gehen müßten. Als zusätzlicher Druck wirkte sich die Anwesenheit der Klassenlehrerin aus, vor der er nicht versagen wollte. Durch die facettenreiche Darstellung der Übungssituation wurde für ihn auch ersichtlich, wieviele verschiedene Faktoren bei der Entstehung mitwirken. Bei diesem Beispiel schob sich der Aspekt von Lehrer-Schüler-Projektionen etwas in den Hintergrund. Wenn Sie eigene Beispiele von solchen Situationen durchspielen, können Sie diesen Aspekt bei der Auswertung etwas mehr in den Vordergrund rücken.

Übung 34: Gestaltübung „Kontaktvermeidung"

Zielsetzung: Seine Fähigkeiten zum Kontakt einsetzen und Reaktionen auf eine schwierige Situation kennenlernen.

Vorgehen:
1. *Paare bilden: Lehrer — autistisches Kind*
2. *Rollen wählen und verteilen*
3. *Das autistische Kind sitzt*
   Der Lehrer steht
4. *Als autistisches Kind: versuchen, sich ganz auf die eigene Welt zu konzentrieren*
   Als Lehrer: Versuchen, Kontakt zu machen, ohne zu reden und ohne Hände zu benützen
5. *Austausch: Was für Gefühle empfanden die Beteiligten?*
   Als autistisches Kind: War es schwierig, Kontrolle zu behalten?
   Als Lehrer: Wollte ich Kontrolle haben?
6. *Wechsel zum nächsten Paar: 2 wird zu 1.*
   1 wird zu 2. Austausch.
7. *Wechsel: Rolle beliebig wählen.*

Diese Übung eignet sich ausgezeichnet als Möglichkeit, die Wichtigkeit von Kontakt zu erleben. Als autistisches Kind erlebt man, was es heißt, vollkommen von der Außenwelt abgeschnitten zu sein. Als Lehrer kommt man an die Grenzen seiner Möglichkeiten, indem man einer sehr schwierigen Situation gegenübersteht. Durch den Wechsel der Rollen sieht man die wechselseitige Abhängigkeit im Kontakt.

6.3 Abgrenzung zu anderen Methoden: Projektlernen

Beim Lesen der verschiedenen Methoden der Humanistischen Pädagogik und der Gestaltpädagogik haben Sie sich vermutlich des öfteren gefragt, inwieweit sich diese Ansätze von bekannten Unterrichts- oder Lernmethoden des sozialen Lernens unterscheiden. Da es kaum möglich ist, in diesem Rahmen die humanistischen und die gestaltpädagogischen Ansätze mit allen Richtungen wie Projektlernen, -unterricht, Planspiel u. a. zu vergleichen, führe ich hier als Beispiel das Projektlernen (bzw. den Projektunterricht) an. Die nachfolgenden

Ausführungen zum Projektlernen stammen aus einer *Projektwoche mit Lehrerstudenten zum Thema „Unternehmen Bergbahn"* mit dem *Ziel*, als Teilnehmer einer Projektwoche den *Prozeß des Projektlernens mitzuerleben*, um später als Lehrer die *Schüler anleiten* zu können. Zudem konnten die Studenten die erarbeiteten Unterlagen (Fotos, Berichte, Zeitungsausschnitte, Interviews, Ausstellung) als selbsterarbeitete *Unterrichtsunterlagen* im Bereich der Sach- und Umweltkunde einsetzen. Versuchen Sie, die folgenden Ausführungen mit den humanistischen und gestaltpädagogischen Methodendarstellungen zu vergleichen.

Wir werden in dieser Studienwoche in Form von verschiedenen Projektgruppen arbeiten, welche alle Teilaspekte oder -themen des Hauptthemas „Unternehmen Bergbahnen" bearbeiten.

Die zentrale Idee ist, daß wir diese Projekte gemeinsam in der Rolle als Teilnehmer (wir als Begleiter) durchführen, so den ganzen Ablauf erleben mit dem Fernziel, nachher ähnliche Projekte im Rahmen unseres zukünftigen Unterrichts mit den Schülern durchzuführen. Dies können irgendwelche Themen sein, mit denen sich die Schüler aus eigener Betroffenheit auseinandersetzen wollen (Beispiel: Wohnen in unserem Quartier, Organisation eines Altennachmittags, Umweltschutz [Gewässerverschmutzung]).

Die meisten dieser Projekte werden vermutlich mit einem Produkt enden (Film, Bericht, Aktion z. B. „Bachreinigung").

Weil im Rahmen eines Projekts die Auseinandersetzung mit einem Thema nicht nur theoretisch oder mit dem Kopf stattfindet, sondern nach dem Prinzip „Lernen durch Tun", ist es am besten, diese Erfahrung als Student mindestens einmal gemacht zu haben, weil ich dann meine Schüler besser unterstützen kann.

Wir möchten die verschiedenen Punkte und Phasen eines Projekts zusammenstellen, um den einzelnen Teams Planungshilfen zur Verfügung zu stellen.

Jedes Projekt besteht aus verschiedensten Teilen oder Phasen, die wir durchlaufen:

Phase 1: Vorbereitung des Projekts

Kennenlernen des Themas:
— Information über die Bergbahnen
— Informationen über die Möglichkeiten zur Mitarbeit
— Auseinandersetzung mit ersten Unterlagen
   (Recherchieren von Zeitungsberichten oder Literatur zum Thema „Bergbahnen" „Tourismus", „Fotographie" [Fotogruppe])
— Einigung auf ein Thema in den Untergruppen
— Bildung von Untergruppen (zu Teilaspekten des Themas: Foto, Presse, Mitarbeit, Befragung)

Themenwahl und Zielsetzung:
— Welches ist unser *genaues Thema?* Ist es zu eng oder zu weit gefaßt? Was hat es mit dem Gesamtthema unserer Projektwoche zu tun? Was am Thema interessiert mich? Welche Darstellungsmittel wählen wir? oder: Wie wollen wir das Thema angehen?
— Welches sind im Rahmen dieses Themas unsere *Arbeitsziele* (z. B. an diesem oder jenem Ort mitarbeiten, verschiedene Techniken der Fotographie im Rahmen des Themas „Tourismus" ausprobieren, verschiedene Umfrageformen ausprobieren ..., einen Bericht schreiben, eine Reportage machen)

— Welches sind unsere *Lernziele* als Gruppe (z. B. Lernen, Umfragen durchzuführen, Lernen, mit der Bevölkerung in Kontakt zu kommen, lernen als Gruppe zusammenzuarbeiten, verschiedene Darstellungsmittel für ein Problem ausprobieren, Lernen selbständig zu arbeiten, lernen mich innerhalb einer Gruppe durchzusetzen, lernen mich anzupassen, lernen eine Diskussion zu leiten, lernen ein Gruppensprecher zu sein ...)?
— Welches sind meine *Einzelziele*?
Welches sind *Gruppenziele*?
Wie lassen sie sich vereinbaren?

Es ist *sehr wichtig*, sich als Einzelner und als Gruppe über diese Ziele klarzuwerden und sie auch mitzuteilen, weil wir so Mißverständnissen, unausgesprochenen Erwartungen und Enttäuschungen vorbeugen können. *Das heißt nicht*, daß sich die Zielsetzungen oder das Thema während der Arbeit nicht verschieben können, aber es ist wichtig als Ausgangspunkt für eine sinnvolle Planung. *Wenn diese Punkte zu wenig geklärt werden*, verlieren wir „unterwegs" sehr viel Zeit und Energie, weil solche Fragen immer wieder auftauchen. Wir können so am Schluß eines Projekts auch klarer darüber diskutieren, welche Ziele wir erreicht haben, welche nicht und warum. Die Überlegungen und Klärungen zum Thema sind darum wichtig, weil die verschiedenen Gruppen an Teilthemen arbeiten und wir dies täglich mitteilen und in der Gesamtgruppe austauschen.

So sehen wir, wo die einzelnen Gruppen in ihrer Arbeit stehen und können allfällige gemeinsame Fragen klären oder Probleme angehen.

Zusammensetzung der Gruppe
— In welcher Form möchten wir als Gruppe zusammenarbeiten?
— Wer möchte welche Rolle übernehmen?
— Welches sind meine Stärken, welches meine Schwächen? Wie kann ich, wie kann die Gruppe damit umgehen?
— Kann ich mit allen Teilnehmern der Gruppe zusammenarbeiten?
— Bin ich in dieser Gruppe, weil mich ...
das Thema interessiert?
die anderen Leute in der Gruppe interessieren?
— Haben wir Möglichkeiten zum Zusammensitzen eingeplant, um allfällige Arbeitsprobleme und andere Schwierigkeiten zu besprechen? Oder messen wir dem keine Bedeutung zu?
— Wie sollten wir zusammenarbeiten, daß es mir in dieser Gruppe gut geht?
— Haben wir in dieser Gruppe eine bestimmte Arbeitsteilung vorgesehen? Oder machen alle dasselbe?
— Habe ich in dieser Gruppe eine Rolle oder Aufgabe gewählt, in der ich gut oder „stark" bin? Mache ich auch einmal etwas, was für mich neu ist?

Zum Schluß unserer Ausführungen über die Vorbereitungen eines Projekts noch ein paar Hinweise zur *Rolle von uns Leitern* im ganzen Projekt:
1. *Begleiter und Berater bei Sachfragen:* Die einzelnen Teams können uns hinzuziehen bei der Erarbeitung von Sachfragen, Zusammentragen von Ideen zum Thema, Fragen zur Literatur, Darstellungsformen ... Es ist aber grundsätzlich so, daß wir der Gruppe nichts abnehmen, was sie selber machen kann.
2. *Begleiter des Teamprozesses:* Ihr könnt uns auch hinzuziehen, um Fragen der Rollenteilung in der Gruppe zu lösen oder falls „unterwegs" Probleme oder Unklarheiten in der Zusammenarbeit auftauchen. Auch hier ist es so, daß wir Anregungen vermitteln, wie ihr vorgehen könnt, euch aber grundsätzlich nichts abnehmen, was ihr selber könnt.

3. *Informanten und Animator:* Wir werden immer wieder unterwegs Informationen
zum Thema vermitteln, gemeinsame Sitzungen einberufen, in denen wir uns untereinander austauschen, den Tag oder Arbeitsschritt auswerten, euch Fragestellungen
zur Planung oder zur Abfassung der Berichte und Unterlagen geben, Auswertungen
machen, gemeinsam die nächsten Schritte planen, Hinweise auf Quellenmaterial geben etc. So wird für Euch auch sichtbar werden, daß der Leiter nicht mehr die traditionelle Rolle des Lehrers hat, der z. B. nur frontal unterrichtet, den Stoff in Form
von Prüfungen abfragt, sondern mitdenkt, mitfragt, mitorganisiert, Lerngelegenhei-
ten schafft, Probleme mitlösen hilft, Ideen liefert usw.

Phase 2: Planung und Organisation
   Nachdem ihr möglichst viele Fragen aus der Vorbereitungsphase geklärt habt, geht es
in einem *nächsten Schritt* um die konkrete *inhaltliche Planung,* das Aufstellen eines
Arbeits- und Zeitplans, Fragen der *Organisation* (Termine, Treffen organisieren, Material bereitstellen, Berichte schreiben etc.) und der *Verteilung der Verantwortlichkeiten*
unter den Gruppenmitgliedern.
   Dieser Zeitplan hat Rahmencharakter, weil es natürlich recht schwierig ist, dies im
voraus abzuschätzen; er soll aber in erster Linie zu eurer Orientierung dienen.
Planungshilfe: Verzeichnis der konkreten Tätigkeiten
   Stellt einen *ungefähren Zeitplan* zusammen. Nehmt *Zettel,* auf denen ihr all die *verschiedenen Tätigkeiten zusammenstellt,* welche ihr in den verschiedenen Phasen erledi-
gen wollt. Stellt die *Zettel erst nachher in der zeitlichen Reihenfolge* zusammen. Was
fehlt? Was ist knapp bemessen? Wer macht was?
   Nehmt eine *neue Spalte?* Organisation. *Was müssen wir wann organisieren* (Gesprä-
che mit ... vereinbaren, Bericht schreiben, Tonbandgerät, Schreibmaschine)?
Wie informieren wir die restliche Gruppe? Wer berichtet? Machen wir Zwischenbericht?
Mündlich? Schriftlich? Andere Formen? Führen wir Protokolle? Machen wir Einträge in
ein „Tagebuch", einen „Bericht über die Reise"?
Wann und wie häufig machen wir *Zwischenauswertung* (Wie läuft es? Was läuft anders
als geplant? Was geht gut? Was müssen wir anders machen?)?
*Besprecht die Planung und den Zeitplan mit der Gesamtgruppe und den Leuten, welche
einbezogen sind* (Kurdirektor, Angestellte etc.)!

Phase 3: Durchführung des Projekts
   Die verschiedenen Projektgruppen oder -teams (4 bis höchstens 6 Teilnehmer), welche
sich für einen ähnlichen Aspekt des Themas interessieren (z. B. Projektwoche „Unternehmen Bergbahnen": Mitarbeiten im Betrieb, Wege bauen, Interview mit wichtigen
Auskunfspersonen, näheres Ansehen von betriebswirtschaftlichen Aspekten, Fotogra-
phieren bestimmter Sujets, Presseberichte) haben sich zwar für ein *ungefähr umschrie-
nes Thema* entschieden, doch man merkt sehr bald, daß *jeder eine unterschiedliche Vorstellung davon hat.* Deshalb ist es *wichtig, daß ich als Lehrer oder Leiter auf diesen
Punkt hinweise,* die Studenten oder Schüler ermuntere, diese unterschiedlichen Vorstellungen soweit als möglich zu klären, und ihnen dabei behilflich bin. Zudem sollte ich
als *Leiter darauf hinweisen,* daß das *Thema oder die gemeinsame Aufgabe* das ist, was
uns gemeinsam in diesem Projekt *verbindet.*
   Innerhalb eines Projekts arbeiten die Teams und der Leiter also gleichzeitig auf *zwei
Ebenen:* an einem *Sachprozess* (Vorgehensweise, Methoden, Arbeitsformen, Inhalte)
und an einem *Lernprozess* (Zusammenarbeit lernen, Interessen formulieren, etwas herausfinden, Verantwortung für das eigene Lernen übernehmen etc.).

150

Als Leiter sollte ich immer wieder darauf hinweisen, daß die *Aufgabe im Mittelpunkt steht*, aber auch immer wieder ermuntern, das eigene Lernen etwas näher zu betrachten (Bin ich überfordert, wenn mir niemand vorschreibt, was ich machen muß? Flippe ich aus und mißbrauche den offenen Rahmen? Werde ich ungeduldig und intolerant, weil Mitstudenten oder -schüler nicht soviel arbeiten wie ich? etc.).

Oft entsteht auch das *Mißverständnis, daß ich als Leiter oder Lehrer gar keine Führung oder Leitung mehr übernehmen muß*, mit dem Resultat, daß die Projektteams sich völlig verlieren, überfordert sind, ausflippen. Das stimmt eben nicht, sondern ich habe andere Führungsaufgaben als der traditionelle Lehrer. *Führungsaufgaben des Projektleiters sind:*

1. *Initiieren:* die Gruppe in Gang halten, z. B. durch Vorschläge, was getan werden soll, durch Hinweise auf das Ziel („was wollen wir nun eigentlich?"), durch Vorschläge zum weiteren Vorgehen, durch Bitte um Klärung von unklaren Aussagen („was habt ihr euch für morgen genau vorgenommen?"), durch Vermitteln von Klärung etc.

2. *Regulieren:* die Zielrichtung und das Tempo der Arbeit der Gruppe beeinflussen, z. B. durch Zusammenfassungen, Zeitvorgaben, Neuformulierung der Ziele etc.

3. *Informieren:* der Gruppe Information vermitteln, Unterlagen und Lektüre anbieten, Hinweise auf vergessene Punkte geben etc.

4. *Stützen:* ein emotionales Klima fördern, aufgrund dessen die Gruppe zusammenbleibt und die Gruppenmitglieder gerne zusammenarbeiten, z. B. durch Aufheben von Spannungen, durch Formulierung von Gruppengefühlen, durch Ermutigung, durch Aufzeigen von Querverbindungen („Könnte Erich mit jener Gruppe zusammenarbeiten, da ihr ja einen Fotographen sucht?) etc.

5. *Auswerten:* der Gruppe helfen, Zielsetzungen und Vorgehensweisen auszuwerten, zudem das gesamte Projekte zusammenbringen, indem mindestens einmal pro Tag ein Plenum einberufen wird, in dem jede Gruppe berichtet: Tageszeitung, mündlicher Bericht, Tagesplanung vom nächsten Tag, Zusammenstellen neuer Teams, Hinweise (z. B. Planungsleitfragen, Hinweise zur Abfassung von Zwischenberichten, Verteilen von Zwischenergebnissen: Fotos, Geschichten, Collagen, Material zur Gesamtdokumentation zusammenstellen lassen, Hinweise auf Schreibmaschine, Umdrucker, Matritzen, Tonbandgeräte etc.), fortlaufende Wandzeitungen (Tageszeitung, Tagesplan, Leitfäden, offene Zeitung für Kommentare, Fragen, Auf- und Abstellen).

Es ist sehr wichtig, daß ich *als Leiter eine integrierende Funktion übernehme* und immer wieder (auch wenn es mir langsam lästig wird) *auf das Gemeinsame der Aufgabe hinweise*. Dies stellt ein notwendiges Gegengewicht dar zu den Gefühlen der Teilnehmer, die untertauchen oder verlorgengehen, weil sie eben „im See darin schwimmen" (Projekt-See).

Im übrigen haben wir schon auf die verschiedenen Rollen des Leiters hingewiesen.

Zum Stellenwert der Auswertung und rollenden Planung

Es fällt auf, daß innerhalb eines Projekts die *Auswertung* (und Planung) einen *zentralen Stellenwert* hat. Die Auswertung der einzelnen Projektgruppen muß sich immer mehr auf die Gruppe als auch auf die einzelnen Mitglieder der Gruppe beziehen.

Auswertung dient nicht nur der *ständigen Klärung des Verlaufs*, sondern *auch der Überprüfung, ob Änderungen* im Funktionieren der jeweiligen Projektgruppe *nötig sind* (neues Thema, neue Zusammenstellung etc.).

Zudem kann ich so als Leiter sehr schnell *sehen, ob mögliche Probleme auftauchen* (jemand ist immer Außenseiter, es bilden sich Untergruppen, die niemanden in ihren Kreis hineinlassen etc.).

Da ein Projekt eine lebendige Auseinandersetzung mit einem Thema darstellt, ist die *Planung rollend* (d. h. von Tag zu Tag oder von Stunde zu Stunde). So sind *fortlaufende*

Korrekturen möglich, aber es bleibt natürlich auch viel *mehr offen* (unvorhersehbar). Teilnehmer und Leiter versuchen innerhalb eines Projekts, *diese Spannung auszuhalten* und *transparent zu machen* (Wie reagiere ich darauf? Werde ich ungeduldig, autoritär, bin ich überfordert? Fühle ich mich inkompetent? Renne ich den Schülern nach? Bin ich beteiligt, wenn die Teilnehmer oder Schüler mich als Berater nicht „brauchen"?).

In einem Plenum kann ich mit *folgenden Schritten* vorgehen:

1. *Tageszeitungen* je Gruppe, schriftlich, Stichworte —
   — was haben wir gemacht?
   — was liegt vor? wie dokumentiert?
   — was ist noch offen, noch nicht gemacht?

2. *Mündliche Ergänzung*
   — was will jeder den anderen mitteilen?
   Erlebnisse, Eindrücke etc.
   Rückfragen, erste Diskussion, Reaktionen

3. *Planung*
   — was möchten wir als Nächsten tun?
   — wo? mit wem?
   schriftlich auf Wandzeitung
   immer hängenlassen an der Wand
   — Kommentare, Nachfragen zur Verdeutlichung

4. *Angebote, offene Fragen, Beobachtungen*
   — was steht noch offen, wurde noch nicht behandelt?
   — was fällt auf?

Phase 4: Abschluß des Projekts

Die einzelnen Projektgruppen und die ganze Klasse haben sich zu Anfang Zielsetzungen überlegt, zu denen Überlegungen zum Schluß gehörten: Soll das Projekt in einer *Schlußaktion* enden (Ausstellung, Hörspiel, Altennachmittag, Bachreinigung, Aktion, Fest, Theater, Film ...?

Möchten wir einen *Bericht* zusammenstellen, der andere anregen soll, über das gleiche Thema von möglichst verschiedenen Aspekten informiert zu werden? Neben diesem eigentlichen Produkt steht der Verlauf im Mittelpunkt, deshalb ist die *Schlußauswertung sehr wichtig*. Wie man das methodisch machen kann, ist nachzulesen im Anhang A.

Die *Schlußauswertung* ist gleichzeitig ein *Rückblick* und auch eine *Beurteilung*, zudem werden *Konsequenzen und Folgeaktivitäten* überlegt (Wie verfolgen wir das Thema weiter? Ist es abgeschlossen?). Sie kann aus *folgenden Teilen* bestehen:

1. *Wochenrückblick* oder *-bericht:*
   gruppenweise oder einzeln (ja nach Wechsel)
   schriftlich, Stichworte
   — was gemacht? (Inhalt, Arbeitsweise)
   — mit wem?
   — wie dokumentiert?
   (Tagesberichte können zu Hilfe genommen werden)

2. *Sichtung und Austausch der Unterlagen und Dokumentationen* (wie Fotos etc.)

3. *Überlegungen und Ideen bzw. Endprodukt:*
   Form und Inhalt, Ausstellung, Film, Reise ...

4. *Rückblick für Gruppen, Einzelteilnehmer:*
Ziele erreicht, nicht erreicht?
— was hat mir gefallen?
— wo hatte ich Schwierigkeiten?
— was ist offen?
— was nehme ich mit?
— was würde ich als Leiter anders machen?
Gruppendiskussion
Wandzeitung mit Kärtchen
vgl. die Methode „Jahrmarkt"

5. *Kommentare und Beobachtungen des Leiters,* Unterlagen

Wenn Sie diese Erörterungen zum Projektlernen oder -unterricht mit denen zu humanistischen und gestaltpädagogischen Methoden vergleichen, fällt auf, daß sehr viele Überschneidungen bestehen. Es wird klar, daß weder Humanistische Pädagogik oder Gestaltpädagogik noch Projektlernen in sich abgeschlossen sind. Zudem zeigt sich, daß die berühmte Frage „Was ist nun Gestaltpädagogik oder Humanistische Pädagogik *eigentlich?"* nicht mit einer Aufzählung von Methoden beantwortet werden kann, sondern nur mit dem Hinweis, daß diese beiden Ansätze Versuche sind, Lernen zu „humanisieren" und beim Lernen „das Kognitive und das Affektive zusammenzubringen". Diese Ziele verfolgt aber das Projektlernen in impliziter Weise auch.

Lehrerinterview mit Aaron Hillman

Gestaltpädagogik und Lernen heute

Interviewer: Wenn du die Ziele von „Confluent Education" siehst und sie vergleichst mit den Lehr- und Lernzielen für die verschiedenen Klassen und Stufen, die staatlich vorgeschrieben werden; wie bringst du diese zwei zusammen?
In diesem Falle wäre nämlich deine Rolle als Lehrer, den Schülern zu helfen, bestimmte Ziele zu erreichen, die vorgegeben sind. Empfindest du dies nicht als Widerspruch? Wie sieht in diesem Fall ein „konfluentes" Curriculum aus?

Hillman: Ein Lehrer stellt seine eigenen Richtlinien auf. Ich arbeite als Lehrer in einer öffentlichen Schule, einer „High School". Selbstverständlich ist es so, daß jeder Kurs, den ich unterrichte, verschiedene Ziele hat, und daß ich auf diese hinarbeite. Die von der Schule vorgegebenen sind also dieselben, die ich auch habe. Ich füge lediglich noch eine weitere Dimension hinzu. Ich unterrichte z. B. amerikanische Geschichte, Verfassungsrecht, Psychologie oder Englisch. Wir erreichen in der Geschichte die vorgeschriebenen Stoffziele, natürlich wird jeder Schüler auf unterschiedliche Weise Unterschiedliches lernen. Zusätzlich aber lernen die Schüler z. B. in Form von Debatten oder Rollenspielen die verschiedenen „Charaktere" der Geschichte kennen; sie erfahren weiter etwas darüber, wie sie diese spielen und was das mit ihnen selbst zu tun hat. Also lernen sie zusätzlich sehr viel über sich selbst, über ihre Schwächen und ihre Stärken. Sie lernen sich auszudrücken, sich zu wehren, auf andere zu hören, andere zu verstehen, ihre Unterschiedlichkeit zu akzeptieren, sich und andere herauszufordern usw.

Sie nehmen nicht nur passiv auf, sie drücken sich auch aus. Sie sind keine Autos, die einfach an der Tankstelle aufgetankt werden. Dies mag ein Klischee sein, aber ich hörte diese Idee von der Tankstelle schon von vielen Lehrern: Erziehung als eine Tankstelle. Aus der Sicht von „Confluent Education" spritzen die Schüler das Benzin zurück. Ich werde in einem solchen Fall versuchen, die Schüler und den Stoff, der vom Staat vorgeschrieben wird, zusammenzubringen. Es wurde eine

Anzahl von Untersuchungen durchgeführt, in denen traditioneller und konfluenter Unterricht miteinander verglichen wurde. Im konfluenten Unterricht lernten die Schüler zusätzlich zum Unterrichtsstoff zusammenzuarbeiten, Ideen weiterzugeben, auf sich selber zu hören, auf ihren Körper zu hören und zu spüren, wann die Körpersignale ihnen etwas mitteilen.

Ich unterrichte z. B. einen Kurs in Verfassungsrecht, in dem ich einzelne Schüler in einem bestimmten Streitfall auffordere, einen Prozeß zu inszenieren, in dem sie die Rolle haben, die Sache der Vereinigten Staaten zu verteidigen oder zu verurteilen. Nach ihrem Votum reagiere ich, indem ich zuerst darstelle, mit was ich einverstanden bin, und dann, mit was ich nicht einverstanden bin. In einem nächsten Schritt versuche ich darzulegen, was zur Sache und was zum Schüler gehört. Indem ich dies aufzeige, können die Schüler Selbstvertrauen gewinnen, sich auszudrücken. Es nimmt ihnen sehr viel von der Furcht, sich auszudrücken. Durch diesen Prozeß versuche ich, Ihnen zu zeigen, daß eine Ablehnung ihrer Argumente nicht eine Ablehnung ihrer Person bedeutet. Wir lernen so gemeinsam, uns auszudrücken und hinzuhören. An diesem Beispiel siehst du, wie die zwei Prozesse, nämlich das Kennenlernen des Inhalts — Verfassungsrecht — und der affektive Prozeß, nämlich sich auszudrücken und zuzuhören, gleichzeitig nebeneinander laufen. Ein anderer Lehrer in einer anderen Klasse mag dieses Thema so angehen, daß die Schüler im Schulzimmer sitzen, sich Notizen machen und hören, wie der Lehrer die Entscheide des Obersten Gerichtshofes zusammenfaßt. Sie werden vielleicht Fragen stellen, aber sie werden schwerlich begreifen, aus welchen Motiven und Gefühlen heraus die Menschen damals so entschieden haben. Ein ähnliches Beispiel wäre das Thema „Verbrechen", mit dem sie tagtäglich konfrontiert werden. In einem solchen Fall ist es für mich wichtig, daß die Schüler all die verschiedenen Seiten kennenlernen und erleben: Wie eine Nachforschung durchgeführt wird, wie sich ein Unschuldiger oder auch ein Verbrecher verteidigen kann.

Interviewer: Ein Argument, das hier immer wieder entgegnet wird, wenn z. B. Junglehrer oder Lehrer solche Ideen oder Beispiele hören, lautet: Die Idee ist sicher sehr gut und wichtig, aber ich muß innerhalb eines Jahres so viel Stoff durchnehmen, daß ich keinesfalls die ganze Geschichte in Form von Rollenspielen, Soziodrama etc. durchführen kann. Diese Argumentation hört man natürlich vermehrt von Junglehrerinnen oder -lehrern, die sich zu Beginn ihrer Berufsausübung erdrückt fühlen. Wie versuchst du, diese Balance zustandezubringen?

156

Hillman: Ich habe eine Menge Antworten auf diese Frage [lacht]. Ich glaube, daß es absolut unmöglich ist, alles zu unterrichten. Dies ist immer ein Problem für einen Lehrer, ganz unabhängig davon, welchen Unterrichtsstil er pflegt. In meinem Unterricht nehme ich allen Stoff durch, der von Staat und Lehrplan verlangt wird. Dabei ist es nicht wichtig, sich genau an die vorgeschriebene Abfolge zu halten, weil ich jedes Thema ganzheitlich angehe. Die Schüler arbeiten ausführlich mit Lesen von Quellenmaterial und mit Schreiben von Texten. Als „konfluenter" Lehrer setze ich das Schreiben oft ein, weil Schreiben eine der besten Methoden ist, Wissen sowohl kognitiv als auch affektiv zu integrieren. Die Schüler verfassen also gleichzeitig zum Unterricht ihre Essays.

Interviewer: Ich habe in letzter Zeit einige Artikel von führenden humanistischen Pädagogen wie *Artur Combs* u. a. gelesen, in denen sie sich fragen, ob die heutige Zeit, die heutigen politischen Verhältnisse noch offen und günstig seien für die Grundwerte der Humanistischen Pädagogik. Wenn man die amerikanischen Schulen anschaut, und das hat auch *John Goodlad* in diversen Gesprächen beklagt, dann wird Amerika im Moment von einer weiteren „Back-to-basis"-Welle („zurück zu den Grundfächern wie Lesen, Schreiben, Rechnen") überrollt. Wie siehst du in diesem Kontext „Confluent Education"? Ist die Zeit für ihre Grundanliegen noch genauso günstig wie vor zehn Jahren?

Hillman: Ich glaube, du hast eine treffende Einschätzung der momentanen Lage gegeben. Die „Back-to-basis"-Welle verläuft parallel zu einem ökonomischen Rückgang, und die Leute werden wieder konservativer. Es handelt sich um eine Neuformung der Gesellschaft nach den Jahren des Aufruhrs in den 60er Jahren. Es existiert eine recht ausgeprägte Bewegung gegen die Humanistische Pädagogik, nicht so sehr gegen „Confluent Education", weil diese nie so viel Bedeutung erlangte. In der Humanistischen Pädagogik ist es vor allem die „Values Clarification" (Klärung von Werten), ein Ansatz von *Sid Simon* und *Kirschenbaum* von der Universität von Massachusetts in Amherst, die massiv angegriffen werden. Im Moment herrscht ein genereller Trend, alles zurechtzustutzen, das Angebot an Fächern zu kürzen; ganze Abteilungen von Schulen müssen geschlossen werden. Man versucht so zu erreichen, daß alle wieder in die gleiche Richtung marschieren, auf die gleiche Weise; und das in einem Land wie den USA, das zwar behauptet, eine Demokratie zu sein, das es aber nicht gern hat, Demokratie auch zu praktizieren. Man will den Leuten Konformität beibringen, man will Leute, die wie die Soldaten marschieren; sie wollen niemanden, der Aufruhr macht. Sie möchten am liebsten allen vorschreiben, was zu tun sei und wie. Dieses Element übt im Moment eine große Kontrolle aus. Gleichzeitig ist es aber so, daß wir niemals dorthin zurückgeworfen werden, wo wir einst waren. Das Pendel wird nie mehr ganz zurückschlagen. Die Schüler sind anders, die Welt ist anders, und auch der Einfluß von Massenmedien und Fernsehen muß berücksichtigt werden. Ich glaube, daß nach dieser Welle wieder eine große Blütezeit kommen wird. Nach meiner Einschätzung werden die öffentlichen Schulen verschwinden. An ihrer Stelle werden Privatschulen entstehen, von denen viele „konfluenten" Unterricht haben werden. Leute, mit denen ich zusammenarbeite, sehen es ähnlich, und wir sind daran, eine Schule aufzubauen, die alle Stufen von der Vorschule bis zur Promotion anbietet und die nach „konfluenten" Grundlagen aufgebaut ist. Ähnliche Dinge und Entwicklungen sehen wir an allen Orten. Es ist nur eine Frage der Zeit, aber diese Ansätze sind so tief verankert, daß sie immer wieder zurückkommen, in dieser oder in einer anderen Form. Zum Teil in einer Form, die wir uns noch gar nicht vorstellen können, vielleicht auch nicht in naher Zukunft.

Interviewer: Wie siehst du also eine mögliche Kombination von Technologie und „konfluentem" Lernen? Sähe das so aus, daß man sich die Vorteile der Technologie zunutze macht? Siehst Du nicht auch Nachteile, die durch die ganze Technologie entstehen können? Ich habe oft Bedenken, wenn ich die ganze explodierende Technologie sehe und auch gewisse Ansätze von Computerunterricht, in dem sogar die menschliche Stimme des Lehrers durch den Computer simuliert wurde.

Hillman: Es ist nichts falsch an der Technologie, höchstens an der Art und Weise, wie wir sie einsetzen, etwa, wenn die Nationen dieser Welt dazu gebracht werden könnten, z. B. gemeinsam an der Lösung des Krebsproblems arbeiten, statt durch die Technologie noch mehr zu seiner Verursachung beizutragen. Entscheidend ist doch, ob der Gebrauch der Technologie human ist oder nicht.

Ich glaube, es ist eine Grundtendenz des Menschen, wissen zu wollen. Das menschliche Hirn ist aggressiv im wörtlichen Sinne, geht auf etwas zu, möchte wissen, sucht neue Informationen. Die Perspektiven, die durch die Technologie für das Lernen eröffnet werden, sind nämlich sehr interessant, und wir sollten versuchen, Technologie nicht gegen uns zu verwenden. Eine Aufgabe, die ich z. B. in „Confluent Education" immer wieder gestellt habe, lautet, daß die Schüler als Gruppe ein Projekt durchführen sollen, in dem sie zu einem bestimmten Thema ein neunmonatiges Fernsehprojekt entwerfen und das Ganze so aufbauen, daß die Zuschauer nicht einfach passive Empfänger sind, sondern eine aktive Rolle spielen, so daß Interaktion und echter Austausch zustandekommen.

Im Zusammenhang mit Fernsehen mache ich verschiedene Dinge mit meinen Klassen. Ich gebe ihnen Empfehlungen zu bestimmten Sendungen oder Hausaufgaben, wo sie etwas Interaktives machen müssen, z. B. die Aufführung eines Sinfonieorchesters ansehen, ein Theaterstück oder eine Regierungssendung, und dann etwas daraus entwickeln. Es muß gar nicht so sein, daß wir passiv hinter dem Fernseher sitzen.

Interviewer: Herzlichen Dank für das Gespräch, Aaron.

Aus dem Amerikanischen übersetzt und stark gekürzt von Gerhard Fatzer.

Quellentext 3

Erziehung des Selbst

Gerald Weinstein

Während der letzten elf Jahre wurde an der Universität von Massachusetts in Amherst ein Seminar mit dem Titel „Die Erziehung des Selbst" oder „Selbst-Entwicklung" angeboten. Es war und ist sehr beliebt, weil es den Studenten eine der wenigen Möglichkeiten in einer akademischen Umgebung bietet, sich selbst unter Anleitung und psychologischer Unterstützung intensiv zu erforschen; sie betrachten sich selbst als Subjekt der Untersuchung mit dem Ziel, das Wissen über sich zu vergrößern. Es ist eine der wenigen Gelegenheiten in ihrer akademischen Karriere, bei der sie Testate für das Lernen über sich selbst erhalten.

Ziele und Aufbau

Das Seminar, normalerweise 30 bis 40 Studenten, trifft sich 15 Wochen lang für drei Stunden wöchentlich. Von den Studenten wird erwartet:
1. eine Zusammenstellung gewisser Aspekte ihrer inneren Reaktionen und äußeren Verhaltensweisen auf typische Situationen zu erstellen, und ihre Reaktionsweisen klar zu beschreiben.
2. Sowohl die positiven als auch die negativen Konsequenzen typischer Reaktionsmuster herauszuarbeiten.
3. Die persönliche / soziale Geschichte gewisser Reaktionsmuster zu identifizieren.
4. Experimente mit unangenehmen oder unwirksamen Reaktionsmustern zu machen, um herauszufinden, ob positivere Konsequenzen möglich sind (solche unangenehmen Muster werden „dissonant" genannt).
5. Alternative Reaktionsmöglichkeiten zu persönlich unbefriedigenden („dissonanten") Situationen zu bewerten und auszusuchen.
6. Verschiedene kognitive / affektive Modelle zu benutzen, um diesen Prozeß anzuleiten.

Das Seminar wird in zwei Abschnitte unterteilt. In der ersten Phase (ca. die Hälfte des Semesters) werden verschiedene kognitive Modelle, wie die „Trompete" (Detailbeschreibung später), „Aspekte der Transaktionsanalyse", „Gestalttherapie", „Reevaluationstherapie" und „Verhaltenstherapie" vorgestellt. In Ergänzung zu diesen Modellen führen wir eine Reihe von „strukturierten Übungen" durch, um die Daten (Situationen, typische Verhaltensmuster) zu sammeln, mit denen wir arbeiten. Das Ziel dieser Modelle ist es, den Studenten systematische Vorgehensweisen zu vermitteln, um ihre Reaktionen auf typische Situationen zu verstehen.

In der zweiten Phase wird die Klasse in Dreier-Arbeitsgruppen aufgeteilt. Jedes Mitglied wählt ein „dissonantes" Verhaltensmuster und arbeitet mit Hilfe der verschiedenen Modelle und Vorgehensweisen an diesem Muster. Die Gruppenmitglieder haben unterstützende und klärende Rolle.

Die Trompete

Das wichtigste Modell des Kurses ist das Problemlösungsmodell der „Trompete". Die Trompete ist ein metaphorisches Symbol, das einen eingeengten Anfang („das Mundstück") und einen elaborierten Ausgang („Muschel") aufweist. Der Student beginnt am eingeengten Anfang des Trompeten-Prozesses, indem er einige dissonante Reaktionsmuster zusammenstellt. Dann geht er weiter durch die weiter unten beschriebenen Stufen oder Schritte (Identifizieren der Reaktionsmuster, das Verständnis des Verhaltens und seiner Folgen erhellen, Verwandlung in eine zufriedenstellendere Reaktionsmöglichkeit). (Skizze im „Ausblick").

Ich werde diese Schritte etwas detaillierter beschreiben:

Konfrontation

Die Konfrontation ist die Grunderfahrung, mit der sich der Student zusammen mit seiner Gruppe näher befaßt. Diese Erfahrung wird durch eine strukturierte Übung (gelenkte Phantasie, Simulation, Spiel etc.) oder durch das Betrachten eines Erlebnisses oder einer Situation (das letzte Mal, als du eine wichtige Entscheidung fällen mußtest) vermittelt.

Inventar zusammenstellen

An diesem Punkt des Prozesses prüfen die Studenten ihre Reaktionen auf eine bestimmte Situation („Konfrontation"), indem sie ihr Ver-

1 bildliche Übertragung eines Begriffs

162

halten, die Gedanken, Gefühle und Empfindungen bei ihrer Reaktion genauer betrachten. Sie suchen Antworten auf Fragen wie:
— Was tat ich?
— Was für eine Reaktion oder Nicht-Reaktion zeigte ich?
— Was drückte ich in meiner Körpersprache oder mit meinem Gesicht aus?
— Welche Sätze, Monologe oder Dialoge gingen mir durch den Kopf?
— Was für Entscheidungen fällte ich?
— Was für Gefühle hatte ich? Wie intensiv waren sie?

Indem sie mit diesen Fragestellungen vertraut werden, können die Studenten ihre Fähigkeit im Benennen und Differenzieren ihrer Reaktionen auf verschiedene Situationen verbessern. Sie beginnen, „Wissenschaftler des Selbst" zu werden und können so ihre eigenen Verhaltensprobleme beobachten, benennen und verändern.

Verhaltensmuster identifizieren

Nachdem die Reaktionsweisen zusammengestellt wurden (mit Hilfe der Arbeitsgruppe), geht es in einem nächsten Schritt um die Frage, wie weit diese typisch für diese Art von Situationen waren. Mögliche Fragen sind:
— Erkenne ich etwas Gewohntes oder Bekanntes in meiner Reaktionsweise?
— Erinnern mich diese Reaktionen an ähnliche Reaktionen in anderen Situationen?
— Welche Arten von Situationen rufen bei mir normalerweise diese Reaktion hervor?

Muster werden in der folgenden Form zusammengestellt:
Wann immer ich in einer Situation bin, wo (Bedingungen) . . . , tue ich normalerweise (Verhalten) . . . ,
Ich erlebe und spüre Gefühle von . . .
Die Sätze, die mir durch den Kopf gehen, sind . . .

Um den Prozeß klar illustrieren zu können, nehmen wir das Beispiel einer Studentin und fahren mit den restlichen Schritten im Prozeß fort. Ihr Muster, wie sie es beschrieb, war: „Immer, wenn ich in einem Seminar bin und eine offene Diskussion im Gang ist, wo jedermann seine Meinung ausdrücken kann, spüre ich Gefühle von Nervosität, Furcht und Angst. Dies wird noch stärker, wenn ich etwas zu sagen habe. Mein Herz beginnt sehr stark zu schlagen und ich spüre einen Druck in meiner Brust. Die Stimmen in meinem Kopf sagen mir ‚Mach vorwärts und sage es ihnen'. Aber eine viel stärkere Stimme sagt dann:

‚Besser nicht! Warum etwas riskieren? Jedermann hier scheint zu wissen, worüber er spricht. Wenn du etwas Dummes sagst? Und so sitze ich dann hier und mache gar nichts. Ich versuche, ruhig und weise auszusehen. Nachher bin ich wütend über mich selber, weil ich so ruhig gewesen bin."

Nachdem dieses Muster benannt und geklärt worden, versuchen die Studenten, der Geschichte des Musters nachzugehen. Diese Geschichte beinhaltet ihre früheren Erinnerungen an diese Reaktionsweisen, wie sich das Muster durch die verschiedenen Stufen des eigenen Lebens zeigte, und welches die Vorzeichen für diese Art von Reaktion waren. Die Aufgabe in dieser Phase besteht darin, weder das Muster zu erklären noch zu interpretieren, sondern es von möglichst vielen Seiten zu *beschreiben*.

Das Identifizieren von Mustern der inneren und äußeren Reaktionen in seinem Leben erfordert eine komplexe Art von Fähigkeiten. Während die meisten Studenten es fertigbringen, die Aspekte äußerer Phänomene ziemlich leicht zu klassifizieren, braucht es einige Anleitung und Übung in der Beobachtung und Beschreibung der eigenen Muster.

Funktion

Die Studenten werden jetzt angeleitet herauszufinden, welchen Zielen ihre Muster dienen. Sie versuchen, eine Reihe von vorgegebenen Fragen zu beantworten, und lernen Übungen kennen, die ihnen aufzeigen, was sie mit ihren Mustern erreichen und was sie vermeiden. In unserem Beispiel wurde die Funktion des Sich-Nicht-Beteiligens in der Seminardiskussion beschrieben als: „Nicht vor der Klasse sprechen hilft mir zu vermeiden, daß ich etwas Dummes vor der Klasse sage. Es schützt mich davor, von den anderen ausgelacht zu werden. Es schützt mich auch davor, daß meine Intelligenz von den anderen eingeschätzt wird."

Auf einer tieferen Ebene dienen einige Reaktionsmuster als Schutz vor Selbstzweifeln. In unserem „Self-science"-Kurs nennen wir diese Selbstzweifel „Brecher" (crusher). Der Brecher ist eine negative Annahme über sich selbst, die eine Schwäche beleuchtet. Es ist sehr angsterregend, diese negative Selbstannahme genauer anzusehen. Darum wird ein Schutzschild aufgebaut, der verhindert zu sehen, daß dies eine Annahme ist. Als wir der Studentin in diesem Kurs halfen, ihren Brecher etwas näher anzuschauen, fand sie folgendes über ihn heraus: „Ich zweifle an meinen intellektuellen Fähigkeiten. Ich fürchte mich davor, nicht so gescheit wie die andren zu sein. Ich denke immer, daß meine Meinung so wenig zählt, daß die anderen lachen würden, wenn ich sie öffentlich darlegen würde".

Folgen

Die Studenten werden dann gebeten, ihre Muster zu evaluieren, indem sie schauen, wie wirkungsvoll es ihnen dient und mit welchen Kosten. Einige Verhaltensmuster sind psychologisch „kostspieliger" als andere. Um diese Kosten abschätzen zu können, antworten die Studenten auf die folgende Frage: „Stelle dir vor, du könntest das besprochene Muster nie mehr abändern, es würde ‚eingefroren' in seiner jetzigen Form für den Rest deines Lebens. Als Folge davon: Welche Möglichkeiten oder Erfahrungen wären dir für immer verbaut?"

Eine Antwort auf diese Frage war: „Nun, ich bezahle mit meinem Ruhigsein dafür, daß ich mich nie in der Öffentlichkeit ausdrücken kann. Ich muß immer ‚privat' bleiben und fühle mich allein und isoliert. Meine Ideen und Gefühle werden nie ausgetauscht werden. Ich halte mich immer zurück, und das ist nicht sehr zufriedenstellend. Es ärgert mich besonders, wenn etwas, was ich mir auch gedacht hatte, von jemand anderem erzählt wird und alle das gut finden. In der Zwischenzeit sitze ich dort und hadere mit dem Schicksal und mit der Tatsache, daß ich das hätte sagen können. Ich stelle mir vor, meine Passivität wirkt sich noch in ganz anderen Situationen aus, von denen ich gar keine Vorstellung habe".

Experimentieren

Wenn die Studentin festgestellt hat, daß sie zum Beispiel einen recht hohen Preis zahlt für die momentane Sicherheit, die sie mit ihrer Reaktionsweise erreichen mag, kann sie verbesserte Reaktionsmöglichkeiten ausprobieren. Zusätzlich muß die Studentin eine neue Haltung gegenüber dem „Brecher" entwickeln, welche den Mut für das Neue stärkt. Die Studenten werden aufgefordert, eine Annahme oder einen Glaubenssatz über sich selbst zu entwickeln, welche dem „Brecher" entgegenwirkt. Weil es so schwierig ist, diese entgegengesetzte Annahme zu glauben, nennen wir es eine „Richtung", eine Annahme über sich selbst, die man immer und immer wieder ausprobieren muß, bis sie glaubwürdig klingt. Diese Phase des Prozesses ist emotional am intensivsten, weil die Studenten darum kämpfen, diesen neuen Glauben zum Leben zu erwecken. Eine ganze Auswahl von selbstverstärkenden Strategien werden von unserer Seite der Klasse vorgeschlagen.

Ich möchte hier einige Beispiele von „Brechern" und ihrer dazu entwickelten „Richtigkeit" nennen.

Von: „Wenn ich nicht immer die Bedürfnisse der anderen erfülle, bin ich wertlos." (Dieser „Brecher" scheint für die Frauen im Seminar häufiger zu sein.)

Zu: „Wenn ich mich um meine eigenen Bedürfnisse kümmere, kann das auch gut für die anderen sein."

Von: „Ich muß sehr vorsichtig sein, was ich sage, weil die Leute sonst entdecken könnten, wie dumm ich bin."

Zu: „Jede Meinung, die ich habe, ist es wert, ausgedrückt zu werden."

Von: „Ich bin zu inkompetent, irgendeine wichtige Entscheidung zu treffen."

Zu: „Ich habe das Recht, gute und schlechte Entscheidungen zu fällen."

Von: „Wenn ich mich nicht ständig unter Kontrolle halte, werde ich ausflippen."

Zu: „Ich kann die Kontrolle verlieren und trotzdem weiter existieren," oder
„Wenn ich mir erlaube zusammenzubrechen, zeigt dies, daß ich unter perfekter Kontrolle bin."

Nachdem sie einige Übung mit der neuen Richtung oder der neuen Annahme über sich selbst haben, entwerfen die Studenten Experimente, die sie außerhalb der Klasse durchführen (mit Ansätzen von Verhaltenstherapie). Sie stellen eine Sammlung von Experimenten zusammen, angefangen von den einfachsten (am wenigsten Furcht auslösend) bis zu den schwierigsten, und entscheiden zusammen mit der Unterstützungsgruppe, welche sie in der nächsten Woche ausprobieren wollen.

Evaluation

Wie ging das Experiment vonstatten? Was passierte als Konsequenz? Was müssen wir ändern? Wollen wir es auch in anderen Situationen wiederholen?

Die Antworten auf diese und ähnliche Fragen werden mit der Unterstützungsgruppe nach jedem Experiment diskutiert. Dann werden Pläne und Verträge für neue Experimente entworfen.

Wahl

Als Resultat dieses Vorgehens hoffen wir, daß die Studenten mehr Reaktionsmöglichkeiten zur Auswahl haben, um auf bestimmte Situationen zu reagieren. Das heißt, daß sie ihr Repertoire erweitert haben.

Das ganze Vorgehen oder der ganze Prozeß wird von jedem Student sorgfältig dokumentiert und in einem persönlichen Tagebuch niedergelegt. Diese werden zusammengefaßt und dem Kursleiter am Ende des Semesters als Abschlußpapier abgegeben.

Zusammenfassung

Ein ziemlich kompliziertes Set von Interaktionen bildet den Kurs „Erziehung des Selbst". Der Kurs zielt darauf ab, Lernmöglichkeiten in eine formale Erziehungsinstitution einzuführen, die sehr persönlich, intellektuell fordernd, gefühlsmäßig wichtig und die Selbsterkenntnis fördernd sind. Sie bilden die Grundlagen der „Self-science"-Erziehung.

Übersetzt von Gerhard Fatzer

Quellentext 4

Humanistische Pädagogik
in der Psychosozialen Medizinerausbildung

Martin Thommen, Edgar Heim

Die Ausbildung zum Arzt

In kaum einem Beruf sind derart komplexe Handlungskompetenzen verbunden mit hoher gesellschaftlicher Verantwortung gefordert wie im Arztberuf. Neben der Beherrschung einer immer spezialisierteren Technologie soll der Arzt naturwissenschaftlich denken können, in psychologisch offener Haltung seinem Patienten begegnen. Er soll ferner sein Handeln auf dem Hintergrund sozialer und gesellschaftlicher Prozesse reflektieren und, wenn er eine Praxis führt, einen Kleinbetrieb ökonomisch kompetent leiten sowie im Umgang mit seinen Mitarbeitern adäquate Führungsqualitäten entwickeln können. Daß er im beruflichen Umgang mit menschlichen Krisensituationen, mit Grenzsituationen wie Geburt, Sterben und Tod konfrontiert ist und damit beständig auch seine eigene potentielle existentielle Gefährdung vor Augen hat, erfordert darüber hinaus ein Höchstmaß an psychischer Belastungsfähigkeit (*Basler* 1978).

Dieser vom heutigen Arzt geforderten komplexen und ganzheitlichen Denk- und Handlungsweise steht aber eine Ausbildungssituation gegenüber, welche partikularistisch organisiert einem biophysikalischen Modell folgt und weitgehend auf enzyklopädisches Wissen ausgerichtet ist. Noch immer versuchen die meisten medizinischen Fakultäten, Mediziner und nicht praktische Ärzte auszubilden (*Noack* 1980).

Es ist u. E. eine der vordergründigsten Aufgaben eines an den Leitlinien der humanistischen Psychologie und Pädagogik orientierten Unterrichtspraktikers wie -forschers, im Bereich der Ausbildung kontextuelle Faktoren in Rechnung zu stellen. So ist die heutige, in hohem Maße arbeitsteilige und spezialisierte Medizin als eines der politisch und ökonomisch bedeutsamsten gesellschaftlichen Teilsysteme zu betrachten, welches seinerseits wieder in größere politische, aber auch ökologische Systeme eingebunden ist (*Noack* 1980; *Siegrist* 1977). Dies bedeutet gerade für die Medizin und die Ausbildung der Mediziner die

169

Bereitschaft zur Übernahme von Verantwortung und Engagement für eine (Um-)Welt, die alle verfügbaren Kräfte braucht, um einer drohenden Katastrophe zu entrinnen. Was *Petzold* (1984) in einem engagierten Editorial zum Thema „Psychotherapie und Friedensarbeit" fordert, könnte ebenso dem künftigen wie dem bereits tätigen Arzt gelten: „Sie (die Psychotherapie) kann etwas dazu tun, daß Verdinglichung und Entfremdung erkannt und reduziert werden: Entfremdung von der eigenen Leiblichkeit (der Leib ist Objekt, Arbeits- und Kampfroboter, Konsum- und Pleasure-Maschine geworden), Entfremdung von der Arbeit, Entfremdung von der (Lebens-)Zeit, an die Stelle der Entfremdung muß ein ‚caring' treten, eine Sorge um den anderen und eine Sorge um die Dinge, denn auch sie sind nicht reproduzierbar." (S. 193)

Wir glauben, daß sich im Modell der Psychosozialen Medizin (*Heim* 1984) eine Chance bietet, einen wesentlichen Beitrag zur Reduktion von Entfremdung und einer Vermehrung von „caring" zu leisten. Nur durch die Integration von biologischen mit psychosozialen Anteilen (*Engel* 1980, 1982) kommen wir zu einem ganzheitlichen Verständnis von Gesundheit und Krankheit und damit zu einer menschlicheren Behandlung kranker Menschen — ein durchaus humanistisches Postulat.

Auch wenn die Aussichten für die Etablierung einer ganzheitlichen Medizin zur Zeit nicht nur günstig erscheinen, dürfte es doch einigermaßen hoffnungsvoll sein, daß der angedeutete Paradigmenwechsel (*Brocher* 1985) sich in einem weit größeren Kontext abzuzeichnen beginnt (*Capra* 1982; *Prigogine* 1982). Den am Unterricht in Psychosozialer Medizin (PSM) Beteiligten mag dies Mut geben, selbst wenn sie sich als Einzelkämpfer gelegentlich auf verlorenem Posten wähnen mögen.

Konzeptuelle Überlegungen zum Curriculum

In einem Thesenpapier der Dozentenkonferenz PSM der schweizerischen medizinischen Fakultät haben die Fachvertreter eine neue Umschreibung des Begriffes „Psychosoziale Medizin" vorgeschlagen, der, wie *Heim* (1984) betont, seither allgemeine Anerkennung gefunden hat:

„Das Lehrgebiet der Psychosozialen Medizin bezieht sich auf die psychologische und soziologische Dimension der Medizin und meint nicht bloß Psychologie für Mediziner und Soziologie für Mediziner. Das Hauptwort ‚Medizin' betont die Verankerung des Faches in der medizinischen Praxis und soll gegenüber der Medizinischen Psychologie und Medizinischen Soziologie vor einer einseitigen theoretischen Wissensvermittlung schützen. Der Begriff ‚psychosozial' meint die Integration psychologischer und soziologischer Aspekte. An Fertigkeiten sollte der Medizinstudent vor allem grundlegende, reflektierte Erfahrungen in der Gestaltung der Arzt-Patient-Beziehung, in der ärztlichen Gesprächsführung und in der Erfassung der psychodynamischen und sozialen Bedingungen von Krankheitsentstehung und Krankheitsverarbeitung erwerben. An Kenntnissen sollten ihm in einer praxisbezogenen Weise die psychologischen und soziologischen Grundlagen des ‚gesunden' Menschen vermittelt werden, insbesondere Kenntnisse in Sozialpsychologie, Entwicklungspsychologie, Persönlichkeitspsychologie und Psychophysiologie." (*Heim* 1984)

Eine Besonderheit des neuen Berner Curriculums PSM ist, daß neben der horizontalen Einbettung von Vorlesungen und Kursen in das bisherige Studienprogramm vor allem ein vertikaler, gewissermaßen in Längsrichtung durch das Studium sich ziehender „psychosozialer Strang" vorgesehen ist. Die vertikale Verankerung wird dabei angestrebt durch eine interdisziplinäre Kooperation von klinischen Spezialisten, Allgemeinmedizinern, Psychiatern, Medizinpsychologen und -soziologen einerseits und durch eine möglichst ganzheitliche, integrative Gestaltung des theoretischen und praktischen Unterrichts andererseits. Ferner garantiert das ebenfalls interdisziplinär zusammengesetzte fakultäre „Kollegium für psychosoziale Medizin"[1] Kontinuität im Studienverlauf. Um zu verhindern, daß mit der Einführung der PSM ein weiteres Spezialfach dem ohnehin bereits in hohem Maße partikularistischen Fächerkanon angehängt würde, verzichtete man auch folgerichtig auf die Schaffung eines speziellen Lehrstuhls und Instituts. Dies bedingt allerdings eine verstärkte Anstrengung aller für das Curriculum Verantwortlichen, in offener Auseinandersetzung Konsens zu suchen, und häufig ein das Übliche sprengende persönliches Engagement. Daß dies nicht immer einfach zu bewerkstelligen ist, zeigten die anfänglichen, z. T. heftig geführten Debatten im „Kollegium für Psychosoziale Medizin" über unterschiedliche Akzentsetzungen im PSM-Paradigma und damit über die Formulierung von Unterrichtszielen.

Was noch vor kurzer Zeit mit dem Begriff „psychosoziale Schiene" als Idealfall bezeichnet und für ein künftiges Medizinstudium wegweisend gefordert wurde (*Scheer* 1982), ist integraler Bestandteil der nun vorliegenden curricularen Struktur im Berner Modell (vgl. *Schenkel* 1984).

---

[1] Das Kollegium besteht aus 12 Mitgliedern verschiedener Fachbereiche (inkl. Allgemeinmedizin und Studentenvertreter), die teils direkt am Unterricht beteiligt sind, teils die traditionellen „großen Fächer" vertreten. Der Auftrag des Kollegiums geht aus dem von der Medizinischen Fakultät angenommenen Curriculumpapier hervor. Er besteht darin, die Psychosoziale Medizin auf allen Stufen des Medizinstudiums (vom 1. bis zum 6. Studienjahr) und das Examen vom 1. Teil der Abschlußprüfung als einheitliches Ganzes zu gestalten und in den Studienplan der Fakultät einzubauen. Mehrere Arbeitsgruppen befassen sich mit spezifischen Fragestellungen und Aufgaben; sie legen ihre Arbeitsergebnisse dem Kollegium vor.

Tabelle 2: Unterrichtsveranstaltungen des Curriculums Psychosoziale Medizin der Medizinischen Fakultät Bern

Studien-jahr	Vor-lesungen	Praktika bzw. Kurse	Inhalte
1. Jahr	16 Std.		Grundlagen, vorklinischer Teil: Allgemeine medizinische Psychologie und Soziologie, Entwicklungspsychologie, Persönlichkeitspsychologie.
		14 Std.	Selbst- und Fremdwahrnehmung in Kleingruppen, Gruppe als Beobachtungsfeld; Gesprächsschulung, Rollenspiel.
2. Jahr	16 Std.		Grundlagen, vorklinischer Teil: Psychophysiologische Grundlagen des Verhaltens, Handeln und soziale Umwelt.
		14 Std.	Gesprächsschulung: Selbst- und Fremdwahrnehmung in der Zweierbeziehung; Interaktionsvorgänge; Kommunikationsformen; empathisches Verstehen usw. (freiwillig; in Planung).
3. Jahr	3 Std.		Theoretische Einführung in den Gruppenunterricht.
		4 Std.	Praktische Einführung in den Gruppenunterricht.
	16 Std.		Klinik: I. Das Wesen der Krankheit: Krankheitsbegriff; psychologische, soziologische, psychosomatische Krankheitskonzepte; psychosoziale Bedingungen in der Auslösung von Krankheit; Gesundheits- und Krankheitsverhalten; psychosomatische Aspekte in der Krankheit. II. Die Arzt-Patient-Beziehung: Typisierung des Patienten; Typisierung des Arztes; die Arzt-Patient-Interaktion; das ärztliche Gespräch (Exploration vs. Interview vs. Anamneseerhebung usw.).
		18 Std.	Systematisches Einüben der integrierten Anamneseerhebung durch psychosoziale Tutoren in Arzt-Patient-Gesprächen.
4. bis 6. Jahr	Kooperation in klinischen Vorlesungen und Falldemonstrationen		Mitwirkung bei Fragen der allgemeinmedizinischen Praxis sowie beim Erfassen und Beurteilen psychosomatischer und psychosozialer Zusammenhänge. Klinik: III. Die Krankheitssituation: Psychosoziale Aspekte von Schwangerschaft und Geburt, psychosexuelle Dysfunktionen, psychosoziale Aspekte gynäkologischer Eingriffe, Familienmedizin; Hospitalisation; chronisches Kranksein; Extremsituationen des Krankseins. IV. Praktisches ärztliches Handeln: in der ambulanten Versorgung im Krankenhaus, im öffentlichen Gesundheitswesen; Arzt und Öffentlichkeit.
		Div.	Klinische Visiten (freiwillig): Einüben von Erkennen und Beurteilen psychosozialer Faktoren bei somatisch Kranken; Vertrautmachen mit psychologischen Besonderheiten bestimmter Situationen wie Intensivpflege, postoperative Zustände, Reanimation, terminale Krankheit, Rehabilitation.
		Div.	Balint-Gruppen: Reflexion eigenen ärztlichen Handelns (freiwillig).

Einführende, zusammenfassende oder akzentsetzende Wissensvermittlung in Vorlesungen, Beobachtungen von modellhaften Arzt-Patient-Interaktionen, praktische Übungen in Kleingruppen sowie Selbsterfahrung in Balint-Gruppen als sich gegenseitig ergänzende, sowohl die kognitiven als auch die emotionalen und handlungsbezogenen Prozesse berücksichtigende Lernangebote sind Schwerpunkte der curricularen Struktur. Um einerseits die theoretischen Grundlagen integriert darzustellen und andererseits die Vorlesungen von der reinen Wissensvermittlung zu befreien, wurde (gemeinsam mit Dozenten aus Basel und Zürich) ein spezielles Lehrbuch erarbeitet (*Heim, Willi* 1986; *Willi, Heim* 1986). Um ferner die einseitige naturwissenschaftliche Ausrichtung und das traditionelle Schisma zwischen somatischen Fächern und psychosozialen Disziplinen zu überwinden, soll im Berner Curriculum die Psychosoziale Medizin möglichst stark in den Klinikbetrieb eingebunden werden (*Adler, Hemmeler* 1986). Dies wird in erster Linie dadurch erreicht, daß erfahrene Kliniker in Kooperation mit psychosozialen Spezialisten, z. B. Medizinpsychologen, für die Implementierung des Curriculums verantwortlich zeichnen.

Langfristiges Ziel ist dabei eine Veränderung der professionellen Identität des traditionellen Mediziner-Arztes durch eine Integration oder Inkorporation der psychosozialen Dimension. Im studentischen Unterricht kann deshalb nicht nur die didaktische Frage im Vordergrund stehen, wie sich ein bestimmtes Fachwissen vermitteln läßt, sondern ebenso, wie der Boden bereitet werden kann, Wissen im Können und Handeln fruchtbar werden zu lassen. Eine enge Eingliederung des biopsychosozialen Denkens in den klinischen Alltag des angehenden Arztes ist dafür Voraussetzung. Gleichzeitig muß aber der Akzent im Unterricht auch auf diejenigen Prozesse sozialen und emotionalen Lernens gelegt werden, die eine dauerhafte Einstellungsänderung beim Studenten versprechen. Dafür eignet sich der Einsatz gruppenpädagogischer Verfahren besonders gut (*Lohoelter* 1984; *Schueffel* 1982; *Speierer* 1973; *Paulley, Tait* 1983; *Rutter, Maguire* 1976; *Kagan* 1977; *Carrol, Monroe* 1970).

Wesentlicher Bestandteil der Einführung unseres Curriculums ist aber auch der Auftrag, begleitende Evaluation zu betreiben. Hauptziel einer ersten, wissenschaftlich angelegten Begleitstudie (*Thommen, Valach* 1986) sollte sein, Kriterien zur Spezifizierung und Optimierung dieses fächerübergreifenden Unterrichts zu formulieren. Im Gegensatz zum Laborexperiment, das von den natürlichen, unverfälschten sozialen Aktionen abgeschnitten ist, handelt es sich bei der Entstehung und Prüfung eines Curriculums um ein ökologisches, d. h. milieugebundenes Untersuchungsdesign, das in der Tradition der Feldforschung (*Lewin* 1963) steht. Dies bedeutet, daß alle Forschungsschritte in das Gesamtfeld eingebettet sind und nicht losgelöst von diesem betrachtet werden können (*Fatzer, Jansen* 1980). Forschung in diesem Sinne darf nicht reduktionistisch sein, sondern hat die Komplexität der „condition humaine", die sich in der Komplexität der Konzepte abbildet, in Rechnung zu stellen. Forschungsthema, Forschungsmethodik und Forschungsprozeß sind in solcher Sichtweise nicht isoliert, sondern integrativ aufeinander bezogen zu betrachten.

Projektgruppen, die sich an einem pädagogischen, oder, wie in unserem Fall, an einem hochschuldidaktischen Reformvorhaben beteiligen und es auch wissenschaftlich begleiten wollen, befinden sich dabei fast immer in einem bestimmten Dilemma: Einerseits soll sich die Untersuchung am gängigen wissenschaftlichen Regelsystem (Methodologie) orientieren; andererseits geht es primär darum, praktische Veränderungen herbeizuführen, die bestimmte Handlungs- und Erkenntnisweisen erfordern, welche häufig im Gegensatz zu bestimmten methodologischen Spielregeln stehen. Dies ist jedoch nicht eine Frage des Entweder-Oder, sondern eine Frage der sinnvollen Komplementarität. Eine ganzheitliche Betrachtung braucht deshalb keinen Verzicht auf Strenge, Exaktheit und Entscheidbarkeit zu bedeuten. Es gilt, eine nichtreduktionistische Betrachtungsweise menschlichen Handelns, für uns konkreter studentischer Lernhandlungen, zu realisieren. Da ein solcher Handlungsbegriff (*v. Cranach* 1980) in Einklang mit dem Erlebnis der Handlungsfreiheit steht und damit in die sittliche Verantwortung des handelnden Individuums gebunden ist, kann er problemlos in das anthropologische Grundverständnis humanistischer Psychologie und Pädagogik integriert werden. Ohne Schwierigkeiten läßt er sich auch mit der psychosozialen Medizin verbinden, weisen doch beide Ansätze gemeinsame Strukturmerkmale auf, wie die Orientierung an der ökologischen Perspektive, systemisches Denken, die Orientierung an der Alltagsrealität und ein ganzheitliches Menschenbild.

Beispiel einer Gruppenunterrichsveranstaltung im 1. klinischen Jahr (3. Studienjahr)

Seit dem Jahr 1971 werden die Drittjahresstudenten an der Medizinischen Fakultät der Universität Bern im sog. „bedside-teaching" unterrichtet. Fünf bis sieben Studenten treffen sich mit einem Tutor, um bei einem Patienten ein diagnostisches Interview aufzunehmen, ihn körperlich zu untersuchen und die gewonnenen Informationen in der Gruppe zu besprechen (*Pauli* 1977; *Bangerter, Noack* 1981). Im Wintersemester 1984 wurde nun erstmals im Rahmen dieses klinischen Unterrichts das Teilcurriculum „Gruppenunterricht in Psychosozialer Medizin" ergänzend eingeführt. Integratives, biopsychosoziales ärztliches Denken und Handeln sollten damit verstärkt gefördert werden. Gleichzeitig erhoffte man sich einen Halo-Effekt auf die übrigen Gruppenunterrichts-Veranstaltungen in diesem Studienabschnitt. Ein solcher Unterrichtsnachmittag soll nun exemplarisch dargestellt werden:[2]

Als Teilnehmer dabei waren sechs Studenten, darunter der untersuchende Student G. B., eine Krankenschwester, der PSM-Tutor Professor H. P., sowie der 1927 geborene Patient, Herr I. S. Dieser befindet sich seit einer Woche in der Medizinischen Klinik zur Abklärung von transienten ischämischen Attacken.[3] Es ist erstmals im August 1984 und wiederum vor drei Wochen zu vorübergehenden Paresen und motorischen Koordinationsstörungen in den rechten Extremitäten gekommen. Herr I. S. hat in seiner Jugend eine Augenverletzung durch Schießpulver erlitten, die zunächst zu kompletter Amaurose[4] geführt hat, wobei es im Verlauf des letzten Jahres gelungen ist, mittels Laser-Therapie einen beträchtlichen Visusanteil wieder herzustellen. Vor zweieinhalb Jahren wurde anläßlich einer ärztlichen Konsultation wegen einer Bänderzerrung außerdem eine beträchtliche Hypertonie festgestellt.

Der Student G. B. hat sich in den vergangenen fünf PSM-Veranstaltungen als einziger der Gruppe verschiedentlich skeptisch über die Exploration im psychosozialen Bereich ausgesprochen.

Das Gespräch von G. B. mit Herrn I. S. verläuft problemlos. Die Haltung von Herrn I. S. ist freundlich und sachlich, und er gibt bereitwillig und differenziert Antwort auf die gestellten Fragen. Einleitend erkundigt sich der Student nach dem Hospitalisationsgrund. Er fragt dabei eher ungeordnet und vor allem geschlossen nach Symptomen und Zeichen der Krankheit. Es wird auch systematisch die Systemanamnese durchexerziert, beispielsweise Fragen nach Häufigkeit und Ausmaß der Miktionen, nach Farbe und Transparenz des Urins usw. Nachdem Herr I. S. im Detail über die Voruntersuchungen einschließlich der angiologischen Erhebungen berichtet hat, fährt G. B. fort mit der Bemerkung: „Jetzt denkt man also an einen Tumor ...", was der Patient spontan verneint. Über einzelne Erscheinungsformen seiner Krankheit berichtet Herr I. S. in der Folge sehr plastisch: Er spricht von der „Schaufensterkrankheit", die ihn zwinge, wegen Schmerzen in den Beinen immer wieder stillzustehen. Er berichtet auch über eine Besserung dieser Beschwerden, wenn ihm sein Beruf Zeit lasse, häufiger zu gehen und das Fahrrad zu benutzen anstatt Auto zu fahren. Sein Nikotinkonsum sei umso höher, je nervöser er sich fühle (der Student fragt hier nicht weiter nach). Anschließend untersucht G. B. Herrn I. S., indem er das Herz und die vorderen Lungenpartien auskultiert und eine Blutdruckmessung vornimmt.

---

[2] Wir danken Herrn Prof. Dr. med. *H. Pauli* herzlich, daß wir hier aus seinem persönlich geführten Unterrichtsprotokoll zitieren dürfen. Solche Unterrichts-Protokolle wurden im Rahmen der bereits erwähnten Evaluationsstudie durch die Tutoren hergestellt.

[3] Kurzfristig funktionell reduzierte Blutversorgung in Teilen des Gehirns.

[4] Erblindung, bei der jede Lichtempfindung erloschen ist.

Bei der anschließenden Besprechung in Abwesenheit des Patienten wird zunächst von der Gruppe festgestellt, daß über die Natur der Symptomatik noch Ungewißheit besteht, da besonders in bezug auf das aktuelle Leiden zu wenig präzise gefragt worden ist und auch die körperliche Untersuchung unvollständig war (vor allem die Untersuchung der Extremitäten und der neurologische Status). Aufgrund verschiedener Hinweise aus der Gruppe kommt man zu dem Schluß, daß die Kombination von Nikotinabusus, erhöhtem Blutdruck und intermittierendem Hinken das Vorhandensein von vaskulären bzw. zerebralen Risikofaktoren nahelegt. Die Gruppenmitglieder finden auch, daß bei diesem Patienten Unklarheit bezüglich seiner familiären und beruflichen Situation besteht. Hier wehrt sich G. B.: Die psychosoziale Situation des Patienten sei ihm ziemlich klar. Dieser Patient nehme seine Erkrankung nicht ernst, und ein Weiterfragen würde sicher als Eindringen in die Intimsphäre betrachtet. G. B. wirft die Frage auf, was mit derartigen Informationen überhaupt erreicht werden könne. Hier folgt ein längeres und intensives Gruppengespräch. Mehrheitlich wird die Auffassung vertreten, daß derartige Kenntnisse der Gesamtsituation für die ärztliche Behandlung unter allen Umständen von Bedeutung seien. Insbesondere weist die Krankenschwester, die den Patienten auf der Abteilung betreut, darauf hin, wie wichtig Gespräche über die persönliche Lebenssituation des Patienten seien. Der Tutor (H. P.) stellt nun die Frage, in welcher Weise man den Kontakt mit dem Patienten fortführen könnte. Der Student G. B. erklärt sich außerstande, den Faden wieder aufzunehmen, wird dann aber von den übrigen Gruppenmitgliedern ermuntert, es nochmals zu versuchen. Etwas irritiert willigt er schließlich ein.

Nachdem Herr I. S. wieder in die Gruppe zurückgekommen ist, teilt ihm G. B. mit, er sei von der Gruppe aufgefordert worden herauszufinden, wie er seine gesundheitliche Störung eigentlich empfinde (die Frage wirkt ziemlich abstrakt und wenig einfühlend). Herr I. S. antwortet jedoch überaschend mit einer eindrücklichen Schilderung seiner Arbeitssituation. Er beschreibt seine verantwortungsvolle Position im Betrieb, seine häufige Nachtarbeit mit Nikotinabusus und den Streß, sowie die Angst, die seine gesundheitlichen Ausfälle bis hin zur Arbeitsunfähigkeit in ihm ausgelöst haben. Als nächstes fragt G. B. nach dem Verhältnis von Herrn I. S. zu seiner Familie. Dieser äußert sich sehr positiv über die Unterstützung durch die Ehefrau bei seinen Problemen und vor allem über den sehr engen Kontakt, den er mit seinen erwachsenen und außer Haus lebenden Kindern pflegt. (Bei der nächsten Frage sieht man deutlich, wie sich G. B. innerlich einen Stoß geben muß). G. B. erkundigt sich vorsichtig über eine mögliche Belastung der Ehe durch die Krankheit. Daraufhin berichtet Herr I. S. noch ausführlicher über die Rolle seiner Frau, die wegen seiner Gesundheitsstörung viel mehr Ängste ausstehe als er selber. Er schildert, wie ihm seine Frau beispielsweise durch „Chauffiertätigkeit" den Weg zur Arbeit und zurück ermöglichte, wenn er wegen seiner eigenen Bewegungsschwäche behindert sei. Dann entsteht eine längere Gesprächspause, die G. B. erstaunlicherweise aushält. Er schreitet nun zur offensichtlich intimsten Frage, die bei allen Anwesenden Betroffenheit hervorruft: „Lieben Sie Ihre Frau?" Hier beginnt Herr I. S. zu weinen, wobei es offensichtlich ist, daß dies für einen Mann von stämmiger Konstitution und sicherlich beträchtlichem Selbstbewußtsein keine Selbstverständlichkeit ist. Der Tutor (H. P.) erhebt sich, legt Herrn I. S. die Hand auf die Schulter und gibt ihm zu verstehen, daß er sehr wohl verstanden hätte, daß die Familie und insbesondere die Ehefrau für Herrn I. S. sehr viel bedeuten und wie schwierig es sein müsse für ihn, seine Angehörigen wegen der Krankheit derart belasten zu müssen. Weinend sagt Herr I. S., daß ihn vor allem bei positiven Dingen derartige Gefühle überkämen. Nach einer weiteren Pause fährt er fort, mit starker emotionaler Beteiligung über seine Berufsperspektive zu berichten. Er erwähnt den sehr verständnisvollen Chef, der alles tue, um ihm die Arbeit zu erleichtern. Nach einer immer noch emotional engagierten Schilderung der Laser-Behandlung seines linken Auges und der Bedeutung, die die Wiedererlangung des Visus für ihn hat, wurde die bis jetzt noch fehlende körperliche Untersuchung durchgeführt. Es wurde damit versucht, ein möglichst ganzheitliches Bild der biopsychosozialen Probleme von Herr I. S. zu erhalten.

Im anschließenden Gruppengespräch zeigt sich der Student G. B. sichtlich betroffen über das Erlebte. Er sei auch sehr froh gewesen, daß der Tutor mit Herrn I. S. einen körperlichen Kontakt hergestellt habe, er hätte dies nicht gewagt, aber gespürt, daß es das einzig Richtige gewesen wäre. Die Gruppe diskutiert anschließend darüber, wie jeder mit emotionalem Körperkontakt bei Patienten umgeht, welche Ängste oder Hemmnisse dabei aufkommen, welche Erfahrungen jeder selbst schon gemacht hat.

Wenn wir die Handlungsweise und die Erfahrungen des Studenten G. B. und seiner Studienkollegen in diesem PSM-Gruppenunterricht richtig einschätzen wollen, müssen wir bedenken, daß dies allererste Erfahrungen im realen Kontakt mit einem realen Patienten sind. Der Anspruch, Krankheitsituation und Krankheitserleben integrativ zu erfassen, ist in dieser Ausbildungsphase nicht einfach zu erfüllen. Neben einer Menge von Informationen, die aufgenommen und verarbeitet werden müssen, hat sich der unerfahrene Student auf den Kontakt mit einem ihm unbekannten kranken Menschen einzustellen. In der Tat wäre es einfacher, sich lediglich auf isolierte Krankheitssymptome konzentrieren zu müssen. Das Beispiel zeigt aber eindrucksvoll, wie mit Unterstützung der Gruppe und mit modellhaftem Handeln des Tutors der anfänglich unsichere und ängstliche Student die wichtige Erfahrung machen kann, einen Patienten als kranken Menschen in einer konkreten sozialen und sozioökonomischen Lebenssituation zu begreifen und zu erleben. Auf Perfektion und letzte diagnostische bzw. differentialdiagnostische Raffinessen kann unter solcher didaktischpädagogischer Prämisse verzichtet werden. Viel wesentlicher, jedoch zugegebenermaßen auch anspruchsvoller ist die im tragenden Gruppenklima vermittelte integrative Sichtweise mit gleichzeitigem Selbsterfahren der ärztlichen Rolle. So kann der Student in unserem Unterrichtsbeispiel lernen, daß bei ischämischen Erkrankungen die Bedeutung sozioemotionaler Belastungen und daraus resultierender streßphysiologischer Einflüsse auf das koronare Risiko zu beachten sind; ebenso kann er im Paradigma dieses Krankheitsmodells den Einfluß kontextueller Faktoren wie berufliche Statusbedrohung, Partnerkonflikte, allgemein lebensverändernde Ereignisse sowie andere Indikatoren eines kritisch verringerten Bewältigungspotentials einschätzen lernen (*Siegrist* 1985). Der oft verhängisvolle Kreisprozeß oder die Vernetzung der psychischen und somatischen Gesamtsituation mit den Gegebenheiten des sozialen und ökologischen Umfeldes müssen aber auch vom Patienten selbst emotional und kognitiv erfahren werden

177

(*Heinl, Petzold* 1980), wenn die Behandlung erfolgreich sein soll. Unser Patient, Herr I. S., hat — zumindest im Rahmen dieses Gruppenunterrichts — einen Schritt in diese Richtung tun können.

Da es bei solchen Krankheiten meist um existentielle Probleme geht, dürften hier besonders zentrale, bzw. hierarchisch hohe Grundbedürfnisse (*Gasiet* 1981) beim Patienten tangiert sein. Wesentliche Lebenspläne (*Grawe* 1982) sind in ihrer unmittelbaren oder längerfristigen Realisierung bedroht oder zumindest in Frage gestellt. Dies hat dann auch zur Folge, daß an den Arzt sehr hohe Erwartungen gestellt werden, nicht zuletzt die Erwartung, von ihm emotional getragen zu werden, wie unser Beispiel zeigt.

Teil III

Humanistische Pädagogik und Organisationsentwicklung

Der dritte Teil enthält eine Zusammenstellung von Unterlagen zum Thema „Humanistische Pädagogik in Institutionen". Eines der Hauptprobleme aller humanistischen Ansätze besteht darin, daß sie auf der Ebene von Unterricht und Lernen entwickelt wurden, und daß man zuwenig mitbedacht hat, was für einen hinderlichen oder förderlichen Einfluß der Rahmen hat: die Schule, die Eltern, die Schulbehörde, die Mitlehrer, die Hochschule, kurz gesagt: die Institution. Es nützt nicht sehr viel, Lehren und Lernen ganzheitlicher zu gestalten, wenn die Zielsetzungen der Schule, der Lehrpläne oder der Außenwelt in die gegenteilige Richtung weisen. Nur wer dies mitbedenkt, kann begreifen, in welchen Widersprüchen sich der humanistische Pädagoge bewegt. Diese wurden bis jetzt zu wenig reflektiert, was beispielsweise in den Vereinigten Staaten zur Folge hatte, daß in einem politisch konservativeren Klima die meisten dieser Ansätze mit Widerständen konfrontiert wurden. Hier bietet sich als Verbindungsglied für alle Lehrer und Erwachsenenbildner die Organisationsentwicklung an.

Entsprechend zeige ich am Beispiel der Schule, welches die Widersprüche zwischen den Zielen der Humanistischen Pädagogik und der Schule sind.

Trainingsunterlagen für Lehrer(-studenten) und alle im Lern-/Lehrbereich Tätige versuchen, erste Hinweise zu vermitteln.

Als Quellentext dient ein Interview mit *Carl Rogers*.

7 Die Schule als Organisation

Stellen Sie sich Ihre Schule als Organisation vor, indem Sie zurück-
denken an die Schule, welche Sie einst als Schüler besuchten. Oder,
wenn Sie jetzt in einer Schule arbeiten, mögen Sie lebhafte Eindrücke
einer einzigartigen Organisation „an der Arbeit" haben. Denken Sie an
die Menschen — Schüler, Lehrer, Verwalter, Eltern, Hauspersonal, Behörden, die zusammen diese Organisation Schule ausmachen und als
soziale Einheit zusammenarbeiten. Alle diese Menschen haben Hoffnungen und Erwartungen, Stärken und Schwächen, Wertvorstellungen
und Haltungen. Als Gruppe kommen diese individuellen Charakteristiken zusammen in einer Schulgemeinschaft.

Denken Sie an die Muster der Aktivitäten in der Schule. Jedes Jahr
bringt einen ganzen Zyklus von Veranstaltungen mit sich. Die Mitglieder der Schule spielen unterschiedliche Rollen, setzen ihre Ziele und
Standards, haben Erfolg oder versagen. Mitglieder der Schulgemeinschaft empfinden Stolz oder Scham, Dankbarkeit oder Abneigung gegenüber der Schule. Viele unterstützen die Schule, viele kritisieren sie.

Denken Sie auch an die Tatsache, daß viele gegenwärtige Mitglieder
der Schule die Plätze von solchen einnehmen, die gegangen sind. Sie
werden genauso weggehen: Schüler, Lehrer, Schulbehörden. Trotzdem wird die Schule in ihrer grundlegenden Organisationsform weiter-
existieren: Rollen, Normen, Erwartungen, Traditionen. Dies ist eine
Kurzcharakterisierung der Schule als Organisation.

Sozialwissenschaftler haben nützliche Formen der Beschreibung einer Organisation entwickelt: Die Schule ist ein organisiertes soziales
System, d. h. ein Set von sozialen Elementen und Subsystemen, welches als zusammenhängende Einheit funktioniert. Die folgende Skizze
veranschaulicht dies (aus *Hoy, Miskel* 1978, S. 38).

Die äußere Grenze des Systems ist das Schulgelände als hauptsächli-
chem Treffpunkt der Mitglieder. *Elemente* des Systems sind die formellen und die informellen Strukturen. Beispiele für formelle Strukturen:
Positionen, Rollen, Verantwortlichkeiten. Beispiele für informelle
Strukturen: ungeschriebene Regeln, Einfluß, Normen. Diese Unter-

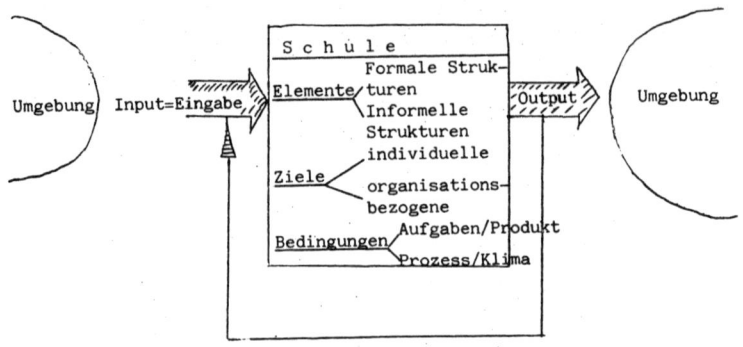

Abbildung 4: Organisations-Elemente der Schule

scheidung umfaßt alle Mitglieder des Systems „Schule": Schüler, Lehrer, Eltern, Behörde etc. *Ziele* stellen den zweiten Aspekt des Sozialsystems „Schule" dar, und zwar Ziele der Einzelnen als auch der Organisation als Ganzem. Ziele von einzelnen Lehrern könnten z. B. aus dem Zielkatalog der Humanistischen Pädagogik stammen. Die Schule als Gesamtorganisation hat aber auch ihre Ziele, auf die wir etwas später detailliert eingehen. Die *Bedingungen* stellen den dritten Aspekt dar. Eine Produktbedingung wäre z. B. die Leseleistung der Schüler, eine Prozeßbedingung Moral und Motivation von Lehrern und Lernenden.

Die Skizze zeigt weiterhin, daß die Schule in einer *Umgebung* existiert, aus der *„Inputs"* kommen (in Form von Ressourcen, Finanzen, Lehrern, Schülern) und in die *„Outputs"* oder Produkte abgegeben werden (ausgebildete Schüler, Bildung, Materialien), die eine Reaktion (oder ein Feedback) verursachen, welche wieder ins System zurückfließt: Zufriedenheit-Unzufriedenheit etc.

Dieser Sichtweise der „Schule als sozialem System" liegen verschiedene Annahmen zugrunde:

(1) Weil soziale Systeme aus gegenseitig sich beeinflussenden Elementen zusammengesetzt sind, bewirkt eine Veränderung in einem Element eine Veränderung der anderen Teile; z. B. hat der Entschluß, humanistisch zu unterrichten, Einfluß auf die Schüler, Mitlehrer, Eltern und Behörden.

(2) Das soziale System ist zielorientiert. Das System funktioniert, um eines oder mehrere Ziele zu erreichen (Wachstum der Schüler, Selektion etc.).

(3) Jedes soziale System hat eine Struktur, in der verschiedene Elemente verschiedene Funktionen ausführen (Lehrer, Eltern, Schüler u.a.).

(4) Soziale Systeme sind normativ, insofern das Verhalten des einzelnen durch formale und informelle Vorschriften geleitet ist.

(5) Verhaltensnormen werden unterstützt durch formale oder informelle Sanktionen.

Diese Ausführungen mögen sich theoretisch anhören. Trotzdem wird sich im Verlaufe der weiteren Charakterisierung der „Schule als sozialem System" erweisen, daß sie wichtig sind, um Veränderungen (z. B. durch Organisationsentwicklung) zu verstehen.

Die folgenden Erläuterungen zur „Schule als sozialem System" dienen dazu, das komplexe Feld von Erfahrungen, wie wir es tagtäglich in einer Schule (oder jeder anderen Organisation) erleben, etwas aufzufächern und Schritt für Schritt verständlich zu machen.

7.1 Organisationsvariablen der Schule: Ziele — Bedingungen — Elemente — Führung

7.1.1 Ziele der Schule — individuelle und organisationsbezogene

Wie wir bereits ausführten, läßt sich dieser Bereich sehr gut verstehen, wenn man eine Unterscheidung in Ziele des einzelnen (Lehrer-Schüler-Eltern-Behörde etc.) und Ziele der Gesamtorganisation Schule macht. Jedes Mitglied der Organisation hat seine Bedürfnisse und Ziele:

Beispiele:

Lehrer: Einen Unterricht nach den Grundlagen des erfahrungsorientierten Lernens zu erteilen.

Eltern: Einen guten Einblick in die Lebens- und Lernwelt ihres Kindes zu erhalten — Zusammenarbeit.

Behörden: Von den Eltern nicht als Unbekannte gesehen zu werden — Kontakt.
Eine Schule mit qualitativ hochstehendem Angebot an Bildung zu betreuen — hohe Standards.

Schüler: Keine Langeweile beim Lernen zu empfinden — Lernen als sinnspendende Erfahrung.

Sie sehen bereits bei dieser kurzen Aufzählung, daß es nicht einfach ist, diese verschiedenen individuellen Bedürfnisse und Ziele der Organisationsmitglieder auf einen Nenner zu bringen. Zusätzlich zu diesen Zielen der einzelnen Mitglieder kommen noch die Organisationsziele der Schule.

Im Unterschied zu jeder betrieblichen Organisation ist für die Schule eine Mehrdeutigkeit der Organisationsziele charakteristisch, d. h. ihre Ziele sind weder einheitlich noch eindeutig definiert. Die verschiedenen Zielformulierungen lassen sich unter zwei Kategorien betrachten:

— technokratische Ziele

— humanistische oder pädagogische Ziele.

Schule wird demnach entweder als „öffentliche Sozialisationsanstalt zur Steuerung gesellschaftlicher Entwicklung" verstanden (*Schulenberg* 1970), d. h. als eine optimale Organisation von Lernprozessen, über die Qualifikationen erworben werden, oder sie versteht sich als „Hilfe an der Bildung ... des Menschen als Individuum, aber auch als Gesellschaftsmitglied" (*Groothoof* 1972, S. 130). Auf dem Boden dieser Zielformulierungen steht auch der seit langem bekannte Gegensatz zwischen Selektion und Förderung der Schüler.

Nach *Peter* (1973, S. 118 / 119) dient die Schule:

„1. formal der Vermittlung eines bestimmten Standards an Wissen, Kenntnissen und Leistungen. Eine möglichst große Anzahl von Schülern soll das Klassenziel erreichen, Prüfungen bestehen. Lehrpläne müssen erfüllt werden.

2. Über reine Wissensvermittlung hinaus erhebt die Schule den Anspruch, Erziehung zu leisten, d. h. soziale und moralische Normen zu vermitteln, die nicht unmittelbar an die Objekte des intellektuellen Lernprozesses gebunden sind.

3. Durch die Unterhaltung und Finanzierung, also letztlich durch die materielle Abhängigkeit der Schule vom Staat, dient die Schule ... der Übermittlung von moralischen, religiösen, gesellschaftlichen und politischen Vorstellungen, die mit den sozioökonomischen Grundlagen und ideologischen Strukturen des jeweiligen gesellschaftlichen Systems übereinstimmen".

Die Tatsache, daß einzelne Mitglieder ihre individuellen Ziele nicht erreichen, damit die Ziele der Gesamtorganisation erreichen werden, stellt eine Quelle wiederholter Spannungen in jeder Organisation dar. Genauso bestimmt das Ausmaß der individuellen Zufriedenheit von Lehrern, Schülern, Eltern und Behörden die Moral und das Klima der Organisation Schule. Die dabei entstehenden Konflikte werden etwas später dargestellt.

Der Einfluß dieser zwei Kräftefelder im Bereich von Zielen wurde im bekannten Modell von *Getzels* (1958, S. 158) ausgeführt (siehe nebenstehende Abbildung)

Das aktuelle Verhalten der Lehrer, Schüler, Eltern oder Behörden in einer Schule ist also das Produkt des Zusammenwirkens dieser beiden Kräftebereiche: Im institutionellen (nomothetischen) Bereich umfaßt das den Bereich von Positionen, Status und Rollenerwartungen. Im individuellen Bereich sind der einzelne, seine Persönlichkeit und seine Bedürfnisse gemeint.

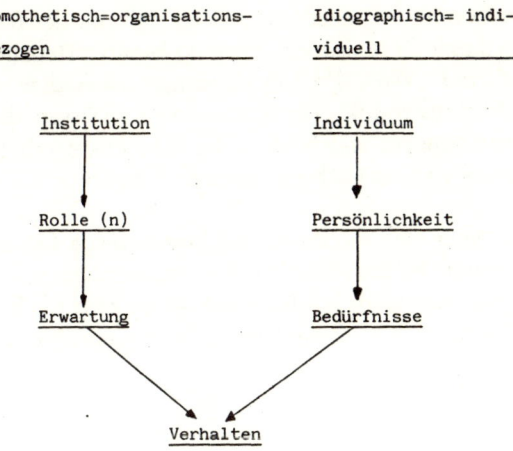

```
Nomothetisch=organisations-          Idiographisch= indi-
bezogen                              viduell


    Institution                        Individuum
         │                                  │
         ▼                                  ▼
    Rolle (n)                          Persönlichkeit
                                            │
                                            ▼
    Erwartung                          Bedürfnisse
            \                          /
             ▼                        ▲
                   Verhalten
```

Abbildung 5: Dimensionen eines sozialen Systems

Die einzelnen Organisationen — Schulen oder andere — unterscheiden sich im Gewicht und Ausmaß, in dem das Verhalten des einzelnen durch diese Kräfte determiniert oder beeinflußt wird. Es ist ein zentrales Anliegen jeder Organisationsentwicklung, daß diese beiden Dimensionen zusammengebracht werden können, und daß bei jeder Veränderung des Gesamtsystems die Bedürfnisse des einzelnen eine zentrale Rolle spielen müssen. Viele Reformprojekte scheiterten letztlich daran, daß sie über die Köpfe der Beteiligten hinweg entschieden wurden, und daß die Innovation (oder Erneuerung) gar nie eingeführt wurde, da sie nur auf den Schreibtischen der „Innovatoren" stattgefunden hatte. In den Vereinigten Staaten wurde dieses Phänomen als „Bandwagon"-Phänomen bezeichnet. *John Goodlad* (vgl. Quellentext 1) gibt dazu schöne Illustrationen.

7.1.2 Bedingungen der Organisation Schule — Prozeß und Produkt

Eine weitere nützliche Unterscheidung von Variablen findet sich im Bereich von Prozeß- und Produktdimensionen der Schule. Produkte umfassen formale „*Outputs*" oder Aufgaben; Prozeßdimensionen umfassen Interaktionsmuster unter den Mitgliedern, Muster und Stile der Entscheidungsfindung, Mittel, Prozeduren, Motivationen und Organisationsklima. Produkt beschäftigt sich mit dem, was aus der Organisation „herauskommt"; Prozeß beschäftigt sich mit der Bedeutung von Verhalten in dieser Organisation. Produkt beantwortet alle Fragen nach dem „Was" und „Wo", Prozeß diejenigen nach dem „Wann" und „Wie". Wichtigste Produkte der Schule sind das Wissen, die Fähigkeiten und die Einstellungen, welche sich die Schüler erwerben. Wichtigste Prozesse umfassen Unterrichten, Lernen, Beraten und administratrive Tätigkeiten.

Im Leben einer Organisation sind immer beide Elemente präsent, und wer sich mit der Entwicklung der Organisation befaßt, muß sich mit beidem beschäftigten. Die folgende Skizze zeigt die Beziehung zwischen den Dimensionen „Ziele" und „Bedingungen" in der Organisation Schule (*Neale* 1981, S. 65).

Ziele

	Individuelle	Organisationsbezogene
Produkt	Beispiel: Verbesserte Unterrichtstechniken für Lehrer	Beispiel: Leistungsziel im Lesen oder in Mathematik
Prozess	Beispiel: Verbesserte Lehrer-Schüler-Beziehungen	Beispiel: Schulklima

Bedingungen

Abbildung 6: Beziehung zwischen Zielen und Bedingungen in der Organisation Schule.

Beispielsweise kann eine Schule besorgt sein über die Schülerleistung in einem standardisierten Test in Sprache oder Mathematik. Das Organisationsziel mag darin bestehen, daß man die Durchschnittswerte der Schüler anheben will. Produkt könnte somit ausgedrückt werden in den Punktzahlen am Ende des Jahres. Der Organisationsprozeß allerdings würde das Organisationsklima umfassen, beispielsweise könnte dies bedeuten: „Erhöhter Streß für alle Beteiligten", „Moral" und „Schülereinstellung gegenüber dem Lernen".

Übertragen wir diese Überlegungen auf die Humanistische Pädagogik, so wird bezüglich Zielsetzungen schnell klar, daß sie das Hauptgewicht auf Prozesse legt und Produkte eher vernachlässigt. Entsprechend werden Zielkonflikte mit Lehrern entstehen, die eher produktorientiert denken oder unterrichten.

7.1.3 Elemente der Organisation Schule — formelle und informelle Strukturen

Der dritte Bereich von Variablen umfaßt den Bereich der formellen und der informellen Struktur. Damit sind Autorität, Arbeitsteilung,

Rollen, Kontrollmechanismen, Muster der Gruppierung und Kommunikationsmuster gemeint.

In jeder Organisation existieren formelle und informelle Strukturen: Beziehungen und Verbindungslinien, welche formal und explizit beschrieben sind; zudem Beziehungen, welche informell sind in dem Sinne, daß sie nicht offiziell bekannt oder anerkannt sind. Ohne irgendwelche offiziellen Vorschriften formen sich arbeitsbezogene Kleingruppen von Menschen mit ähnlichen Interessen oder freizeitbezogene „Plauschgruppen".

Der bekannte Organisationspsychologe *Chris Argyris* (1961, S. 339) beschreibt dies folgendermaßen: „Gewisse Organisationsmitglieder werden wegen ihrer Macht anerkannt, auch wenn Sie keine formell delegierte Autorität haben. Eine informelle Organisation entwickelt sich, um die Bedürfnisse von Einzelnen oder von Gruppen zu befriedigen." (Übersetzung G. F.)

Die folgende Skizze von *Argyris* (1961, S. 339; Übersetzung G. F.) drückt dies noch deutlicher aus:

Formelle Organisation

1. Zwischenmenschliche Beziehungen sind von außen *vorgeschrieben* und reflektieren die (aus der Sicht der *Organisation*) beste Struktur, um die *Organisationsziele zu erreichen.*

2. Die *Führungsrolle* wird der Person zugeteilt, von der die *Organisation* das Gefühl hat, daß sie die *von der Organisation* definierten Pflichten am besten erfüllt.

3. Das formelle Verhalten, welches ein Individuum in der Organisation zeigt, wird „geleitet" durch die Akzeptanz von Belohnung und Strafe (Sanktionen), welche durch die *Organisation* definiert sind.

Informelle Organisation

1. *Zwischenmenschliche Beziehungen entstehen* spontan zwischen den Organisationsmitgliedern und widerspiegeln *deren Kontaktbedürfnisse.*

2. Die Führungsrolle wird dem Individuum zugedacht, von dem die *Mitglieder* glauben, daß es ihre Bedürfnisse am besten erfüllt.

3. Alles Verhalten der einzelnen Organisationsmitglieder wird „geleitet" durch die Versuche, *ihre Bedürfnisse zu erfüllen.*

4. Die Abhängigkeit der Mitglieder von einem Führenden wird *akzeptiert* aufgrund der bestehenden organisationsinternen Sanktionen.		4. *Abhängigkeit* der Mitglieder von einem Führenden entsteht und wird akzeptiert, weil diese glauben, daß es ihre *Bedürfnisse* erfüllen wird.

Die folgende Skizze (*Neale* 1981, S. 67; Übersetzung G. F.) zeigt, wie die Feststellungen von *Argyris* auf die Schulorganisation übertragen werden können:

Formale	Strukturen	Informelle
Vorbestimmte administrative Positionen	*Autorität*	Prozeß des „Alteingesessenen", der den andern einen Dienst erweist
Job-Beschreibungen	*Rollen*	Rollenelaboration oder -ausfüllung
Offizielles Evaluationssystem	*Kontrollmechanismen*	Einfluß, Charisma, Seniorität, persönliche Macht
„Sekundär"-Gruppen wie Abteilungen oder Lehrerteams	*Gruppierungsmuster*	Primärgruppen, Freunde, Cliquen
Memos, Ankündigungen, Bulletins	*Kommunikation*	Gerüchte
Offizielle Linien und berufliche Beziehungen	*Organigramm*	Aktuelle Arbeitspraktiken

7.1.4 Das Verbindungsglied — Führung

Bis jetzt haben wir einige der möglichen Konflikte in der Organisation Schule angedeutet und gesehen, daß eine der Hauptaufgaben in jeder Organisation darin besteht, diese widerstreitenden Kräfte zu koordinieren. Dies geschieht vornehmlich durch den Aspekt der Führung. Dieser ist auch wichtig, weil in der Organisation Schule sehr viele Gruppierungen mitbeteiligt sind, die z. T. sehr widersprüchliche Interessen haben können: Lehrer, Schüler, Eltern, Behördenmitglieder und Verwaltung oder außerschulische Instanzen (Beispiele von Konflikten werden im nächsten Abschnitt dargestellt).

Aus dieser Situation heraus ist es klar, daß Führung nur in kollaborativer Form (z. B. nach *John Goodlads* [1975,] Modell des „partnership" [Partnerschaft]) Erfolg haben kann (Ausführungen dazu im nächsten Abschnitt).

Schulen sind derart vielen Veränderungen ausgesetzt, daß die traditionelle Vorstellung einer Person in der führenden Rolle fehlschlägt. Es würde sich um eine Person handeln, welche über viel persönliche Autorität verfügt und ein Charisma hat.

Dieses Führungsmodell aus dem Management-Bereich kann nur schwer auf die Schule übertragen werden, weil sehr viele bürokratische Bestimmungen bewirken, daß eine Schule nicht wie eine Industriefirma funktioniert: Ein Chef kann z. B. nie einen Lehrer wegen ungenügender Leistung entlassen, da der Lehrer auf anderem Wege gewählt wird. Zudem arbeiten in der Organisation „Schule" zuviele Menschen mit „Quasi-Rollen", sofern z. B. kaum klar ist, wer Vorgesetzter, wer Untergebener ist. Auch das Verhältnis zwischen Lehrern und Schulbehörde ist oft schwer zu beschreiben, da hier viele politische Prozesse hineinspielen, die mit der Schule direkt nichts zu tun haben (vgl. „Konflikte in der Schule").

Führung ist also eine Funktion, die von allen partizipativ wahrgenommen werden sollte. Was umfaßt Führung nun?

Warren Bennis (1984), einer der bestausgewiesenen Forscher und Berater im Bereich von „Führung" und „Organisationsentwicklung", fand im Laufe der letzten fünf Jahre (durch die Befragung von über 90 „Führenden") heraus, daß vier Eigenschaften oder Fähigkeiten einen guten Führer charakterisieren:

1. Führung der Aufmerksamkeit
2. Führung der Bedeutung
3. Führung des Vertrauens
4. Führung des Selbst.

Führung der Aufmerksamkeit:
„Einer der offensichtlichsten Züge bei diesen Führern ist ihre Fähigkeit, andere zu sich hinzuziehen. Nicht weil sie eine besondere Vision, einen Traum, ein Set von Zielen oder einen bestimmten Bezugsrahmen haben. Sie vermitteln ein außerordentliches Maß an Engagement, welches andere Leute zu ihnen hinzieht. Führer leiten die Aufmerksamkeit durch eine mitreißende Vision, die andere an einen Ort bringt, wo sie nie vorher gewesen sind."

Führung der Bedeutung:
„Wir lesen und hören soviel über Information, daß wir dazu tendieren, die Wichtigkeit ihrer Bedeutung zu übersehen. Tatsächlich ist es so, daß eine Gesellschaft oder Organisation, je mehr sie mit Fakten und Bildern überschwemmt und bombardiert wird, desto hungriger nach Bedeutung ist. Führer integrieren Fakten, Konzepte und Anekdoten in Bedeutung für die Öffentlichkeit."

Führung des Vertrauens:
„Vertrauen ist grundlegend für jede Organisation. Die Hauptkomponente von Vertrauen ist Verläßlichkeit oder das, was ich Konstanz nenne. Eine neue Studie zeigte, daß Menschen eher einem Einzelnen folgen, wenn sie auf ihn zählen können, als einem anderen, der seine Meinung oft ändert."

Führung des Selbst:
„Die vierte Führungskompetenz ist die Führung des Selbst, die Kenntnis seiner Fähigkeiten und ihre Entwicklung. . . . die Führer in meiner Gruppe schienen das Konzept des Versagens nicht zu kennen. Was Sie und ich ein Versagen nennen würden, nannten sie einen Fehler." (*Bennis* 1984, S. 17 f.; Übersetzung G. F.)

Im Bereich von Schulen ist klar, daß Führung von verschiedenen Seiten wahrgenommen werden sollte: von den Lehrern, von der Schulbehörde, von den Eltern.

Damit ich noch anschaulicher darstellen kann, wie die Organisation „Schule" einen partizipativen Führungsstil wählen kann, ist es wichtig, die Motivation der Beteiligten für einen bestimmten Führungsstil zu betrachten. Die folgende Skizze illustriert die drei wichtigsten Ansätze (von *Maslow, Herzberg* und *McGregor*) zur Erklärung menschlicher Bedürfnisse im Zusammenhang mit Führung.

Es wird schnell klar, daß ein partizipativer Stil an differenziertere Bedürfnisse appelliert als ein autoritärer, daß er aber auch mehr Lernfähigkeit bei den Individuen voraussetzt.

Tabelle 3: Bedürfnisse in Organisationen (aus: *Hicks, Gullert* 1975, S. 290)

Maslow	Herzberg	McGregor
Bedürfnisse höherer Ordnung	*Motivatoren*	*Theorie Y*
Selbstverwirklichung Selbstwert	Leistung Anerkennung Vorwärtskommen Verantwortung Arbeit selbst	Befriedigung von Bedürfnissen nach Selbstverwirklichung und Selbstwert Verantwortung Imagination und Kreativität Selbst-Lenkung und Selbst-Kontrolle
Bedürfnisse niedrigerer Ordnung	*Hygiene-Faktoren*	*Theorie X*
Soziale und physiologische Sicherheit	Betriebsvorschriften Administration Überwachung Zwischenmenschliche Beziehungen Entlöhnung Arbeitsbedingungen	Sicherheit über allem Ausgewählte Richtung Strafandrohungen nötig

Für alle partnerschaftlichen Veränderungen in einer Schule ist es unumgänglich, diese Motivationen zu kennen. Um einen optimalen Organisationsentwicklungsprozeß in Gang zu bringen, ist es wichtig, auf der Basis der obigen Annahmen zu handeln. Bevor ich zwei Organisationsentwicklungsansätze vorstelle und Trainingsmaterial anführe, möchte ich die wichtigsten Typen von Konflikten aufzeigen, welche in der Organisation Schule zwischen den beteiligten Gruppen auftreten können.

7.2 Typen des Konflikts in der Organisation Schule

Als Orientierungshilfe möchte ich im folgenden unterscheiden zwischen Konflikten innerhalb der Organisation und Konflikten zwischen der Organisation und ihrer Umwelt. Es werden Konflikte aus den Bereichen Machtstruktur — Kommunikationsstruktur — Rollenstruktur zur Darstellung kommen.

7.2.1 Konflikte innerhalb der Organisation

In diesem Abschnitt werden vor allem die Zielgruppen Lehrer — Schulleiter — Schüler — Hauswart in ihrer internen Verflechtung in der Organisation Schule betrachtet.

Rollenkonflikte Lehrer — Schüler

Wie bereits angedeutet, ist einer der grundsätzlichen Interrollenkonflikte zwischen Lehrern und Schülern in den widersprüchlichen Zielformulierungen der Schule angelegt (vgl. 7.1.1). Der Lehrer als Erzieher hat sowohl den Auftrag, den Schüler zur Selbständigkeit anzuleiten (zur Selbstverwirklichung) als auch Selektionen vorzunehmen, die für das Leben des Schülers Weichen stellen. Sehr verschärft zeigt sich der Konflikt bei der Zensurengebung, wo sich der Lehrer gezwungen sieht, Leistungen, welche nicht mathematisch gemessen werden können, zu benoten. Es wurde schon verschiedentlich versucht, z. B. für den Deutschunterricht, neue Kriterien für die Aufsatzbeurteilung auszuarbeiten, die Noten durch Worte oder durch einen Kommentar zu ersetzen. Das Problem der Selektion kann damit nicht umgangen werden. Zudem wurde in der Sozialisationsforschung aufgezeigt, wie Lehrer Schüler einschätzen. Man konnte nachweisen, daß der Lehrer automatisch seine Mittelstandsnormen und -werte, seinen Sprachcode einfließen läßt. Dies hat zur Folge, daß Unterschichtkinder nur in sehr seltenen Fällen eine erfolgreiche Schullaufbahn absolvieren können.

Der angesprochene Konflikt wurde sehr breit diskutiert in den Ansätzen der „Antiautoritären Erziehung" (Neill) oder im „Schülerorientierten Unterricht".

Ansätze zu einer Lösung dieses Rollenkonflikts, der sich natürlich auch auf die Kommunikations- und Machtstruktur der Organisation erstreckt, können nur durch eine neue Zielformulierung der Schule gewährleistet werden, was sehr schwierig ist, da die Schule ihren Auftrag in der Hauptsache von der Gesellschaft bezieht. Auf dem Hintergrund dieser Erkenntnis wird auch klar, daß die meisten Ansätze zur Veränderung des Lehrer-Schüler-Verhältnisses an den Strukturen ansetzen müssen, und daß es nicht ausreicht, diese Konflikte durch eine Interaktionspädagogik (Fritz 1976) zu thematisieren.

Rollenkonflikte des Lehrers

Neben den Interrollenkonflikte existiert auch eine Vielzahl von Intrarollenkonflikten in der Schule (Getzels, Guba 1954). Der Lehrer z. B. steht ständig in verschiedenen Rollen vor dem Schüler und umgekehrt: Der Lehrer ist nicht nur Lehrer, sondern auch Vater, Erwachsener und ehemaliger Schüler. Die Schüler sind nicht nur in der Rolle als Schüler in der Schule, sondern auch als Kinder, Töchter oder Söhne.

Der Lehrer sieht sich also ständig gezwungen, diese Bereiche zu trennen, was meist nur in autoritärer Weise gelingt. Die Schüler sind immer auch potentielle Kinder des Lehrers und versuchen, auch Bedürfnisse nach Intimität und Familienatmosphäre in die Schulklasse einzubringen. Der Lehrer seinerseits sieht sich gezwungen, den Lehrplan einzuhalten, Selektionen vorzunehmen, bestimmte Verhaltensweisen zu belohnen und andere zu bestrafen. Wenn eine allzu familiäre Atmosphäre im Klassenzimmer herrscht, wird der Lehrer von Aufsichtspersonen angehalten, das Prinzip der Leistung und der Disziplin wieder mehr anzuwenden.

Der Lehrer in seiner Rolle als ehemaliger Schüler erwartet vom Schüler, daß dieser ihm gegenüber ebenso reagiert, wie er als Schüler seinem Lehrer gegenüber reagiert hat, also z. B. stillzusitzen, wenn er spricht.

Der Schüler seinerseits geht nicht freiwillig zur Schule und möchte dort nicht nur Lern-, sondern auch Spiel- und emotionale Bedürfnisse befriedigen.

Solche Rollenkonflikte, die die Kommunikationsstruktur stark beeinflussen, können nur angegangen werden, indem man den Konflikt thematisiert und versucht, Rollensegmentierungen und -trennungen zu begründen und ihre Auswirkungen auf den Schulbetrieb zu zeigen.

Man sieht sehr schnell, daß Rollenkonflikte sich auf alle Bereiche der Organisation Schule auswirken, auf die Macht- und Kommunikationsstruktur sowohl in als auch zwischen Gruppen. So ließen sich sämtliche Typen von Konflikten in allen Bereichen und auf allen Ebenen der Organisation Schule in Beispielen darstellen.

Stattdessen — um den Rahmen dieser Arbeit nicht zu sprengen — möchte ich den ganzen Sachverhalt mit *Ebeltoft* (1974, S. 31) folgendermaßen zusammenfassen:

„Vorhandene Zielsetzungsformulierungen geben der einzelnen Schule nur selten klare Operationsziele, auf denen sie Entwicklungsmaßnahmen aufbauen kann. Lehrer- und Schülerrollen sind durchweg stereotyp und bieten wenig Raum für jene Allseitigkeit im Einsatz, den der organisierte Vorstoß zur Selbstverwaltung erfordert. Die Klasseneinteilung setzt jedem beweglichen, organischen Vorbild für die Organisierung des Unterrichts enge Grenzen und schränkt damit all das ein, worauf man eine verstärkte örtliche Selbstverwaltung gründen könnte. Die Lehrergruppe besitzt ein individualisiertes Arbeitsschema, zum Teil, weil der Arbeitsprozeß nicht unmittelbar die Zusammenarbeit erfordert, und zum Teil, weil Normen für das Zusammenwirken wenig vorherrschend sind. Die Schülergruppe wird im ganzen durch die dominierenden Unterrichtsformen in die Passivität gedrängt, und das Engagement der Eltern für die Schule ist rudimentär. Das gleiche läßt sich von anderen Instanzen im näheren Milieu der Schule sagen."

Alle weiteren Konflikte (in der Organisation) auf der Ebene der Rollen, der Kommunikation und der Macht sind ausführlich bei *Lohmann, Prose* (1975), *Ulich* (1971) und *Heinze* (1974) beschrieben.

7.2.2 Konflikte Organisation — Umwelt

Konflikte mit dem Schulsystem

Die Schule als Organisation steht in einem größeren Kontext, der in inner- und außerschulische Bereiche getrennt werden kann. Innerschulisch steht die einzelne Schule im Kontext des ganzen Schulsystems, das nach den Regeln der Bürokratie aufgebaut ist.

Ein erster Strukturkonflikt tritt auf, weil das Schulsystem bürokratisch aufgebaut ist, aber nicht bürokratisch funktionieren kann. Die oberen Verwaltungsinstanzen, welche Anordnungen geben und kontrollieren, sind auf die Kooperation der unteren Instanzen angewiesen; sie brauchen Rückmeldung und müssen auch Entscheidungsfunktionen nach unten abgeben. Die Lehrer hingegen stehen im Konflikt, ob sie nach oben kooperieren wollen und sich so gegenseitig kontrollieren, oder ob sie horizontal kooperieren wollen. Dazu kommt, daß der Lehrerberuf von der Ausbildung her immer noch semiprofessionell ist, daß also die Lehrer für die Verwaltungsfunktionen, die sie übernehmen müssen, kaum ausgebildet sind. Zur Lösung dieses Problems versuchte man, im Verwaltungsapparat noch ein „middle management" (*Fürste-*

nau 1969) einzubauen, das vor allem als Schalt- und Umpolstelle fungiert. Hier sind alle Organisationen der Lehrerfortbildung und auch die Aufsichtspersonen und Berater, welche den Lehrern zugeteilt sind, zu nennen.

> „Alle Regelungen im mittleren Organisationswesen der Schule stehen unter dem Einfluß der grundsätzlichen Entscheidung von ‚inneren' und ‚äußeren' Schulangelegenheiten." (*Fürstenau* 1969, S. 58)

Wie unangemessen diese traditionelle Organisationsweise für das „middle management" der Schule ist, zeigt sich bei einer näheren Rollenanalyse:

> „Die Schulaufsicht ist in erster Linie mit der Bewahrung und Behütung, dem Schutz der Schüler vor Gefahren und der Überwachung einschlägiger Anordnungen und Regelungen beschäftigt, nicht mit der pädagogischen Arbeit, die auf die Veränderung der Schüler hinsichtlich Verhalten, Kenntnissen und Fertigkeiten abzielt." (*Fürstenau* 1969, S. 58)

Konflikte mit den Eltern

Eine wichtige Bezugsgruppe in der Schule stellen die Eltern dar. Sie sind beteiligt an den Belangen der Schule, weil sie einen Teil ihrer ursprünglichen Erziehungsaufgabe an die Schule delegiert haben. Außerdem sind sie interessiert, bei der Selektion mitsprechen zu können u. a. m. (*Kündig* 1979).

Es lassen sich drei hauptsächliche Konfliktbereiche zwischen Schule und Elternhaus bestimmen:

(a) Konflikte, welche die Sozialisation des Kindes betreffen und in unterschiedlichen Wertvorstellungen und Verhaltensnormen in Schule und Familie begründet sind. Als Beispiele seien genannt: Einstellung zu Disziplin und Leistung, Formen des Unterrichts etc.

(b) Konflikte, welche die Schullaufbahn des Kindes betreffen. Es seien Themen wie Einschulung, Förderung, Versetzung genannt.

(c) Konflikte, die sich aus Unzulänglichkeiten der beteiligten Personen ergeben, wie z. B. mangelnde Ausbildung des Lehrers, unterschiedliche Ansichten über Erziehungsmaßnahmen wie körperliche Strafen.

Diese grundsätzlichen Konflikte wirken sich stark auf die Kommunikationsstruktur zwischen Schule und Elternhaus aus. Vielfach pflegen die Eltern keinen Kontakt zum Lehrer, oder lediglich in Konfliktfällen. In anderen Fällen ist es umgekehrt, daß der Lehrer durch sehr aktive Eltern unterstützt wird (gemeinsames Planen von Unterricht) oder aber durch ein Elternkommitee weggewählt wird. Diese Arten von Konflikt treten in letzter Zeit sehr offensichtlich zutage und bewirken, daß man jetzt viel mehr Gewicht auf diesen Bereich in Aus- und Fortbildung der

Lehrer legt. Neuerdings werden auch Kurse angeboten, an denen Lehrer, Eltern und Behörden teilnehmen können (z. B. das Projekt „Zusammenarbeit Schule-Familie" am Pestalozzianum Zürich, vgl. *Fatzer, Jansen* 1980).

Konflikte mit außerschulischen Instanzen

Die Schule steht häufig im Schußfeld der Öffentlichkeit. Verschiedene außerschulische Instanzen interessieren sich für die Schule, möchten mitgestalten, beispielsweise an den Inhalten des Unterrichts. Es sind dies Instanzen wie politische Parteien, Berufsverbände, die Kirchen, die Wirtschaft.

Die Kirchen z. B. versuchen:
(a) eigene Schulen einzurichten
(b) Mitspracherecht bei Lehreranstellungen zu haben
(c) ganz generell auf institutioneller Ebene konfessionelle Interessen durchzusetzen (Normen etc.)

Die politische Parteien versuchen:
(a) politischen und Deutschunterricht inhaltlich mitzubestimmen
(b) ihre gesellschaftlichen Interessen via Lehrer in die Schule einzubringen
(c) die politische Meinungsbildung der Schüler zu beeinflussen

Die Berufsverbände versuchen:
(a) ihre Berufssparte besonders attraktiv darzustellen
(b) Lehrlinge anzuwerben
(c) Unterrichtsstoff im Sinne der besseren Berufsvorbereitung zu beeinflussen

Die Wirtschaft versucht:
(a) Bedürfnisse für ihre Produkte zu wecken
(b) die Schüler für ihren Wirtschaftszweig zu interessieren
(c) ihre Nützlichkeit unter Beweis zu stellen

Diese Liste könnte beliebig ergänzt werden. Bereits diese Aufzählung zeigt, in welchem Konfliktfeld von Interessen sich die Schule befindet. Zudem sind die Formen möglicher Einflußnahme von äußeren Instanzen nur in seltenen Fällen gesetzlich geregelt. Es entstehen somit Konflikte auf der Ebene der Zielformulierung sowie auf der Ebene des konkreten Unterrichts.

Diese kurze Aufzählung möglicher Konfliktfelder in der Institution Schule zeigt, daß eine Koordination der verschiedenen Kräfte notwendig ist. Wenn beispielsweise ein Lehrer oder Pädagoge in die Schule eintritt mit (den andernorts dargestellten) humanistischen Zielsetzungen, so werden sich viele der angedeuteten Konflikte (vor allem auf der Wertebene) noch verschärfen.

Diese Koordination und die Koexistenz verschiedener Auffassungen über Erziehung (die schließlich eine der Hauptzielsetzungen der Organisation Schule darstellt) zu erreichen, hat sich der vielversprechende Ansatz der Organisationsentwicklung in Schulen zum Ziel gesetzt. Während Gestaltpädagogik oder Humanistische Pädagogik sozusagen auf der Mikroebene der Schule ansetzen mit dem Ziel, Lernen ganzheitlicher zu gestalten, setzt die Organisationsentwicklung auf der Makroebene, bei den Strukturen oder Rahmenbedingungen, an. Es ist klar, daß die beiden Bestrebungen etwa gleichzeitig ansetzen müssen, weil die Schule sonst Gefahr läuft, nur „am Inneren" oder nur „am Äußeren" zu verändern. Da dieses Unterfangen der Organisationsentwicklung eine recht komplizierte Aufgabe darstellt, wird sie meistens von den Schulmitgliedern zusammen mit einem Berater oder einem Team durchgeführt. Dabei können sehr viele Anstöße von innen her angeleitet werden.

Zuerst einige Ausführungen zur Frage:

7.3 Was ist Organisationsentwicklung?

Dazu drei Beschreibungen oder Definitionen:

Organisationsentwicklung ist ein Prozeß, der normalerweise von einem Spezialisten angeleitet wird, der Gruppen in Organisationen hilft, bessere Formen des Operierens zu entwickeln.

Organisationsentwicklung ist ein (1) geplantes, (2) organisationsumfassendes und (3) von oben gelenktes Unterfangen, um (4) die Effizienz und die Gesundheit der Organisation zu verbessern durch (5) geplante Interventionen in den „Organisationsprozeß" unter Zuhilfenahme von sozialpsychologischem Wissen und Instrumenten (*Richard Beckhard* 1969, S. 9; Übersetzung G. F.).

Als Drittes noch die Beschreibung von *R. Schmuck (Arends, Phelps, Schmuck* 1973, S. 10) und seiner Gruppe aus Oregon:

„Organisationsentwicklung ist ein konzeptioneller Rahmen und eine Strategie, um Schulen zu helfen, die Anforderungen einer sich schnell wandelnden pluralistischen Gesellschaft zu erfüllen. Dies umfaßt eine Theorie und ein Handwerkszeug (von Methoden), um Schulen zu helfen, sich selbst erneuernde und sich selbst steuernde Systeme von Menschen zu werden. Organisationsentwicklung hilft Schulen in ihrem Versuch, das gegenseitige Verständnis, das Engagement und die Mitarbeit von Professionellen, Eltern, Schülern und Bürgern zu vergrößern.

Wir könnten hier noch eine Vielzahl solcher Kurzcharakterisierungen anführen, möchten aber lieber ihre gemeinsamen Elemente hervorheben:

(1) Teilnahme der Organisationsmitglieder
Ein zentrales Element von Organisationsentwicklung ist die aktive Teilnahme der Klienten (Mitglieder) im Wandlungsprozeß. Organisationsmitglieder aller Stufen müssen einbezogen werden bei den verschiedenen Phasen der Problemanalyse, bei der Erarbeitung von Lösungsmöglichkeiten und bei Entscheidungen über mögliche Veränderungen.

(2) Entscheid der Teilnehmer
Die Wahl oder der Entscheid der Teilnehmer wird höher bewertet als der Wandel oder die angestrebte Veränderung. Ohne Unterstützung der beteiligten Individuen werden Veränderungen oberflächlich und kurzlebig sein. Die Integration von Prozeß und Produkt erfolgt aus der Tatsache, daß alle Entscheidungen aus Wahlmöglichkeiten der Beteiligten gefällt wurden.

(3) Aktionsforschung
Die Methoden der Aktionsforschung ermöglichen eine fortlaufende Selbstbefragung der Organisation und ihrer Mitglieder. Die Daten, die man z. B. aus der Befragung oder Beobachtung erhält, werden zurückgespeist, damit man fortlaufend Organisationsprobleme diagnostizieren und Aktionspläne entwerfen kann. So kann die Selbsterneuerung der Organisation besser gesteuert werden.

(4) Organisationsprozeß
Das Hauptaugenmerk der Organisationsentwicklung liegt auf wiederkehrenden Verhaltensmustern, welche die Aufgaben und Prozesse der Organisation widerspiegeln. Einige Merkmale sind: Grad der Offenheit, Leichtigkeit der Kommunikation, Grad des Vertrauens und der gegenseitigen Unterstützung der Organisationsmitglieder und die Bereitschaft, Risiken einzugehen im Ausprobieren neuer Verhaltensweisen.

Was können mögliche Ziele von Beteiligten sein, sich in eien Organisationsentwicklungsprozeß einzulassen?

Von seiten der Lehrer oder Lehrerorganisation
— Verbesserung der Unterrichtsbedingungen
— Experimentieren mit neuen Unterrichtsformen: Gestaltpädagogik etc.

- Verbesserung der Beziehungen zwischen Lehrern und zwischen Lehrern und Schülern
- Verbesserung der Beziehungen zwischen Lehrern und Schulbehörde
- Fortdauernde Lehrerprobleme angehen und lösen
- Verbesserung der Programme und Lehrpläne
- Fortbildung
- Mitbestimmung im Wandel

Von seiten des Schulleiters oder der -behörde

- Eine effiziente Schule aufbauen
- Fortdauernde Schulprobleme lösen
- Beziehungen unter den beteiligten Gruppen verbessern (Angestellte der Schule)
- Bedürfnisse von Eltern und Schülern aufgreifen
- Training der Angestellten in Richtung Schulverbesserung
- Einen Führungsmechanismus aufbauen
- Ein Curriculum auf den neuesten Stand bringen (z. B. neue Medien einbauen)

7.3.1 Die verschiedenen Phasen des Organisations-entwicklungsprozesses

Bevor ich zwei verschiedene OE-Ansätze vorstelle, möchte ich betonen, daß OE immer in verschiedenen Phasen abläuft. Der Einfachheit halber verwende ich ein Modell mit lediglich drei Phasen:
(1) Beginn („Initiation")
(2) Durchführung („Implementation")
(3) Integration („Integration").

Phase 1: Beginn
Während der ersten Phase werden Bedürfnisse der Beteiligten festgestellt (mit Interview, Beobachtung, Fragebogen oder Dokumentenstudium), Probleme erfaßt und Ziele formuliert.
Hier müssen auch Prioritäten festgelegt werden. Zudem werden erste Aktionspläne zur Problemlösung zusammengestellt.

Phase 2: Durchführung
Hier werden die konkret geplanten Änderungen in den Rahmen der ganzen Schule als System eingebracht, indem konkrete Maßnahmen festgelegt und durchgeführt werden.
In dieser Phase müssen auch neue Praktiken mit den bestehenden Strukturen in Einklang gebracht werden.

Phase 3: Integration
Damit ist eine Zeitspanne bezeichnet, in der die neuen Praktiken zum „Standardverfahren" gehören werden. Wenn es sich um ein Projekt handelt, ist damit meistens das Ende der Experimentierphase gemeint. Dazu gehört auch die Auswertung der Neuerungen, was bekanntlich sehr schwierig ist (*Fatzer* 1980).

Der ganze Phasenablauf ist zyklisch zu verstehen, weil sich jede Organisation, auch die Schule, in einem fortdauernden Verwandlungsprozeß befindet, der die Zyklen des Wachstums, des Wandels und der Entwicklung umfaßt. Diese Phasen stellen lediglich Erfahrungswerte dar und erfahren in jeder Schule — oder Organisation — unterschiedliche Ausformungen.

7.3.2 Zwei Ansätze der Organisationsentwicklung in Schulen: R. Schmuck und J. Goodlad

Organisationsentwicklung in Schulen (nach R. Schmuck)

Im Laufe von mehr als zehn Jahren haben *R. Schmuck* und seine Kollegen aus Oregon auf beeindruckende Art Grundlagen aus Theorie, Forschung und praktischer Anwendung zur Organisationsentwicklung in Schulen geschaffen. Zentrales Ziel der Organisationsentwicklung ist es — nach *Schmuck* — sich selbst erneuernde Schulen zu schaffen. Die Teilnehmer und Mitarbeiter solcher Schulen sollten offen kommunizieren, zusammenarbeiten, um Probleme zu lösen und gemeinsam Entscheidungen treffen. Schwerpunkt dieses Ansatzes ist die Schule als Organisation: Normen, Ziele, Rollen, Kommunikation, Macht- und Einflußmuster. Zudem ist die sich selbst erneuernde Schule eine humanisierte Schule, welche charakterisiert ist durch Gefühle des Vertrauens, der Wärme, der Offenheit und der Informalität. Eine solche Schule ist personenorientiert oder -zentriert (nach *Rogers*). Das Ziel der Organisationsentwicklung ist es, die Kultur der Schule in Richtung einer sich selbst erneuernden Organisation zu verändern. *Schmuck* (1974, S. 267):

„Organisationsentwicklung bietet die Art von Beratung, welche die Mitglieder der Schule ermutigt zusammenzuarbeiten, um ihre Probleme zu lösen. Indem sie mehr Systemveränderungen als reine Verhaltensveränderungen von Mitgliedern ins Auge faßt, zielt sie mehr auf die Veränderung der ganzen Organisationskultur und nicht nur auf die Gefühle der Angestellten oder Schüler. Damit dieser kulturelle Wandel erreicht werden kann, bezieht OE die Schulteilnehmer in die Datensammlung, Diagnose und in die Veränderung der Ziele mit ein. Dies umfaßt auch die Ermittlung der Veränderungen im Arbeitsklima."

Wie geht dieser Ansatz von OE vor?

Organisationsentwicklung wird meistens durch einen internen oder einen externen Berater durchgeführt und verläuft in mehreren Schritten. Meistens beginnt der Prozeß, indem er mit den Organisationsmitgliedern arbeitet, um Probleme festzustellen, Lösungen zu erarbeiten und Veränderungen durchzuführen. Nach *Schmuck* durchlaufen OE-Prozesse meistens drei Stufen:

(a) *Kommunikationstraining*
Mitglieder der Organisation nehmen an Trainingssitzungen teil, in denen offene und wirksame Kommunikation geübt wird, in denen Fähigkeiten wie Spiegeln, Verhaltensbeschreibung, Mitteilung von Gefühlen und Feedback erlernt werden. Die Organisationsmitglieder können diese Fähigkeiten im Rahmen von regelmäßigen Arbeitsgruppen und im Bereich von Problemlösung und Entscheidungsfindung anwenden.

(b) *Entwicklung von Normen für die Problemlösung*
Nachdem die Kommunikationsfähigkeit einmal verbessert worden ist, legt das Organisationsentwicklungstraining das Hauptgewicht auf die Entwicklung von humanistischen Normen, um die Zusammenarbeit zwischen Lehrern und Schülern und zwischen den Angestellten zu verbessern. Die verschiedenen Schritte des Problemlösungsprozesses werden auf Schulprobleme angewendet. Während des Prozesses wird Zusammenarbeiten unterstützt und gefördert.

(c) *Veränderung von Organisationsstrukturen*
Das Resultat der Problemlösungsstrategien ist die Durchführung von Veränderungen in den Praktiken der Mitarbeiter und in den Verordnungen. Der Organisationsentwicklungsprozeß ist nur dann erfolgreich, wenn die neuen Strukturen in die Schulorganisation integriert werden.

Das hauptsächliche methodische Vorgehen neben den Trainings besteht in einer eigentlichen *Prozeßberatung*, die den Schulmitgliedern hilft, Prozesse der Kommunikation, der Entscheidungsfindung und der Problemlösung besser wahrzunehmen. Wir möchten hier nicht detailliert die einzelnen Methoden darstellen, sondern verweisen auf *Schmuck*s „Handbuch für Organisationsentwicklung in Schulen" (1977).

Schulentwicklung durch die Bildung von Netzwerken (Partnerschaften) (nach J. Goodlad)

Der zweite wichtige Ansatz der Schulentwicklung benutzt Elemente der Organisationsentwicklung, geht aber noch einiges darüber hinaus, indem *Goodlad* die Wichtigkeit von Netzwerken zwischen den einzelnen Schulen betont. *J. Goodlad* und seine Mitarbeiter an der Universität Los Angeles (UCLA), einer der berühmtesten und größten Pädagogikfakultäten Amerikas, errichteten bereits in den Jahren 1966 bis 1972 das erste Netzwerk von 18 Schulen im Großraum Los Angeles, die sogenannte „Liga kooperierender Schulen". Das Hauptaugenmerk der Veränderungsstrategie war die „Kultur" jeder einzelnen Schule.

Ausgangspunkt dieses Netzwerks war eine großangelegte Studie *Goodlads* (1969) mit dem Titel „Hinter der Schulzimmertüre" („Behind the Classroom Door"), in der 158 Elementarschulen genauer unter die Lupe genommen wurden. Dabei entdeckte das Team, daß die meisten der Reformen aus den 50er oder 60er Jahren wie individualisierter Unterricht, Entdeckungslernen und neue Lehrpläne nie in die Realität umgesetzt worden waren. Mit der Zeit fanden *Goodlad* und seine Kollegen heraus, daß die Lehrer gar nicht wußen, wie sie mit diesen Neuerungen umgehen sollten und einfach wieder zum alten Stil zurückkehrten. Nach *Goodlad* sollte der Prozeß der Schulentwicklung oder -erneuerung auf zwei Ebenen der Kultur einer Schule ansetzen: Ein innerer Prozeß sollte entwickelt werden, so daß die Mitglieder der Schule sensibel werden für die Bedürfnisse der Institution und Probleme oder Diskrepanzen zwischen Ideal und Realität erkennen. Der äußere Prozeß sollte bewirken, daß Ressourcen von außen identifiziert und benutzt werden, um die anfallenden Probleme zu lösen, um Bedürfnisse der Mitglieder zu befriedigen und um Ziele zu erreichen.

Von der Form her war die „Liga" ein Zusammenschluß oder ein Netzwerk („network") von Schulen, wobei die Leitung bei *Goodlad* und der Universität von Los Angeles lag. Die Schulleiter aller Schulen wurden zusammengefaßt in einer Arbeitsgruppe, um ein Arbeitsprogramm für das Projekt zu entwickeln. Das Resultat war eine Partnerschaft, in deren Rahmen die Mitglieder der verschiedenen Schulen Forschung betreiben und sich gegenseitig in der Verbesserung der einzelen Schule helfen konnten. Das Ganze kann als „Unterstützungssystem" bezeichnet werden. *John Goodlad* gebrauchte das Bild des Rades dafür. Dieses System förderte die Fähigkeit jeder einzelnen Schule zur Selbst-Erneuerung (wie dies auch zentral ist für den Ansatz von *R. Schmuck)*. Im Zentrum dieses Prozesses stand nicht eine spezielle Erneuerung von Schulorganisation oder Lehrplänen, sondern jede Schule stellte im Rahmen einer Selbstdiagnose fest, was sie verbessern wollte.

Die Schulen lernten im Rahmen dieser „Liga", ihre eigenen Probleme zu lösen. Der Problemlösungsprozeß umfaßte vier Elemente:

— Dialog
— Entscheidungsprozeß oder Planung
— Aktion
— Auswertung (oder Evaluation).

Dialog bezeichnet den Interaktionsprozeß aller Schulmitglieder über Schulorganisation, Lehrpläne und Unterricht. Dialog ist die Form, welche gewählt wird, um sich mit Bedürfnissen, Themen und Problemen zu befassen.

Entscheidungsprozeß oder *Planung* bezeichnet den nächsten Schritt, in dem verschiedene Aktionspläne entworfen und gegeneinander abgewogen werden.

Aktion bezeichnet den Prozeß, durch den die Pläne und Entscheidungen in die Tat umgesetzt werden, um Selbst-Erneuerung zu erreichen.

Auswertung oder Evaluation bezeichnet die Aktivitäten, in denen die Schulmitglieder herausfinden, wie gut die Schule funktioniert und wie sich die Entscheidungen und Aktionen ausgewirkt haben.

In einer Anfangsphase des Projekts hatten das zentrale Büro der „Liga" und die Mitarbeiter vornehmlich die Aufgabe der externen Berater, welche den einzelnen Schulen halfen, diesen Prozeß in Gang zu setzen. In einer mittleren Phase verlagerte sich diese Aktivität immer mehr auf die Schulen selbst; die einzelne Schule übernahm auch die Rolle der „Peer-Group" oder des Unterstützers oder Animators für neu hinzukommende Schulen.

In einem Nachfolgeprojekt zur „Liga kooperierender Schulen" begann *Goodlad* 1979 in einem noch ehrgeizigeren Rahmen das „Partnerschafts-Projekt", das ich in seinen Anfangsstadien selbst miterlebte, und bei dem er im Unterschied zur Liga nicht mit den Schulleitern, sondern noch eine Stufe höher, mit den Schulpflegepräsidenten („Superintendents") einstieg; dies aus der Erfahrung heraus, daß im Liga-Projekt sehr viel Widerstand gegen Veränderung von diesen Präsidenten her entstanden war, welche viele der Schulleiter nicht voll unterstützten.

Ausgangspunkt für das „Partnership"-Projekt war eine weitere Querschnittstudie über eine repräsentative Anzahl von amerikanischen Schulen gewesen, welche 1984 unter dem Titel „Ein Ort mit dem Namen Schule" (A Place Called School") erschien.

Betrachtet man *Goodlads* Ansatz der Bildung von Netzwerken, so läßt sich schlußfolgernd folgendes zusammenfassen:

Eine Stärke seines Ansatzes liegt sicher in der richtigen oder realistischen Einschätzung der Dauer, welche grundlegende Veränderungen der Innovationen in Schulen brauchen. Zudem geht er richtigerweise davon aus, daß Neuerungen, die von außen an Schulen herangetragen werden, nur in den wenigsten Fällen übernommen werden. Eine weitere Stärke liegt in der Konzentration auf die einzelne Schule als Einheit der Veränderung. Ebenfalls richtig ist die Feststellung, daß lokalen Schulstrukturen die Fähigkeit zur Identifikation von Problemen, der Erarbeitung von Aktionsplänen und dem Ausprobieren von Lösungen fehlt. Schulentwicklung muß also zuerst hier ansetzen, auch wenn dies die Mitarbeiter der einzelnen Schulen zunächst nicht einsehen und finden, sie könnten dies doch alles selbst lösen. Hier ist auch das Bild der „Kultur" einer Schule richtig, das übrigens von einem weiteren, sehr wichtigen Innovator in amerikanischen Schulen, *Seymour Sarason* (1971) im Titel seines wichtigsten Buches hervorgehoben wird.

Zudem ist eine weitere Stärke dieses Ansatzes im Aufbau von Verbindungen („linkages") zwischen den isolierten Schulen und im Errichten von Unterstützungssystemen zu sehen. Auch ist der Ansatz flexibel genug, um mit den lokalen Gegebenheiten jeder einzelnen Schule zu arbeiten.

Einige Begrenzungen dieses Ansatzes sind darin zu sehen, daß recht viel finanzielle Unterstützung von außen beschafft werden muß, was in diesem Fall nur durch das Engagement von *Goodlad* und durch das hohe Prestige der Universität Los Angeles gelang. Wo eine solche Voraussetzung fehlt, wird es schwierig. Zudem mag der generelle Prozeß mit den vier Merkmalen vielen Beteiligten zu unspezifisch sein. Auch im Zusammenhang mit diesem Ansatz verweise ich auf die spannende weiterführende Lektüre von *Goodlad* (1975, 1984, Quellentext 1).

7.4 Organisationsentwicklung — einige Übungen

Die nachstehend vorgestellten Übungen stammen aus verschiedenen Organisationslaboratorien, die ich zum Teil zusammen mit meiner Kollegin *Sonja Sackmann* durchführte. Sie richten sich an alle, die in Institutionen tätig sind, und versuchen, diese zu entwickeln, sei dies in der Rolle als Lehrer, als Supervisor, Berater, Therapeut oder Erwachsenenbildner. Sie stellen eine notwendige Ergänzung zum Planen und Durchführen erfahrungsorientierten oder humanistischen Lernens dar, da — wie bereits ausführlich gezeigt — der Rahmen mitentwickelt werden soll. Sie können diese Übungen selbst durchführen. Empfehlenswert ist aber die Anleitung durch einen Trainer, der Erfahrung mit OE- oder Gestaltansätzen hat.

Übung 35: Ich und meine Organisation — eine diagnostische Übung

Ziel: Diese Übung soll die „Organisation als Symbol" oder die „Organisation als Bild" darstellen helfen. Häufig ist es so, daß wir Schwierigkeiten haben, systematisch zu beschreiben oder zu schildern, wie wir unsere Organisation erleben. Es zeigt sich auch im Laufe der Erarbeitung, daß jeder ein eigenes Bild seiner Organisation hat, daß jeder die Organisation anders erlebt. Diese Übung zielt auf die subjektive Erlebensseite der Organisation. Das Bild ist eine verdichtete Darstellung unserer Erfahrung mit der dargestellten Organisation, enthält aber gleichzeitig auch alle unsere bisherigen Erfahrungen mit Organisationen (Sozialisationsgeschichte). Diese Übung ist diagnostisch, weil sie wertvolle Daten visualisiert, welche uns im Laufe der weiteren Arbeit zur Verfügung stehen.

Zeit: 2 bis 3 Std.

Teilnehmer: 8 bis 10

Material: Plakate und Zeichenmaterial

Anleitung: Ich möchte euch vorschlagen, daß jeder von euch sich 30 Min. Zeit nimmt, um auf ein Plakat ein „Bild seiner Organisation" zu malen. Ihr seid vollkommen frei, wie ihr das Ganze darstellen wollt — symbolisch oder konkret. Auch die Stilmittel sind frei. Laßt euch zuerst einige Minuten Zeit und schließt die Augen, bis ihr ein mögliches Bild sehen könnt ...
Nach ca. 30 Min.:
Ich möchte euch jetzt bitten, die Bilder nebeneinander auf den Boden zu legen. Schauen wir uns — ohne zu sprechen — alle Bilder an. Wie wirken sie, was fällt uns auf? Nachdem wir uns alle Bilder angeschaut haben, kommen wir zusammen und äußern uns zu jedem einzelnen Bild: Welchen Eindruck macht es auf mich? Was kann ich darin an Aussagen und Bedeutungen erkennen? Was vermute ich?

Beispiele aus einem Seminar:

Peters Bild

Peter hat auf dem Bild die Situation einer Schulkonferenz dargestellt und sich selbst in die untere linke Ecke (rotes Feld) eingeordnet. Dort sitzen Lehrer, die miteinander „diskutieren vom menschlichen und effektiven Unterricht" mit dem Ziel „möglichst wenig Energieverschwendung". Das bedeutet für Peter, seinen Unterricht so zu halten, daß er sich auch dabei gut fühlt und sich nicht aufreibt. Im linken (gelben) Flügel sitzen die „Frustrierten und Zyniker" und im rechten Flügel oben die „Jasager". Darunter (gelbrot) sitzen Kollegen, zu denen die „rote" Gruppe noch „Versuche der Kontaktaufnahme" macht, die noch ansprechbar sind. Im oberen Teil des Bildes, in der U-Öffnung, sind die

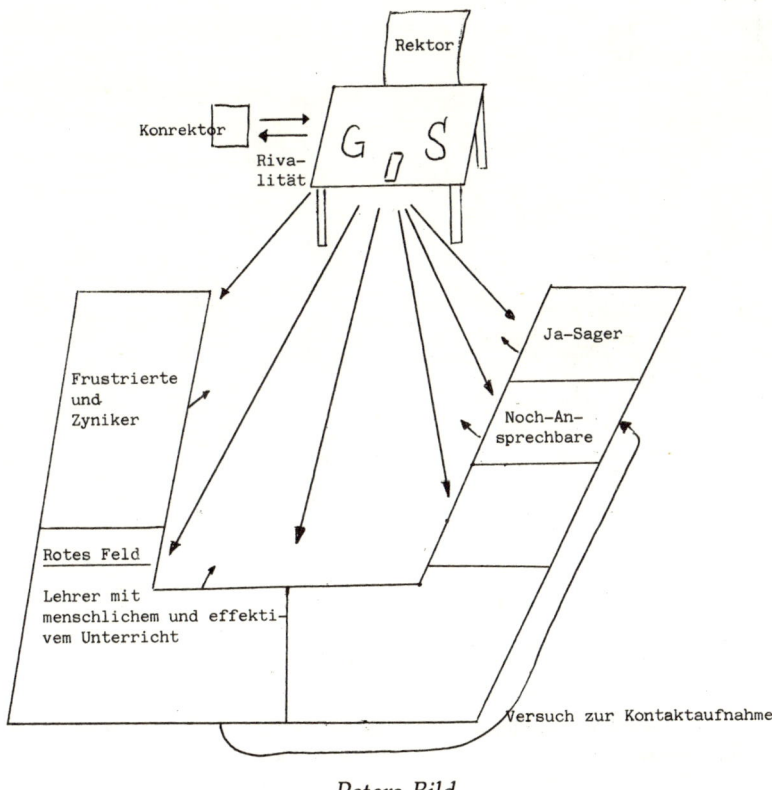

Peters Bild

Plätze des Rektors und des Konrektors eingezeichnet. Zwischen ihnen besteht „Rivalität" mit ständigem Machtkampf. Der Stuhl des Rektors ist übergroß gezeichnet, wie ein Thron. Auffällig auf seinem Tisch ist das Paragraphenwerk, mit dem er sich auch umgibt. Die mit den Pfeilen dargestellten Kommunikationsabläufe zeigen kein Miteinander, sondern ein Gegeneinanderwirken mit einer besonders starken Einwirkung auf die rote Ecke der engagierten Lehrer. Für Peter gab es eine längere Zeit direkter und ständig konfrontativer Auseinandersetzungen mit dem Rektor. Diese „Kämpfe" brachten kaum Fortschritte, jedoch viel Frustration und Energieverschwendung. Inzwischen hält er sich aus der direkten persönlichen Auseinandersetzung mit dem Rektor zurück und sucht — mit dem Rückhalt „seiner" Kollegengruppe — nach effektiven Möglichkeiten zu Veränderungen in Richtung einer lebendigen Schulpädagogik und eines kooperativen Kollegiums.

Klaus' Bild

Klaus stellt in seinem Bild die beiden Bereiche Privatleben und Berufsleben dar. In der linken oberen Ecke hat er seine Berufssphäre gezeichnet. Dabei hat er ein bestimmtes Unternehmen im Auge gehabt, in dem er als externer Unternehmensberater arbeitet. Die Arbeit in diesem Unternehmen bereitet ihm besondere Schwierigkeiten. Durch die

205

Klaus' Bild

blauen Felder mit den roten Blitzen will er andeuten, daß es in dieser Firma eine Menge unklarer „Ecken" für ihn gibt, an die es besser noch nicht zu rühren gilt. Er hat sich selbst als Person eingezeichnet und trägt einen schweren Balken oder ein Joch auf seinem Rücken. Rechts neben sich hat er als Notizen seine Ideen, Vorstellungen und Lösungsvorschläge dargestellt, und die braunen Verbindungslinien, die von dort aus ausgehen, bezeichnen den Weg seiner Beeinflussungsmöglichkeiten. Links von ihm läuft diese Linie in das schematisierte Organigramm, unter dem er ein Becken gezeichnet hat, das die verschiedenen Outputs (braune und grüne Kreise) der Beratungsarbeit aufsammelt. Gerhard weist besonders auf die Verbindungslinie zu dem Fünfeck hin, von dem aus wiederum kräftige grüne Verbindungslinien in das Organisationsschema und das Output-Becken führen. Für Gerhard sieht es so aus, als bekäme Klaus von dem Fünfeck besonders tatkräftige Unterstützung für seine Arbeit. Gerhard meint zu Klaus, daß es sich dabei wohl um Verbündete, um kooperative Leute in dem Unternehmen handeln könnte. Klaus ist von dieser Sicht zunächst überrascht, da er sich bisher nicht darüber klar war, ob er in dieser Tätigkeit auf verlorenem Posten stehe oder ob es Leute gibt, die mit ihm zusammen arbeiten. Er will genauer hinschauen, wo seine Verbündeten in dieser Firma stecken.

In der rechten unteren Ecke hat er sein Privatleben dargestellt. Es ist eine grüne Wiese mit Bäumen, mit Blumen, mit einem kleinen Haus, mit einem Mann und mit einer Frau. Die beiden Figuren stehen für ihn selbst und für Christel. Christel weist Klaus darauf hin, daß das Haus aussieht wie in Wirklichkeit, bis auf den Anbau, in dem er sein Büro untergebracht hat. Klaus merkt es auch und sagt dazu, daß er sich in letzter Zeit auch nicht gerne in seinem Büro aufhält.

Das an diesem Bild von allen Gruppenmitgliedern als überaus auffällig bemerkte „Nichts" zwischen den Bereichen Beruf und Privatleben erklärt Klaus so: Für ihn ist auch in der Realität das Hinüber- und Herüberwechseln von einem Bereich in den anderen wie eine Leere. Wenn er zum Beispiel in das dargestellte Unternehmen fährt, eine Fahrt von fast zwei Stunden, bereitet er sich gedanklich nicht im mindesten auf das Eintreffen und die Arbeit, die ihn dort erwartet, vor. Es gibt für ihn keine Vorbereitungsphase oder einen gedanklichen Weg beim Wechsel der verschiedensten Sphären. Dadurch bedingt ist auch, daß er sich nur schwer losreißen kann, z. B. von seinem Privatbereich zum Arbeitsbereich. Es kostet Klaus jedesmal enorme Mühe, den „Sprung" zu machen. Gerhard fordert Klaus auf, in dieser Woche einmal genauer zu untersuchen, was auf seinem Weg durch die Leere mit ihm passiert.

Christels Bild
Im Bild-Mittelpunkt hat Christel ihre Organisation als eine Figur dargestellt mit mächtigen Armen und mächtigen Füßen, wie eine karikierte Body-Building-Figur. Mit dem Regenbogen rechts unten und der kleinen Figur, die auf dem Regenbogen spaziert, hat Christel dargestellt, wie sie relativ naiv, nett und freundlich in die Organisation hineingeht, um ihre Angebote zu machen (Christel bezieht das Bild auf ihre Arbeit im Heim, wie auch auf das Projekt, mit der Kurverwaltung zusammen zu arbeiten). Bemerkenswert ist bei der kleinen Figur die mitgeführte Tasche. Eine Tasche, die immer verschlossen bleibt, in der allerlei Geheimnisvolles ist, was sie aber niemandem zeigt. Die linke Seite der Figur stellt dar, wie sich die Organisation nach außen gibt. Positiv und aufgeschlossen stellt sie sich dar mit den Worten „Waffenfrei, Impulse, Haus-offen, Ideen, Zusammenarbeit". Die rechte Seite der Figur zeigt Christels Erfahrungen mit ihrer Organisation. Trotz der vielen schönen Worte gibt es später intern viel Krach und viel Kampf (die schwarzen Wolken und die gelben Blitze). Im System zeigt sich für Christel die spezifische Verkrustung und Wert- und Normenregelung. Am linken Rand der Organisations-

Christels Bild

figur hat Christel sich dargestellt als depressive Figur, die an einer Blüte die Blütenblätter rauszieht und abwechselnd abzählt: Freund und Feind. Sie meint dazu, das tue sie, wenn sie nicht mehr zurechtkommt und nicht mehr einordnen kann, wer zu ihr steht oder wer gegen sie ist. Rechts im Bild hat sie noch eine gelbe Luftblase gezeichnet, in der sie die Organisationsfigur mit einem strahlenden Herzen darstellt. Christel meint dazu, so würde sie sich vorstellen, daß sie als Organisation wäre. Dann kamen ihr jedoch Bedenken, ob sie dieses Idealbild überhaupt realisieren könnte. Diese Bedenken hat sie in der zweiten kleineren Luftblase mit einem Fragezeichen dargestellt. Bei der Arbeit an Christels Bild wird die Machtkampf-Thematik deutlicher. Christel hat bestimmte eigene Vorstellungen und Ideen, und wenn diese nicht zum Tragen kommen ... ja, dann hat sie da noch ihr Köfferchen. Gerhard und Sonja sagen, daß Christel mit der Figur als Organisation auch sich selber dargestellt habe. Da gibt es die schöne hehre Seite mit den Idealen und auch die andere, die sagt, es soll genauso laufen, wie ich will, und nicht anders. Die Waffen dafür sind in dem verschlossenen Koffer. Christel soll sich einmal in dieser Woche daran machen, den Koffer zu öffnen und beginnen, auszupacken.

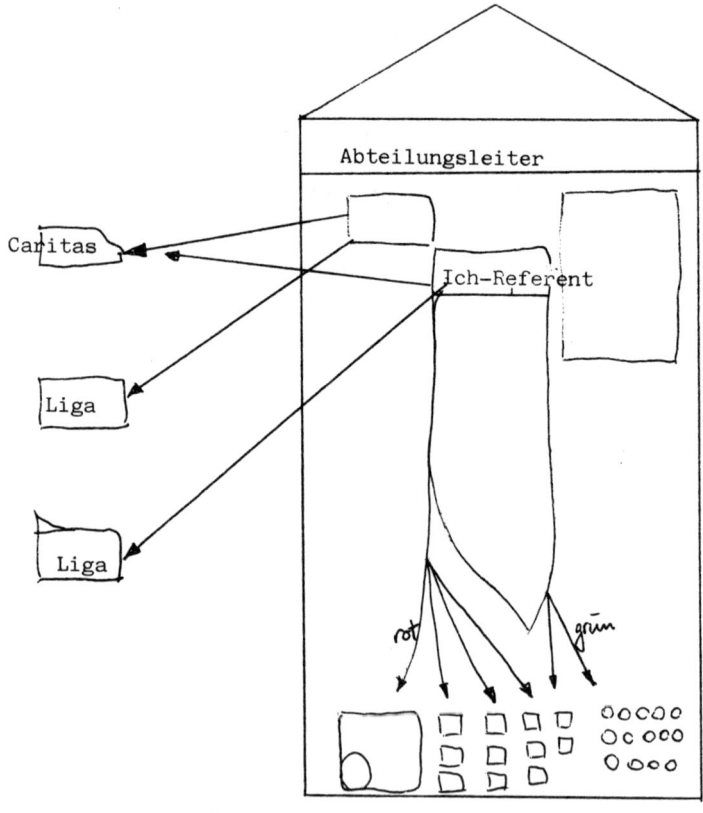

Ewalds Bild

Ewalds Bild

Ewald hat schematisch seinen Arbeitsplatz im Gefüge des Caritas-Verbandes darge-stellt. Ewald meint, daß die Zeit für ihn zu kurz gewesen sei und er nicht mit dem Bild fertig geworden ist. Sich selber bezeichnet er in dem Schema als „Ich-Referent". Darun-ter hat er eine Fülle von Aufgaben niedergeschrieben, für die er zuständig ist. Die roten Verbindungslinien zeigen seine ihm angenehmen offiziellen und informellen Kontakte auf. Die grünen Verbindungslinien zeigen die notwendigen formellen Verbindungen. Die gelben Linien und das gelbumrandete Feld stellen den gesamten Einflußbereich von Ewalds Abteilungsleiter dar. Auf dem Bild wird deutlich, daß dieser Einflußbereich be-sonders im Hinblick auf die Aufgabenteilung keine klaren Grenzen erkennbar macht. Ewald sagt dazu, daß der Abteilungsleiter überall mitmische und doch dabei oft keine konkrete Arbeit leiste. Im Verlauf der Arbeit an seinem Bild wird die Konkurrenz-Situation zwischen Ewald und seinem Abteilungsleiter deutlicher. Ewald leidet darunter, daß er bestimmte Aufgaben von sich aus anpackt, gute Arbeit leistet, und wenn die Sa-che dann läuft, wird sie ihm öfter aus der Hand genommen. Ewald bekommt das Feed-back, daß er sich so, wie er sich auf dem Bild darstellt, wahrscheinlich überfordert und überlastet. Gerhard fordert ihn auf, im Verlauf der Woche einmal die Beziehung zwi-schen sich und dem Abteilungsleiter näher zu betrachten und auch zu überprüfen, ob er seine Aufgabenbereiche auf ein angemesseneres Maß reduzieren kann.

Karl-Ernsts Bild

Karl-Ernst merkte im Verlauf seiner Zeichnung, daß es ihm nicht gelingt, alle Aspekte und Perspektiven seiner Arbeit in seiner Institution auf einem Zeichenbogen darzustel-len. Darum hat er nicht ein Bild gemalt, sondern drei Bilder, auf denen er seine Proble-matik aus jeweils verschiedenen Blickrichtungen darstellt. Karl-Ernst erhält von den Gruppenmitgliedern überwiegend das Feedback, daß seine Zeichnung sehr verschlüsselt und kaum deutbar auf sie wirkt. Karl-Ernst erklärt seine Zeichnungen folgendermaßen: Auf der obersten Zeichnung in der linken oberen Ecke hat er schematisch den organisa-torischen Aufbau seiner Behörde dargestellt. Er arbeitet in der Abteilung schulpsycho-logischer Dienst (rechtes Kästchen in der Dreiergruppe), die direkt dem Schulamtsdirektor (SAD) unterstellt ist. Seine Abteilung ist zuständig für 64 Schulen. Da es unmöglich ist, für alle diese Schulen eine qualitativ gute Arbeit zu leisten, hat er für seinen Zuständig-keitsbereich einige Schulen von vornherein gestrichen (durchgekreuzte Kästchen) und ei-nige Schulen, an denen er mehr oder weniger regelmäßig erscheint, besonders markiert (roter Punkt in Kästchen). Eine Schule hat er favorisiert, an ihr hält er sich sehr viel auf und arbeitet dort gerne mit Schüler-, Lehrer- und Elterngruppen. Das Kästchen für diese Schule hat er farbig gekennzeichnet. Diagonal rechts unten davon hat er diese Schule anders dargestellt. Karl-Ernst zeichnet sich darin als ein im Mittelpunkt gelagerter roter Kreis, auf den blaue Pfeile einstürmen, die mit ihren Farben für Lehrer, Eltern und Schü-ler stehen. Links davon hat Karl-Ernst drei kleinere Kreise gezeichnet mit verschiedenen Strukturen. Sie stehen für drei von ihm geleitete Lehrergruppen, die auf verschiedene Weise arbeiten. Der gemeinsame Hintergrund der drei Lehrergruppen ist der, daß es sich um Drogenberatungslehrer handelt, die in diesen Gruppen geschult werden sollen. Der rote Punkt in jedem Kreis ist Karl-Ernst und die grünen Kreise sind die Teilnehmer. Im linken oberen Kreis handelt es sich um eine „angeordnete" Gruppe, in der die Lehrer zu-sammenkommen, um von Karl-Ernst theoretische Informationen und Formalia zu be-kommen. Sie sind für eine Auseinandersetzung mit sich und mit der Gruppe nicht bereit. Der untere Kreis ist Karl-Ernsts Lieblingsgruppe. In dieser Gruppe tritt der offizielle Hin-tergrund der Drogenberatungsarbeit sehr zurück zugunsten einer mehr auf Selbsterfah-rung gerichteten Arbeit. In dieser Gruppe arbeitet Karl-Ernst am liebsten. Ganz rechts

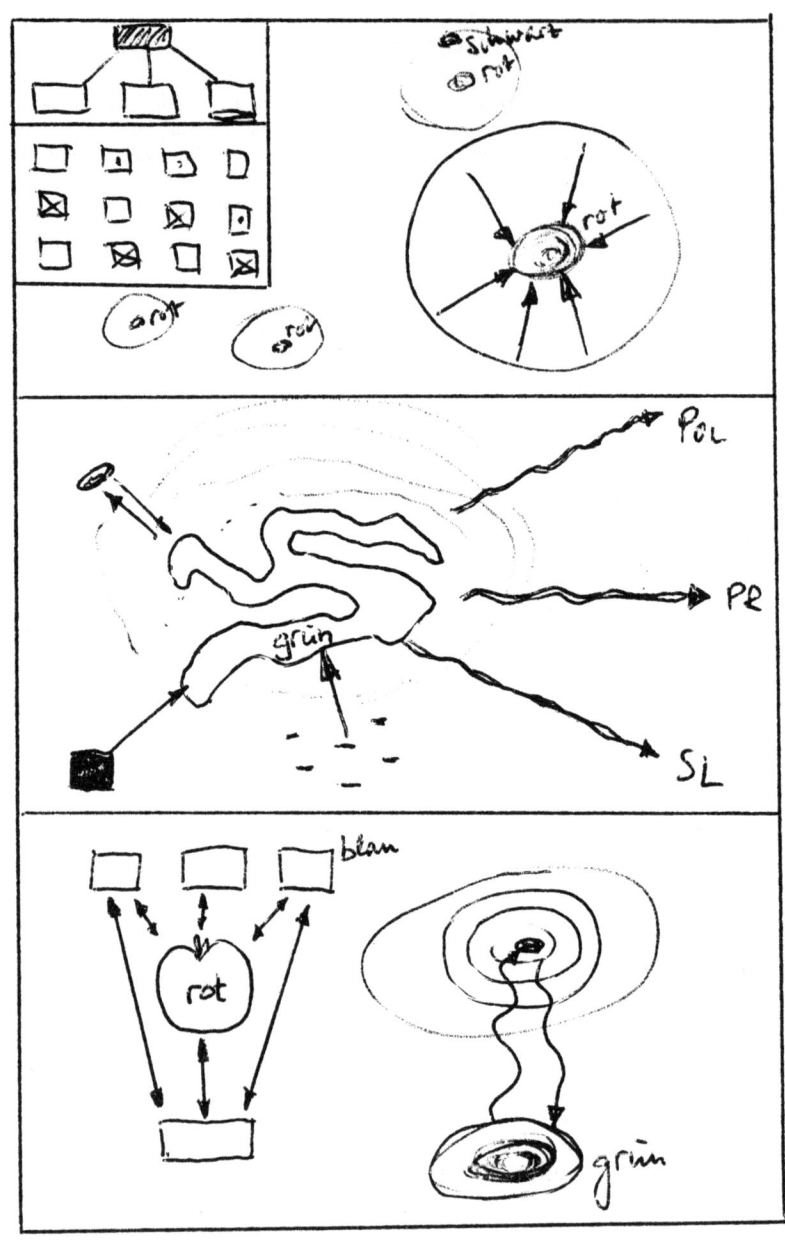

Karl-Ernsts Bild

oben auf dem Blatt stellt ein anderer Kreis die Situation in der Schulamtsbehörde dar. Karl-Ernst (roter Punkt) hat eine auf Angriff und Verteidigung beruhende Beziehung zu seinem Leiter, dem Schulamtsdirektor (schwarzer Punkt). Dieser versucht ständig, die Arbeit und Wirkung von Karl-Ernst durch Kritik, Anordnungen oder auch Intrige zu erschweren und zu verhindern. Dazu kommt, daß Karl-Ernst als Vorsitzender des Personalrates nicht nur fachlich, sondern auch personell im zentralen Konfliktfeld steht.

Auf der mittleren Zeichnung stellt Karl-Ernst sich als eine grüne gallertartige Figur dar, die sich in ihrem „Gewässer" windet und krümmt, um den ständigen Beschüssen von außen (schwarze und blaue Pfeile) zu entgehen. Das links unten befindliche schwarze Kästchen stellt wiederum den Schulamtsdirektor dar mit seinen ständigen Attacken. Der links oben befindliche blaue Kreis steht für die direkte vorgesetzte Psychologin von Karl-Ernst. Auch sie muß ihn manchmal offiziell kritisieren oder ermahnen, tut dies aber sachlich gerechtfertigt und in offener Art und Weise. Der grüne Pfeil von Karl-Ernst auf den blauen Kreis (seine Vorgesetzte) bedeutet, daß er mit ihr in einer geraden Weise umgehen kann, ohne sich zu krümmen und zu lavieren. Die unten in der Mitte eingezeichneten sechs schwarzen Punkte stehen für verschiedene andere Personen oder Instanzen, die kontrollierend oder kritisierend auf ihn einwirken. Rechts aus dem grünen Feld heraus führen drei grüne Pfeile, die andeuten sollen, für welche Interessengruppen er seine Arbeit und Energie aufteilen muß. Die gekrümmte Form dieser Pfeile deutet an, daß es sich dabei mehr um ein Hindurchwinden durch die Ansprüche und Forderungen dieser Interessengruppen an ihn handelt. POL (oben) bedeutet politische und beratende Instanzen, PR steht für Personalrat und SL steht für Schulleitungen.

In der untersten Zeichnung links hat Karl-Ernst dargestellt, wie er offiziell seine Arbeit als Schulpsychologe zu tun hat. Verschiedene Interessenten (blaue Kästchen oben) treten an ihn (roter Punkt) heran mit dem Auftrag, einen bestimmten Schüler zu testen (z. B. Intelligenz oder Schulverhalten) und die Testergebnisse an die Interessenten (z. B. Lehrer, Eltern, Behördenleitung) weiterzugeben. Dieser Aspekt seiner Arbeit genügt Karl-Ernst überhaupt nicht. Er hat für sich den Anspruch, nach dem Testen und Erkennen der Probleme auch helfend, beratend oder therapeutisch einzugreifen. Diesen für ihn eigentlich wichtigsten Aspekt versucht er in seiner Arbeitsstelle mehr zu berücksichtigen, da dies die Arbeit ist, die ihm Spaß macht. Auf der rechten Seite der Zeichnung hat er diese helfende oder therapeutische Beziehung stilisiert angedeutet. Er stellt sich als eine Anzahl roter Ringe dar und die auf ihn zukommenden Hilfesuchenden als grünes Oval. Die Zentren der beiden Kreise sind durch gewundene Pfeile verbunden und sollen die gewünschte therapeutische Beziehung ausdrücken. Da der therapeutische Arbeitsaspekt offiziell nicht gefordert und gewünscht ist, gerät Karl-Ernst in die Lage, daß er diese Tätigkeit in seiner Freizeit, z. B. abends, ausübt.

Nach den umfangreichen und ausführlichen Erläuterungen von Karl-Ernst und Lösungsangeboten von Gruppenmitgliedern, die Karl-Ernst immer wieder abwehrt, wird deutlicher, daß dieses Verhalten politischen Lavierens nicht nur in seinem Arbeitsumfeld geschieht, sondern sich auch bereits in seinem Gruppenverhalten ausdrückt. Karl-Ernst wird vorerst Verständnis dafür entgegengebracht, daß dieses Hindurchwursteln in seinem Arbeitsalltag möglicherweise in irgendeiner Form seine Berechtigung hat. Die Frage an ihn ist dennoch, ob nicht dieses Verhalten auch auf sein Verhalten im Privatleben einwirkt und somit auch auf sein aktuelles Verhalten in der Gruppe, und ob er nicht probieren kann, das Lavieren in der Gruppe wegzulassen und eine offene und gerade Art von Verhalten und Kommunikation anzuwenden. Karl-Ernst sagt dazu, daß ihm das Lavieren und Taktieren in gewissem Maße auch Spaß mache und er damit auch viel Erfahrung in seiner parteipolitischen Tätigkeit sammeln konnte.

Dieters Bild

Dieters Bild

  Dieter hat auf seinem Bild eine schon ein paar Jahre zurückliegende Situation seines damaligen Arbeits- und Privatlebens dargestellt. In der Mitte des Bildes hat er das Haus gezeichnet, in dem er mit seiner Frau und 5 Jugendlichen aus einem Heim 1½ Jahre zusammengelebt hat. Das Haus war eine sogenannte Außenwohngruppe eines Kinderheimes und in der wirtschaftlichen und pädagogischen Versorgung der Jugendlichen selbständig. Die linke Straße vor dem Haus führte durch eine schöne Landschaft zu dem Stammheim (links unten die blauen Häuser und die verschiedenfarbigen Personen). Die beiden Straßen rechts oben im Bild führen nach M (Dieters Elternhaus) und nach E (Fortbildungswochen). Der Schlagbaum vor dem Haus bedeutet seine belastende Erfahrung des Festgehalten-Seins in der Außenwohngruppe, da es keinen definitiven Freizeitraum gab. Dafür steht auch das rechts unten im Haus gelb gemalte Zimmer, das als Privatzimmer galt, in dem es aber kaum gelang, sich zurückzuziehen (Andeutung der äußeren Einwirkungen durch Pfeile: Telefon, Hausklingel, Eintreten der Jugendlichen u. a.). Die offene Haustür steht als Symbol für die offene Art der Hausführung, d. h. jeder Besucher und jeder Bekannte und Freund der Jugendlichen wurde willkommen geheißen. Dies führte oft zu Überforderungen, die durch die Anzahl der Besucher und das ständige Kommen und Gehen in dem kleinen Haus bedingt waren. Rechts neben dem Haus stehen Dieter, seine Frau und die Jugendlichen im Garten. Die Bogenführungen unter ihnen stellen die harmonischen (rot) und die disharmonischen (schwarz) Beziehungen zwischen den Bewohnern dar. Gerhard sagt, daß das Bild in seiner Art sehr präsent und aktuell auf ihn wirkt und fordert Dieter auf, in dieser Woche einmal nachzuschauen, was aus der Arbeit von damals noch aktuell beeinflußend ist bzw. was noch an unerledigten Geschäften von damals übriggeblieben ist.

Übung 36: Gelenkte Phantasie durch die Organisation: projektive Diagnoseübung

Ziel:

Diese Übung soll neben der Darstellung des „Bildes der Organisation" (vgl. Übung 1) die unbewußten Aspekte der Organisation deutlicher hervortreten lassen. Durch diese „angeleitete" Reise durch die Organisation wird die Rekonstruktion der Organisation ganzheitlicher ausfallen. Aus dieser Erfahrung kann dann ein großes Stück „Selbstdiagnose" ihres „Organisationslebens" erfolgen. Die Übung steht ergänzend zur ersten Übung und zeigt einen zusätzlichen Aspekt der subjektiven Seite einer Organisation.

Zeit:

2 Std. (mit Auswertung)

Inhalt:

Nach der Anleitung zur Entspannung soll ich mir vorstellen, wie ich an einem Mittwochmorgen aufwache, frühstücke, mich fertig mache und auf den Weg zu meiner Organisation begebe. Ich treffe dort ein und mache mir meine Schritte bewußt, wie ich auf die Organisation zugehe, die Tür öffne, in den Flur trete und mich zu meinem Arbeitsplatz begebe. Auf dem Weg dorthin treffe ich den Kollegen, den ich am meisten mag. Was sage ich ihm, und wie gehen wir miteinander um? Beim Weitergehen treffe ich den Kollegen, den ich am wenigsten mag. Was sage ich ihm, wie reagiert er, wie reagiere ich? Dann komme ich in meinen Arbeitsraum. Wie nehme ich ihn wahr, wie fühle ich mich hier? Ich werde mir bewußt, welche Beziehung ich zu meiner Arbeitsumgebung habe und zu meiner Tätigkeit, mit der ich heute Morgen beginne. Ich stelle mir vor, wie meine Arbeit bis mittags aussieht, was ich dabei tue und wie ich mich fühle. Am Mittag verlasse ich meine Organisation und gehe nach draußen. Ich kehre langsam in die Gruppe zurück.

Austausch:

Peter: Bei den Kollegenkontakten fiel ihm auf, daß er noch einige Kollegen hat, die er gern mag und mit denen er mehr *Kontakt* haben könnte. Bei der Begegnung mit dem unangenehmen Kollegen merkte er, daß er diesem überhaupt nicht zugehört hatte. Er will darauf achten, besser hinzuhören. Dann kam ihm die Idee, sich in der Schulkonferenz neben den Kollegen zu setzen, den er am wenigsten mag, und zu schauen, was dann passiert.

Christel: Sie geht erst in die Kurverwaltung, wechselt aber bald das Bild und geht auf ihr Haus zu. Dabei ist sie in der Phantasie viel schneller als die Anleitung. Auf einmal merkt sie, daß sie sich viel mehr Zeit lassen kann, um alles wahrzunehmen. Sie thematisiert ihre *Strukturprobleme*. Sie hat sehr viele Einfälle und Ideen, kann sie aber nicht ordnen. Klaus ist für sie ein Zauberer, wie er in ihrem Wust dann Struktur reinbringt. Dann ist sie immer ganz baff, wie einfach das im Endeffekt ist. Sie versteht nicht, wieso sie selbst nicht drauf kommt. Klaus sagt dazu, daß er schon eine ganze Weile braucht, um in ihrer Flut von Ideen Arbeitsansätze und -ziele herauszuschälen und in einen geordneten Ablauf zu bringen.

Karl-Ernst: Er spricht von seiner mühsamen Balance in seiner Arbeit zwischen den unterschiedlichsten Interessen. Es ist ein Gebäude aus Täuschungen und politischem Lavieren. Er fühlt sich dazu gezwungen, um in seiner Arbeit wenigstens teilweise das tun zu können, was er gerne tun möchte. Er bekommt eine Reihe von Vorschlägen, wie er seine Überbelastung abbauen könnte. Er wehrt sie jedoch alle ab mit dem Hinweis, daß dann die aufgebaute Balance zusammenbricht und erklärt dies auch an Beispielen aus seinem Bild. Er schafft sich Freiräume für das, was er tun möchte, durch Taktieren und bezahlt dafür mit *Isolation,* da es ihm kaum möglich ist, mit offenen Karten zu spielen (Karl-Ernst sagt, daß er lange Zeit süchtig gespielt hat). Er möchte Gelegenheiten haben, locker sein zu können und kann es doch nicht aufgrund der institutionellen und selbstgerichteten Zwänge. Christel greift ihn wegen seines Abwehrens (der Vorschläge) an. Er sagt ihr daraufhin, daß er nichts mehr von ihr hören möchte.

Ewald: Er erzählt von seiner Mitarbeiterkonferenz, die Mittwochmorgen stattfindet. Er fürchtet diese besonders. In seinen Schilderungen kristallisiert sich wieder der Konflikt mit dem Abteilungsleiter heraus. Es geht um *Siege* und *Niederlagen.* Wenn er gute Arbeit leistet und eine Sache läuft und ihm diese Aufgabe dann entzogen wird, dann ist es für ihn eine sehr schmerzliche Niederlage. Ewald schildert starke Ähnlichkeiten mit seinem Abteilungsleiter. Er bleibt, ebenso wie dieser, lieber nicht kontrollierbar (Widerspruch zu seinem Wunsch nach fest umrissenen Aufgaben). Der AL wollte ihn gerne einstellen. Ewald hatte einige Zeit gezögert und dann auf dessen Drängen hin zugesagt. Es stellt sich heraus, daß er eine Vaterprojektion auf den AL hatte, dieser aber auch Erwartungen an Ewald hatte, die er ebenfalls seinem eigenen Sohn gegenüber hegte. Gerhard nennt die Konstellation der beiden eine *Thronfolgerproblematik,* in der beide in Konflikt geraten, weil die gegenseitigen Erwartungen nicht erfüllt werden. Ewald fühlt sich auch enttäuscht von seinen Kollegen, die nie mit Hilfsangeboten auf ihn zugekommen sind und fühlt sich allein gelassen.

Dieter: Er spricht von der Schwierigkeit, bei der Phantasie sich zu entspannen, da er dabei viel *Husten* mußte. Er spricht davon, wie er in der Phantasie nochmal seinen ersten Tag im Büro erlebt hat.

Übungen 37 bis 43: Organisation und Gestaltansatz

Die meisten der nun folgenden Übungen stammen aus der Gestalttradition und versuchen, die wichtigsten Gestaltkonzepte (*Perls* 1971) wie Wahrnehmen — Konfluenz — Polaritäten — Topdog — Underdog mit dem Leben in einer Organisation und den damit verbundenen Erfahrungen zu verbinden. Die Übungen sind leichte Abwandlungen der bei *Herman, Korenich* (1977) ausgeführten strukturierten Erfahrungen (vgl. *Burke* 1983). Sie können von einem Lehrerteam ohne Leiter durchgeführt werden. Es empfiehlt sich aber, daß einzelne Mitglieder Gestalterfahrung haben. Noch besser ist es natürlich, die Übungen mit einem Trainer zu machen, der sowohl Gestalt- als auch Organisationstrainer ist.

Übung 37: Meine Grundsätze in meiner Organisation

Ziele:

Diese Übung nimmt ihren Ursprung im Gestaltkonzept des Topdog-Underdog (Perls), das besagt, daß in uns immer zwei Tendenzen am Werk sind, die uns antreiben oder bremsen: Topdog ist derjenige Teil, welcher uns dazu verleitet, Vorsätze zu fassen, Grundsätze und Regeln aufzustellen, nach denen wir vorgehen sollen. Underdog ist sein Bruder, der bei allen guten Vorsätzen, etwas Bestimmtes zu tun, die passende Ausrede bereithält, um uns von der anstrengenden Umsetzung der Vorsätze in die Tat abzuhalten. Die beiden lieben sich, hassen sich, brauchen sich und bewirken, daß ein jeder von uns in Bewegung bleibt oder sich blockiert. In dieser Übung geht es darum, den Topdog kennenzulernen und zu sehen, woher die Grundsätze eigentlich kommen, die unser Tun (in der Organisation) bestimmen.

Zeit:
1 bis 2 Std.

Anleitung:

1. *Stelle eine Liste der fünf oder sechs wichtigsten Grundsätze (was ich sollte oder nicht sollte) zusammen, die für dich in deinem Beruf oder in deiner Institution gelten.*

2. *Versuche, für jeden Grundsatz den Ursprung festzustellen: Woher kam dieser Grundsatz ursprünglich, von wem (Dienstvorschriften, Vorgesetzter, Lehrer, Ehepartner, Eltern, Ausbildung, von dir selbst etc.)?*

3. *Versuche, dir bei jedem Grundsatz vorzustellen, wie du vorgehen oder handeln würdest, wenn du deinen natürlichen Neigungen statt des „sollte" oder „sollte nicht" folgen würdest.*

4. *Beschreibe ganz kurz, wie du dich selber stoppst oder davon abhältst, deinen Neigungen oder Bedürfnissen nachzugehen (z. B. weil du deinen Chef nicht enttäuschen willst, weil du gut sein willst etc.). Sei so konkret und spezifisch wie möglich, nenne Namen und mögliche Konsequenzen!*

5. *Versuche, dich nun in einem Rollentausch in die Lage dessen oder derer zu versetzen, die mit deinem Verhalten nicht einverstanden sein könnten. Was geschieht mit deinen negativen Erwartungen?*

6. *Wenn es möglich und durchführbar ist, versuche ein Treffen mit der betreffenden Person bzw. den betreffenden Personen zu arrangieren, wo du die verschiedenen Teile der Liste diskutieren kannst, um neue Möglichkeiten im Umgang miteinander zu finden.*

7. *Wenn dies zu schwierig ist, wäre es empfehlenswert, diesen Schritt 6 zuerst mit einem Freund oder einer Freundin durchzuführen. In diesem Fall ist es wichtig, einfach Reaktionen (nicht Ratschläge) zu geben.*
8. *Zum Schluß wäre es gut, nochmals zur Liste zurückzukehren und sie anzuschauen: Was ist gleich geblieben, was hat sich verändert? Was hast du schon ausprobiert?*

Übung 38: Widersprüche zwischen mir und meiner Organisation

Ziele:
In dieser Übung, welche aus der französischen Organisationstradition der Institutionsanalyse (Pagès) stammt, geht es darum, die subjektiv erlebten Widersprüche zwischen sich und seiner Organisation etwas näher zu betrachten. Da diese oft nur schwer zu benennen sind, können sie auch auf andere Arten als rein verbal ausgedrückt werden: Im Spielen einer Situation, in einem Sketch, als Collage u. ä.
Wichtiger Bestandteil ist der Austausch unter den Teilnehmern, der am besten unter Anleitung eines außenstehenden Trainers geschieht, der auch unbewußte Aspekte der Widersprüche oder die Verbindungen zu Widersprüchlichkeiten in der Organisationsstruktur feststellen kann (Pagès 1980).

Anleitung:
1. *Jeder Teilnehmer sollte sich zuerst die folgenden Fragestellungen einzeln überlegen und aufnotieren. Überlege dir auch gleich, wie du den anderen mitteilen willst: durch Vorlesen, durch nonverbales Darstellen, durch ein Rollenspiel, in dem du die anderen aufforderst mitzuspielen?*
2. *Die Fragen sind folgende:*
   Versuche dir vorzustellen, was du gegenüber deiner Organisation empfindest.
   An meiner Organisation:
   Ich liebe ...
   Ich liebe, aber ...
   Ich liebe, was ich verachte ...
   Ich bin sicher ...
   Ich bin sicher, aber ...
   Ich bin sicher, wovor ich Angst habe ...
   Ich zweifle ...
   Ich zweifle, aber ...
   Ich zweifle, woran ich glaube ...

Ich schäme mich ...
Ich schäme mich, aber ...
Ich schäme mich, worauf ich stolz bin ...
3. *Teile dies den anderen Teilnehmern in der Form mit, die du gewählt hast. Wie regieren sie darauf? Was ist ihnen klar, was nicht? Beobachtungen?*

Übung 39: Polaritäten

Ziele:
Sehr oft fällt es uns als Mitglieder einer Organisation schwer, Entscheidungen zu fällen, da wir Ambivalenzen spüren, welche sich in etwa die Waage halten können (dafür oder dagegen). Diese Ambivalenzen können uns selbst oder einer anderen Person gegenüber bestehen. Ziel dieser Übung ist es, diesen Ambivalenzen in einer typischen Gestalt-Übung (Dialog mit einem leeren Stuhl) nachzugehen und so ein Element der Ambivalenz deutlich in den Vordergrund zu holen und das andere im Hintergrund zu lassen. Ziel dieser Übung ist ein Prägnanzerlebnis.

Zeit:
ca. 30 Min. pro Teilnehmer

Anleitung:
1. *Zweier- oder Dreiergruppe.*
   Jeder Teilnehmer stellt sich vor und schreibt sich auf:
   (a) Ein Problem, das sie/er mit einer anderen Person in der Organisation hat (Chef, Mitarbeiter, Untergebener etc.), oder
   (b) ein Problem, das sie/er mit sich selbst hat (Ambivalenz gegenüber einer Entscheidung, die er/sie fällen müßte, Unzufriedenheit mit einem Aspekt in ihrem/seinem persönlichen, beruflichen Leben etc.).
2. *Sprecht euch ganz kurz darüber ab, wer zuerst arbeiten möchte. Der Protagonist setzt zwei Stühle hin für einen Dialog zwischen sich und dem anderen Teil des Problems oder zwischen seinen widerstrebenden Teilen.*
   Die anderen sind Beobachter. Wenn dies dir unangenehm ist, sprecht kurz darüber.
3. *Nun kannst du den Dialog durchführen, den Stuhl recht häufig wechseln.*
4. *Nach ca. 30 Minuten (oder, wenn du weniger Zeit brauchst, früher), macht ihr eine Pause und tauscht kurz aus.*
5. *Nachher Rollenwechsel.*

217

Funktion des Beobachters:

1. *Sei so entspannt wie möglich. Als Beobachter mußt du nicht unbedingt herausfinden, was vor sich geht, sondern einfach mit dem anderen sein.*

2. *Bevor ihr beginnt, wäre es sinnvoll, sich ganz kurz mitzuteilen, wo ihr gerade steht (ich bin nervös etc.).*

3. *Unterbreche den Dialog so wenig als möglich.*
   Schlage „Wechsel" vor, wenn der Partner zu lang in einem Stuhl saß.
   Ermutige ihn / sie, direkt zum anderen Stuhl zu sprechen, statt Reden zu halten.
   Ermutige ihn / sie, in der Gegenwart zu bleiben, statt in die Vergangenheit abzusinken.
   Ermutige sie / ihn, spezifisch zu sprechen — wer, was, wann, wo — statt in Generalisierungen und über das „allgemeine Problem".
   Wenn der Partner verwirrt zu werden scheint, ermutige ihn / sie, der „Person" im anderen Stuhl zu erzählen, was du im Moment willst („Im Moment möchte ich ...").
   Wenn dir etwas, was sie / er sagt, besonders wichtig zu sein scheint, ermutige sie / ihn, das nochmals zu wiederholen, um es klar zu hören.

4. *Mache dir während des Dialogs einige Notizen deiner eigenen Reaktionen und Gefühle: Wann und wo fühltest du dich gut, aufgeregt, schlecht, gelangweilt?*

Beispiel aus einem Seminar

Peter und Christel: Peter ist Drogenberatungslehrer an seiner Schule und hat die Situation bearbeitet, wie er für diese Aufgabe dem Rektor eine Stunde Dienstzeit abfordert. Das Dilemma ist, daß er dieses Amt auch aus sozialen Gründen angenommen hat und Hemmnisse hat, dafür etwas zu fordern. In seiner Beziehung zum Vater hat er auch nie fordern dürfen. Was er tat, wurde vom Vater als selbstverständliche *Pflicht* gesehen. Bei der Hot-Seat-Arbeit merkte er zum Schluß jedoch, daß ihm das Fordern leichter gefallen war, als er zu Anfang dachte. Christel wollte in dieser Übung nicht mit einem Problem arbeiten, sondern beschränkte sich auf die Beratung während der Arbeit von Peter. Darüber gibt Peter ihr ein sehr positives Feedback. Sie hat gut beobachtet, seine Problematik gut strukturiert und war ihm eine wirkliche Hilfe. Danach verschließt Christel sich ganz und sagt nur noch, daß ihr das Feedback zu öffentlich ist und sie nicht mehr darüber sprechen will. Darauf von Sonja angesprochen, macht sie erneut und energisch deutlich, daß sie nicht weiter darüber sprechen will.

Ewald und Dieter: Ewald setzt seine *Ordnungs*seite und seine *Chaos*seite gegenüber. Dabei stellt er fest, daß seine faule und unordentliche Seite ihm mehr Spaß und Lust macht, er sie aber unbewußt an andere Mitarbeiter delegiert und dann an ihnen kritisiert. Seine Ordnungsseite erleichtert ihm viel Arbeit, schafft ihm aber auch viele *Zwänge* hinsichtlich *Planung, Struktur* und *Zuverlässigkeit.* Dieter bearbeitet das Thema *Kontakt* und *Distanz* im Verhältnis zu seiner früheren Heimleiterin. Am Ende ist er sich nicht mehr im klaren, ob er überhaupt Kontakt haben will, und wenn ja, aus welcher Motivation heraus. Auf den Punkt gebracht, findet er zu dem Hintergrund, daß er angenommen sei.

Karl-Ernst und Klaus: Karl-Ernst bringt sein Problem ein mit einer bestimmten Gruppe. Er weiß nicht, ob er die *Gruppenleitung* (die er innehat) annehmen soll oder nicht. Bei der Übung hat er Kontakt mit einer *Angstsituation* bekommen. Darin geht es um sein *Verschulden* (möglicherweie) an einer Spaltung der Gruppe. Aus dieser Angst heraus hat er sich entschieden, die Gruppenleitung abzugeben. Klaus hat in seiner Arbeit ein Gespräch mit einem Verbündeten in einem Unternehmen, das er berät. Darin bittet er diesen um Unterstützung bei seiner Beratungsarbeit. Plötzlich bemerkt er, daß er selbst ratlos ist, obwohl es sein Beruf ist, zu beraten. Er weiß nicht, wie es zu dieser *Ratlosigkeit* kam, und sie verunsichert ihn, da sie scheinbar nicht ins Berufsbild paßt. Gerhard gibt ihm den Hinweis, einmal auszuprobieren, auch als Berater seine Ratlosigkeit, wenn sie da ist, zuzugeben.

Übung 40: Wahrnehmung (seiner selbst und des anderen)

Ziele:

Wahrnehmung ist einer der wichtigsten Bereiche des Lebens in Organisationen. In diesem Bereich können auch große Konflikte entstehen, wenn es darum geht zu bestimmen, welches die „offizielle" Wahrnehmung in der Organisation darstellt. Aus diesem Grunde ist es wichtig, Wahrnehmung zu schulen und Verzerrungen zu erkennen. So wird es besser möglich, trotz Wahrnehmungsunterschieden der gleichen Situation zu einer Einigung zu kommen. Diese Gestaltübung hilft, den Wahrnehmungsprozeß bewußt zu machen und offen zu legen und zeigt auch, wie schwierig Wahrnehmung ist, wieviel Energie Wahrnehmung braucht. Wichtig ist auch zu sehen, daß sich Wahrnehmung ständig ändert und im Fluß ist.

Zeit:
ca. 40 Min.

Anleitung:

1. *Diese Übung kann mit zwei bis vier Leuten durchgeführt werden, die man schon ein bißchen kennen sollte.*

   Setzt euch bequem hin (gegenüber, mit Rückenstütze) und beginnt, euch anzuschauen.

   Dann beginnt zu berichten, was ihr wahrnehmt oder seht, immer mit dem Satz „Jetzt sehe ich oder nehme ich wahr ...".

2. *Versucht nicht, rationale Gespräche oder Ideenaustausch zu machen, sondern einfach zu berichten, was ihr seht, fühlt oder hört. Wenn ihr euch gelangweilt fühlt, berichtet auch das. Schaut, was passiert.*

3. *Nach ca. 15 Min.* könnt ihr unterbrechen und austauschen, wie und
wo jeder seine Aufmerksamkeit am meisten hinlenkt, ob er denkt,
fühlt oder spürt? Bin ich normalerweie bei mir selbst oder versuche
ich mir vorzustellen, was der andere denkt oder fühlt? Wie nehme
ich hauptsächlich wahr, wie nicht?
4. Einige Zeit später wäre es gut, den Partner zu wechseln und die
Übung nochmals durchzuführen.
5. Zusammenkommen in der Gesamtgruppe, Austausch.

Beispiel aus einem Seminar

Klaus und Dieter: Für Klaus war das genaue Betrachten zuerst mit Überwindung verbunden, weil es für ihn irgendwie ein Einbruch in die persönliche Intimität war. Er fordert Dieter auf, verschiedene Positionen einzunehmen, um so vielseitiger wahrnehmen zu können.
Dieter stellt dar, daß er das Intimitätsproblem nicht hatte, jedoch feststellte, daß er sich innerlich distanzierte und Klaus mehr als Objekt wahrnahm und beschrieb. Er ging mehr in eine distanzierte Beobachterrolle, um so Kontakt und Intimität auszuschließen. Er ließ Klaus seine Position nicht verändern, sondern paßte sich an ihn an, indem er ihn von verschiedenen Seiten ansah, während Klaus in der Ursprungshaltung blieb. Er wurde angesprochen, wie weit Dieter selbst verändert und wann er sich verändern läßt durch sein Umfeld. Gerhard sagt, er solle einmal darauf achten, wann dieser *Gegensatz* kippt.

Christel und Peter: Christel hat Schwierigkeiten damit, Dinge zu sehen und schlicht und einfach zu benennen. Es ist ihr zu langweilig, nur Daten aufzuzählen, und so hat sie bei Peter auch immer *Erklärungen* zu ihren Wahrnehmungen dazugetan. Sie hat auch Schwierigkeiten damit, daß Peter sie beschrieben hat. Bei Kleidung, Schuhen usw. nicht, jedoch z. B. bei ihren Armen war ihr nur das Benennen schon zu öffentlich. Peter hatte bei Christels Beschreibungen plus Erklärung zuerst den Impuls, daß sie die Spielregel verletzt, hat es dann aber akzeptiert. Er merkte jedoch, wie er innerlich dazu gezwungen wurde, die Erklärungen zu überprüfen.

Ewald und Karl-Ernst: Ewald spricht davon, wie gut Karl-Ernst ihn beschrieben hat, sogar Dinge, die er vorher gar nicht von sich wußte. Christel fordert ihn auf, doch einmal etwas davon konkret zu beschreiben. Darauf reagiert Ewald gereizt und fühlt sich verletzt. Schon in den vorangegangenen Tagen waren ähnliche Kommunikationsabläufe zwischen beiden passiert. Christel fühlt sich bei Ewalds Erläuterungen gereizt, greift ihn daraufhin an, und Ewald fühlt sich angegriffen und macht dicht. Gerhard sagt, daß er dabei ein *Ritual* vermutet, da dieser Prozeß immer gleich und quasi automatisch abläuft. Da beide in der gleichen Weiterbildungsgruppe sind und sie diesen *Konflikt* mitgebracht haben, fordert Gerhard sie auf, daran *in ihrer Gruppe* zu arbeiten. Karl-Ernst thematisiert aus der Übung sein Offen- und Verschlossensein. Im Zusammenhang mit seiner *Pokerstrategie* bringt es Probleme auf in der Zusammenarbeit mit potentiellen Mitspielern. Da er nicht offen spielt, sind auch die Mitspieler überfordert und verweigern aus dieser Situation heraus eine optimale Mitarbeit.

Übung 41: Konfluenz

Ziele:
Konfluenz ist ebenfalls ein wichtiges Konzept der Gestalt und steht im
Gegensatz zu Kontakt. Kontakt heißt, die Unterschiede anzuerkennen.

Konfluenz ist ein Zustand, wo man mit seinem Gegenüber „zusammenfließt", wo kein Unterschied zwischen Ich und Du besteht. Dies kann im Kontakt mit anderen Mitgliedern einer Organisation störend sein, weil es auch hier gilt, Ähnlichkeiten und Unterschiede zu sehen und anzuerkennen. Ziel dieser Übung ist es, Ähnlichkeiten und Unterschiede zu anderen zu sehen. Unausgesprochenes in diesem Bereich kann häufig zu Schwierigkeiten oder Blockierungen in einer Arbeitsbeziehung führen. Die Übung stellt einen ersten Schritt in Richtung „Aufweichung" dar.

Zeit:

ca. 40 Min.

Anleitung:

1. Die Übung kann mit Halbgruppen oder Paaren durchgeführt werden. Wenn wir Halbgruppen machen, sollte jeder Teilnehmer jemanden aussuchen, mit dem er eine Beziehung hat (kennen, Arbeitsbeziehung).

2. Jeder macht ein paar Notizen oder überlegt sich vier oder fünf Dinge, die er an der Beziehung mit dem anderen mag, und auch vier oder fünf Dinge, die er nicht mag — speziell Situationen oder Charakteristiken, die ihm schwierig sind, die sich negativ auswirken (15 Min.).

3. Versucht herauszufinden, wie ihr es vermeidet, mit der anderen Person über diese Dinge zu sprechen. Welches sind die vermuteten Schwierigkeiten oder Risiken dabei? Seid so konkret wie möglich! (Indem ihr immer weiter fragt: Und dann, was würde geschehen?)

4. Tauscht untereinander mit dem Partner aus, wie es euch gegangen ist. Die geschriebenen Listen sollten nicht ausgetauscht werden, sie sind lediglich Gedächtnisstützen.

Übung 42: „Ideal-Organisation" („Wenn ich der König wäre ...")

Ziele:

Jeder von uns hat Vorstellungen über eine Ideal-Organisation und ihren Aufbau. Er würde sie auch sofort in die Wirklichkeit umsetzen, wenn er die Macht hätte, wenn er weniger Angst hätte ... Diese Übung arbeitet mit der Rolle des Königs, der in einer Art magischen Tuns diese Ideal-Organisation schaffen kann. Vordergründig ist es eine Phantasie-Übung, doch stecken sehr viele realisierbare Ideen in einem solchen Szenario. Die Übung kann als Ausgangspunkt für eine konkrete Aktionsplanung, welche Bestandteil jeder Organisationsentwicklung ist, betrachtet werden. *Ganz ähnlich wie in zahlreichen Kreativitätstechniken stellt auch hier das „uneingeschränkte Setting" einen wichtigen Impulsgeber dar, weil das Kriterium „realistisch" gerade im Bereich von Organisationen eine wichtige Rolle spielt und nur allzu oft als Sachzwang Neuerungen verunmöglicht.*

Zeit:
Hängt von der Größe der Gruppe ab.

Anleitung:
1. *Viele von uns würden viele Dinge, Gegebenheiten und Abläufe in ihrer Organisation ändern, wenn sie nicht Angst hätten, die anderen würden diese Vorschläge verwerfen, schlecht finden und bekämpfen. Stelle dir vor, du wärst in deiner Organisation König und könntest solche Veränderungen einführen. Stelle eine Liste von zehn Dingen zusammen, die du verändern möchtest. Es wäre so, daß niemand irgendwelchen Widerstand entgegenbringen würde.*
2. *Spiele den König in deiner ganzen Souveränität, der die Organisation nach deinem Gutdünken verändern könnte. Gib dies laut bekannt, verkünde es. Die übrigen Teilnehmer versuchen, auf deine Wünsche und Veränderungsvorschläge zu reagieren, sich in die Rollen der Organisationsmitglieder zu versetzen.*
3. *Versuche zu spüren, was mit dir passiert, wie du reagierst. Die Teilnehmer versuchen auch zu spüren, wie sie innerlich reagieren.*
4. *Erzähle, wie es dir als König ergangen ist: wo fühltest du dich gut, wo und wie blockiertest du dich? Die Teilnehmer: Wo fühltet ihr euch gut, wo blockiertet ihr euch?*
5. *Folgerungen. Dann: Der nächste Teilnehmer spielt die Rolle des Königs.*

Übung 43: „Selbst-Grenzen"

Ziele:
Jede Organisation kann gesehen werden als ein unsichtbares Trapeznetz, in dem ich als Mitglied entweder hänge oder durch die Maschen hindurchfallen kann. Entsprechend kann die Organisation für mich hindernd oder fördernd sein, einen Schutz oder eine Bedrohung darstellen. Da die Mitglieder der Organisation letzten Endes Menschen sind und „ihr Selbst präsentieren" — wie Goffmann sagen würde —, stellt das Phänomen der „Selbst-Grenzen" eine wichtige Dimension dar. Da man sich in einer Organisation nicht von Person zu Person, sondern von Rolle zu Rolle begegnet, ist es wichtig, sich abzugrenzen.

Dies darf aber nicht zu stark ausfallen, weil man sonst nicht mehr offen für Kontakt ist. Diese schwierige Balance, wo auch das Risiko von Verletzungen groß ist, wird in dieser Übung angesprochen.

Anleitung:

1. *Versuche, dir eine Situation in deiner Organisation oder in deinem Berufsleben vorzustellen, wo du deine Grenzen verlierst oder verloren hast, wo du aufgeregt, unsicher bist, wo du dich nicht mehr in dir selber ruhend fühlst. Versuche zu spüren, wie die Situation ist, wie du in dieser Situation bist. Wie fühlst du dich? Was geschieht? Versuche in die Situation hineinzugehn und dir zuzugestehen: Ich verliere meine Grenzen!*

2. *Versuche, in einem nächsten Schritt mit deinem körperlichen Selbst in Berührung zu kommen. Wie sind deine Füße auf dem Boden, wie sitzt du, wie sind deine Arme, wie fühlt sich deine Wirbelsäule an? Versuche, dich aufrecht und bequem hinzusetzen. Wenn du soweit gekommen bist, sage ganz langsam zu dir selbst: Hier bin ich! Wiederhole es so oft, bis nicht nur dein Körper, sondern auch der Kern deiner Selbst zu dir kommt. Wenn dies nicht geht, versuch mit der Nervosität oder deinem gegenwärtigen Gefühl in Kontakt zu kommen. Gib ihm eine Stimme! Sprich mit ihm!*

3. *Wenn du dich immer noch unsicher oder ängstlich fühlst, frage dich selber einmal: Was könnte das Schlimmste sein, was mir jetzt passieren könnte? Gib selbst die Antwort. Tausch es mit einem Partner aus.*

4. *Wenn du noch weitergehen willst, versuche folgendes: Höre hin, wenn jemand etwas Kritisches oder Bedrohendes zu dir sagt. Wenn du spürst, daß es zutrifft, laß es wirken, alle Aspekte davon. Wenn es nicht zutrifft, laß es gehen. Spürst du einen Kampf oder eine Verzweiflung in dir, geh in sie hinein, spüre sie voll und ganz. Und dann schau dir ein bißchen zu. Was siehst du? Austausch mit anderen.*

7.5 Lernen in Organisationen

Die bisherigen Ausführungen zum erfahrungsorientierten Lernen und zum Aufbau wichtiger damit verbundener Institutionen wie Schule, Hochschule oder Erwachsenenbildungsorganisationen zeigen, daß es nicht einfach ist, die Zielsetzungen der Humanistischen Pädagogik (d. h. erfahrungsorientierten Lernens) mit denen der jeweiligen Institutionen zusammenzubringen: Lernen findet in einem

unmittelbarer Lernzweck Aspekte	Erwerb von Wissen und Fertigkeiten	Fähigkeit, Probleme zu lösen	Selbsterfahrung (Lernen über sich selbst)
Trägerinstitutionen	Schulen, inkl. Hochschule, Berufsausbildung	berufliche Weiterbildung, Fachspezialisten	emanzipatorische Erwachsenenbildung
Stellenwert des Stoffes bzw. der Inhalte	Funktionswert, Bildungskanon, objektver Bildungswert	Mittel zum Zweck, gegebene Problemstellungen zu lösen	Mittel zu individuellen Zwecken, subjektives Interesse oder Selbstzweck
Rolle des Lernenden	Speicher für Inhalte	Problemlöser	sein Selbst Suchender
Rolle des Lehrenden	Wissender, Übersetzer, Instruktor, Vermittler, Verfechter	Helfer, Quelle für Kenntnisse, Moderator	Berater, „Guide", Animator, „Freund"
Art der Lernziele	Verfügen über Informationen, Tatsachen und präzises Verhaltensrepertoire	Lösen des Problems, Sicherheit in der Anwendung der Methoden zur Problemlösung	Selbsterkenntnis, Selbstfindung, Selbstentfaltung
hauptsächlichste Methodenkategorien	kognitive, rezeptive, lehrerzentrierte Methoden, objektivierte Medien, Tendenz zu Drill und Prüfung, geschlossenes Curriculum	kognitive, soziale, aktivierende Methoden, Tendenz zu Üben, Erproben und Bewerten, teiloffenes Curriculum	affektive, soziale, aktivierende, ganzheitliche und teilnehmerzentrierte Methoden, Tendenz zu offenem Curriculum und autonomen Lernen
einflußreichste Lerntheorien	Denkpsychologie, Stimulus-Response-Behaviorismus, Gestalt- und Feldtheorie	Kreativitätspsychologie, experimentelle Psychologie, Gestalt- und Feldtheorie	Humanistische Psychologie, Gestalt- und Feldtheorie, Tiefenpsychologie
philosophische Orientierung	Idealismus, Positivismus, analytische Philosophie	pragmatische Richtungen	Existentialismus Phänomenologie Personalismus

Tabelle 4: Unmittelbare Zielsetzungen des Lernens (aus IAP o. J.)

Kontext statt, der mitberücksichtigt und mitentwickelt werden muß. Hier kann die Organisationsentwicklung als Bindeglied dienen. Zusammenfassend wollen wir dies in den folgenden Tabellen verdeutlichen. Die Tab. 4 gibt Aufschluß über die wichtigsten oder primären Lernzwecke: Was ist eigentlich die Zielsetzung des Lernens? Ist es:
1. Der Erwerb von Wissen und Fähigkeiten?
2. Die Fähigkeit, Probleme zu lösen?
3. Lernen über sich selbst (Selbsterfahrung)?

Diese Fragestellung beeinflußt später die Art der Trägerinstitution, den Stellenwert der Inhalte, die Rolle von Lehrenden und Lernenden, die Art der Lernziele, die Wahl der Methoden.

Sehr viele der Widerstände gegenüber erfahrungsorientiertem Lernen von Seiten von Trägerinstitutionen können besser verstanden werden, wenn Sie dieses Zusammenspiel von Struktur, Zielsetzungen und Prozessen besser verstehen. Um dies noch deutlicher zu machen, möchten wir in der nächsten Gegenüberstellung von *Daily* (1984, S. 66 f.; Übersetzung G. F.) den Unterschied zwischen traditionellem und offenem (erfahrungsorientiertem) Lernen in Organisationen aufzeigen. Die Autorin geht von den — vielleicht etwas zu plakativ — vereinfachten Gegensätzen Pädagogik vs. Andragogik und traditionelle, hierarchische Organisationen vs. offene, zukunftsorientierte Organisationen aus (Tab. 5 und 6).

Damit die Andragogik, welche die Grundannahmen des erfahrungsorientierten Lernens vertritt (z. B. Selbstlenkung, Erfahrungsorientiertheit, Bereitschaft zu lernen und Problembezogenheit), zum Tragen kommt, werden die Grundannahmen, die Struktur und das Verhalten einer traditionell-hierarchischen Organisation in Frage gestellt. Die *wichtigsten Komponenten des Organisationslebens*, nämlich *Struktur*, *Kultur* und *Führung*, sollten überprüft, diagnostiziert und ggf. verändert werden.

In *traditionellen, bürokratischen Organisationen* sieht die Struktur (die Fähigkeit, sich an neue Umgebungen anzupassen) so aus, daß die Motivation der Mitglieder zur Selbst-Verbesserung und zum Lernen kleiner ist als in offenen (*Knowles* 1978, S. 113). „Die *Struktur* diktiert oftmals die sozialen Rollen der Mitglieder, die Verteilung von Macht, das Kontrollsystem, das Belohnungssystem, das Informationssystem und die Kommunikationsprozesse ganz allgemein. Sie entspricht der klassischen Pyramide. Sie wird dominiert durch Vorschriften, Regeln und Prozeduren, welche auf Mißtrauen basieren. Die beiden sich entsprechenden Systeme (Pädagogik und Bürokratie) ergänzen sich gegenseitig, weil der Übergang von der Kindheit und das bürokratische

Traditionelles Lernen (in Organisationen)		
	Pädagogik ("pedagogy")	traditionelle, hierarchische Organisationen
Struktur	basierend auf Alterungsprozeß, fach- bzw. lehrplanorientiert, rigide Form, Regeln — Vorgehensvorschriften — Gesetze	pyramidenförmig, bürokratisch, hierarchisch, rigid, statisch, ritualisierte Regeln, Prozeduren, Gesetze
Atmosphäre	autoritätsorientiert, formal, wenig Vertrauen, wettbewerbsorientiert, Gewinner-Verlierer-Situationen	Befehls-Kette, formal, steif, wenig Vertrauen, wettbewerbsorientiert, Gewinner-Verlierer
Führung	lehrerdominiert, kontrollierend, stark aufgabenorientiert, wenig beziehungsorientiert, Grundannahme: Schüler sind unreif, abhängig; wenig Risiko; schätzt Erfahrung nicht hoch ein	Seniorität wichtig, kontrollierend, stark aufgabenorientiert, wenig beziehungsorientiert, Grundannahme: Mitarbeiter sind unreif, abhängig; wenig Risiko, schätzt senioritätsbezogene Erfahrung hoch ein
Planung	durch Administration und Lehrer, hebt rationale, legale Mechanismen hervor; Vorschriften, Pläne und Entscheidungen, hoch politisch	durch das Top-Management, hebt legale, rationale Mechanismen hervor; Entscheidungsfindung durch Vorschriften und deren Durchführung; hoch politisch, das Territorium beachtend
Motiviation	durch externe Belohnungen und Strafen	durch externe Belohnungen und Strafen
Kommunikation	in einer Richtung, abwärts; Übermittlungstechniken, Unterdrückung von Gefühlen	von oben nach unten, verborgene Botschaften ("hidden agendas"), Unterdrückung von Gefühlen
Evaluation	durch den Lehrer, normorientiert (Durchschnittskurve), Noten, subjektiv	durch den Vorgesetzten, budgetorientiert (%), leistungsorientierte Berichte, subjektiv

Tabelle 5: Traditionelles Lernen in Organisationen *(Daily* 1984)

	Erwachsenenbildung ("andragogy")	offene, zukunftsorientierte Organisationen
Struktur	flexibel, offen, breit, empfänglich, interdisziplinär, entwicklungsorientiert	flexibel, temporär ("task forces": Aufgabengruppen, ad hoc), empfänglich, Netzwerke, ganzheitlich, ziel- und absichtsorientiert
Atmosphäre	entspannt, vertrauend, mit gegenseitigem Respekt, informell, warm, kollaborativ, unterstützend, Gewinner-Gewinner	menschenorientiert, mitmenschlich, informell, warm, privat, zielorientiert, Gewinner-Gewinner
Führung	innovativ, kreativ, stark aufgabenorientiert, stark beziehungsorientiert, interdependente, reife Beziehung, betreuend, Vorbild, modellhaft, hohes Risiko, erfahrungsorientiert	innovativ, kreativ, stark aufgabenorientiert, stark beziehungsorientiert, interdependentes, reifes Teamwork, persönliche Entwicklung, Karriereplanung, hohes Risiko, erfahrungsorientiert
Planung	durch Administration, Lehrer und Studenten, gegenseitige Bedürfniserhebung, Analyse der kollaborativen Bedürfnisse, gegenseitiges Verhandeln, problemorientiert	Beteiligung von allen Betroffenen, kollaborative Entscheidungsfindung und Durchführung, Entscheidungsfindung durch Problemlösung
Motivation	durch innere Verstärker (Neugier), selbst-gelenkt, Lernkontrakt	positive Erwartungen, intrinsisch, Lernkontrakt
Kommunikation	Zweiweg, mit gegenseitigem Respekt, Ausdruck von Gefühlen erwünscht, unterstützend	mit mehreren Kanälen (aufwärts, abwärts, lateral), Gefühle werden ausgedrückt, respektvoll
Evaluation	kriterienorientiert, objektiv und subjektiv, Standards gemeinsam bestimmt	zielorientiert, objektiv und subjektiv

Tabelle 6: Offenes (erfahrungsorientiertes) Lernen in Organisationen *(Daily* 1984)

227

Leben relativ stabil und konsistent waren" (*Daily* 1984, S. 64). Die *Kultur der Organisation* spielt eine wichtige Rolle (vgl. *Fatzer* 1983c) im modernen Organisationsleben, weil sie einen großen Einfluß auf das langzeitige Verhalten in Organisationen ausübt.

Kultur kann gesehen werden als „integriertes Muster des menschlichen Verhaltens, welches Denken, Sprechen, Aktion und Artefakte (z. B. Bauten) umfaßt und abhängt von der Fähigkeit der Mitglieder zum Lernen und zum Übermitteln von Wissen an kommende Generationen" (Webster-Dictionnary). In Organisationsbegriffen ausgedrückt: Kultur ist „die Art und Weise, wie man die Dinge hier macht" (*Daily* 1984, S. 64).

Die Organisationskultur kann nachgewiesen werden durch das Wertsystem und durch das Klima. „Das Klima der traditionellen, hierarchischen Organisation ist charakteristischerweise formal und mißtrauend. Das Wertsystem verstärkt Konkurrenzverhalten nach der Art von ‚Gewinner und Verlierer' " (*Daily* 1984, S. 64).

Zusammen mit der Struktur und der Kultur hat die *Führung* einen großen Einfluß auf die Veränderungsfähigkeit einer Organisation.

„Führer in traditionellen Organisationen haben daher ihr Hauptaugenmerk auf Kontrolle, machen alle Entscheidungen selbst und vermeiden jegliches Risiko. Seniorität überwiegt gegenüber Kompetenz, und Erfahrung wird mehr nach dem Kriterium der Länge als des Wachstums bemessen." (*Daily* 1984, S. 66)

Wenn in einer Organisation die kreativen Energien der Mitglieder freigesetzt werden sollen, sollten alle drei Variablen in Richtung der andragogischen Grundannahmen oder des offenen Systems verändert werden.

Ein *offenes System* könnte dadurch charakterisiert werden, daß es adaptiv, flexibel und reaktionsfähig auf interne oder externe Stimuli ist (z. B. Umweltveränderungen). Mehrkanalige Kommunikation, „networking" (Aufbau von Netzwerken), Innovation, Kreativität und Eingehen von Risiko wären weitere Stichworte zum offenen System. *Peters, Waterman* (1983) haben dies für die erfolgreichsten amerikanischen Firmen überzeugend gezeigt; für den Bereich von Schulen liegt der entsprechende Bericht zur „exzellenten Schule" von *Sergiovanni* (1984) vor.

Bei einem Übergang von einer traditionellen Form zu einem offenen System treten die allseits bekannten Widersprüche und Paradoxien auf, welche heute sehr oft das „Lernen in Organisationen" prägen: Leiter erwarten von den Organisationsmitgliedern reifes, selbstgesteuertes Verhalten, intervenieren aber trotzdem häufig in der Rolle von ungeduldigen Eltern. Die Teilnehmer werden verwirrt und reagieren manchmal abhängig, unabhängig oder interdependent. Das erzeugt Spannung, Frustration und Widerstand auf allen Seiten: Organisations-Schizophrenie (*de Vries* 1984). Die Grundannahmen eines andragogischen Organisationsmodells wären folgende:

— Die Leitung wird durch reife Erwachsene wahrgenommen.
— Die Leitung versteht, daß das andragogische Modell des Lernens ein Prozeßmodell ist.
— Die Struktur enthält Elemente des Erwachsenen-Lernprozesses (Verhandlung, gemeinsame Planung, interdisziplinäre Kommunikation, „Netzwerken").
— Die Organisationskultur stellt eine Umgebung für Lernen zur Verfügung.
— Das Belohnungssystem ermuntert die Mitglieder, sich als Erwachsene zu verhalten und erlaubt ihnen, selbstgelenkt zu sein. Widersprüche sind Ausgangspunkt des Lernens.

Wenn Sie als Animateur oder Leiter erfahrungsorientierte Lernprozesse in Gang setzen helfen, sollten Sie das Bewußtsein für den Kontext, für das „Lernen in Organisationen" schärfen, auch wenn Sie im ersten Moment nicht genau charakterisieren können, wie „Ihre Organisation" eigentlich aussieht.

Wenn Sie diese Ausführungen und Tabellen vergleichen mit dem gestaltpädagogischen Unterrichtswürfel von *Newberg* oder mit dem Gestaltexperiment „Das Gedicht", dann werden die Zusammenhänge überdeutlich. Für Sie als Lehrer, Kursleiter oder ganz allgemein „Inszenierer von Lernprozessen" drückt die Umgebung dem Lernen sehr oft einen Stempel auf, der Ihre eigenen Zielsetzungen unterstützen oder neutralisieren kann. Das folgende „Konflikt-Rollenspiel" aus einem Kurs „Kreativität in der Erwachsenenbildung" drückt dies sehr schön aus.

Konflikt-Rollenspiel „Die Leistungsverweigerung" oder „Was ist Unterricht?"

Frau Regula Meier, eine Lehrerin für Krankenpflege an einem größeren Spital, schildert die Situation folgendermaßen:

Situationsschilderung
— Klasse besteht aus 23 Schülerinnen; zehn von ihnen schweigen, 5er Gruppe macht Verweigerung.
— Gruppen- oder Clanbildung wurde verstärkt.
— Die 5er Gruppe macht aktive Verweigerung, sie bringt ihre Beiträge nur auf Aufforderung hin.
— Sobald ich Leistung verlange, entsteht ein Konflikt.

— Die 5er Gruppe ist nur einverstanden mit meinem Unterricht, wenn ich 50minütige Referate halte, wo sie machen können, was sie wollen.
— Meine Vorstellungen von Unterricht umfassen erfahrungsorientiertes Lernen wie Gruppenarbeit und Rollenspiel, doch sie blockieren.
— Die fünf terrorisieren den Rest der Klasse.
— Ich habe ohne Resultat Einzelgespräche versucht mit dem Thema: Was ist die Schwierigkeit?
— In der Klasse habe ich schon ein Konfliktgespräch vorgeschlagen. Resultat: keines. Zuerst wurde ich zornig, dann: resignierte ich, zum Schluß fühlte ich mich als Versager und kam mir hilflos vor.
— Mein Problem: Sie machen nicht aktiv mit. Wenn ich dies anspreche, antworten sie: Das ist nicht unser Problem.
— Mein Ziel wäre: Wieder ins Gespräch kommen, Akzeptation.
— Meine vorläufige Schlußfolgerung: Es gibt offenbar Konflikte, die man stehenlassen muß!

Spielinstruktion
Ich schlage vor, daß eine andere Teilnehmerin die Rolle der Lehrerin übernimmt, daß jemand die Rolle der übrigen Schülerinnen spielt und daß Frau Meier die Rolle der verweigernden Schülerinnen übernimmt. Dazu kommen ein Spielleiter und ein Beobachter.

Ausschnitte aus dem Spielverlauf
Lehrerin: Ich möchte euch vorschlagen, daß wir über die Situation sprechen. Mir ist es nicht wohl, so zu unterrichten. Ich merke, daß die Atmosphäre nicht gut ist, und würde gerne von euch hören, wie ihr das seht.
Schülerin, die zu den Leidtragenden gehört (A): Ich finde auch, daß der Zustand unhaltbar ist. Ihr fünf wollt immer nur Referate hören und engagiert euch überhaupt nicht für die Schule. Mir stinkt das schon seit langem, ich habe die Nase voll, mich von euch weiterhin terrorisieren zu lassen.
Schülerin, die zur Fünfergruppe gehört (B): Ich weiß gar nicht, was diese Diskussion überhaupt soll. Ich bin einfach hier, um mein Diplom zu machen. Alles andere interessiert mich nicht. Und die Gestaltung des Unterrichts ist Sache der Lehrerin. Das betrifft uns nicht.
Schülerin A: Ich finde diese Einstellung echt katastrophal. Ihr seid nur hier, um euer Diplom zu erhalten. Sonst nichts.
Schülerin B: Ja. Und was den Unterricht betrifft, so möchte ich einfach eine ganz klare Struktur. Und schließlich sind wir ja nur hier, um unser Diplom zu machen.
Lehrerin: Vielleicht könnten wir einmal darüber diskutieren, was das Diplom für euch bedeutet.
Schülerin B: Dazu habe ich überhaupt keine Lust. Ich weiß einfach, daß ich das Diplom machen muß. Das ist alles.
Das Gespräch geht dann noch weiter, fährt sich aber sehr schnell fest.

Auswertung
Im Rahmen der Auswertung wird klar, daß ein ergiebiges Gespräch nicht möglich zu sein scheint. Nachdem zuerst die Schülerinnen ins Gespräch kamen, verpaßte die Lehrerin die Gelegenheit, hier anzusetzen. Allerdings wird Frau Meier in der Rolle der widerspenstigen Schülerin sehr schnell klar, wie groß die Angst dieser Schülerin sein muß, wenn ihr Widerstand so massiv ist. Sie scheint sehr hilflos zu sein und ist offenbar verloren, wenn nicht die Lehrerin klar strukturiert. In einer Phase des Gesprächs schien es, daß die Schülerinnen in eine Konfrontation kommen könnten. Allerdings griff die Lehrerin — durchaus mit guten Absichten — ein mit der Bitte, doch die Frage nach der Bedeu-

tung des Diploms zu diskutieren. Beide Schülerinnen reagierten negativ, da gerade das Stichwort „Diplom" in einem solchen Rahmen sehr unterschiedliche Bedeutungen haben kann. Die Lehrerin wollte im ehrlichen, guten Sinne das Thema vorschlagen. Die Schülerinnen reagierten allerdings sehr stark, weil „Diplom" nicht nur ein Thema im neutralen Sinne darstellt, sondern weil damit auch das ganze Hierarchieverhältnis Lehrerin-Schülerinnen angesprochen wird. Wenn die Lehrerin eine derart starke Reaktion feststellt, müßte sie diesen Sachverhalt sicherlich ansprechen. Auf jeden Fall half dieses Rollenspiel Frau Meier, sich in die Lage der Schülerin zu versetzen, den Hintergrund des Widerstands zu verstehen. Sie spürte etwas von der Komplexität des Lernens in Organisationen, wo vordergründig harmlose Stichwörter wie „Diplom" für die Beteiligten sehr unterschiedliche Bedeutungen haben und blitzschnell das Gespräch blockieren können.

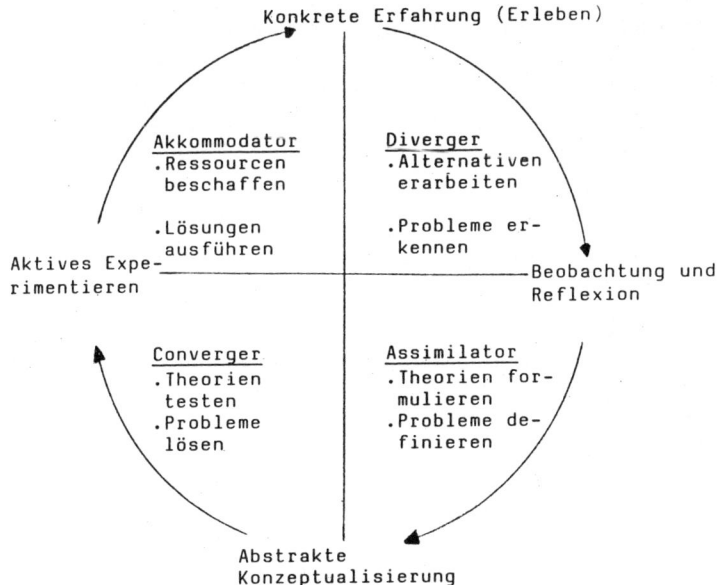

Abbildung 7: Erfahrungsorientiertes Lernmodell (nach *Kolb* 1971)

7.6 Lernstile und Lerntypen

Der amerikanische Organisationspsychologe *D. A. Kolb* (1971) hat festgestellt, daß erfahrungsorientiertes Lernen aus vier verschiedenen Aspekten besteht: konkrete Erfahrung, Beobachtung und Reflexion, abstrakte Konzeptualisierung und aktives Experimentieren. Diese vier verschiedenen Tätigkeiten oder Fähigkeiten sind bei verschiedenen Menschen unterschiedlich ausgebildet. Manche Menschen lernen primär durch konkrete Erfahrung, durch Beobachtung, durch abstrakte Konzeptualisierung oder durch aktives Experimentieren. Dies charak-

231

terisiert unterschiedliche *Lernstile*. Das erfahrungsorientierte Lernmodell von *D. A. Kolb* (1971) ist in Abb. 7 dargestellt.

Die vier unterschiedlichsten Lernstile sind in Tab. 7 charakterisiert.

Konkrete Erfahrung: Rezeptiver, erfahrungsorientierter Ansatz des Lernens, der stark auf gefühlsorientierten Urteilen basiert. Einfühlsame, am Menschen orientierte Lehrer. Finden theoretische Überlegungen nicht hilfreich, ziehen Einzelfallbetrachtung vor. Lernen am meisten durch Feedback von „Peers" (Gleichgesinnten).

Abstrakte Konzeptualisierung: Analytischer, konzeptioneller Ansatz des Lernens, basiert stark auf logischem Denken und rationaler Evaluation. Mehr orientiert auf Dinge und Symbole als auf Menschen. Beste Lernsituation: Autoritätsgelenkt und unpersönlich, Betonung von Theorie und systematischer Analyse. Solche Menschen sind frustriert durch offene Lernsituationen des Entdeckungslernens wie Übungen oder Simulationen.

Aktives Experimentieren: Aktive, „tätige" Orientierung gegenüber Lernen, die stark auf Experimentieren basiert. Beste Lernformen sind: Projekte, Hausaufgaben, Kleingruppendiskussionen. Abneigung gegenüber passiven Lernformen wie Vorlesung. Diese Lerner sind meistens extravertiert.

Reflektive Beobachtung: Annähernder, zögernder und reflektierender Zugang zum Lernen. Solche Lerner stützen stark ab auf sorgfältige Beobachtung, um sich ein Urteil zu bilden. Sie ziehen Lernsituationen wie die Vorlesung vor, welche ihnen erlaubt, die Rolle des „objektiven Beobachters" einzunehmen. Eher introvertiert.

Tabelle 7: Vier Lernstile nach *Kolb* (1971)

Diese Lernstile und Lerntypen treten sehr selten in Reinformen auf. Der Ansatz von *Kolb* erweist sich als sehr aussagekräftig für das Verständnis von Lernen in Organisation oder Lernen überhaupt. Es wird verständlich, daß Sie als Lehrer oder Trainer z. B. mit erfahrungsorientierten Lernformen am ehesten den „Diverger" und den „Akkommodator" erreichen können, während strukturierte und kognitive Lernformen eher dem „Converger" oder „Assimilator" entsprechen. Auf dem Hintergrund dieses Modells wird auch verständlich, warum bestimmte Schwierigkeiten in Teams oder Schülergruppen auftauchen können, wenn man sich nur auf eine Lernform beschränkt. Vielleicht haben Sie Lust, zum Schluß dieser Ausführungen einen kleinen Selbsteinschätzungs-Lerntest zu machen, um herauszufinden, welchem Lerntyp (nach *Kolb*) sie entsprechen.

Daraus ergeben sich die in Tabelle 8 dargestellten Lerntypen.

Der Converger: Die dominanten Lernfähigkeiten sind Abstrakte Konzeptualisierung (AC) und Aktives Experimentieren (AE). Die größten Stärken des Convergers liegen in der praktischen Anwendung von Ideen. Diese Person ist dort am besten, wo es eine eindeutige Antwort auf eine Frage oder ein Problem gibt. Die Forschung zeigt, daß Converger relativ unemotional sind und es vorziehen, mit Dingen statt mit Personen zu tun zu haben. Sie tendieren dazu, enge technische Interessen zu haben und spezialisieren sich meist auf technische Wissenschaften. Dieser Lernstil ist charakteristisch für viele Ingenieure.

Der Diverger: Hat die gegenteiligen Lernstärken des Convergers. Diese Person beherrscht den Bereich der Konkreten Erfahrung (CE) und der Reflektiven Beobachtung (RO) am besten. Sie verfügt über die spezielle Fähigkeit, konkrete Situationen von vielen Perspektiven zu betrachten. Wir nennen diesen Typus den Diverger, weil er ein Ideengenerator ist, wie dies im Brainstorming angestrebt wird. Die Forschung zeigt, daß Diverger interessiert an Menschen, imaginativ und emotional sind. Sie haben breite kulturelle Interessen und tendieren in Richtung Kunst. Dieser Stil ist typisch für Leute im Bereich von Gesellschafts- und Geisteswissenschaften. Berater, Organisationsberater und Personalverantwortliche können oft durch diesen Lernstil charakterisiert werden.

Der Assimilator: Seine dominanten Lernfähigkeiten sind Abstrakte Konzeptualisierung (AC) und Reflektive Beobachtung (RO). Die größte Stärke einer solchen Person liegt im Erarbeiten von theoretischen Modellen. Sie kann verstreute Beobachtungen in eine integrierte Erklärung einbringen. Diese Person ist, ebenso wie der Converger, weniger interessiert an Menschen und beschäftigt sich mehr mit abstrakten Konzepten, aber weniger mit der praktischen Anwendung von Theorien. Die Theorie muß präzis und logisch sein, wenn nicht, würde eine solche Person die Fakten nochmals überprüfen. Mathematik und Naturwissenschaften sind hauptsächliches Interesse. In Organisationen findet man diesen Lernstil meist in Forschungs- oder Planungsabteilungen.

Der Akkommodator: Er hat die gegenteiligen Lernstärken des Assimilators. Diese Person ist am besten im Bereich der konkreten Erfahrung (CE) und des Aktiven Experimentierens (AE). Sie kann am besten Dinge ausführen, Pläne oder Experimente, und sich in neue Erfahrungen hineinbegeben. Sie nimmt auch eher Risiken auf sich als Personen der anderen drei Lernstile. Wir haben diese Person einen Akkommodator genannt, weil sie sich Situationen aussucht, in denen sie sich anpassen können muß. Wenn eine Theorie oder ein Plan nicht den Fakten entspricht, wird eine solche Person von diesen absehen und zu den Fakten kommen. Diese Person wird Probleme in einer intuitiven Versuch-und-Irrtum-Art lösen und sich stark auf die Informationen anderer Leute abstützen. Oftmals sind solche Leute ungeduldig. Der Hintergrund solcher Leute ist meistens praktisch oder technisch, in Richtung von „Business". Solche Menschen trifft man meistens in aktionsorientierten Jobs einer Organisation wie Marketing oder Verkauf an.

Tabelle 8: 4 Lerntypen nach *Kolb* (1971)

Test: Mein persönlicher Lernstil (nach *D. A. Kolb* 1971)

Instruktion

In der folgenden Liste sind 9 Sets von 4 Wörtern aufgeführt. Ordnen Sie die Wörter in jedem Set nach einer bestimmten Rangreihenfolge, indem Sie dem Wort, das Ihren Lernstil am besten charakterisiert, 4 Punkte geben, dem nächsten 3, dem nächsten 2 und dem ungeeignetsten 1. Es mag manchmal schwierig sein, Unterschiede zu machen. Ich möchte hervorheben, daß dieser Test Ihren Lernstil und nicht ihre Lernfähigkeit charakterisiert. Geben Sie jedem der Worte unterschiedliche Punktzahlen.

1	___ unterscheidend	___ annähernd	___ engagiert	___ praktisch
2	___ aufnehmend	___ relevant	___ analytisch	___ vollständig
3	___ fühlend	___ beobachtend	___ denkend	___ tätig
4	___ akzeptierend	___ riskant	___ evaluativ	___ aufmerksam
5	___ intuitiv	___ produktiv	___ logisch	___ fragend
6	___ abstrakt	___ beobachtend	___ konkret	___ aktiv
7	___ gegenwartsorientiert	___ reflektierend	___ zukunftsorientiert	___ pragmatisch
8	___ Erfahrung	___ Beobachtung	___ Konzeptualisierung	___ Experiment
9	___ intensiv	___ zurückhaltend	___ rational	___ verantwortlich

Die vier Spalten korrespondieren mit vier verschiedenen Lernstilen:

CE Konkrete Erfahrung
RO Reflektierende Beobachtung
AC Abstrakte Konzeptualisierung
AE Aktives Experimentieren

Um das Testresultat zu erhalten, addieren Sie bitte die folgenden Punktzahlen in der jeweiligen Spalte:

_____ CE	_____ RO	_____ AC	_____ AE
2 3 4 5 7 8	1 3 6 7 8 9	2 3 4 5 8 9	1 3 6 7 8 9

CE = _____   RO = _____   AC = _____   AE = _____

Um die beiden Kombinationszahlen zu erhalten, subtrahieren Sie
AC - CE =   AE - RO =

234

Tragen Sie diese bitte in das Lernstil-Gitter in Abb. 8 ein:

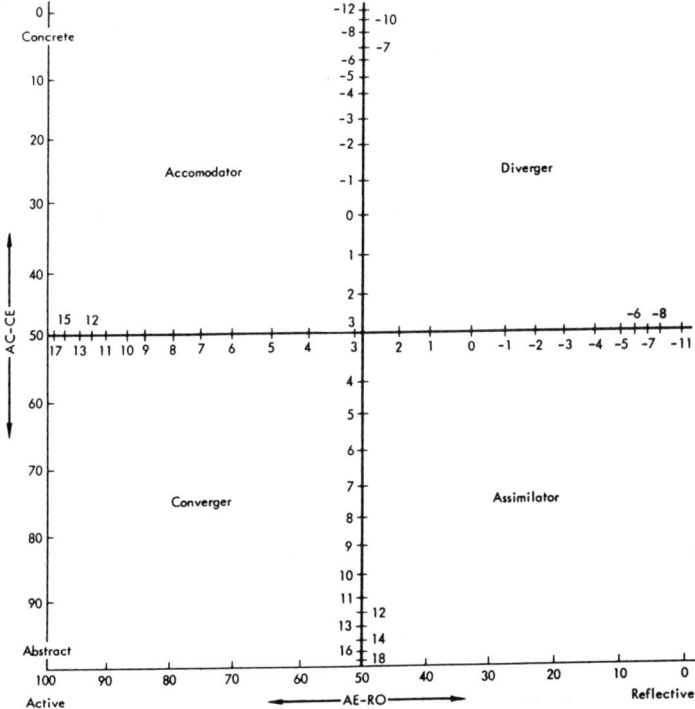

Abbildung 8: Lernstil-Gitter nach *Kolb* (1976)

Wenn Sie das Resultat mit Ihrer eigenen Einschätzung vergleichen: Entspricht es dem Bild, das Sie von sich selbst haben? Oder ärgern Sie sich über das Resultat? Oder entspricht der Lerntyp einem negativen Wunschbild oder sogar einem Typus, der Sie nie sein möchten? In Seminaren zum erfahrungsorientierten Lernen haben sich die jeweiligen Resultate immer als provokative Diskussionsanstöße herausgestellt.

Quellentext 5

Über nicht-direktive und humanistische Ansätze in Therapie, Pädagogik und Organisationen

Carl Rogers (Interview)

Carl Rogers erzählt in diesem Interview von seinem Werdegang als Therapeut, Forscher, Begründer der „klientenzentrierten Psychotherapie", über seine Erfahrungen mit humanistischer Pädagogik und über die aktuelle Situation dieser Ansätze in den USA und in anderen Ländern (Gesprächsteilnehmer: Fred Massarik, Studiengruppe und der Autor).

Rogers: Was mich an der Entwicklung des klientenzentrierten Ansatzes am meisten erstaunte, war, daß meine Arbeit, die der Einzeltherapie entsprang, auf so viele andere Gebiete übertragen wurde. ... Ich hörte mir immer und immer wieder Dutzende von Therapiebändern an und versuchte herauszufinden: Was in der Therapie macht es aus, daß ein Klient diese als hilfreich und fördernd erlebt. ...*⟩Nach längerem Herumtesten mit Ideen kristallisierten sich allmählich die drei Bereiche heraus, welche dann durch jahrelange Forschung erhärtet wurden: Empathisches Verstehen, Kongruenz des Therapeuten mit sich selbst und Akzeptation des Klienten und seiner Gefühle oder Ideen, wenn sie mir auch noch so wirr erscheinen mögen. ...

Wie ich bereits erwähnte, war es für mich eine echte Überraschung zu sehen, daß diese der Einzeltherapie zugrundeliegenden Prinzipien sich auch für andere Bereiche als bedeutsam herausstellten: für die Erziehung, für das Management, für die Medizin, für die Leitung von Gruppen, ja sogar für die Lösung von Konflikten zwischen Rassen und Kulturen. Etwas anderes, was mich sehr überraschte, war die Art und Weise, wie sich dieser Ansatz oder diese Grundgedanken geographisch verbreiteten. Ich habe in den meisten Ländern Europas gearbeitet und hier hat es mich besonders überrascht und fasziniert, eine Anfrage für einen Workshop in Polen zu erhalten. Ein anderes Beispiel: Brasilien. Die Menschen dort scheinen sehr viel mehr bereit zu sein, einen klientenzentrierten Ansatz zu vertreten als die Amerikaner. Japan hat ein sehr lang dauerndes Interesse gezeigt, ich glaube allerdings, daß man dort mehr intellektuell interessiert ist, einige haben es begriffen, andere

---

* „..." bezeichnen Kürzungen im Interview.

vielleicht weniger. Mexiko und Länder der dritten Welt waren auch interessiert.

Zudem wurde der klientenzentrierte Ansatz auf andere Weise erweitert. Auf der einen Seite war nämlich immer die Therapie und die Praxis gewesen, auf der anderen Seite umfangreiche Forschung. Dies verebbte dann allerdings in den letzten vierzig Jahren zwischendurch etwas, kam aber im letzten Jahrzehnt wieder auf. „Harte" [d. h. empirische, statistische] Forschung wird in Amerika durchgeführt, in Westdeutschland und in Kanada. In diesem Zusammenhang war interessant, daß innerhalb dieser harten Forschung ein immer wiederkehrendes Interesse an den außersinnlichen, außerhalb der Person liegenden Erfahrungen und Phänomenen bestand, die man in der Einzeltherapie oder in Gruppen macht oder antrifft, etwas, was ich mit „Transzendentem" oder „Transpersonalem" umschreiben würde.

Alles in allem sehe ich, daß der personen- oder klientenzentrierte Ansatz für verschiedene Möglichkeiten oder Chancen in Beziehungen oder in der gesamten Gesellschaft steht. Er stellt einen im Stillen revolutionären Ansatz für mich und für dich dar, irgendwie auch subversiv in seinen Auswirkungen auf Institutionen, ob dies nun Erziehungsinstitutionen oder andere sind. ...

Massarik: Wenn du die Zeit, wo du angefangen hast, und die Zeit heute siehst: Was ist für dich gefühlsmäßig anders als damals, als du begonnen hast in der Therapie mit Kindern an der Universität von Chicago?

Rogers: Ich kann gerade mit dieser Erfahrung mit dem Kind beginnen. Für jene Zeit waren meine Ansichten über Therapie unsicher und tastend, mit der Zeit aber faszinierte mich immer mehr zu sehen, daß eine Person fähig ist, Dinge für sich selbst zu tun. Aus diesem Grunde sah ich den Therapeuten in den ersten Formulierungen der klientenzentrierten Therapie nicht als verborgen, aber doch als primär Verstehenden und Zuhörenden. Es war für mich wichtig zu zeigen, daß nicht der Therapeut die Dinge machte, die passierten, sondern der Klient. In diesem Sinne stellte ich die Person des Therapeuten etwas in den Hintergrund. In einer nächsten Phase sah ich die Entwicklung so, daß der Therapeut offener werden mußte. Wenn ich nämlich in einer Therapie ein bestimmtes Gefühl gegenüber einem Klienten immer und immer wieder hatte, war es besser, dieses auszudrücken statt es zurückzuhalten. In der Beziehung Klient-Therapeut wollte ich, daß der Therapeut ganz als Person in der Beziehung sei.

Und in letzter Zeit ist mir etwas immer mehr aufgefallen, was vermutlich auch schon lange existierte, nämlich: Wenn eine Beziehung zu einer Gruppe oder zu einem einzelnen Klienten wirklich gut ist, dann befinde ich mich oft in einem veränderten Bewußtseinszustand („altered state"), in einem „transzendenten Zustand", fast mystisch. Ich habe dann das Gefühl, als ob eine Art Band zwischen uns wäre, ein Ektoplasma, das man fühlen kann. Es mag etwas bizarr und weit hergeholt klingen, aber ich glaube, daß dies auftritt, wenn eine Beziehung wirklich gut ist. ...

In den letzten Jahren kam Forschung aus einem etwas anderen Gebiet dazu: *David Aspy* und *Flora Roebuck* in den USA und *Reinhard* und *Annemarie Tausch* in Deutschland konnten umfangreiche pädagogische Studien durchführen, mit Tausenden von Studenten und Hunderten von Lehrern, und sie fanden heraus, daß die wirkungsvollsten Haltungen in der Therapie auch die wirkungsvollsten Haltungen im Klassenzimmer darstellen. ...

Der Wissenschaftsbegriff beginnt sich zu ändern, z. B. in der Biologie wird heutzutage von reziproken Ursache-Wirkungs-Beziehungen statt von rein linearen (direkten) gesprochen. Das ganze Verständnis von Wissenschaft ändert sich in eine Richtung, mit der ich sehr viel glücklicher bin. Ich erlebe mit, wie ein Traum wahr wird. In den 50er Jahren schrieb ich in einem Artikel, daß diese Art von Wissenschaft der „condition humaine" nicht gerecht werden könne, aber ich wußte noch nicht, welche andere Form die Wissenschaft eigentlich haben müßte. Und jetzt kommen die Antworten zu dieser Frage aus den Gebieten der Wissenschaft, wo wir es am wenigsten erwartet haben. ...

Frage: Ich möchte Ihnen eine Frage stellen über die pädagogischen Aspekte des Themas. Im Moment schlage ich mich intensiv mit einem Problem herum: Wenn man Humanistische Pädagogik oder erfahrungsorientiertes Lernen nimmt und Studenten darin ausbildet, sie dann in die Schulen hinausschickt, dann wird eines der Probleme sein, daß große Widersprüche bestehen zwischen den Werten der Schule und den Werten oder Zielen der Humanistischen Pädagogik. Vielleicht könnten Sie darüber einige Ausführungen machen.

Einer der Gründe, warum die Bewegung der Humanistischen Pädagogik im Moment in Amerika so schwach ist, hängt damit zusammen, daß ihre Begründer kein Bewußtsein für Lernen in Organisationen („organizational learning") entwickelten. Ich glaube, man müßte eine Kombination von erfahrungsorientiertem Lernen und den Werten und Zielen der Schule erreichen, weil man sonst Gefahr läuft, aus dem System Schule herauszufallen, weil die Wertkonflikte mit den Schülern, Lehrern oder Behörden so groß werden und das System Schule sich — wie sie vorhin schon sagten — dadurch charakterisiert, daß es hierarchisch und wettbewerbsorientiert ist.

Rogers: Das ist eine sehr gute Charakterisierung der augenblicklichen Situation der Humanistischen Pädagogik. Ich werde mich dazu äußern, aber ich hoffe, daß sich *Grace* [eine Pädagogin aus New York, die sich gerade für einen Studienaufenthalt im Center for the Study of the Person befand] auch äußern wird, weil sie sich im Moment gerade im Zentrum des Problems befindet.

Mein erster Kommentar: Die Humanistische Pädagogik muß anerkennen, daß sie, wenn sie erfolgreich ist, die Erziehungsinstitutionen wie die öffentliche Schule durcheinanderbringt oder auf den Kopf stellt. Ich machte die Erfahrung mit humanistisch orientierten Lehrern, die Studenten ausbilden wollten, daß sie sich entweder an die hierarchische Institution anpassen mußten oder hinausgestoßen wurden. Zudem würde ich mit Ihnen einig gehen, daß ich und andere Humanistische Pädagogen nicht sehr sensibel waren für die Probleme des organisatorischen Wandels. Zum Beispiel: Ich glaube nicht, daß ich Angst hätte vor irgendeinem Individuum oder einer Gruppe, die von mir Hilfe wollte. In diesem Bereich habe ich das nötige Selbstvertrauen, damit umgehen zu können. Wenn ich mit der Frage konfrontiert werde, wie ich eine Schule oder ein ganzes Schulsystem verändern sollte, dann habe ich nicht annähernd soviel Ideen oder Vertrauen. Ich glaube, daß das ein wirkliches Problem ist.

Auf der anderen Seite möchte ich doch erwähnen, daß einige Institutionen versucht haben, sich mit diesem Problem auseinanderzusetzen. Die St.-Lorenz-Universität im Staate New York — keine sehr große Universität — hat eine sehr humanistisch orientierte Lehrerausbildung. Man realisierte, daß derart ausgebildete Lehrer Schwierigkeiten bekommen, sobald sie in den Schuldienst eintreten. Aus diesem Grund versucht man das Ganze so aufzubauen, daß die Praktikumslehrer solche sind, die einmal in ihrem Programm ausgebildet wurden und nachher versuchte man, die neu ausgebildeten Lehrer in Schulen unterzubringen, die eine einigermaßen humanistische Orientierung haben. ...

Ich möchte hier noch einen Kommentar in einem weiteren Rahmen ergänzen: Es mag sein, daß wir noch auf eine kulturelle Bereitschaft („cultural readiness") für Humanistische Pädagogik warten müssen. Gegenwärtig scheint es mir, daß eine breite Mehrheit der Öffentlichkeit sie nicht möchte, während eine starke Minderheit dafür eintritt. Eine große Mehrheit möchte, daß ihre Kinder benotet, eingestuft, geprüft, evaluiert und unterrichtet werden. Ich spreche hier nicht einmal von der „Moral Majority" [einer amerikanischen Ansammlung von

Rechtsextremen mit großem finanziellem und politischem Einfluß] — und sie scheinen genaue Vorstellungen davon zu haben, was ein guter Lehrer und ein guter Unterricht ist.

Ich habe ein eindrucksvolles Beispiel von Humanistischer Pädagogik in den Inner-City-Schulen von Louisville in Kentucky gesehen. Ihr Hauptgewicht lag auf der Gleichheit der Rassen. Die Vorortschulen, in die Kinder der Gebildeten und der höheren Schichten gingen, wollten Basiserziehung, nämlich Rechnen, Schreiben, Lesen. Und weil die Eltern und Lehrer dieser Schulen viel mehr politischen Einfluß hatten, wurde das ganze Programm der Stadtschulen hinausgeworfen. Dieses Beispiel war für mich wirklich schlagend, denn die Eltern aus den Gettos standen sehr hinter dem humanistischen Ansatz, während die „Gebildeten" das bekämpften. Das Ganze war sehr deprimierend.

Frage: Sie erwähnten das Ehepaar Tausch aus Deutschland. In Deutschland nennt sich dieser Ansatz „Gesprächspsychotherapie". Würden Sie diesen Ansatz als einen betrachten, der dem „klientenzentrierten Ansatz" stark gleicht oder sehen Sie Modifikationen?

Rogers: Ich habe sehr wenig direkten Kontakt mit ihnen gehabt, es ist eine Organisation von Therapeuten und klinischen Psychologen in Deutschland zum klientenzentrierten Ansatz, nur nennt sie sich dort Gesprächstherapie, was mir ein bißchen unglücklich scheint. ...

Ein Grund dafür, daß ich immer gegen den Aufbau einer „Gesellschaft für klientenzentrierte Therapie" war, hängt damit zusammen, daß ich das Beispiel der psychoanalytischen Institute vor mir hatte. Sie nahmen den psychoanalytischen Ansatz, der ursprünglich sehr viele Elemente der Freiheit in sich vereinigte, und verengten ihn mehr und mehr. Kürzlich sprach ich mit *Erik Erikson* über dieses Thema, und er erklärte mir, er habe aufgehört, Lehranalysen und psychoanalytische Ausbildungen durchzuführen. Er hatte eine Analyse durchgeführt, bei der der Analysand zeitweise aufrecht saß, und er wurde dafür von einem anderen orthodoxen Analytiker hart kritisiert. Solche Streitereien machen mich wütend, und ich glaube, daß genau das passiert, wenn wir eine solche exklusive Gesellschaft gründen würden, nach dem Motto „Wir sind die klientenzentrierten Therapeuten — zeig du, ob du einer bist". Es ist natürlich klar, daß der jetzige Zustand auch seine Nachteile hat: Viele Leute machen Therapien und sagen einfach: „Wir haben unsere Ideen von Rogers und anderen", und bei näherem Hinsehen müßte ich doch sagen, daß diese zwei Dinge keine große Beziehung zueinander haben. [Lacht] Ich glaube, unser Ansatz wäre nie in so viele Bereiche außerhalb der Psychologie gelangt, wenn wir eine geschlossene Organisation angestrebt hätten. ...

In den letzten Jahren habe ich wirklich sehr viele Workshops in der ganzen Welt durchgeführt, und keiner von ihnen stand in Verbindung mit einer Universität. Das ist kein Zufall. Im akademischen Bereich ist es fast immer so — glücklicherweise gibt es Ausnahmen —, daß nur der intellektuelle Ansatz zählt. Der Erfahrungsorientierte („experiential") wird meistens gering geschätzt, er macht intellektuellen Leuten Angst. Ich glaube, nur wenige klientenzentrierte Ansätze an Universitäten werden richtig weitergegeben, das meiste geschieht außerhalb.

Teilnehmer: Mich hat sehr interessiert, was Sie über die kulturelle Bereitschaft gesagt haben. Mir scheint, daß es sich hier um eine „ideologische Lücke" oder Verzögerung handelt. Sie sprachen nämlich gleichzeitig von dem neuen Paradigma von Wissenschaft, das im Entstehen ist: mehr Gewicht auf Verstehen und qualitative Methoden. Glauben Sie, daß dies eine Frage der Zeit ist, oder ist das so, weil uns noch die Werkzeuge fehlen?

Rogers: Ich glaube, es ist eine Frage der Zeit, falls wir uns in der Zwischenzeit nicht selber vernichten. Es ist sicherlich eine Verzögerung: Das Problem liegt darin, daß wir uns in der modernen Welt nicht mehr soviel Verzögerungen oder Lücken erlauben können, wie dies vielleicht früher möglich war. Das trifft sicherlich für Ökologie und Psychologie zu. Ich bedaure z. B. die gegenwärtige, sehr konservative Periode in unserem Land, aber sie ist temporär. Doch auch hier bleibt die Frage offen, ob unsere Kultur das verarbeiten kann, was passiert. Es wird möglich sein, aber wie lange wird es dauern?

Teilnehmerin: Ich glaube nicht nur, daß es sich hier um eine ideologische Lücke handelt. Für mich sind die Werte, die darin angesprochen sind, viel zentraler: Geld, Zeit, Menschlichkeit. Und hier sehe ich die Bedrohung, die für unsere Durchschnittskultur von einem klientenzentrierten Ansatz ausgeht.

Teilnehmer: Ich hatte zu diesem Thema ein Erlebnis in meinem Land, kurz bevor ich abreiste: Ein rechtsgerichteter Politiker machte eine Eingabe, in der er verlangte, daß Gruppentherapie untersucht werde, weil sie subversiv und staatsschädigend sei. Er wollte sie verbieten. Ich glaube, hinter solchen Ansätzen steckt eine große politische Kraft. Wenn man nämlich die Leute zu fragen beginnt, was sie wollen, dann realisieren viele von ihnen plötzlich, was sie alles nicht haben. Das ist sicher der Schlüssel.

Rogers: Diese Idee liegt vielen solchen Ansätzen zugrunde, wenn wir z. B. die große Arbeit von *Paulo Freire* sehen und seine Idee, den Menschen ihre Selbstbestimmung zurückzugeben („to empower them").

Teilnehmer: Für mich drückt sich hier auch ein Kampf aus zwischen den Kräften, die den Tod fürchten und den Kräften, die das Leben lieben.

Rogers: Für mich sind das zwei sehr zentrale Tendenzen unserer Zeit, und wenn wir die Politik unserer gegenwärtigen Regierung sehen, so ist sie sicher beeinflußt von der Furcht vor dem Tod, während die andere Tendenz, die Liebe zum Leben, eher in der Bevölkerung wach ist. Mein Buch „Carl Rogers on Personal Power", das 1977 veröffentlich wurde, hat sich nicht sehr gut verkauft. Ich selbst betrachtete das Buch, als ich es publizierte, als eines meiner kontroversesten Werke, das je erschienen war. Es wurde in den Vereinigten Staaten nie rezensiert, in keiner größeren Zeitung, z. B. der Los Angeles Times oder der New York Times. Ich verstehe den Grund dafür nicht, weil die fremdsprachigen Ausgaben im Ausland sehr breit rezensiert wurden. Meine persönliche Reaktion ist, daß ich vermute, die aufrührerische Botschaft des Buches wurde von den amerikanischen Lesern einfach nicht verstanden, weil sie etwas im früheren Stil erwartet hatten, oder weil es vielleicht Angst ausgelöst hat. ...

Was ich [in Brasilien] allmählich zu spüren und zu sehen bekam, war, daß es auf der einen Seite viele Leute gibt, die unabhängig denken und sich ausdrücken möchten, und daß auf der anderen Seite eine diktatorische Regierung existiert. Nun passierte es, daß zur Zeit meines Workshops auf der Titelseite wichtiger Tageszeitungen ein Artikel von mir über den „neuen Menschen" erschien. Ich merkte, daß dies geschehen konnte, weil ich darin etwas ausdrückte, was die Journalisten auch ausdrücken wollten, aber nicht durften. Mein Artikel durfte gedruckt werden, weil ich kein Brasilianer bin und vor allem, weil er nicht in einer politischen Terminologie geschrieben ist. Ich verwendete nur Ausdrücke aus dem persönlichen Bereich, aus dem Bereich der Beziehungen zueinander, und doch verstand jedermann, was das in Bezug auf die eigene Regierung hieß. Im Workshop selber war ich erstaunt über die Offenheit der Leute. Ich wurde in keiner Weise eingeschränkt oder überwacht, und soviel ich weiß, passierte dies auch niemandem, der meinen Workshop besucht hat.

Etwas ähnliches passierte in Polen, als eine polnische Ausgabe eines meiner Bücher vorbereitet wurde. Der Verleger sagte zu mir: Ich fürchte, daß wir ein paar Änderungen vornehmen müssen. Ich antwortete ihm: Nun, das überrascht mich gar nicht. Überrascht war ich dann allerdings über das, was geändert werden mußte. Er sagte, alle Passagen, die direkt oder indirekt etwas mit Rußland zu tun hätten, müßten herausgenommen werden. Nun, mir war nicht bekannt, daß ich etwas über Rußland geschrieben hatte. Er legte mir dann ein paar harmlose Stellen vor. Alles andere konnte stehenbleiben. Wirklich überraschend. Dies ist für mich ein anderes Beispiel dafür, daß dies Kategorien sind, die rein psychologisch sind und die nicht gestrichen wurden. Das Hauptthema des Buches blieb völlig intakt. Ich glaube, wenn man das wirkliche Thema des Buches verstanden hätte, wäre es nicht publiziert worden.

Teilnehmer: Könnten Sie einige Ausführungen darüber machen, wie der personen- oder klientenorientierte Ansatz im Bereich des Managements weiterentwickelt wurde?

Rogers: Die meisten Dinge, die ich darüber erzählen kann, stammen von *Sheldon.* Er war während vieler Jahre Berater für das Unternehmen Procter & Gamble und führte viele Trainings für das mittlere Management durch, um personenorientierte Ansätze einzuführen. Die Resultate waren erfolgreich genug, daß ihm die Firma den Auftrag gab, diesen Ansatz in sechs verschiedenen Fabriken einzuführen, die alle das gleiche Produkt herstellten. Er und ein interner Berater — ich vergaß seinen Namen — arbeiteten daran, das Funktionieren der ganzen Fabrik personenorientiert zu gestalten. Dies umfaßte nicht nur das mittlere Management, sondern auch die ganze Arbeiterschaft. In diesen Fabriken mußten die Arbeiter nicht nach der Zeitmaschine arbeiten, sie kamen, wenn sie dazu bereit waren. Sie beschlossen, es sei besser, wenn sich jedes Team seine eigene Einteilung der Arbeitsvolumen machte, der ganze Arbeitsablauf konnte so viel persönlicher und humaner gestaltet werden. Etwas anderes, was sie veränderten, war, daß sie fanden, sie bräuchten keine Inspektoren oder Aufseher mehr, weil sie ihre Arbeit selber inspizieren konnten. Das Management war informell und partizipatorisch. Nun, ich weiß die genauen Zahlen nicht, aber das Produkt, das sie produzierten, kostete lediglich einen Teil dessen, was es in den traditionell geführten „Kontroll"-Fabriken kostete. Als ich dies zum ersten Mal sah, fragte ich *Sheldon:* Mein Gott, warum hast du das nicht publiziert? Er antwortete: Ich darf nicht. Ich fragte zurück: Was meinst du damit? — Nun, es ist ein Marktgeheimnis. Es ist so wertvoll für die Firma, daß sie es nicht bekanntmachen will. Als ich dann später einmal etwas las, wo es hieß „Berater: Sheldon, Fabrik: Gamble", da zögerte ich nicht mehr, öffentlich darüber zu sprechen. Nun, dieses Experiment war sehr erfolgreich. Ich weiß nicht, ob es noch weiter läuft. Aber ich erinnere mich an etwas, was mir Sheldon erzählte. Er sagte, das Top-Management wisse eigentlich nicht so genau, was er wirklich mache, aber sie wären damit einverstanden, weil es die Produktionskosten niedrig halte.

Teilnehmerin: Hier müßte ich fragen, ob dieser Ansatz nicht noch mehr Geld in die Hände derjenigen bringt, die schon mehr als genug haben?

Rogers: Das kann ich nicht beantworten, ich weiß nur, daß sich das Arbeitsklima auch für die Arbeiter entscheidend veränderte.

Massarik: Zu diesem Thema gibt es recht viel Forschungsergebnisse: Die Experimente, welche in Schweden unternommen wurden, Untersuchungen zur Qualität des Arbeitsklimas, es gibt recht viel Material zu solchen Ansätzen, wie sie bei Procter & Gamble durchgeführt wurden. Die Ergebnisse sind bis zu einem gewissen Punkte überzeugend, aber es ist nicht so, daß man sagen könnte: Je mehr, desto besser, oft muß der Prozeß umgekehrt werden oder verläuft anders. Man kann also keine eindeutigen Aussagen machen, weil die Zusammenhänge doch recht komplex sind.

Rogers: In einem anderen Beispiel war es so, daß diese Industrie plötzlich sehr harte Zeiten erlebte, und damit war das Experiment recht schnell zu Ende.

Massarik: Es gibt auch einige Literatur, die Ansätze nach *Maslows* „Eupsychian Management" beschreibt.

Teilnehmer: Könnten Sie in diesem Fall etwas mehr sagen über die Grenzen dieses Ansatzes im Bereich von Management? Und über längerdauernde Veränderungen?

Rogers: Nein, das ist nicht mein Gebiet. Vielleicht kann *Fred* mehr dazu sagen. Zu längerdauernden Veränderungen kann ich lediglich sagen, daß Veränderungen nur von Dauer sind, wenn das Top-Management diese fördert, bejaht und versteht. Dies gilt auch im Bereich von anderen Organisationen, z. B. Schulen. Es gibt sicher noch andere einschränkende Faktoren, aber dies ist der Hauptfaktor.

Teilnehmer: Würden Sie sagen, es sei ein Fehlschluß zu glauben, daß humanistische Ansätze nur in wirtschaftlich guten Zeiten eine Chance haben?

Rogers: Nein, aber ich glaube, daß die Zusammenhänge meistens komplexer sind. In der Schule z. B. ist dieser Faktor sicher nicht so wichtig wie die philosophisch-weltanschaulichen Überzeugungen der Spitzenleute. Eine ganze Anzahl von experimentellen innovativen Colleges wurden eröffnet. Es geht ihnen in unserer Kultur nicht sehr gut. Dies mag zum Teil mit der zugrundeliegenden Philosophie zusammenhängen, die mit der Gesamtkultur nicht zusammenstimmt. Innovative Colleges haben eine ganze Anzahl seltsamer Faktoren: Zum Beispiel ganz spezielle Lehrer. Sie schließen ihre Pforten nicht, auch wenn sie keine finanzielle Unterstützung mehr bekommen. Ich glaube, daß die Dinge, die sie machten, so neu und innovativ waren, daß die reichen

Leute, die sie unterstützten, Angst bekamen. Dies ist nicht unbedingt eine Tatsache, eher meine Vermutung. Im Charleston-College, das ein Teil der Universität war, wurde beschlossen, autonom zu werden. Die Leute von der Universität ließen dies nicht zu, sie bekamen Angst. Ein regelrechter Kleinkrieg über dieses Thema begann, weil sie sagten, man würde so die Kontrolle über die Studenten verlieren. Am Schluß wurde das College von der Universität geschlossen. Auch hier habe ich das Gefühl, daß die akademische Welt zu sehr bedroht war durch die vielen innovativen Dinge, die passierten. Ich erwähnte schon das Beispiel von Louisville. ...

Teilnehmerin: Ich unterrichte Psychologiestudenten im Bereich der Beratung, und eines der Probleme, das immer wieder auftaucht, ist: Wie kann ich echt sein mit einem Klienten, wenn unsere Werte und Maßstäbe nicht gleich sind, wenn ich nicht einverstanden bin?

Rogers: Ich glaube, daß die eindrücklichste Art, seine Werte zu zeigen, in dem liegt, was ich tue. Das erzeugt normalerweise keine Streitgespräche, sondern überrascht allenfalls. Was ich damit sagen will: Ich unternehme keinen Versuch, meine Werte einer Klasse zu erklären, ich würde hoffen, daß sich meine Werte darin zeigen, was ich mache: indem ich den Schülern z. B. darin vertraue, daß sie ihre Projekte erfolgreich abschließen, indem ich zeige, daß ich Prüfungen nicht als geeignete Methode betrachte, um Wissen oder Können zu erfassen.

Die wichtigste Grundbedingung besteht für mich im Echtsein. Es gibt hier zwei Möglichkeiten: Meine Wertmaßstäbe können sehr unterschiedlich von denen meines Klienten sein, und dies würde für mich keine Schwierigkeiten mit sich bringen, weil ich gewillt wäre, für diesen Klienten andere Werte zu haben. Anderseits: Wenn mich das wirklich aufregt, und ich merke, daß ich nicht mehr richtig zuhören kann, dann ist es besser, wenn ich das ausdrücke, auch wenn es die Beziehung beenden würde. Wenn ich dieses Gefühl in mir drin ausdrücke, dann ist das keine Verurteilung dessen, was der Klient tut.

Teilnehmerin: Ich möchte nochmals auf die Frage von vorher zurückkommen, daß der personenzentrierte Ansatz sich nur in ökonomisch günstigen Zeiten durchsetzen kann oder daß er voraussetzt, daß die politisch philosophischen Grundüberzeugungen der Öffentlichkeit ähnlich sind. Was meinen Sie dazu?

Rogers: Zur Veränderung einer Institution in diese Richtung mag dies der Fall sein. Eine Ausnahme bilden all die Leute, denen es gelingt, einen kleinen geschützten Rahmen zu schaffen, wie dies z. B. an der Universität von Chicago der Fall war, wo so etwas dann entstehen kann. Aber was Sie sagen, ist sicher zum großen Teil so — und dies ist eines der Dinge, das mich im Moment in unserem Land sehr beschäftigt —, daß nämlich eine Institution nicht gegen den Strom schwimmen kann, wenn die Umgebung eine andere Kultur aufweist. Dazu kommt mir allerdings eine Ausnahme in den Sinn. Ein Mann, der in meinem Workshops war, arbeitet für Hewlett & Packard; er hat mir soeben Material über seine Arbeit zugesandt, wo sie z. B. partizipatorisches Management durchführen, und der Firma geht es bestens. Was passieren wird, wenn dieser Mann weggeht, das weiß ich nicht.

Massarik: Dieses Beispiel hat für mich zwei Seiten: Die eine ist die Kultur der Organisation, das bestehende Wertsystem der Organisation, welche Dinge man machen kann, welche nicht; damit vermischt, aber auch separat, steht das Wertsystem des Top-Managements. Diese beiden mögen kongruent sein, sie mögen dies auch nicht sein. Die Schwierigkeit oder Falle dabei ist, daß wir, wenn wir solche Projekte durchführen, in der Mitte „eingesogen" werden. Es sieht gut aus, alle reagieren positiv. Plötzlich geschieht dann etwas, dies können ökonomische Schwierigkeiten oder andere Schwierigkeiten sein, und alles geht bergab. Ich kenne sehr viele Beispiele. Ich möchte nicht näher darauf eingehen, aber diese Falle kann fatal sein.

Rogers: Mir fällt dazu das Schulsystem von Palle ein, wo ein sehr beeindruckendes humanistisches System entwickelt wurde. Es handelt sich auch um einen Vorort, und die Leute in der Stadt bekamen Angst vor dem Ganzen und wechselten die ganze „Board of Education" (Schulpflege) aus. Das Experiment war im Nu abgewürgt.

Teilnehmer: Darf ich Ihnen eine persönliche Frage stellen? Was war für Sie in Ihrer Karriere die größte persönliche Herausforderung?

Rogers: Nun, die positivste Herausforderung war für mich sicher der Aufbau der „Child Guidance Clinic" an der Universität von Chicago. Die schwierigste Herausforderung war das „Charles Study Department for Social Studies" an der Universität Rochester, New York. Ich war dort Direktor der Psychologischen Klinik, und dann wurde entschieden, eine Kinderklinik abzutrennen. Der Psychiatrische Direktor meinte, als Leiter der Kinderklinik müßte man natürlich einen Psychiater haben, weil dies in den ganzen Vereinigten Staaten so sei. Ich wurde dann trotzdem Direktor dieser Kinderklinik, aber ich frage mich, was passiert wäre, wenn ich dies nicht geworden wäre. Es war damals recht schwierig, als Psychologe in einer solchen Position anerkannt zu werden. Ich glaube, einer der Gründe, warum dies gut ging, hing damit zusammen, daß ich immer eine „Support-Group" (Unterstützungsgruppe) hatte, deren Meinung für mich mehr zählt als die Meinung von Außenstehenden. ...

Ich hatte natürlich immer wieder Auseinandersetzungen mit Menschen, die zum Thema „Beratung" andere Überzeugungen hatten und die auch fanden, es müsse anders unterrichtet werden. Aber dies waren fruchtbare Auseinandersetzungen, es waren keine persönlich gefärbten, eher ideologische. Ich denke im ähnlichen Sinne an meine Auseinandersetzungen mit *Skinner*. Bei *Skinner* und mir respektiert jeder den anderen, jeder drückt seine Ideen klar aus und jeder ist willens, seine Ideen bis zu den Grenzen voranzutreiben. Wir hatten mehrere Debatten, gute Duelle, aber nicht persönlich verletzend.

Teilnehmer: Ich möchte, daß Sie einige Möglichkeiten für die Zukunft etwas ausmalen. Organisationen bestehen ja aus Menschen mit bestimmtem kulturellem Hintergrund, mit Möglichkeiten oder auch Begrenzungen.

Rogers: Sie reden also von einem Bild der „menschlichen Zukunft"? Ich denke, wir gehen so nahe am Rande der Selbstzerstörung oder Zerstörung entlang, daß wir uns diese Möglichkeit nicht erlauben dürfen und können. Was mir große Hoffnung gibt, ist, daß verstreut über die ganze Welt sehr viele Leute humanistische Ideen in die Wirklichkeit umsetzen, daß sie mit kleinen Organisationen anfangen, daß sie versuchen, humanistisch zu unterichten und zu leben. Es scheint mir die Frage nach dem „Spreu und dem Weizen" zu sein.

Unserer technologischen Gesellschaft geht es sehr schlecht, trotz der großen technischen Leistungen, die sie vollbringt. Sie wird immer größer und größer in ihren Einheiten, und ich glaube, daß wir so den Weg des Dinosauriers gehen, den Weg des Untergangs. Es mag eine Phase der Entmutigung kommen, weil wir vielleicht erleben, daß unsere Kultur oder Wissenschaft sich das nicht leisten kann. Aber wie gesagt, durch das untergehende System hindurch kommen Ansätze ans Licht, die sehr humanistisch sind. Die Chancen sind sehr gut, falls wir uns nicht selber vernichten, daß diese Wurzeln des Humanismus sehr breit Fuß fassen.

Teilnehmerin: Ich möchte an dieser Stelle etwas ergänzen, was mir wichtig scheint. Bei den Studentinnen und Studenten der 68er Jahre, die sehr aufgebracht waren über die verschiedenen Institutionen wie die Universitäten, war es meiner Meinung nach so — ich kann mich täuschen —, daß sie wußten, was sie nicht wollten, daß sie aber nicht wußten, was sie wollten. Die Alternativen waren noch nicht klar vor Augen. Heute dagegen habe ich den Eindruck, daß wir sehr genau wissen, welches die möglichen und die notwendigen Alternativen sind. Das hat sich für mich geändert in der Zwischenzeit. Die positiven Alternativen sind wirklich da.

Rogers: Dies ist sehr wahr. Es gibt eine große Anzahl von Modellen und Vorstellungen, wie es anders sein könnte. Dies mögen zum Teil Abstraktionen sein. Aber wir sehen z. B. Alternativschulen, die genau das machen, was wir uns als Alternativen vorstellen. Ich denke da auch an internationale Beziehungen — das fasziniert mich besonders; man kann da Erfahrungen herausheben, wo Gruppen oder Präsidenten auf eine Art und Weise zusammengebracht wurden, die sich deutlich von früheren Formen unterscheidet. Es gibt neue Ansätze oder Modelle, mit internationalen Konflikten umzugehen. Einer der Artikel, die ich noch beenden möchte, handelt von Camp David. Ich weiß nicht, ob *Carter* damals einen psychologischen Berater hatte, aber das Ganze startete mit zwei Präsidenten, die von sehr unterschiedlichen Standpunkten herkamen, und hörte damit auf, daß sich die beiden umarmten. Als ich das sah, dachte ich bei mir: Mein Gott, eine Encounter-Gruppe! [Lachen] Wenn man die ganze Angelegenheit etwas näher studiert, fällt auf, daß diese Begegnungen wirklich einige der Charakteristiken einer Encounter-Gruppe hatten. Was ich aber noch wichtiger finde: Dies stellt ein neues Modell dar, internationale Konflikte anzugehen. Für 13 Tage zusammenkommen, in einer Krisensituation, informell, um miteinander zu sprechen, ohne nur für die Presse zu sprechen. Dann können wirklich Dinge passieren. Ich hoffe natürlich, daß dieses Modell mehr angewendet wird in der internationalen Diplomatie.

Noch eine kleine Zusatzgeschichte, die das illustriert: *Moshe Dayan* wurde von *Carter* gebeten, eine bestimmte Aufgabe zu beenden und ein Papier zu schreiben. Es war sehr wichtig, und *Carter* sagte zu ihm: Wenn Sie damit fertig sind, möchte ich es haben, auch wenn es mitten in der Nacht ist. Er wurde dann tatsächlich mitten in der Nacht damit fertig, lief nach draußen und fragte eine Sekretärin, wo das nächste Telefon sei. Dann rief er an, und *Rosalynn Carter* antwortete. Er entschuldigte sich. Sie aber meinte: „Sie haben noch Glück gehabt, daß Sie mich erwischen, ich glaube, der normale Operator hätte das Gespräch nicht zum Präsidenten weitergeleitet." Stellt euch mal vor, die Diplomatie in Washington würde so funktionieren. Das war ein Ort, wo wirkliche Beziehungen stattfanden. Ich hoffe, daß so etwas weitergeht und daß dies nicht nur eine Hoffnung ist.

Massarik: Herzlichen Dank, *Carl,* für das Gespräch. Ich bin froh darüber, daß wir dazu Gelegenheit hatten.

Übersetzt und stark gekürzt von G. Fatzer.

Teil IV

Wirkungen und Resultate

Der *vierte* Teil steht unter dem Titel Resultate und „Wirkungen". Er zeigt auf, was zu den einzelnen humanistischen Ansätzen an Forschungsresultaten zusammengetragen wurde: Die Auswirkungen auf die Schüler, auf die Lehrer, auf die Schulatmosphäre. Es handelt sich hier ausschließlich um amerikanische Ergebnisse, welche in den letzten Jahrzehnten erarbeitet wurden. Sie werden in dieser Übersicht zum ersten Mal im deutschsprachigen Raum vorgestellt. Außer zum nicht-direktiven Ansatz von *Rogers* (in der Arbeit der Gruppe um *Tausch*) existieren im deutschsprachigen Raum noch keine Untersuchungen zu den Auswirkungen. Allerdings kann man annehmen, daß das vorliegende Wissen an Wirkungen und Resultaten auf unseren Raum übertragen werden kann. Zusätzlich diskutiere ich auch die wichtigsten Forschungsmethoden einer humanistisch orientierten Forschung — Fallstudie, ethnographische Methoden, Phänomenologie und Aktionsforschung.

Ergänzt wird dieser Teil durch einen Quellentext von *Stewart Shapiro*, der die neuen Entwicklungen der Gestaltpädagogik oder „Confluent Education" aufzeigt, und durch einen Quellentext von *Gerald Weinstein* „Die richtigen Fragen stellen"), der zeigt, wie der Ansatz der „Selbstentwicklung" versucht, Wirkungen und Resultate herauszufinden und darzustellen.

Im abschließenden Ausblick stelle ich einen Vergleich der Humanistischen Pädagogik und der Gestaltpädagogik dar. Dieser soll zeigen, wie sich die Gesamtbewegung der Humanistischen Pädagogik und die einzelnen Ansätze in feinen Details unterscheiden. Ganz zum Schluß folgt eine ausführliche *Bibliographie* zu allen dargestellten Gebieten der Humanistischen Pädagogik und des Lernens in Organisationen.

Wenn Sie sich als reinen Praktiker betrachten, ist dieser Teil für Sie nicht so interessant. Allerdings lohnt es sich dann, die Ausführungen von *Stewart Shapiro* zur „Confluent Education" zu lesen.

Wenn Sie sich aber für die Auswirkungen humanistischen Lernens interessieren, liegt hier eine Fülle von interessanten Anregungen vor. Mit diesen kann auch der häufig geäußerten Vermutung, humanistisches oder erfahrungsorientiertes Lernen sei „nicht sehr effizient", entgegengetreten werden.

Sehr oft trifft man unter humanistischen Psychologen oder Pädagogen die Meinung an, dieses Gebiet könne nicht wissenschaftlich erforscht werden — oder wenigstens nicht mit den vorhandenen wissenschaftlichen Methoden. Dieser Feststellung folgt ein Lamentieren, daß alles möglich wäre, wenn man nur offene Methoden hätte, wenn der Forschungsprozeß keine Eingriff in eine laufende Therapiegruppe, in ein Klassenzimmer oder in eine Ausbildungsgruppe wäre; und die wichtigen Dinge, die bei jedem persönlich passieren, könne man auf jeden Fall nicht erfassen. Ich habe mich dieser Überzeugung eine Zeitlang auch angeschlossen, sehe aber immer mehr, daß dies nicht eine Frage des Entweder-Oder ist, sondern einer genaueren Unterscheidung bedarf.

Es ist klar, daß streng empirische Methoden oft ungeeignet sein können, Prozesse oder Konstrukte wie „Selbstkonzept", die in der humanistischen Psychologie und Pädagogik zentral sind, zu erfassen. Die Konsequenzen, welche sich daraus ergeben, wurden verschiedentlich ausführlichst dargelegt (*Argyris* 1980; *Fatzer, Jansen* 1980; *Barker* 1971; *Madsen* 1971; *Aspy* 1971, 1978; *Combs* 1978; *Brenner, Marsh* 1978, *Anderson* 1981; *Douglas* 1981). Die Frage ist eher, ob es Möglichkeiten gibt, vorhandene Methoden abzuändern oder neue zu finden. Die Forschungsberichte zu den verschiedenen Ansätzen der humanistischen Pädagogik zeigen, daß dies möglich ist (*Aspy* 1971, 1977, 1978; *Brown* 1978; *Combs* 1974, 1978; *Jensen* 1973; *Newberg* 1978; *Philipps* 1974; *Price, Barrell* 1980; *Shiflett* 1972; *Wass* 1974, *Weinstein* 1977, 1980; *Weller* 1977). Man sieht sehr schnell, daß sich hier ähnliche Probleme stellen wie in der Gruppenforschung (*Argyris* 1979; *Mills* 1979; *Fatzer* 1980; *Fatzer, Jansen* 1980). Es zeigt sich auch, daß sich in diesen Gebieten der Wissenschaftsbegriff ausweitet und daß neue Grundlagen erarbeitet werden. *Mills* (1979) stellt dies in seinem faszinierenden Aufsatz „Changing Paradigms for Studying Human Groups" überzeugend dar. Nur allzuoft werden wir ein Opfer unserer eigenen, zu eng gefaßten Vorstellung von Wissenschaft, die sich noch an völlig überholten Bildern orientiert. Tatsache ist, daß neue Ansätze Eingang finden (wie Aktionsforschung, Fallstudie und ethnographische Methoden) und daß man langsam erkennt, daß eine jeweilige Methode für einen bestimmten Forschungsgegenstand oder -prozeß besser oder schlechter geeignet ist. Ich möchte dies durch die Darstellung und Diskussion der verschiedenen Ansätze Humanistischer Pädagogik illustrieren und einige der Möglichkeiten der vorher genannten Methoden ausführen.

Die grundlegenden Ziele und Ansätze der Humanistischen Pädagogik werden hier nicht ausgeführt (vgl. Teil I).

8 Forschungsergebnisse zur Humanistischen Pädagogik

8.1 Arthur Combs

Combs ist — wie schon andernorts angedeutet — eine der erratischsten Figuren der Humanistischen Pädagogik. Mit einer Beständigkeit und einem Glauben an die humanistischen Werte in der Erziehung, die ihresgleichen suchen, entwickelte er seinen Ansatz seit über zwanzig Jahren, zunächst an der Universität von Florida, jetzt in Colorado. Seine ganze Lehrerausbildung (*Wass* 1974; *Combs* 1974, 1978, 1981) basiert auf den Forschungsergebnissen zur „helfenden Beziehung" (*Combs* 1971), welche im wesentlichen zu ähnlichen Schlußfolgerungen kamen wie die Forschergruppe um *Carl Rogers* (*Carkhuff* 1969), daß nämlich eine „helfende Beziehung" durch genau feststellbare Eigenschaften charakterisiert ist. *Combs* betont immer wieder, wie wichtig die Wahrnehmung des Lehrers oder Helfers ist und konnte durch seine Forschung zeigen, daß sich „gute" und „schlechte" Lehrer vor allem durch ihre Wahrnehmung unterscheiden:

„1. Der ‚gute' Lehrer sieht sich selber eher positiv als negativ.

2. Er sieht seine Probleme eher von einem internen als von einem externen Bezugsrahmen, d. h. er sieht es als wichtiger an, wie die Dinge für einen Schüler aussehen als für den Lehrer (‚Empathie').

3. ‚Gute' Lehrer sehen andere Leute eher als positiv: als freundlich, fähig, vertrauenswürdig etc., während ‚schlechte' Lehrer Zweifel bezüglich der Fähigkeiten ihrer Schüler haben.

4. Die Unterrichtsziele ‚guter Lehrer' sind eher befreiend, öffnend, ausweitend, während ‚schlechte' Lehrer eher einengende, kontrollierende und direktive Ziele verfolgen.

5. Gute Lehrer können auch auf der Basis der Echtheit von Methoden, die sie verwenden, unterschieden werden. Wichtig scheint hier zu sein, daß der gute Lehrer echt ist in der Wahl der jeweiligen Methode, die zu ihm und zu den Umständen ‚paßt'." (*Combs* 1974, S. 3 f.; Übersetzung G. F.)

Combs entwickelte zusammen mit seiner Florida-Gruppe ein Lehrerausbildungsprogramm, das auf folgenden Prinzipien beruht:

„a) Die Entwicklung eines effektiven Lehrers basiert auf einem Prozeß des ‚Werdens'.

b) Der Prozeß des ‚Werdens' muß aufbauen auf einem Gefühl der Sicherheit und Akzeptanz.

c) Lehrerausbildung sollte eher auf subjektiver Erfahrung als auf reinem Verhalten basieren.

d) Um wirkungsvoll mit subjektiver Erfahrung umzugehen, sollten Lehrerausbildungsprogramme die subjektiven Aspekte der menschlichen Erfahrung betonen.

e) Ein individualisiertes Programm, das auf persönliches Entdecken und subjektive Erfahrung abzielt, sollte auf einem offenen Denksystem aufbauen.

f) Die wichtige Rolle des Lernens von ‚Bedürfnissen' sollte berücksichtigt werden.

g) Ein Programm, das auf persönlichem Entdecken aufbaut, sollte die Studenten aktiv einbeziehen.

h) Wenn das „Selbstkonzept" eine so große Rolle bei der Bestimmung von Lehrerverhalten spielt (wie das die Forschung gezeigt hat), dann sollte dies in die Lehrerausbildung einbezogen werden.

i) Da Unterrichtsmethoden eine persönliche Art, sich „selbst" einzusetzen, darstellen, können sie nicht vorgegeben werden, sondern müssen „entdeckt" werden.

k) Da Studenten von allen möglichen Erfahrungshintergründen zu einem Lehrerausbildungsprogramm kommen, sollte eine professionelle Ausbildung auch die Möglichkeit zu möglichst breitem Lernen bieten.

l) Da Leute am besten von ihrer eigenen Erfahrung lernen, sollte ein Lehrerausbildungsprogramm in seiner Grundphilosophie und Praxis auf einer Vielzahl von möglichen Modellen aufbauen." (*Combs* 1974, S. 5 ff.; Übersetzung G. F.)

Combs (1974) hat in seinem bekannten Buch „The Professional Education of Teachers" ausführlich dargestellt, wie ein solches Programm in der Praxis aussehen kann. Auffallend an seinen Schlußfolgerungen aus der Forschung ist, wie ähnlich sie den Schlußfolgerungen von *Rogers* und *Carkhuff* sind.

Forschungsmethodisch entwickelte die Gruppe um Combs sogenannte „inferential techniques" (Interpretationstechniken):

„Während Verhaltenstests geeignet sind, Wissen und Fähigkeiten zu testen, sind sie ungeeignet, Wahrnehmungen zu erfassen, weil Wahrnehmungen, Überzeugung und Werte subjektiv sind, innerhalb einer Person liegen und der reinen Beobachtung nicht zugänglich sind. Sie verlangen deshalb nach komplizierteren Verfahren als reine Verhaltensmessungen, nämlich eine indirekte Erforschung durch Interpretation (oder Rückschlüsse).

Diese Technik nach *Combs* besteht im Prozeß, ‚Verhalten rückwärts zu entschlüsseln'." (*Wass* 1974, S. 33; Übersetzung G. F.)

Es sind dies meistens Beobachtungsinstrumente, in denen die Beobachter geschult werden und in denen aufgrund von beobachtetem Verhalten Rückschlüsse auf Wahrnehmungen gemacht werden (vgl. die Ausführungen über den ‚guten" und den „schlechten" Lehrer). Diese Interpretationstechniken wurden in einer Vorauswertung und in einer Nachauswertung (Follow-up) eingesetzt. Die Produktauswertung (vgl. *Fatzer, Jansen* 1980) bestand aus einem Leistungstest für die Schüler und aus Fallstudien der einzelnen Lehrer (vgl. die Ausführungen zur „Fallstudie" unter 9.1).

Als wichtigste Quellen für den zentralen Aspekt der Prozeßauswertung gibt *Wass* (1974, S. 40) folgende Instrumente an:

— Feldberichte über die Praxis der Studenten im Schulzimmer;
— Selbstbeurteilung der Studenten hinsichtlich Wachstum und Veränderungen;
— Einschätzung des Seminarleiters;
— Einschätzung des Lehrers;
— Einschätzung des Leiterteams hinsichtlich des Erreichens von gesetzten Zielen;
— Feedback von Besuchern und Beobachtern.

Es zeigt sich auch hier, daß persönliche Urteile eine große Rolle spielen und bedeutender sind als reine Objektivität.

8.2 David Aspy und Flora Roebuck

David Aspy und *Flora Roebuck* gehören neben *Combs* zu den beständigsten Vertretern und Wegbereitern einer systematischen, auf Forschungsergebnissen basierenden Humanistischen Pädagogik. *Aspy* rief bereits in seinem 1971 erschienenen Buch „Towards a Technology for Humanizing Education" zur Gründung eines „National Consortium for Humanizing Education" auf, das in der Folge unter der Leitung beider seine breitgestreute Aufgabe, Lehrertrainings und Forschungsprojekte zur Erforschung der wichtigsten Eigenschaften des wirkungsvollen Lehrers durchzuführen, aufnahm. 1977 stellten sie in ihrem wichtigen Buch „Kids Don't Learn from People They Don't Like" die Ergebnisse ihrer Arbeit vor.

In einem ersten Schritt führten sie in verschiedensten Schulen aller Stufen Vortests durch, indem sie drei Instrumente zur Beobachtung des Unterrichts verwendeten: *Flanders'* Interaktionsanalyse, *Blooms* Taxonomie von Erziehungszielen und *Carkhuffs* „Interpersonal Process Scales". Sie stellten einen Zusammenhang zwischen bestimmten zwischenmenschlichen Fähigkeiten der Lehrer und Lernfortschritten der Schüler fest. In der Folge trainierten sie eine Großzahl von Lehrern und Administratoren in verbalen Fähigkeiten (nach *Flanders* und *Bloom*) und in zwischenmenschlichen Fähigkeiten (Training nach *Carkhuff*). Die Forschungsergebnisse zeigten, daß „die interpersonellen Komponenten eines solchen Trainings zu positiven und statistisch signifikanten Änderungen in den Bereichen Schülermotivation, -leistung und -selbstkonzept führten" (*Aspy* 1977). Es ist in diesem Rahmen nicht möglich, alle Teilstudien ausführlich darzustellen. Wir möchten lediglich die Hauptfragestellungen zitieren (*Aspy, Roebuck* 1977, S. 66; Übersetzung G. F.).

„1. Hatte das experimentelle Training (,Interpersonal-Skills-Training') eine Auswirkung auf das Lehrerverhalten? (Studie 10)

2. Hatte die Reaktion des Lehrers auf das Training einen Zusammenhang mit Rasse, Geschlecht oder Anzahl von Unterrichtsjahren? (Studie 11)

3. Waren überarbeitete Trainingsaktivitäten wirkungsvoller als die ursprünglichen? (Studie 12)

4. Wurden Trainingseffekte vergrößert, wenn der Schulvorsteher (,Prinzipal') ebenfalls Training in ,Interpersonal Skills' erhielt? (Studie 13)

5. Hatte das veränderte Lehrerverhalten einen Zusammenhang mit Auswirkungen auf die geistige Gesundheit und das kognitive Lernen der Schüler? (Studie 14)

6. Hatte das Training der Lehrer Auswirkungen auf die geistige Gesundheit und das kognitive Lernen der Schüler? (Studie 15)."

Da es sich bei all diesen Projekten um „angewandte Forschung" oder „Aktionsforschung" handelte (das heißt, die Resultate der einzelnen Teilstudien wurden als Feedback für den weiteren Verlauf des Gesamtprojekts benutzt), mußten noch neun zusätzliche Studien durchgeführt werden, welche die Zusammenhänge zwischen den obigen Variablen ermittelten (Studien 1 bis 9).

Wir möchten einige exemplarische Resultate zu den obigen Forschungsfragen anführen:

„Studie 10: Das ,Interpersonal-Skills-Training' produzierte signifikante Veränderungen bei den Klassenzimmern-Variablen (Lehrer- und Schülerverhalten, Interaktionen) in Richtung von *Carkhuffs* Dimensionen ,Empathie', ,Respekt' und ,Echtheit'.

Studie 11: Es gibt keine unterschiedliche Reaktion auf das Training von seiten von Teilnehmern mit unterschiedlicher Rasse, Geschlecht oder Unterrichtsjahren.

Studie 12: Keine eindeutige Schlußfolgerung hinsichtlich besserer Qualität von Programm 1 oder 2.

Studie 13: Training des Schulvorstehers vergrößert Trainingseffekte der einzelnen Lehrer.

Studie 13: Diese Studie stellte einen signifikanten Zusammenhang zwischen verändertem Lehrerverhalten (= mehr Empathie, Respekt, Echtheit) und einer Verbesserung des Selbstkonzepts und der Leistung der Schüler fest. Zudem waren die Schüler weniger Tage abwesend.

Studie 15: Das Training der Lehrer hatte eindeutig feststellbare positive Auswirkungen auf Selbstkonzept und kognitive Leistung der Schüler im zweiten und dritten Jahr, zudem sank die Anzahl der Fehltage. Außerdem wirkte sich das bessere Resultat des Trainings bei Sekundarlehrern auch positiver auf die Sekundarschüler aus." (*Aspy* 1977, S. 172 ff.; Übersetzung G. F.)

Zusätzlich berichtet *Aspy* (1977, S. 46) noch von zwei weiteren Resultaten:

„Je gezielter das Training einer bestimmten interpersonellen Fähigkeit ist, desto größer ist die Wahrscheinlichkeit, daß dieses Verhalten im Schulzimmer auch zum Tragen kommt."

„Die Fähigkeit des Trainers hat einen bestimmenden Einfluß auf den Erfolg des Trainingsprogramms in ,Interpersonal Skills'." (Übersetzung G. F.)

Aufgrund der Resultate ziehen die Autoren für das humanistisch orientierte Lehrertraining folgende Schlüsse:

(a) Humanistische Ziele und Technologie (des Lehrerverhaltens) sind Anliegen, die sich gegenseitig ergänzen und nicht ausschließen.

(b) Lehrer können trainiert werden, um als Trainer für ihre eigenen Kollegen zu wirken.

(c) Die Wichtigkeit einer Führung der einzelnen Schule durch den Vorsteher (d. h. sein Training in „Interpersonal Skills") kann nicht überbetont werden.

(d) Lehrer sollten sowohl interpersonelle als auch fachliche Fähigkeiten besitzen, um das Wachstum ihrer Schüler zu ermöglichen statt zu bremsen.

(e) Das individuelle Wachstum jedes Schülers kann nur gefordert und unterstützt werden, wenn er sowohl wirkliche Lernfähigkeiten als auch inhaltliche und fachbezogene Fähigkeiten entwickelt.

(f) Wachstum und Förderung des einzelnen Schülers hängen immer ab vom Grad seiner körperlichen, emotionalen und intellektuellen Fähigkeiten (und Veranlagungen) *(Aspy* 1977, S. 52-58).

Aspy und *Roebuck* widerlegen damit eine Vielzahl von grundlegenden Mißverständnissen gegenüber der Humanistischen Pädagogik, etwa daß sich Humanistische Pädagogik und Technologie, daß sich interpersonelle Fähigkeiten und fachliche Kompetenz, daß sich Lernfähigkeiten und inhaltliche Fähigkeiten ausschließen. Sie betonen auch, daß sie damit der fruchtlosen Diskussion um „Humanismus" oder „traditionelle Ansätze" wie z. B. den Behaviorismus ein Ende bereiten möchten.

Für die Diskussion um Vor- und Nachteile solcher Forschungsansätze sei auf *Signer* (1977) verwiesen, der ähnlich strukturierte Lehrertrainings wie etwa das von *Tausch* u. a. (die auf den gleichen Variablen wie *Carkhuff* aufbauen) näher beleuchtet hat (zusätzlich *Fatzer, Jansen* 1980; *Price, Barrell* 1980).

8.3 Confluent Education von George Brown

Im Bereich der „Confluent Education", die einen Teilbereich der Gestaltpädagogik darstellt (Teil 1 in *Brown, Petzold* 1977), wurden zwei größere Forschungsprojekte verfolgt, die hier kurz dargestellt werden sollen. Das erste wird beschrieben in *Shiflett, Brown* „Confluent Education: Attitudinal and Behavioral Consequences of Confluent Teacher Training" (1977), das zweite ist eine Follow-up-Studie von *Phillips, Elmore* (1974) an Teilnehmern am „DRICE"-Projekt (,,Development and Research in Confluent Education"). Die Studie von *Shiflett, Brown* untersucht die Auswirkungen eines Lehrertrainings in „Confluent Education", welches en détail beschrieben wird (S. 26-55) und das im wesentlichen ein Training in „Gestalt-Awareness" darstellt. Die Untersuchung baut auf folgenden 5 Hypothesen auf:

„1. Konfluentes Lehrertraining produziert ein größeres Maß an Selbstwert, Zugehörigkeit und existentiellem Fähigsein (,existential mastery') als ,traditionelles' Lehrertraining.

2. Das Training hat einen positiven Einfluß auf Unmittelbarkeit, Informalität und Individualität des Lehrers im Unterricht.

3. Unmittelbarkeit, Informalität und Individualität des Lehrers korrelieren positiv mit Selbstwert, Zugehörigkeit und existentiellem Fähigsein.

4. Selbstwert, Zugehörigkeit und Fähigsein korrelieren positiv mit ,affektivem Training'.

5. Dieses Verbindungsmuster zwischen Voraussetzungen (cf. 1), Training und Verhalten des Lehrers im Unterricht (cf. 2) stellt einen entwicklungsmäßigen, oder kausalen Zusammenhang dar." (*Shiflett* 1972, S. 60 f.)

Als Illustration des Zusammenhangs dieser Hypothesen wählte der Autor das in Abb. 9 dargestellte Modell.

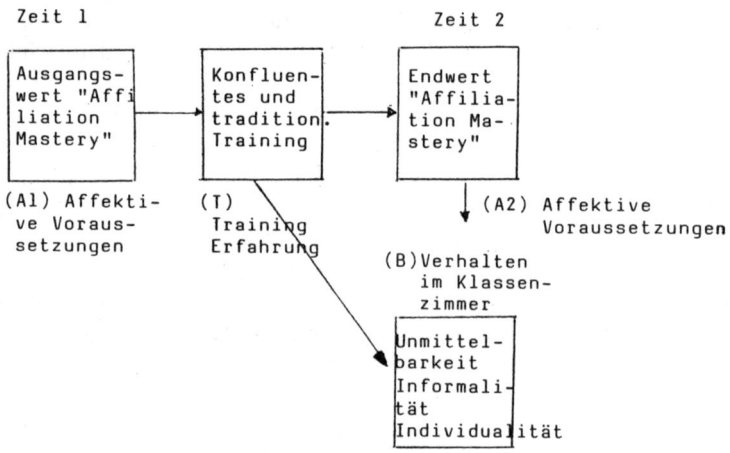

Abbildung 9: Modell des konfluenten Forschungsdesigns

Als hauptsächliches Resultat hat sich gezeigt, daß ein konfluentes Training positive Auswirkungen hat auf die Informalität des Lehrers im Klassenzimmer (Hypothese 2); die Zusammenhänge zwischen dem Training und einem größeren Maß an Selbstwert, Zugehörigkeit und existentiellem Fähigsein konnten nicht nachgewiesen werden (Hypothese 1), obwohl sich ein positiver Zusammenhang zwischen dem Training und einer Zunahme an „existential mastery" (im Sinne einer besseren Orientierung des Lehrers im „Hier-und-Jetzt") zeigt. Die Schlußfolgerungen sind, daß konfluentes Training in den angegebenen Bereichen einen Unterschied erreicht; es ist aber nicht klar, worauf dies zurückzuführen ist. In einem selbstkritischen Schlußwort streicht der Autor die Wichtigkeit von weiteren ähnlich gelagerten Studien hervor, wobei insbesondere die Langzeiteffekte eines solchen Trainings und die Auswirkungen auf die Schüler miterfaßt werden sollten.

Die zweite Studie von *Phillips, Elmore* (1974) setzte sich zum Ziel herauszufinden, „ob Confluent Education, so wie es im Rahmen des DRICE-Projekts durchgeführt wurde, einen Beitrag zur Verbesserung des Unterrichts (Stil und Atmosphäre) und zur Verbesserung des Schülerverhaltens leisten könne" (S. 1). Sie bestand im lediglichen aus Fragebogen, die an die teilnehmenden Lehrer verschickt wurden und ergänzt waren durch Schülerantworten, im wesentlichen also die subjektiven Eindrücke von Schülern und Lehrern sammelten. Einige Ergebnisse (S. 33 f.; Übersetzung G. F.):

„1. Das DRICE-Projekt, so wie es von den teilnehmenden Lehrern und Schülern wahrgenommen wurde, scheint einen erheblichen Einfluß auf ihre Persönlichkeit und ihr Verhalten ausgeübt zu haben. Der am stärksten hervorgehobene Bereich scheint der Bereich der Persönlichkeitsveränderung in ihnen und in ihren Schülern zu sein. Die Lehrer sahen sich selber als aufmerksamer gegenüber sich selbst und anderen, als ausdrucksvoller und selbstbewußter. Das gleiche berichteten die Studenten von sich und den Lehrern und umgekehrt.

2. Im Bereich der Unterrichtsatmosphäre berichteten die Lehrer von Veränderungen in ihrem Unterrichtsstil und im Curriculum, und zwar in Richtung von mehr auf die Schüler eingehend, mehr Offenheit, Flexibilität und mehr Gewicht auf dem affektiven Anteil des Lernens.

3. Das DRICE-Projekt scheint den Bedürfnissen der Lehrer im interpersonellen Bereich (Zugehörigkeit, Gemeinschaftssinn) entgegengekommen zu sein. Gleichermaßen hoben die Schüler hervor, wie gut der zwischenmenschliche Kontakt inner- und außerhalb der Schule geworden ist."

Es ist klar, daß man an solcherart durchgeführten Studien sehr viel aussetzen könnte, sowohl methodologisch als auch sozialpsychologisch (z. B. *Hawthorne*-Effekt; vgl. *Fatzer, Jansen* 1980), doch ist es andererseits auch wichtig zu sehen, daß bestimmte Veränderungen im interpersonellen Bereich nur sehr schwer mit traditionellen Methoden erfaßbar sind, weil es „weiche Variablen" sind (vgl. *Simpson* 1976, S. 57) und weil im Vergleich zum Aufwand nur sehr spärliche und marginale Ergebnisse resultieren. Dies ist für uns ein Grund, die Möglichkeiten anderer Methoden in diesem Bereich zu betrachten.

8.4 Der „Self-Science"-Ansatz von Gerald Weinstein und Al Alschuler

Da *Weinstein* und *Fantini* in ihrem von der Ford-Foundation unterstützten Projekt (*Weinstein, Fantini* 1970) das Hauptgewicht auf die Entwicklung eines affektiven Curriculums legten, nahm Forschung nur einen geringen Platz ein. Es wurden lediglich Teilnehmer der verschiedenen Projekte interviewt, ähnlich wie in der Follow-up-Studie von *Phillips* (1974) in „Confluent Education". Tatsächlich sehen wir auch, daß sich „Self Science Education" und „Confluent Education" in wesentlichen Punkten ähnlich sind (beide bauen auf Gestaltansätzen auf). Der wesentliche Unterschied besteht darin, daß „Self Science Education" auf einem genau strukturierten Prozeß, der „Trompete" aufbaut, während „Confluent Education" von dem ausgeht, was „da ist" („obvious").

Weinstein und *Fantini* führten keine systematische Forschung durch, bis *Al Alschuler* mit einem eindeutigen Forschungsinteresse zur Gruppe stieß. In dem Artikel „Education for What? Measuring Self-Knowledge and Levels of Consciousness" (*Alschuler* 1977) stellen sie ihren Forschungsansatz zum ersten Mal dar. Sie möchten dabei eine oder zwei zentrale Zielsetzungen Humanistischer Pädagogik zum Forschungsinhalt machen:

> „Nachdem wir das gesamte Feld der Humanistischen Pädagogik durchforsteten, wurde es klar, daß die Zielformulierungen verschiedener affektiver oder humanistischer Curricula sehr vage sind, außerdem poetisch, fragmentiert, ohne Fundierung, nicht meßbar; wie z. B. ‚Leuten zu helfen, sich selbst besser zu spüren', ‚sich selbst verwirklichend', ‚offener für Erfahrungen', ‚ganzheitlicher, mehr im Zentrum', ‚echter, freudiger, mit sich selbst in Kontakt' und so weiter.
> Was wir stattdessen brauchen, sind rigoros definierte, empirisch fundierte Beschreibungen theoretisch sinnvoller Aspekte menschlicher Entwicklung" (*Alschuler* 1977, S. 30).

Alschuler und seine Gruppe entschieden sich schließlich für die beiden wichtigen Ziele „Selbstkenntnis" („self knowledge") und „kritisches Selbstbewußtsein" („critical self consiciousness") nach *Paulo Freire*. Im Bereich der „Selbstkenntnis" entwickelten sie ein Instrument, das den Befragten bittet, sich eine Erfahrung in Erinnerung zu rufen (oder eine Kette unvergeßlicher Erfahrungen) und sich an ein Ereignis daraus in allen Details zu erinnern. Der Befragte beschreibt seine Erfahrung umfassend und soll auf die folgenden Fragen antworten: „In welchem Sinne war die Erfahrung wichtig, und speziell in diesem Moment? Von der Erfahrung, die du jetzt gerade erinnert hast, beschreibe ein paar Dinge, die du jetzt über dich weißt. In welchem Sinne könnte dieses „Wissen über dich selbst im Moment von Nutzen sein? Spezifischer: Wie kann es dir helfen, das zu bekommen, was du willst, und das zu vermeiden, was du nicht willst?"

In einem nächsten Schritt werden diese Antworten skaliert und in eine der *vier hierarchischen Stufen der Entwicklung der Selbstkenntnis* eingestuft.

Stufe 1: *Elementare Selbstkenntnis*
Auf dieser Stufe sind die Ereignisse oder Erfahrungen wie eine Sammlung von Fotographien in einem Album angeordnet, ohne ergänzende Erklärungen, z. B. „Ich trug ein weißes Kleid".

Stufe 2: *Situationsbezogene Selbstkenntnis*
Diese ist charakterisiert durch eine Integration von verschiedenen Erfahrungselementen in ein spezifisches, sinnvolles Ganzes, z. B. „Es war wichtig für mich, weil ich mir große Sorgen gemacht hatte, ob ich mich für dieses Anliegen engagieren sollte".

Stufe 3: *Einem innern Muster folgende Selbstkenntnis* (internal pattern self knowledge)
Auf dieser Stufe finden sich Beschreibungen von Erfahrungen verbunden mit inneren Reaktionen oder Vermutungen hinsichtlich zukünftiger ähnlicher Erfahrungen, z. B. „Immer, wenn ich in Schwierigkeiten bin, suche ich Hilfe von anderen".

Stufe 4: *Prozessuale Selbstkenntnis*
Hier werden nicht nur die Erfahrungen und mögliche Reaktionen beschrieben, sondern der Befragte kennt auch die Prozesse und Muster, mit denen er seine inneren Zustände/Stimmungen kontrolliert, verändert, beeinflußt und entwickelt, z. B. „Wenn ich mich entmutigt und allein fühle, ziehe ich mich zurück, versuche mich wieder selbst zu akzeptieren und bekomme so einen neuen Start".

Alschuler et al. konnten zeigen, daß diese Stufen tatsächlich hierarchisch aufgebaut sind, das heißt, daß die eine Stufe erreicht und vollendet werden muß, bevor die nächste erreicht werden kann. Es ist nicht schwierig zu sehen, daß sie zur Entwicklung dieses Instrumentes Anleihen bei den kognitiven Stufen *Piagets*, bei den Stufen des moralischen Urteils von *Kohlberg* und bei den Stufen der Ich-Entwicklung von *Loevinger* holten.

In Ergänzung dazu entwickelten sie ein Instrument zur Erfassung von Problemlöseverhalten, das auf den Stufen des „kritischen Bewußtseins" von *Freire* aufbaut („conscientizao"). *Freire* sieht *drei Stufen des „politischen Problemlösens"*:

1. Stufe: *Magisches Bewußtsein*
   Der Befragte paßt sich in erster Linie an die Situation an, nur Überlebensthemen kommen zur Sprache; die Ursachen der Situation scheinen hauptsächlich magisch: Schicksal, Chance, Glück, Gott. Resignation, passives Warten charakterisieren die allgemeine Haltung.

2. Stufe: *Naives Bewußtsein*
   Der Befragte sieht die Verantwortung für die Situation in erster Linie bei sich selbst, z. B. „ich bin arm, weil ich keine Schule besucht habe".

3. Stufe: *Kritisches Bewußtsein*
   Der Befragte sieht seine Situation beeinflußt durch das System, z. B. ungerechte Gesetzte oder Normen, die ihn zum Opfer machen, wie Rassismus u. ä. Man kann diese Ursache nur in gemeinsamer Anstrengung als Gruppe lösen.

Auch dieses Instrument wurde getestet, zuerst bei Bauern in Ecuador, dann bei bewußtseinsfördernden Frauengruppen in den USA. Ausgehend von diesen Forschungsergebnissen zu zwei grundlegenden Zielsetzungen Humanistischer Pädagogik kommen *Alschuler* et al. zu folgenden Empfehlungen für die Humanistische Pädagogik:

„a) Übungen oder Lernaktivitäten sollten eher auf langfristiges Internalisieren als auf kurzfristiges ‚Anturnen' ausgerichtet sein.

b) Man sollte ein breites und systematisches Spektrum von Lernaktivitäten zusammenstellen, um ein spezifisches und eingeschränktes Erziehungsziel zu erreichen.

c) Zur Förderung der Selbstkenntnis sollte man diejenigen Aktivitäten anbieten, welche an kritischen Punkten der Entwicklung in Richtung auf die nächste Stufe wirken.

d) Ganzheitliche Ansätze sind wirkungsvoller als einzelne Elemente. Auch die Schule als Ganzes sollte dem entgegenkommen und nicht das Lernen fragmentieren." (1977, S. 43-45)

Weinstein stellt diesen Ansatz noch detaillierter dar. Die ersten Forschungsprojekte werden im Moment durchgeführt (vgl. Quellentext 5).

8.5 Das „Affective-Education"-Projekt und Norman Newberg

Das „Affective Education Projekt" in Philadelphia unter der Leitung von *Norman Newberg* weist neben den Ansätzen von *Combs* sowie *Aspy* und *Roebuck* die breiteste Forschungsgrundlage auf. Da es fast ausschließlich durch die Ford-Foundation und den Schuldistrikt von Philadelphia finanziert war, wurden im Laufe seines 15jährigen Bestehens Forschungsprojekte auf den verschiedensten Ebenen durchgeführt:

(a) auf der Ebene der einzelnen Schulen: Fragebogen und Interviews mit Schülern, Lehrern und Eltern, Leistungstests der Schüler im Lesen und im Sprachverständnis, ebenfalls in amerikanischer Geschichte (Kontrollgruppenvergleiche);

(b) auf der Ebene der Lehreraus- und -fortbildung: Befragung der Lehrer und der Schüler;

(c) auf der Ebene des Projekts: Prozeßauswertungen für die Projektleiter, um Informationen für den weiteren Verlauf und die Planung zu erhalten (Aktionsforschungsaspekt);

(d) Außenevaluation durch externe Forscher, welche Berichte zuhänden der Schulbehörde und der Ford-Foundation erstellten.

Die Projektleitung des „Affective Education Project" (AEP) interessierte sich vor allem für folgende Fragestellungen, die mit den erklärten Projektzielen übereinstimmten (*Newberg* 1978, S. 233; Übersetzung G. F.:

„1. Wie können Lehrerinnen und Lehrer durch ihren Unterricht die Entwicklung des Selbstkonzepts bei Schülern fördern?

2. Welche Arten von Curricula unterstützen das ganzheitliche Wachstum der Schüler durch Betonung der rationalen und emotionalen Aspekte des Lernprozesses?

3. Welche Lehr- und Lernprozesse bewirken und unterstützen eine Verbesserung der Unterrichtsatmosphäre in folgenden Bereichen:
   a. verbesserte Kooperation
   b. gegenseitiger Respekt
   c. Spontaneität und Kreativität
   d. Alternativen zur Lösung von persönlichen, sozialen und akademischen Problemen
   e. Reduktion von Schülerabwesenheit
   f. Reduktion disziplinarischer Maßnahmen.

4. Welche Organisationsstruktur der Schule kann ganzheitliches Wachstum von Lehrern und Schülern am besten unterstützen?

5. Wie kann Lehrerfortbildung bei den Lehrern das Gefühl von Isolation, Entfremdung und mangelnder Kompetenz verringern und Aspekte des professionellen, persönlichen und zwischenmenschlichen Wachstums fördern?
6. In welcher Art beeinflußt die Aufmerksamkeit des Lehrers für psychologische Anliegen der Schüler ihre Leistungsfähigkeit im akademischen Bereich?"

Ein Großteil dieser Projektziele wurde bereits im anfänglichen Auftrag durch die Schulbehörde festgelegt: Man wollte mit einer stärkeren Betonung der emotionalen Aspekte des Lernens und der Schule den anstehenden Problemen wie Schülerabwesenheit, mangelnde Lernmotivation, Gewalttätigkeit, Disziplinarmaßnahmen und seelischer Entfremdung entgegenwirken. So stand das gesamte Projekt während seiner ganzen Existenz unter dem Druck, diese Ziele zu erreichen, während die Leistungsaspekte mindestens gleich oder besser sein mußten als diejenigen der Schüler anderer Schulen (Kontrollschulen).

Zudem entstehen die üblichen Forschungsprobleme im affektiven Bereich, die *Newberg* folgendermaßen beschreibt (1978, S. 234):

„Da die vorhandenen Forschungsinstrumente zur Erfassung affektiver und psychosozialer Probleme ungeeignet sind, mußten wir neue Instrumente erfinden, welche den Zielen des Projekts angemessen waren. Unglücklicherweise haben Schuldistrikte selten die Zeit, die Leute und das nötige Geld, um dies erfolgreich durchzuführen. Das Affective-Education-Projekt baute eine Vielzahl von Klassenzimmer-Beobachtungsinstrumenten im Rahmen seiner Prozeßevaluation auf. Zudem benutzten wir verschiedene standardisierte Instrumente mit gemischten Resultaten.

Ein Argumentationspunkt könnte sein, daß sich das ganze Feld noch in einer vorparadigmatischen Stufe (nach Kuhn) befindet, wo man sich noch auf die wenigsten Definitionen geeinigt hat, um eine systematische Evaluation aufzubauen. Das Feld ist zu breit, und es herrscht keine Übereinstimmung darüber, wie es eingegrenzt werden könnte".

Newberg betont damit einen Eindruck, der durch eine Darstellung des Feldes der Humanistischen Pädagogik bestätigt wird, wobei sich Gemeinsamkeiten, Überschneidungen und Orientierungspunkte abzeichnen (vgl. Grundhypothesen und -ergebnisse bei *Combs*, *Aspy* und *Roebuck* sowie *Newberg*).

Newberg (1978) konnte zeigen, daß sich bei den am AEP teilnehmenden Lehrern und Schulen die Probleme von Schülerabwesenheit, Disziplinarschwierigkeiten, Gewalttätigkeit, Kooperation und gegenseitigem Respekt verbesserten (basierend auf subjektiven Einschätzungen durch Lehrer und Schüler). Er faßt die Ergebnisse der verschiedenen Leistungstests folgendermaßen zusammen:

„Wenn wir die fünf Jahre unserer Forschungsanstrengungen im Bereich des Lesens betrachten, so können wir sagen, daß Schüler des AEP mindestens ebenso gut waren wie

Schüler traditioneller Klassen. Weiter, daß das AEP signifikant bessere Leseleistungen bei den Schülern der mittleren Primarstufe in den Jahren 1972-75 hervorbrachte, und zwar in den Bereichen mündliches Lesen und Verstehen.

Auf der High-School-Stufe waren die Resultate nicht so durchgängig: 1973/74 waren die Schüler besser in ‚Verstehen', während sie ein Jahr später ebenso gut waren wie ihre Mitschüler aus den Kontrollklassen.

Auf der unteren Primarschulstufe zeigte sich, daß die Schüler im ersten Jahr in AEP keine Verbesserung zeigten, erst im zweiten (1975/76), als die Lehrer Training im Angehen von Leseblockierungen der Schüler erhielten.

Zuerst weigerte sich AEP, in ihrer Evaluation eine direkte Verbindung affektiver Lernaspekte mit Leseverbesserungen herzustellen. Trotz der Resultate ist es nicht möglich, eine Ursache-Wirkung-Beziehung herzustellen. Das AEP kann nur eine relativ allgemeine Beschreibung des Lehrertrainings geben. Es wird vermutlich nie an den Punkt kommen (und es mag auch nicht wünschenswert sein!), wo es genau die Variable isolieren kann, die die Wirkung verursacht. In der Erziehung ist es eher so, daß ein ganzer Komplex von sich ergänzenden Strategien das erwünschte Resultat hervorruft. Was die Trainer des AEP besser machen könnten, wäre eine präzisere Beschreibung ihrer Trainingsinterventionen und der motivationalen, emotionalen und einstellungsbedingten Faktoren, welche zu einer verbesserten Leseleistung führen." (1978, S. 242-46)

Durch seine Erörterungen zeigt *Newberg*, wie wichtig unsere Konzepte von Lernen in der Formulierung von Forschungsfragen sind. Oftmals mögen wir falsche oder irreführende Wege einschlagen, nur weil wir ungenaue Auffassungen über die Natur von Lernprozessen haben. Ich habe dies illustriert am Beispiel des Transferproblems in der Arbeit mit Gruppen, wo ein Hauptproblem darin besteht, daß unsere Definitionen und Vorstellungen von Transfer aus der Lernpsychologie stammen und unkritisch auf die Arbeit mit Gruppen (auf soziales Lernen in Gruppen) übertragen wurden.

Einige Resultate des AEP weisen allerdings in ähnliche Richtungen wie die Erörterungen von *Alschuler* („ein breites Spektrum von Lernaktivitäten verwenden, um ein eng gestecktes Lernziel zu erreichen") oder *Shiflett, Phillips* in „Confluent Education" („neben den traditionellen Lernzielen wie Lesen u. ä. werden zusätzlich soziale und affektive Lernziele erreicht, wie z. B. lernen, in Gruppen zu arbeiten, Verbesserung des Selbstkonzepts bei Schülern, Verbesserung der zwischenmenschlichen Prozesse im Unterricht in Richtung von mehr Akzeptanz, Echtheit, Ganzheit, Kooperation und Einfühlungsvermögen"). Es zeigen sich trotz methodischer Schwierigkeiten erste Resultate, welche ähnliche Schwerpunkte angeben.

8.6 Die humanistische Laborschule John Goodlads und seine Untersuchungen der amerikanischen Schule

Die humanistische Laborschule an der Graduate School of Education der Universität von Los Angeles (UCLA; *Goodlad* 1974) baute auf einem ähnlichen Verständnis von Humanismus auf wie die Laborschule von *John Dewey* an der Universität von Chicago zu Beginn dieses Jahrhunderts (vgl. Teil 1 sowie *Rust* 1975): Ein Humanismus, der auf den Basispostulaten der Menschenrechte beruht: Recht auf Selbstentfaltung, Achtung des anderen, Erziehung, Meinungsäußerung, ganzheitliche Förderung, Achtung der Umwelt und ihrer Werte etc. Allerdings existiert die Laborschule heute nicht mehr in ihrer ursprünglichen Form. u. a. wegen des Fehlens von finanzieller Unterstützung, doch wird das grundsätzliche Anliegen dieser Schule im Rahmen internationaler Projekte z. B. in Entwicklungsländern, OECD, Unesco und Imtec (Präsident: Per Dalin, Sitz: Oslo) weiterverfolgt. Wenn wir dieses Experiment zusammen mit den umfangreichen Forschungen *Goodlads* (1979, 1975, 1978, 1984 und frühere Publikationen) in den amerikanischen Schulen sehen, so lassen sich interessante Schlußfolgerungen zur Humanistischen Pädagogik ziehen. In der umfangreichsten und neuesten Untersuchung „The Study of Schooling" (1984) erforschten *Goodlad* et al. insgesamt 38 repräsentativ ausgewählte amerikanische Schulen aller Stufen, wobei es erklärtes Ziel war, nur wenige Variablen der Schulen aus verschiedenen Perspektiven zu untersuchen (Sichtweise der Lehrer, der Schüler, der Eltern). Methodisch verwendeten sie Fragebogen, Beobachtungen und Interviews.

Goodlad (1979, S. 1 f.) umschreibt die Grundzüge von „A Study of Schooling" mit folgenden Worten:

„Die grundlegende Annahme unserer Forschungen während der letzten sechs Jahre war, daß wir zur Verbesserung von Schulen zuerst einmal verstehen müssen, was in ihnen und um sie herum vor sich geht. Wir wählten immer drei zu einem Set zusammengestellte Schulen aus.

Die untersuchten Variablen lassen sich in größere Komponenten gruppieren, welche allen Schulen gemeinsam zu sein scheinen, die sich aber von Schule zu Schule in ihrer Form und in ihrem Zusammenwirken unterschieden.

Es sind dies Aspekte des Selbst (persönlicher Bereich), des Unterrichts (Lehr-Lern-Bereich), der Schule (institutioneller Bereich) und der Sozialisation durch die Schule (‚schooling'; gesellschaftlicher Bereich)."

So entsteht ein sehr lebendiges Bild der „Kultur der Schule" (*Sarason* 1971), und in den letzten drei Artikeln der Serie präsentieren die verschiedenen Autoren erste ausgewählte Resultate zu den Bereichen „Curriculum", „Wie Schüler die Schule erleben" und „Wie Erwachsene (Lehrer, Eltern, Schulbehörde, Politiker etc.) die Schule erleben".

Wir können in diesem Rahmen die Resultate nicht in extenso referieren, sondern lediglich den interessanten Punkt herausgreifen, daß „gute" und „schlechte" Schulen sich in den Augen der Befragten nicht durch Leistungs-, Inhalts- oder materielle Aspekte unterscheiden, sondern durch den *interpersonellen Bereich:* Für die Schüler ist es wichtig, ob sich der Lehrer oder die Erwachsenen um sie kümmern, ob sie sie akzeptieren, ob sie „echt" sind, ob die Unterrichtsatmosphäre konstruktiv ist, ob sie Freunde haben (was ihr Selbstwertgefühl hebt, vgl. Bericht 3); für die Lehrer oder Erwachsenen andererseits ist es wichtig, ob Kooperation herrscht, gegenseitiges Vertrauen, ob die Eltern in Entscheidungen (über Curriculum etc.) einbezogen werden, ob der Schulvorsteher („principal") seine Lehrer und die Schule unterstützt u.a.m.

Das Gleiche betont *Goodlad* in Quellentext 1 („The Trouble with Humanistic Education"), wo er meint, daß die meisten Forscher, unabhängig davon, ob sie von einem behavioristischen oder humanistischen Standpunkt kommen, für den guten Lehrer einige wenige Charakteristika finden: Meistens sind diese interpersoneller Natur (vgl. *Combs, Aspy, Rogers*).

9 Forschungsmethoden in der Humanistischen Pädagogik

Wir haben verschiedentlich gesehen, daß sich in der humanistischen Pädagogik und Psychologie ähnliche Forschungsprobleme stellen wie in der Gruppenforschung (*Argyris* 1980; *Barker* 1971; *Caplan* 1964; *Combs* 1978; *Fatzer* 1980; *Madsen* 1971; *Price* 1980). Aus diesem Grunde wurde von verschiedensten Seiten vorgeschlagen, neben den Ansätzen der empirischen Sozialforschung auch Methoden wie Einzelfallstudien, ethnographische Methoden und Aktionsforschung ins Auge zu fassen.

9.1 Die Fallstudie

Warren Bennis schrieb 1968 im „Journal of Applied Behavioral Science" einen leidenschaftlichen Aufruf für die vielfältigen Möglichkeiten von Fallstudien in den Sozialwissenschaften (Übersetzung G. F.):

„Ich würde mir wünschen, unsere ‚Fall-Studien' in dieser Zeitschrift könnten die Veränderungen und Wandlungen besser beschreiben, die wir oft beobachten oder in Organisationen zu erreichen suchen. Stattdessen erhalten wir sehr oft statische, langweilige Beschreibungen einer Organisation, gefolgt von der Darstellung einer Serie von T-Gruppen-Trainings, schließlich die ebenso langweilige Beschreibung, wie die Einstellungen der Teilnehmer verändert wurden. Sehr wenige von diesen Fallstudien enthalten die Farbigkeit einer Tolstoi-Novelle oder die Präzision der Eriksonschen Schilderung etwa von ‚Luther' oder ‚Gandhi'. Freud baute die Hauptlinien seiner psychoanalytischen Theorie rund um fünf brilliante ‚Fälle'.

Und mehr noch hoffe ich, daß die Fallstudie dem sehr sorgfältigen und rigorosen Prozeß der Beschreibung mehr Aufmerksamkeit schenkt. Mir scheint, eine der Hauptschwächen der gegenwärtigen Sozialwissenschaft ist in ihrer mangelnden Aufmerksamkeit für die Beschreibung von Prozessen zu sehen. Der Grund, warum wir in der experimentellen Sozialwissenschaft Kontrollgruppen brauchen, liegt in der Tatsache, daß ‚die Prozesse' in der berühmten ‚black box' stattfinden. Wir können also den Prozeß nicht darstellen, nur den ‚input' und den ‚output'. Aber überall dort, wo es nötig ist, den Prozeß zu beobachten, können wir dieses Modell nicht anwenden. Dies scheint mir die wirkliche Stärke von Fallstudien zu sein, welche diesen Prozeß ‚in vivo' schildern und weitergeben können". (S. 230 f.)

Die gleichen Möglichkeiten sieht *Wass* (1974) auch für die pädagogische Forschung. Sie verweist dabei auf die klinische Psychologie, wo dieser Ansatz seit längerer Zeit mit Erfolg verwendet werde.

Wie *Bennis* in seinen Überlegungen ausführt, wird die Fallstudie hauptsächlich in der Beschreibung von Organisationsentwicklungsprojekten verwendet. Zudem finden sich Fallstudien im Bereich von Schulinnovationen; die bekanntesten sind die „Fallgeschichten" von *Per Dalin*, die Schulinnovationen in den verschiedensten Ländern Europas beschreiben (1978). *Dalin* ist ein Meister in sogenannten „living case studies", wo jemand aus seinem Team für etwa zwei Wochen in die betreffende Schule geht und ethnographische Interviews und Beobachtungen zusammenstellt und so den gesamten Verwandlungsprozeß der „Kultur der Schule" wiedergibt.

In meinem Artikel über „Transfer in der Arbeit mit Gruppen" (*Fatzer* 1980) habe ich darauf hingewiesen, daß wir über die Natur des Transferprozesses nur etwas herausfinden können, wenn wir Fallstudien durchführen, da Transfer die Fähigkeit beinhaltet, mit unterschiedlichen sozialen Situationen umzugehen, und für diesen Prozeß sind Fallstudien das geeignetste Forschungsinstrument.

Henderson (1968, 1970) hat in seinen berühmten Vorlesungen zur Soziologie der Medizin gezeigt, wie eine Fallstudie durchgeführt werden soll. Als Illustrationen benützt er die medizinischen Fallstudien des Hippokrates, und er nennt sie „die hippokratische Methode".

Ich kann nicht in aller Ausführlichkeit die Fallstudie darstellen, sondern möchte lediglich die wichtigsten Typen und Funktionen von Fallstudien auflisten (*Ready* 1968):

1. *Allgemeine Fallstudie:*
Zusammenhängende Beschreibung von Ereignissen, verschiedenste Verwendung und Funktion.

2. *Eisberg-Fallstudie:*
Kurze Beschreibung, welche nur einen kleinen Aspekt der Ereignisse zeigt. Dient als Illustration einer Hypothese, als Ausgangspunkt einer Aktion oder Entscheidung.

3. *Wörtlicher Dialog:*
Transkript eines Interviews oder Meetings. Zweck: Problempunkte und Themen herausdestillieren, Bekanntmachen mit den Tatsachen und Problemen eines Feldes, Inhaltsanalyse, Informationsgrundlage für Aktionen, Studien der interpersonellen oder Gruppendynamik.

4. *Chronologische Fallstudie:*
Eine Serie von Fällen zeigt die chronologische Entwicklung von Ereignissen. Dient der konzeptionellen Analyse und dem Planen von Aktionen.

5. *Tiefenfallstudie:*
Eine Serie von Fällen, welche die verschiedenen Stufen der Entwicklung zeigt (Ausgangsdiagnose, Intervention, Resultate und Prozesse). Zweck: konzeptionelle Analyse, um nächste Aktionsschritte zu planen.
6. *Lehrfallstudie:*
Reine Beschreibung eines Falles, dient als Illustration oder Einführung im Unterricht. Dieser Ansatz wurde vor allem in der Harvard-Business-Schule entwickelt (*Andrews* 1951). Zweck: Einführung, Interesse für mögliche Problemfelder wecken.
7. *Staubsaugerfallstudie:*
Ungewöhnlich ausführliche und komplexe Beschreibung einer Reihe von Ereignissen. Absicht: Probleme identifizieren, Aktionen planen, neues Feld kennenlernen.

Wir haben im Rahmen unserer Forschungsvorhaben in der Humanistischen Pädagogik verschiedene Fallstudien als „Fallinterviews" durchgeführt, um zu illustrieren, welchen Problemen Lehrer, Universitätsprofessoren oder Organisationsberater in Schulen begegnen, wenn sie humanistische Grundwerte vertreten (wird aus Platzgründen in einer Themennummer der Zeitschrift „Integrative Therapie" erscheinen, vgl. Interview mit *Aaron Hillman*).

9.2 Ethnographische Methoden
(Interviews und Beobachtung)

Die bekanntesten ethnographischen Methoden sind Interviews und teilnehmende oder nicht-teilnehmende Beobachtung. Sie wurden entwickelt im Bereich der ethnologischen Erforschung von Kulturen. Bekannte Beispiele sind die anthropologischen Berichte von *Margaret Mead* (1959) über verschiedene Kulturen in Neuguinea, die Beobachtung von *Erik Erikson* (1967), die linguistischen Untersuchungen von *Benjamin Lee Whorf* (1971) und die ethno-psychoanalytischen Interviews bei verschiedenen afrikanischen Völkern von *Paul Parin, Fritz Morgenthaler* (1972). Die Hauptabsicht solcher Methoden ist es, soziale Situationen zu erforschen, ohne sie so stark zu beeinflussen, wie dies in experimentellen Situationen geschieht. Sie gehören zum Kern sogenannter „qualitativer" Forschungsmethoden im Gegensatz zur „quantitativen".

Mit der Zeit wurden ethnographische Ansätze auch in der Soziologie angewendet (*Douglas* 1981; *Schatzmann, Strauss* 1972; *Turner* 1971; *Leiter* 1980), ebenso in der Pädagogik (*Clark* 1980; *Erickson* 1978; *För-*

ster 1981; *Hymes* 1980; *Levine* 1980; *McCall* 1969; *Robinson* 1974; *Sindell* 1970; *Walker* 1972). Ethnographie in der Pädagogik ist lediglich zwei Jahrzehnte alt und hat eine interessante Entstehungsgeschichte: als in den 60er Jahren das amerikanische Gesellschafts- und Schulsystem in einer schweren Krise war, wurden Anthropologen in die Schulen gerufen, um insbesondere die Schulprobleme von Minoritätenschülern (Schwarze, Chicanos, Indianer) zu erforschen und mitzulösen. Einer der größten Vorwürfe gegenüber amerikanischen Schulen war, daß sie eine weiße Mittelklassenkultur weitervermittle und so allen Schwarzen, Chicanos und Indianern unmöglich mache, als Schüler Erfolg zu haben, ohne ihre eigene Kultur zu verleugnen. *Ogbu* (1974, 1978, 1981) zeigt auf, daß sich dies bis ins Erwachsenenalter in Form von verminderten Chancen für Schwarze, eine Stelle zu finden auswirkt („job-ceiling"). In den meisten Fällen waren ethnographische Forschungen auf Beobachtungen und Interviews in Klassenzimmer und Schule beschränkt (sog. Mikroethnographie) und stellten eine Suche nach möglichen Gründen dafür dar, warum Minoritätenkinder in amerikanischen Schulen versagen (*Förster* 1981; *Köhler* 1978; *Ogbu* 1974, 1978, 1981). Diese Studien wurden meistens in Form ausgedehnter Analysen der Kommunikationsstrukturen zwischen Lehrern und Schülern durchgeführt und ähneln den soziolinguistischen Forschungen bei Schulkindern von *Oevermann* (1972).

Ogbu (1981) und andere Ethnographen kritisieren solche Ansätze unter dem Gesichtspunkt, daß sie durch eine Beschränkung auf die Schule alle möglichen Außenfaktoren wie ökonomische Einflüsse, Eltern, Schulpolitiker und Interessegruppen außer acht lassen. Er schlägt von daher einen makroethnographischen Ansatz vor („ethnoecology"; Beispiele: *Ogbu* 1978; *Singleton* 1967; *Grindal* 1972). Nach dieser kurzen Entwicklungsgeschichte der Ethnographie in der Pädagogik ist klar, daß sich dieser Ansatz gut als Forschungsmethode für die Humanistische Pädagogik oder Psychologie eignen würde.

Spradley (1979, 1980), *Schatzman, Strauss* (1973) und *McCall, Simmons* (1969) geben uns mit ihren Werken einen Überblick über die verschiedenen Schritte und die wichtigsten Probleme des ethnographischen Interviews und der (nicht-)teilnehmenden Beobachtung. Eines der Hauptprobleme jeglicher Feldforschung besteht sicherlich in der Gefahr, soviel Notizen und Interviewmaterial anzuhäufen, daß es anschließend unmöglich ist, Hypothesen zu formulieren. *Spradley* (1979, 1980) schlägt daher einen interessanten Forschungsablauf vor, der aus folgenden Stufen besteht:

274

Interviewprozeß
- (a) Einen Informanten lokalisieren
- (b) Interviewen
- (c) Einen ethnographischen Bericht zusammenstellen
- (d) Deskriptive Fragen stellen
- (e) Das ethnographische Interview analysieren
- (f) Eine Domänenanalyse machen (Bedeutungszusammenhänge)
- (g) Strukturelle Fragen stellen
- (h) Eine taxonomische Analyse machen (Bedeutungszusammenhänge)
- (i) Kontrastierende Fragen stellen
- (k) Eine Komponentenanalyse machen (Bedeutungszusammenhänge)
- (l) Kulturspezifische Themen entdecken
- (m) Eine Ethnographie schreiben.

Die verschiedenen Analysen dienen dazu, das gesammelte Material nach Bedeutungszusammenhängen aufzufächern und zu vereinfachen. Für den Beobachtungsprozeß sieht dies ähnlich aus:

Beobachtungsprozeß
- (a) Eine soziale Situation lokalisieren
- (b) Teilnehmende Beobachtung durchführen
- (c) Einen ethnographischen Bericht herstellen
- (d) Deskriptive Beobachtung machen
- (e) Domänenanalyse
- (f) Gezielte Beobachtungen
- (g) Taxonomieanalyse
- (h) Ausgewählte Beobachtungen
- (i) Komponentenanalyse
- (k) Kulturelle Themen entdecken
- (l) Ein „cultural inventory" machen (Überblick der Daten)
- (m) Eine Ethnographie schreiben

Es zeigt sich, daß bei diesem Beobachtungsprozeß die jeweiligen Zwischenanalysen dazu dienen, immer genauere Hypothesen für die nächste Beobachtungsstufe zusammenzustellen. Wir haben am Beispiel der Gruppenforschung einige Beobachtungsinstrumente und die damit verbundenen Probleme diskutiert (*Fatzer, Jansen* 1980; vgl. *McCall, Simmons* 1969). Im übrigen ist auch klar, daß die jeweiligen Instrumente, die im Bereich der Anthropologie entwickelt wurden, für das Feld der Pädagogik oder Psychologie modifiziert werden müssen.

9.3 Aktionsforschungsansätze

Die Idee der Aktionsforschung kann historisch auf zwei voneinander unabhängige Quellen zurückverfolgt werden:

John Collier, der von 1935 bis 1945 als amerikanischer „Commissioner of Indian Affairs" arbeitete, vertrat die Auffassung, daß man die Beziehungen zwischen verschiedenen Bevölkerungsgruppen (in diesem

Fall amerikanische Einwanderer und indianische Ureinwohner) verbessern könnte, indem Wissenschafter, Administratoren und Laien zusammenarbeiten. Er nannte seinen Ansatz „Aktionsforschung".

Kurt Lewin,[1] der aus Deutschland emigrierte Sozialforscher und Gestaltpsychologe, war der historisch weitaus bedeutsamere Vertreter und Begründer der Aktionsforschung. Im Gefolge der zunehmenden Bedeutung, die die amerikanische Sozialforschung im zweiten Weltkrieg erlangte, konnte Lewin seine Ideen zur Natur des Wandels von sozialen Systemen im Rahmen diverser bahnbrechender Untersuchungen (zum demokratischen und autoritären Führungsstil, Lewin et al. 1939; Veränderung von Eßgewohnheiten, Lewin 1947) illustrieren. Nach dem Krieg baute er zu diesem Zweck zwei Organisationen auf: Das „Committee on Community Interrelations" (CCI) und das „Center for Group Dynamics" (CGD), wobei sich das erstere hauptsächlich mit angewandten Forschungsprojekten zur Lösung sozialer Probleme (Bellow et al. 1947; Lippitt 1949), das zweite mit der Entwicklung und der Erforschung von Gruppendynamik befaßte (Lewin 1945; Cartwright 1958).

Leider starb Lewin 1947 inmitten einer blühenden Schaffensperiode, so daß er kein abschließendes Modell entwickeln konnte. Die Grundideen der Aktionsforschung legte er in zwei Artikeln (1946, 1947) dar:

(1) Der Aktionsforschungsprozeß hat eine zyklische Natur und umfaßt die Phasen „fact-finding", „action" und „evaluation" (Diagnose, Aktion, Evaluation). Zuerst werden diagnostische Methoden eingesetzt, um Ziele zu finden. Dann werden diese Ziele in Aktionsstrategien übersetzt. Die Aktionen werden evaluiert, und der Prozeß beginnt von neuem.

(2) Der Aktionsforschungsprozeß umfaßt „feedback" zwischen Forschern und den Angehörigen des sozialen Systems. Zudem werden die Resultate der jeweiligen Diagnose rückgemeldet und steuern so den Verlauf des Aktionsforschungsprozesses.

(3) Der Aktionsforschungsprozeß beinhaltet eine enge Zusammenarbeit zwischen Forschern und Erforschten, es gibt keine Trennung zwischen Forschern und Forschungsobjekten.

(4) Der Aktionsforschungsprozeß sollte durch eine Theorie (Lewin nannte sie „die Gesetze des Gruppenlebens") geleitet sein. In diesem Zusammenhang formulierte Lewin das wahrscheinlich bekannteste Modell sozialen Wandels, welches drei Stufen (oder Phasen) umfaßt: „Unfreezing", „Moving" und „Refreezing". Dieses Modell sozialer Innovation wurde später von Lippitt auf sieben Stufen erweitert.

In der Folge breitete sich Aktionsforschung im wesentlichen in vier Richtungen aus:

(a) Institute for Social Research (ISR) in Michigan
Die Forschergruppe am ISR erforschte in Feldstudien folgende Themenbereiche: Gruppentrainingsauswirkungen (Bradford, French 1948; Lippitt 1949), Gruppent-

---

[1] Petzold (1980) nennt J. L. Moreno als Begründer der Aktionsforschung.

scheidung (*Lewin* 1947b), Teilnahme und Widerstand in sozialen Innovationen (*Coch, French* 1948; *Bowers, Marrow* 1967) und Führungsstil (*Mann, Williams* 1960; *Morse, Reimer* 1956). Dieser Ansatz betont heute mehr die wissenschaftliche Komponente von Aktionsforschung.

(b) *National Training Laboratories, in Bethel (NTL)*
Trainings- und Ausbildungszentrum in T-Gruppen, Betonung der praktischen Seite und der Methoden von Aktionsforschung.

(c) *Tavistock Institute in London*
Der prominentere von zwei Aktionsforschungsansätzen wuchs aus einer Verbindung von psychoanalytischen Elementen (*M. Klein, W. Bion* u. a.) mit Veränderungsstrategien in Organisationen heraus. Dieser wurde nach dem zweiten Weltkrieg zur Unterstützung von Kriegsopferprogrammen aufgebaut (*Clark* 1976; *Foster* 1972). Ein weniger prominenter AF-Ansatz des Tavistock Institute versucht, Aktionsforschung mit „Operations Research" zusammenzubringen (*Lawrence* 1966).

(d) *Aktionsforschung als Ansatz der Organisatonsentwicklung*
Aktionsforschung wird im Feld der Organisationsentwicklung als eine der Hauptstrategien zur Veränderung von Organisationen betrachtet (*Clark* 1972; *Foster* 1972; *Jenks* 1976; *Margulies, Raia* 1968, 1978; *Sievers* 1978). Die Mitglieder der Organisation werden in höchstmöglichem Maße in die Diagnose und Veränderung ihrer eigenen Organisation einbezogen.

Erst nach geraumer Zeit wurden Aktionsforschungsansätze auch in anderen Bereichen angewendet: In der öffentlichen Verwaltung (*McGill, Horton* 1973), Pädagogik (*Chesler, Flanders* 1967), Psychiatrie (*Ketterer* 1979), Gemeindepsychologie (*Price, Cherniss* 1977), Familientherapie (*Klein* 1980) und in der Evaluation von pädagogischen Programmen (*Weiss* 1972).

Im deutschsprachigen Europa allerdings wurde Aktionsforschung auf andere Art rezipiert, zuerst in der Pädagogik, dann auch in der Soziologie und Psychologie. Bereits von Anfang an wurde Aktionsforschung als neuer Ansatz der Sozialforschung, als neues Paradigma gesehen (*Cremer, Klehm* 1978; *Heinze* 1975; *Haag* 1972; *Herzog* 1977; *Moser* 1975, 1977; *Pauls* 1978, 1980; *Stuhr* 1980). In den USA wird diese Idee lediglich in einem Artikel von *Ketterer* (1980) ausgedrückt.

Sievers (1978) führt die Charakteristika von Aktionsforschung als alternativem Forschungsparadigma folgendermaßen aus (*Fatzer* 1980):

(1) *Die doppelte Zielsetzung der Aktionsforschung*
Neben der Entwicklung und Überprüfung sozialwissenschaftlicher Theorie hat die Aktionsforschung zugleich die Funktion der praktischen Veränderung sozialer Systeme bzw. gesellschaftlicher Situationen. Während die Auswahl und Zielsetzung konkreter sozial-wissenschaftlicher Forschungsvorhaben traditionellerweise nach wissenschaftsinternen Interessen erfolgen, liegt der Aktionsforschung eine Verlagerung des Problembegriffs im Sinne sozialer Probleme zugrunde.

(2) *Die neue Art der Beschaffung, Verwertung und Gültigkeit der Daten im Forschungsprozeß*
Forscher und Klient bilden ein gemeinsames Handlungssystem. Die Daten werden gemeinsam beschafft. Sie dienen nicht primär der Theoriebildung, sondern der For-

mulierung von Aktionsstrategien. Während die traditionelle Sozialforschung aus Gründen der Objektivität, Reliabilität und Validität der Datenerhebung weitgehend darauf verzichtet, Folgeprobleme für die Betroffenen zu berücksichtigen, ist dies in der Aktionsforschung unumgänglich.

(3) *Neue Formen des Designs und neue Strategien im Forschungsprozeß*
Die Daten haben nicht länger in sich selbst Bedeutung, sondern erhalten diese erst insofern, als sie in den Prozeßverlauf eines Aktionsforschungsprojektes einbezogen werden und diesen steuern. Über die angewandten Forschungsmethoden sollte während des Projektes permanent gemeinsam entschieden werden. Dabei spielt auch eine Rolle, ob es sich um diagnostische, partizipative, empirische oder experimentelle Aktionsforschung handelt (*Chein* et al. 1948; *Herzog* 1977).

Wir haben andernorts ausführlich dargestellt, welche Auswirkung die Wahl eines Aktionsforschungsparadigmas auf den Forschungsprozeß in der Gruppenforschung oder in der Humanistischen Pädagogik oder Psychologie hätte (*Fatzer, Jansen* 1980, S. 147 ff.).

Der *eigentliche Aktionsforschungsprozeß* verläuft in folgenden, zyklisch wiederkehrenden Phasen:

(a) Erkundungsphase

(b) Datensammlung

(c) Datenfeedback

(d) Diagnose

(e) Handlungsplanung

(f) Handlungsdurchführung

(g) Auswertung und Neubeginn bei (a).

Weil der Aktionsforschungsprozeß von seiner Natur her den Phasen jedes Problemlösungsprozesses ähnlich ist, betrachten *Margulies, Raia* (1978, S. 74) diesen als „Lernprozeß in Organisationen": „die Organisation lernt", ihre eigenen Probleme zu analysieren und zu lösen; die Organisation lernt, wie sie lernt („Metalernen"). Dies wird in Abb. 10 dargestellt.

Betrachtet man die deutsche Aktionsforschungsliteratur, so besteht das Hauptproblem darin, daß dieser Aspekt der Aktionsforschung (als Veränderungsmethode von Organisationen) zum Teil kaum wahrgenommen und umgesetzt wird (vgl. Themenheft *Integrative Therapie* 4/1981).

Als *wichtigste Methoden der Aktionsforschung* in der humanistischen Psychologie oder Pädagogik und Psychotherapieforschung können genannt werden:

(a) Gruppendiskussionsverfahren: Diskussion von Zwischenresultaten und Konflikten, weitere Planung.

(b) Soziometrische Verfahren: Gruppenstrukturen deutlich machen.

(c) Protokolle, Tonband- und Videoaufnahmen des Gruppenprozesses: Entwicklungen Einzelner oder der Gruppe veranschaulichen, Prozeßevaluation (*Fatzer, Jansen* 1980)

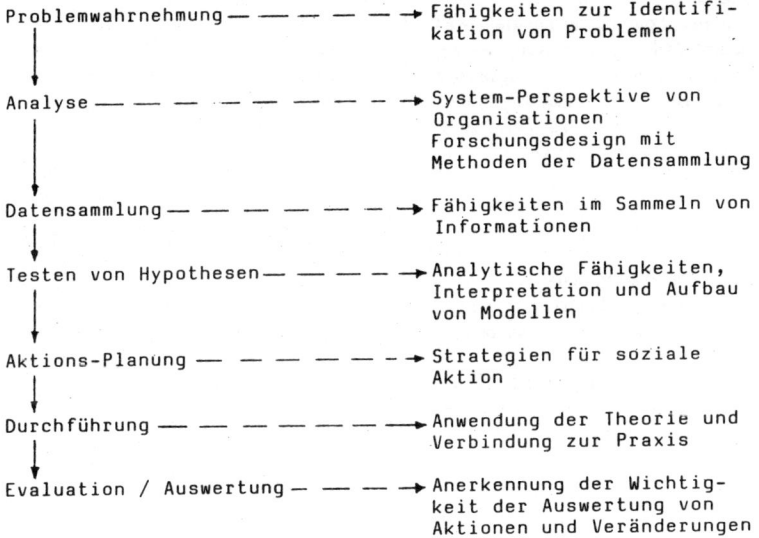

Aktionsforschungsprozess	Meta-Lernen
Problemwahrnehmung — — — — — — →	Fähigkeiten zur Identifikation von Problemen
↓ Analyse — — — — — — — — — →	System-Perspektive von Organisationen Forschungsdesign mit Methoden der Datensammlung
↓ Datensammlung — — — — — — — →	Fähigkeiten im Sammeln von Informationen
↓ Testen von Hypothesen — — — — — →	Analytische Fähigkeiten, Interpretation und Aufbau von Modellen
↓ Aktions-Planung — — — — — — →	Strategien für soziale Aktion
↓ Durchführung — — — — — — — →	Anwendung der Theorie und Verbindung zur Praxis
↓ Evaluation / Auswertung — — — — →	Anerkennung der Wichtigkeit der Auswertung von Aktionen und Veränderungen

Abbildung 10: Aktionsforschung und Metalernen (*Raia* 1978, S. 74)

(d) Fragebogen und Einschätzskalen: von der Gruppe selbst konstruiert und revidiert, Selbstevaluation (*Fatzer, Jansen* 1980)

(e) Teilnehmende Beobachtung: s. 9.2

(f) Modifizierte Methoden der empirischen Sozialforschung: Die meisten empirischen Methoden können für die Aktionsforschung modifiziert werden (*Moser* 1975, 1977; *Haag* 1972; *Heinze* 1975).

Wir haben dies für die „Evaluation von Psychotherapieausbildungen" (wird veröffentlicht) dargestellt. Sehr gute Praxisberichte sind zu finden bei *Heinze* (1975), *Haag* (1972), *Pauls* (1979, 1980), *Stuhr* (1980) und im vermutlich wichtigsten und umfassendsten Aktionsforschungswerk von *Clark* (1976) vom Tavistock-Institut. Dort sind auch die *wichtigsten Probleme von Aktionsforschung* diskutiert:

(1) *Das Forscher-Praktiker-Dilemma*
Oftmals sind Sozialforscher überfordert, neben ihren Forscheraufgaben auch die pädagogische Aufgabe, Gruppen zu leiten, Konflikte zu lösen, Forschungsinstrumente „Laien" weiterzugeben, andere zu Aktionsforschern zu „machen". Es kann auch keine Trennung zwischen dem Forscher, als „Prozeßberater" und „Aktionsforscher" gemacht werden, da häufig durch Beratung die dringendsten Probleme einer Gruppe oder Organisation geklärt werden müssen, bevor überhaupt „Aktionsforschung" begonnen werden kann (*Margulies, Raia* 1968, 1978; *Foster* 1972; *Jenks*

279

1976; *Clark* 1976; *Heinze* 1975; *Fatzer, Jansen* 1980). Zudem entsteht so eine fast un-
auflösbare „Rollenvermischung".

(2) *Abhängigkeit vom Auftraggeber*
Rapaport hat ausführlich dargestellt, daß in allen Fällen, wo Aktionsforschung Auf-
tragsforschung zur Lösung anstehender sozialer Probleme ist, der Forscher massiv
bei der Diagnose beeinflußt werden kann und oft auch zu sehr unter Zeitdruck steht,
Lösungen zu liefern. Zudem können politische Auftraggeber den Verlauf stark manipulieren (*Heinze* 1975, *Haag* 1972).

(3) *Aktionsforschung ist keine automatische Garantie für Mitbeteiligung der Erforschten am Prozeß*
Nur allzuoft wird Aktionsforschung als Allheilmittel angeboten, um Forschung zu
demokratisieren. Bei näherem Hinsehen stellt sich vielfach heraus, daß die Gleichset-
zung von Aktionsforschung mit Gleichberechtigung von Forscher und Erforschten
bzw. von traditioneller Forschung mit hierarchischem und enthumanisierendem Ge-
fälle zwischen Forscher und Forschungsobjekten nicht immer zutrifft. Dies muß
nicht mit Böswilligkeit der Beteiligten zu tun haben, sondern kann z. B. damit zusammenhängen, daß es rein praktisch kaum möglich ist, alle Daten aufzuarbeiten
und an alle Beteiligten zurückzugeben, ob dies nun aus Zeit- oder Problemdruck-
gründen geschieht (*Heinze* 1975; *Pauls* 1979, 1980; *Stuhr* 1980). *Herzog* (1977, S. 25)
bezeichnet dieses Phänomen als „Flucht in die Aktionsforschung":
„Die Auseinandersetzung der Aktionsforschung mit anderen sozialwissenschaftlichen Forschungskonzeptionen verläuft recht monoton. Einschlägig ist fast ausschließlich die traditionelle Empirie, gegenüber der man sich meist dezidiert abzuset-
zen versucht.
Tatsächlich scheint die traditionelle empirische Forschung für Aktionsforschung so
etwas wie ein rotes Tuch zu sein. Nicht selten hat man den Eindruck, in diesem roten
Tuch liege ein Strohmann verpackt: Was nämlich Aktionsforscher unter empirischer
Methodologie verstehen, ist oft nur ein Zerrbild der Empirie."

Zusammenfassend kann gesagt werden, daß neben traditionellen
Methoden der empirischen Sozialforschung auch Ansätze wie Fallstu-
die, ethnographische Methoden, Aktionsforschung und die wichtigen,
hier nicht diskutierten phänomenologischen Methoden (*Massarik*
1980, *Graumann* 1980; *Ihde* 1977) zur Erforschung humanistischer
Psychologie und Pädagogik eingesetzt werden sollten, da diese die
Grundanliegen Humanistischer Pädagogik oder Psychologie mit der
Durchführung des Forschungsprozesses in Einklang bringen könnten.

Quellentext 6

Die richtigen Fragen stellen[1]

Gerald Weinstein

Gerald Weinstein hat mit seinem Ansatz, der die Selbstentwicklung in den Mittelpunkt stellt, eines der wichtigsten Programme der Humanistischen Pädagogik aufgebaut. Gleichzeitig mit *George Brown* startete er 1970 — auch mit einem Stipendium der Ford-Stiftung — ein humanistisches Programm. Im Gegensatz zur „Confluent Education" von *Brown* geht er aber davon aus, daß man nicht humanistische oder erfahrungsorientierte Ansätze mit traditionellen Lerninhalten verknüpfen kann, sondern er stellt die „Entwicklung des Selbst" in den Mittelpunkt des Lernprozesses. Dabei hat er, als einer der einzigen humanistischen Pädagogen, eine Theorie der Selbst-Entwicklung aufgebaut, die er in diesem Artikel — einer Rede anläßlich einer Konferenz der humanistisch-pädagogischen Vereinigung der USA — vorstellt. Er macht dies in Form einer Beschreibung der einzelnen Stufen der Entwicklung der Selbst-Kenntnis und faßt dies zusammen in einem Leitfaden von Fragen, welche Teilnehmern von erfahrungsorientierten Lernprozessen bei der Reflexion ihrer Erfahrungen gestellt werden können. Sicherlich haben Sie selbst schon öfters die Erfahrung gemacht, daß bestimmte Fragen bei gewissen Teilnehmern nicht ankommen. Dies kann — laut *Weinstein* — daran liegen, daß Sie Fragen gestellt haben, welche der erreichten Entwicklungsstufe des Teilnehmers nicht entsprechen. Die Theorie und das Verfahren erinnern sehr an die Stufen der moralischen Entwicklung bei *Kohlberg* oder an die Entwicklungsstufen bei *Piaget*, von wo *Weinstein* auch seine hauptsächlichen Inspirationen nahm.

In seiner Hauptrede vor der Nationalen Konferenz der Vereinigung für Humanistische Pädagogik in Carrollton, Georgia, am 27. April 1979, stellte Professor *Weinstein* Resultate seiner Forschung zu den Entwicklungsstufen der Humanistischen Pädagogik vor. In diesem Artikel faßt er diese Resultate zusammen und stellt einen Frage-Leitfaden im Umgang mit Studenten auf verschiedenen Stufen der Selbst-Kenntnis vor. Der Leitfaden sollte nützlich sein für diejenigen, welche in ihren Gruppen mehr Offenheit und „self disclosure" erreichen wollen.

Wir waren sehr lange auf der Suche nach Entwicklungsleitlinien, die uns erlauben würden, jemanden über seine persönlichen Erfahrungen in einer angemesseneren und effektiveren Weise zu fragen. Es ist dieser Bereich, den meine Kollegen *Al Alschuler, Kathleen Phillips* und ich in den letzten vier Jahren systematischer angeschaut haben. Wir waren

---

[1] Aus: *Journal of Humanistic Education*, Spring 1980.

also auf der Suche nach Leitlinien, welche uns erlauben würden, so zu fragen, daß es besser mit den Antwortfähigkeiten des Lernenden zusammenkäme. Diese Forderungen führten zu einer empirisch unterstützten Serie von kumulativen und hierarchischen Stufen, die wir „Stufen der Selbst-Kenntnis" nannten. Diese Stufen beschreiben die charakteristische Art und Weise, wie persönliche Erfahrungen berichtet werden.

Stufe 1: Elementare Stufe

Ein Charakteristikum dieser Stufe liegt darin, daß jemand seine persönlichen Erfahrungen durch äußere Ereignisse beschreibt (Dinge, welche sich außerhalb der Person abspielen), durch Elemente, welche gesehen, berührt, gehört werden können, die physikalisch sind. Auf dieser Stufe wird das beschrieben, was beobachtbar ist, z. B. physikalische Charakteristiken: „Ich war klein", offenes Verhalten: „Ich spielte auf der Reitschule oder Schaukel", statistische Angaben wie Alter und Schulstufe. Beschreibungen auf dieser Stufe erscheinen „objektiv", nicht vermischt mit Subjektivität, Klassifizierung oder Interpretation. Was man sieht, bekommt man. Die Beschreibungen sind fragmentarisch, assoziativ, mit wenig Sinn für das Ereignis als Ganzes: „Ich fuhr auf meinem Fahrrad. Ich fiel hinunter und hatte zehn Schrammen. Ein Auto brannte auf der anderen Straßenseite."

Stufe 2: Situationale Stufe

Auf dieser Stufe wird eine besser organisierte Beschreibung eines Ereignisses abgegeben. Die Beschreibung allerdings bleibt immer noch primär auf Äußerlichkeiten beschränkt; elementare Beschreibungen von inneren Erfahrungen wie Gedanken oder Gefühle werden hinzugefügt. Auf dieser Stufe berichtet jemand von einem einzelnen Ereignis und umschreibt es als Ganzes: „Damals, als ich mein erstes Rendezvous hatte." Zudem berichtet der/die Befragte Konsequenzen und Reaktionen auf das Ereignis „Das war etwas, was ich nie mehr vergessen werde". Er/Sie macht keinen Versuch, diese spezifische Situation mit anderen Situationen zusammenzubringen. Und zuletzt wird eine relativ undifferenzierte Vermutung nach Ursachen hinzugefügt mit Worten wie: „weil", „so daß", „wenn", „damit", „obwohl", „aber" etc.

Stufe 3: Stufe der inneren Muster („internal pattern stage")

Hier beschreiben die Personen innere Reaktionen, die in verschiedenen Situationen konsistent auftreten. Das „Selbst" ist nicht mehr nur eingebettet in einer bestimmten Situation, sondern die Person beginnt die „Ich-heit" („I-ness") als etwas Stabiles zu beschreiben. Wir erhalten eine Klasse von inneren Reaktionen auf eine Klasse von Situationen. „Ich habe Angst vor Menschenansammlungen" oder „Ich war scheu während der High-School" oder „Ich habe Schwierigkeiten mit Autoritätsfiguren". Die inneren Reaktionen sind emotional, mental (Gedanken), auf Dispositionen und Haltungen bezogen, weniger häufig verhaltensbezogen. Sie werden meistens formuliert in Form von Persönlichkeitszügen und -charakteristiken. Wir unterscheiden hier von Verhaltensmusterbeschreibungen, die wir als äußere Reaktionen betrachten, wie z. B. „Jedesmal, wenn jemand böse zu mir ist, beginne ich zu weinen" oder „Ich schlage ihn jedesmal, wenn ich wütend werde". Solche äußeren Reaktionen sind keine Indikatoren dieser Stufe.

Stufe 4: Prozeßstufe

Personen auf dieser Stufe gehen über die reine Beschreibung von inneren Reaktionsmustern hinaus. Sie zeigen jetzt ein Wahrnehmen („awareness") der Art und Weise, wie sie mit ihren inneren Zuständen umgehen, wie sie diese handhaben. Sie beschreiben den Prozeß, mit dem sie ihre Gefühle, Stimmungen und Gedanken kontrollieren, lenken oder modifizieren: „Ich versuche, positiv mit meinen Schuldgefühlen umzugehen, indem ich realistische Zeitlimits setze und so keine Angst bekomme, daß ich sie nicht einhalten kann." Die Wahrnehmung („awareness"), wie das Selbst das Selbst lenkt, ist offensichtlich und bewußt.

Auf der vorhergehenden Stufe wurden allgemeine innere Zustandsmuster kaum beschrieben, aber es wurde kein Zusammenhang mit dem eigenen „Selbst" als dem Verursacher dieser Zustände hergestellt. Auf der Prozeßstufe wird das Selbst als aktiver Beeinflusser dieser inneren Zustände gesehen: „Ich begann mir die Erlaubnis zu geben, meine wahren Gefühle auszudrücken."

Diese verschiedenen beschriebenen Stufen ermöglichen uns wichtige Hinweise darauf, welche Art von Fragen für wen wann sinnvoll und angebracht wären. Es wird auf diesem Hintergrund offensichtlich, daß es für Personen auf der elementaren Stufe frustrierend ist, auf Fragen nach genau beschriebenen Gefühlen und Denkmustern antworten zu müssen. Es ist ebenfalls schwierig bis unmöglich, Leute auf der situationalen Stufe zu Antworten über ihre Persönlichkeit oder über innere Reaktionsmuster zu veranlassen. Wenn wir z.B. Heranwachsenden der situationalen Stufe Fragen wie die folgende stellten: „Was könntest Du in dieser Situation anders machen?", so wäre dies ungeschickt, weil auf der situationalen Stufe die Situation die Reaktion hervorruft. Eine bessere Frage wäre: „Welche Arten von Situationen hätten bei Dir eine andere Reaktion hervorgerufen?"

Der folgende *Frageleitfaden* wurde als Resultat unserer Beschäftigung mit der Entwicklung des Selbst-Bewußtseins und unserer Erfahrungen mit Humanistischer Pädagogik in Klassenzimmern zusammengetragen. Er stellt eine generelle Fragestrategie für Personen auf den höchsten Stufen dar. Das heißt: Personen auf den höheren Stufen scheinen in hohem Maße zu profitieren, wenn sie auf Fragen der elementaren, situationalen, Innenmuster- und der Prozeßstufe antworten. Er stellt eine große Hilfe dar, wenn man jemanden auffordert, seine Erfahrungen im Rahmen einer strukturierten Übung zu reflektieren und bringt so ein elaboriertes Set von möglichen Reaktionen zusammen.

Leitfaden für Stufenfragen

Fragen an Personen auf der elementaren Stufe:
Wo passierte es?
Wann passierte es?
Was tatest du, als es passierte?
Wer war dort?
Wer tat was?
Was hast du gemacht?
Wer sagte was?
Was sagtest du?
Wie sahen die Leute aus?
Was geschah gleich vorher?
Was geschah gleich nachher?
Was wolltest du?
Was wollten sie?
Wie sahst du aus?
Wie fühltest du deinen Körper?
Was daran gefiel dir, was mißfiel dir?

Für Personen auf der situationalen Stufe sollte man folgendes hinzufügen:
Was waren einige der Dinge, die du wärend der Zeit zu dir selbst sagtest?
Welche Art von Gefühlen empfandest du damals?
Was brachte dich dazu, das zu denken?
Was brachte dich dazu, das zu fühlen?
Was dachtest du, würde passieren?
Was verursachte, daß es so begann?
Was veranlaßte dich, das zu sagen?
Wie beeinflußte es den Rest des Tages (oder irgendeine Zeit nachher)?
Was tatest du als Resultat dessen, was du fühltest?
Was wäre ein Titel für die ganze Situation?
Wovon wolltest du mehr oder weniger?

Für Personen auf der Stufe der inneren Muster sollte man folgendes hinzufügen:
In welcher Weise erinnert dich die Reaktion auf diese Situation an ähnliche Reaktionen in anderen Situationen?
Welche Arten von Situationen veranlassen dich, so zu denken oder zu fühlen?
Findest du, daß du in anderen Situationen so denkst oder fühlst? Was ist gleich an der Situation?
Welche Gefühle oder Gedanken erkennst du als „deine" Gefühle oder Gedanken in solchen Situationen?
Wie ist die Art und Weise deiner Reaktion typisch, speziell die Gefühle oder Gedanken?
Willst du diese Art von Reaktion in Zukunft verändern? Was bringt diese Reaktion für dich und was verhindert sie?

Zuletzt für diejenigen auf der Prozeßstufe:
Wenn du weißt, daß du so fühlst, kannst du etwas damit machen?
Wenn du diese Gedanken hast, kannst du etwas damit machen?
Was könntest du zu dir selbst sagen, was deine Gefühle oder Gedanken verändern/verbessern/unterbrechen könnte?
Wie beeinflussen deine Grundannahmen über dich selbst deine Einstellung?
Was könntest du über dich annehmen, was die Art, wie du über dich denkst oder fühlst, verändern könnte?

Man muß die Stufe der Person, die man befragt, nicht wissen, um diesen Leitfaden zu benutzen. Indem man fragenderweise die Leiter hinaufgeht, wird man feststellen, daß einige Personen Schwierigkeiten mit ihren Fragen haben. Dies könnte anzeigen, daß man ihre oberste Entwicklungsstufe erreicht hat.

Übersetzt von Gerhard Fatzer.

Quellentext 7

Confluent Education
— Ein verlorenes Paradigma?[1]

Stewart Shapiro

In diesem Artikel habe ich zwei Hauptanliegen. Das eine ist zu zeigen, daß Confluent Education auf einem humanistischen Paradigma basiert, welches Subjektivität, Prozeß und persönliche Entwicklung betont im Gegensatz zu Lernmodellen, welche Objektivität, Leistung und Beherrschung des Stoffes in den Vordergrund stellen. Als zweites liegt mir daran zu zeigen, daß das humanistische Paradigma Gefahr läuft, verloren zu gehen. Statt philosophisch angepaßte theoretische Modelle und Untersuchungsmethoden zu entwickeln, wenden wir immer noch die akademischen Kriterien des logischen Positivismus an, um unseren Ansatz zu stärken.

Wenn wir dies nicht anerkennen und Energie in unser existierendes Paradigma einbringen, wird es weiterhin schwächer werden und ein Opfer des doppelten Exzesses von Empirizismus und Fundamentalismus sein. Die vielen und unterschiedlichen Attacken auf das „Human Potential Movement" oder auf die Humanistische Pädagogik mit Klischees des „neuen Narzißmus" oder der „Ich-Generation" untergraben diese wichtige historische Alternative zur traditionellen Erziehung. Dieser Artikel ist eine Antwort auf die eher düstern Fallbeschreibungen zur Humanistischen Pädagogik in der Frühlingsnummer des *„Journal of Humanistic Psychology"* 1981. Er stellt sich ebenfalls gegen die Behauptung, daß sich Confluent Education erst in einer vorparadigmatischen Stufe befinde.

Nach einer Definition von Confluent Education werde ich zeigen, daß unsere Praxis im „Graduate-Education-Program" in Santa Barbara wie auch in der Gestaltpädagogik in öffentlichen Schulen auf humanistischen Postulaten beruht (*Brown* 1971, 1975; *Combs* 1974; *Heath* 1971; *Rogers* 1969; *Weinstein, Fantini* 1970). Dies wird gezeigt werden durch Feedback der Studenten und durch Forschungsresultate. Im Gegensatz dazu wird mein Abriß der Suche nach konfluenten Mo-

---

[1]) Aus: *Journal of Humanistic Psychology*, Spring 1983.

dellen zeigen, daß wir uns von einem tieferen Verständnis und von einer Entwicklung des aktuellen humanistischen Paradigmas auf der Suche nach einem esoterischen neuen Paradigma wegbewegen. Die gegenwärtige Annahme, Confluent Education bewege sich in einer vorparadigmatischen Stufe, ist irreführend und falsch. Einerseits verfügen die Verfechter von Confluent Education (oder Gestaltpädagogik) über implizite und sehr wirksame Möglichkeiten der Persönlichkeitsentwicklung im Umgang mit Menschen. Anderseits verfügen wir auch über eine stimmige konzeptionelle Basis.

Definitionen von Confluent Education

Um den Entwicklungsaspekt von Confluent Education hervorzuheben, ist es nötig, die verschiedenen Bedeutungen dieses Ansatzes, der oft mißverstanden worden ist, zu zeigen. Ebenso wie eine allgemeine humanistische Orientierung schwierig in zwei Worten zu umschreiben ist, verfügt auch Confluent Education über eine Mehrzahl von Bedeutungen:
(1) So wie es ursprünglich verwendet wurde, meint es das „Zusammenfließen" des Kognitiven und des Affektiven;
(2) meint es ein bestimmtes Programm an der Universität von Kalifornien in Santa Barbara;
(3) enthält es auch die allgemeine humanistische Orientierung, die weiter oben beschrieben wurde.

Im Rahmen dieses Artikels nehme ich an, daß die verschiedenen Formen von Confluent Education fast immer im Rahmen dieser breiten humanistischen Orientierung ihren Platz haben.

Feedback zu Confluent Education an der Universität (UCSB)

Die Notwendigkeit eines Wandels in der Humanistischen Pädagogik wurde klar reflektiert im Rahmen der Frühlings-Nummer des *„Journal of Humanistic Psychology"* zum Thema Humanistische Pädagogik. Sie spiegelt auch die gegenwärtige Weiterentwicklung unseres Programms für die 80er Jahre wider. Befragt, was ihrer Meinung nach für die 80er Jahre nötig wäre, antworteten Studenten, Absolventen, Ehemalige, Professoren und Schulen folgendes:
(1) Mehr Kontakt mit der generellen Öffentlichkeit und mehr Gebiete, wo Confluent Education angewendet werden sollte.
(2) Mehr Körperarbeit und mehr Gewicht auf den transpersonalen Bereich.
(3) Verbesserte gegenseitige Unterstützungsgruppen zum Lernen.

(4) Mehr Gewicht auf die „Planung des Wandels", welcher benötigt wird, um diese Veränderungen in Schulen oder anderen Systemen einzuführen.

(5) Training in und Einsatz von geeigneten Forschungsmethoden, welche mit der humanistischen Orieintierung übereinstimmen (z. B. qualitative Forschung; vgl. *Eisner* 1981; Aktionsforschung und ähnliches).

(6) Mehr ethnische Unterschiede unter den Studenten.

Ich muß zugeben, daß ich es seltsam fand, daß niemand die Notwendigkeit von neuen grundsätzlichen Modellen oder von klareren Definitionen der Confluent Education anführte. Ich hätte ebenfalls erwartet, daß die Studenten noch klarere quantitative Instrumente verlangt hätten, weil schon sehr viel Vorarbeit in diesen Bereichen geleistet worden war. Die folgenden Rückmeldungen über die positiven Aspekte des Programms enthüllen ebenfalls, daß weder theoretische Modelle noch Techniken für die Studenten zentral sind, sondern viel eher die persönliche Entwicklung:

(1) Sie erlaubt einem, man selbst zu sein — eine ungewöhnliche akademische Atmosphäre, welche Lernen und persönliches Wachstum fördert.

(2) Sie fördert den Mut, innovativ zu sein.

(3) Sie bietet einen sicheren Platz, um mit neuen Rollen, neuen Verhaltensweisen und neuen Methoden zu experimentieren.

(4) Sie legt großes Gewicht auf Wahrnehmung und Verantwortung und hilft den Leuten, sich besser wahrzunehmen und mehr Verantwortung zu übernehmen.

(5) Sie ermöglicht den Teilnehmern, sich mit der größeren „Human-Potential-Bewegung" zu identifizieren.

Aus diesen Rückmeldungen schließe ich, daß die hauptsächlichen Auswirkungen des Programms auf die Studenten im Bereich der Persönlichkeitsentwicklung liegen. Dies unterstützt meine erste Feststellung in diesem Artikel. Aber wie steht es mit der Forschung?

Forschungsresultate

Aus Forschungsprojekten, welche zumeist von unseren Doktoranden oder durch die Fakultät durchgeführt wurden, zeigen sich gewisse Muster. Die folgenden Auswirkungen umfassen Grund- und Oberschüler, Mittelschüler, Lehrerstudenten und verschiedene Praktiker von Confluent Education oder konfluenten Ansätzen in Medizin, Gesundheitserziehung, Schul- oder Universitätsverwaltung in der Beratung.

(1) Auswirkungen im Bereich des persönlichen Wachstums und des Affektiven: Verbesserte Selbst-Wahrnehmung, größeres Bewußtsein, mehr im Kontakt mit den eigenen Gefühlen, Persönlichkeitsentwicklung und ein Gefühl der Kontrolle über das eigene Leben (*Shapiro* 1976; *Phillips, Elmore* 1974; *Shiflett, Brown* 1972; *Galyean* 1976; *Shapiro* 1979; *La Borde* 1976).

(2) Verbessertes allgemeines und akademisches Selbst-Konzept (*McCarthy* 1975; *Cantlay* 1975; *Bradley* 1977; *Galyean* 1976).

(3) Auswirkungen im Bereich von persönlichen Beziehungen und Verbindungen: Die Studien zeigen signifikante Verbesserungen im Bereich von Einstellungen („attitudes"), Beziehungen mit anderen, Empathie, Beziehung zu Autorität, Verständnis von Leuten mit anderen Einstellungen, Wärme, Offenheit und dem Gefühl, anderen näher zu stehen (*Philipps, Elmore* 1974; *Cantlay* 1975; *Grendstadt* 1975; *Galyean* 1976).

(4) Veränderungen im Unterrichtsstil, im Curriculum und in der Klassenumgebung — ein Klassenumgebungseffekt: Diese Veränderungen gingen in Richtung von größerer Entspanntheit, Informalität, Spontaneität, Vertrauen, Zentriertheit der Schüler auf die eigene Person, engere zwischenmenschliche Beziehungen zwischen Lehrer und Schülern und unter den Schülern (*Shiflet, Brown* 1972; *Phillips, Elmore* 1974; *Grendstadt* 1975; *Cantlay* 1975; *Callan* 1978).

(5) Eine reflektiv-philosophische Auswirkung: Einfluß auf Themenbereiche des Lebenssinns („life meaning") wie Klarheit von Lebenszielen, ein Sinn für das Meistern des Lebens und ein Sinn des Schullebens (*Shapiro* 1976; *Georgi* 1978; *Shiflet, Brown* 1972; *Phillips, Elmore* 1974; *Grendstadt* 1975).

(6) Direkte Auswirkungen auf die Schul- oder Lehrerleistung: In diesem Bereich sind die Resultate nicht immer konsistent. Zehn von 15 Studien zeigten keine signifikanten meßbaren Effekte. Die übrigen zeigten allerdings deutliche Effekte (*Galyean* 1976, mit Französischstudenten; *Newberg* 1978, mit Grund- und High-School-Schülern im Bereich der Lesefähigkeit; *Georgi* 1978, mit Oberstufenschülern im Bereich des Umweltbewußtseins; *Shapiro* 1979, mit Informationen über Pensionierung bei einem Kurs mit „mid-life"-Frauen).

Interpretation der Ergebnisse: Die Kraft der humanistischen Orientierung

Was bedeuten alle diese Ergebnisse? Offensichtlich gelingt es uns, die affektive (gefühlsmäßige) Entwicklung zu verbessern, aber die Wissenschaft möchte eine solche im Bereich der Kognition (geistiger Entwicklung) oder Leistung sehen. Die meisten Ergebnisse zeigen, daß Confluent Education oder Gestaltpädagogik einen wichtigen Unterschied bei den affektiven Einflußfaktoren der Entwicklung und des Lernens erreichen kann.

Persönliches Wachstum, Selbst-Konzept, philosophisches Verständnis, zwischenmenschliche Beziehungen, Einstellungen gegenüber Schule und Lernen und die allgemeine Umgebung der Klasse können alle durch konfluente Ansätze verbessert werden. Diese Einflüsse konnten auch bei sehr unterschiedlichen Personengruppen beobachtet werden, von Schülern bis zu älteren Leuten. Zusätzlich kann manchmal auch die akademische Leistungsfähigkeit verbessert werden; in keinem Fall wurde diese verschlechtert. Fast alle diese Effekte können dem generellen humanistischen Entwicklungsziel „das Engagement gegenüber der *Person*, die lernt, vergrößern" zugeschrieben werden. In jeder der zitierten Studien wurden konfluente Verfahren für die gefühlsorientierten Bereiche angewendet, während sie im kognitiven Bereich nur indirekte Auswirkungen hatte. Wir konnten direkte affektive, aber nur indirekte kognitive Effekte beobachten. Wir scheinen nicht imstande zu sein, mit konfluenten Verfahren die Leistung oder das Lernen von reiner Information konsistent zu steigern.

Viele der Studien (10 von 15) berichten wichtige qualitative Veränderungen in der gewünschten Richtung. Typischerweise berichten die Forscher, daß etwas Bedeutendes mit den Teilnehmern geschehen ist, aber diese Differenzen sind qualitativ und subjektiv und gehen oft verloren durch die traditionellen Instrumente und die experimentellen Designs (*Standley* 1982; *Shapiro* 1976; *Cantlay* 1975; *Grendstadt* 1975; *Shiflett, Brown* 1972; *Georgi* 1978; *Pulido* 1981; *Blume* 1981; *Phillips* 1974).

Geschichte und Entwicklung von Modellen der Confluent Education

Zusätzlich zum Feedback und zu den dargestellten Studien zeigt die fortwährende Suche nach und Entwicklung von Modellen oder Paradigmen (Supermodellen) von Confluent Education oder Gestaltpädagogik, was ich als zweite Bemerkung oder Grundlage des Artikels anführte, nämlich daß wir auf unserer Suche nach immer abstrakteren Modellen die Kraft und Bedeutung unserer grundlegenden humanistischen Orientierung verlieren könnten.

Wie die meisten Programme, Organisationen, Institutionen, Sozialsysteme und Substysteme hat sich Confluent Education in den zwölf

Jahren seiner Existenz verändert und entwickelt. Trotzdem hat das Muster dieser Veränderungen gezeigt, daß wir uns mehr für akademische Anerkennung als für eine Vertiefung und die subjektive Bedeutung der konfluenten Praktiken und ihre Verankerung in der wirklichen Welt einsetzten.

Diese Entwicklung von Modellen kann in drei Stufen gesehen werden. Die erste Stufe war charakterisiert durch das Konzept der Integration von Kognition und Affektivem. Wir betrachten dies als Stufe, weil es diese Orientierung war, die Confluent Education „konfluent" machte. Die zweite Stufe bestand aus einer Serie von Verfeinerungen des ersten Modells. Diese fügten neue Elemente hinzu, aber veränderten die Grundaussagen des affektiv-kognitiven Paradigmas nicht. Die dritte Stufe enthält eine neue Entwicklungsphase. Sie enthielt z. B. Modelle für eine andere Art von Integration (z. B. menschliche Systeme mit sozialen Systemen) und konzentrierte sich auch auf andere Aspekte als den reinen Unterrichtslernprozeß.

Das Erststufenmodell

Der erste Durchbruch war die ursprüngliche Konzeption der Integration von Kognition und Affekt, die Confluent Education von reiner Gefühlserziehung unterschied. Dieses Konzept wurde begründet durch *Hillman* und *Brown (Brown* 1971). Es ist interessant zu wissen, daß trotz des Titels des ersten Buches über „Confluent Education" dieses ursprünglich einen Bericht an die Ford-Stiftung (über das Ford-Esalen-Projekt) über Gefühlserziehung dargestellt hatte.

Trotz der oben erwähnten Ursprünge und dem Gewicht auf Gefühlserziehung umschrieb *Brown* (1971, S. 3) die Confluent Education als ein Zusammenfließen von kognitiver und affektiver Erziehung. Kognitive Elemente waren also genauso wichtig wie ihr Gegenstück auf der affektiven Seite. Zusätzlich zu diesem Integrationsgedanken beruhte das erste Modell auch stark auf dem allgemeinen humanistischen Engagement für die Humanisierung der Gesellschaft und betrachtete das Individuum als einzigartig, ganzheitlich, mit unbegrenztem Potential.

Ich sehe darin folgendes:

(1) Confluent Education entwickelte sich von seinen Ursprüngen in der „Human-Potential-Bewegung" als Gefühlserziehung in Richtung einer Integration von Kognitivem und Affektivem. Dies war die Basis des eigentlichen Durchbruchs und das erste leitende Paradigma.

(2) Zusätzlich zu dieser historischen „State-of-the-art"-Formulierung blieb Confluent Education fest verwurzelt in der allgemeinen Philosophie des Humanismus, und ihre Absicht war es, die Gesellschaft zu hu-

manisieren und den Individuen zu helfen, ihr enormes Potential im Rahmen eines erzieherischen Prozesses zu entfalten.

Zweistufenmodelle

An der Universität von Kalifornien nannten wir das ursprüngliche Modell genauso wie die daraus entwickelten Zweistufenmodelle „vor-paradigmatisch" in bezug auf den Paradigmenbegriff von *Thomas Kuhn* (1970); *Newberg* (1978). Während Confluent Education die Schwächen der traditionellen Erziehung aufgezeigt hatte, mangelte es den vorhandenen konfluenten Modellen an konzeptioneller Stärke. Zudem konnten wir keine Hypothesen generieren, welche testbar gewesen wären.

Einige der wichtigsten Modelle dieser zweiten Stufe sind *Yoemans* (1973) Modell, welches aus drei konzentrischen Kreisen besteht, die den intrapersonellen, den interpersonellen und den unpersönlichen Bereich darstellen, dann das Modell von *Castillo* (1974), welches „Bereit-schaft" und „Verantwortung" den zwei Bereichen „Affekt" und „Kognition" hinzufügt; zudem meine eigenen drei Modelle (1975, 1979a, b; vgl. den „Ausblick" S. 297).

Dreistufenmodelle

Jenseits der zweiten Stufe können wir drei neue Modelle auf der „dritten Stufe" sehen. *Marcus'* (1977) Modell basiert auf der Unter-scheidung der Gehirnsphären und der Integration von zwei Typen von Kognition: linke Hirnhälfte (propositional-logisch) und rechte Hirn-hälfte (kompositional-analog). *Hurleys* (1980) Modell unterscheidet sich auf ähnliche Art von früheren Modellen, indem es mehr auf der Theorie der sozialen Rolle als auf Unterrichts- oder Integrationsprozes-sen von Affekt und Kognition aufbaut. Das neueste (1980-81) von der Fakultät unseres Programms entwickelte Modell von Confluent Educa-tion basiert auf der Integration von menschlichen Systemen („human systems") mit der allgemeinen Systembetrachtung, welche das Verhal-ten von Menschen, Kleingruppen oder Organisationen erklären kann (basierend auf der offenen Systemtheorie von *Katz, Kahn* 1978, S. 3).

Allgemeine Eindrücke von der Entwicklung von konfluenten Modellen

Ich machte drei Beobachtungen bei der Entwicklung dieser kon-fluenten Modelle:

(1) Während wir in der Confluent Education Tätige uns noch als vor-
    paradigmatisch sehen mögen, funktioniert unsere Praxis so, als ob

wir ein ganzes Set von grundlegenden Prinzipien hätten; diese aber bilden durchaus ein Paradigma (ein Set von Grundüberzeugungen). Trotzdem bilden die neuen Modelle unser Tun nicht richtig ab, weil sie zu abstrakt und zu kompliziert sind.

(2) Viele dieser Modelle, speziell auf der dritten Stufe, sind nicht spezifisch für Confluent Education.

(3) Es scheint einen Trend zu geben, sich auf wichtigen Dimensionen „aufwärts" zu bewegen:

(a) Hirnstufen (Von „Affekt-Kognition" zu „Integration der Hirnsphären")

(b) Abstraktionsstufen

(c) auf der „Skala der Phänomene" aufwärts: Von individuell zu interpersonell, zu Kleingruppe, zu Subsystem, zu Sozialsystem, zu Gesellschaft und Umgebung.

(d) Wege des Wissens: Ein Wandel von direktem, erfahrungsorientierten, persönlichen, verborgenen und beziehungsorientiertem Wissen zu einem mehr empirischen, sozialwissenschaftlichen Wissen.

Aus meiner Sicht gründet diese Suche nach einem neuen Paradigma weniger und weniger in unseren aktuellen Erfahrungen und in der humanistischen Philosophie. Es würde sich für uns lohnen, wenn wir unsere humanistischen Grundanliegen mehr im Lichte dessen, was in der heutigen Welt geschicht, anschauen würden (vgl. z. B. *Journal of Humanistic Psychology*, Frühjahr 1981). Zum Beispiel beschäftige ich mich im Moment mit einer Überprüfung der Werke von 40 repräsentativen und bekannten Humanistischen Pädagogen, aus denen ich 15 explizite Wertprinzipien ableiten konnte. Diese Prinzipien können sehr gut beschreiben, was Humanistische Pädagogik ist. Die Absicht meiner Überprüfung besteht darin, wichtige von unwichtigen Ansätzen zu unterscheiden. Bis jetzt ließen sich drei hauptsächliche Wert-Zielsetzungen der Humanistischen Pädagogik unterscheiden:

(1) Eine allgemeine vielgesichtige Wertorientierung (z. B. Prozeßorientierung, Selbstbestimmung, Relevanz [Bedeutung], Gefühlsorientierung, persönliches Wachstum, Innovation). Dies stellt die allgemeine humanistische Orientierung dar, auf die ich in diesem Artikel öfters verwiesen habe.

(2) Gruppenansätze, welche partizipative Demokratie und Entscheidung durch Konsensus betonen.

(3) Gruppenansätze, welche persönliches Wachstum und individualistische Normen unterstützen.

Diese Unterscheidungen können wichtig sein, vor allem, wenn unterschiedliche Unterrichtsmethoden, die auf ihnen basieren, unterschiedliche Resultate hervorbringen. Anpassungen an Situationen scheinen mir für eine Weiterentwicklung humanistischer und konfluenter Ansätze entscheidend zu sein.

Empfehlungen

Um Confluent Education und Humanistische Pädagogik weiterzuentwickeln, schlage ich folgende Empfehlungen vor:

(1) Das Einzigartige, das Spezielle und das Persönliche, dem wir in den letzten 15 Jahren so viel Aufmerksamkeit schenkten, sollte nicht verlorengehen oder durch unseren kollektiven Übergang von der Ich-Generation zur Wir-Generation der 80er Jahre verdunkelt werden (*Yankelovich* 1981). Das verlorene Paradigma kann das wiederentdeckte werden!

(2) Dennoch scheint es mir eine wichtige Idee zu sein, nicht fixiert zu bleiben im engen Konzept (aus den 60er Jahren) des affektiverfahrungsorientierten Konzepts des persönlichen Wachstums. Wir sollten dieses enge Konzept des persönlichen Wachstums (durch eine ausschließliche Beschäftigung mit sich selbst und mit seinen Gefühlen) erweitern. Vielleicht ist „Entwicklung der eigenen Person in der Welt" eine bessere Formulierung. Um dies in den 80er Jahren zu erreichen, sollten wir folgendes berücksichtigen:

(a) Eine Kultur-Umwelt-Orientierung, welche jenseits der „Ich-Selbst-Psychologie" und „Ich-muß-meine-eigenen-Bedürfnisse-erfüllen-Moralität" steht, die aber das grundlegende humanistische Paradigma nicht ersetzt. Diese Orientierung wird die Unterschiede und die Bereitschaft der Klienten im Auge behalten. Sie wird viel mehr Aufmerksamkeit auf die ökonomischen, politischen, historischen und organisationsbedingten Faktoren, welche das Individuum tiefgehend beeinflussen, richten (*Yankelovich* 1981; *Greening* 1981; *Toffler* 1980; *Phillips* 1981; *Anderson* 1981; *Combs* 1977).

(b) Ein neues Set von Forschungsstrategien, das besser geeignet ist für unser humanistisches Paradigma. Dies könnte etwas ganz Neues sein (*Rosini* 1977; *Epting* et al. 1977; *Horn* 1977; *Whitlock* 1981; *Eisner* 1981) oder die Renaissance wenig verwendeter Methoden wie Aktionsforschung, Ethnomethodologie, Feldforschung u. ä.

(c) Ein diagnostischer Ansatz zur Umsetzung oder Anwendung Humanistischer Pädagogik, der ein tieferes Wissen ihrer Grenzen als auch ihrer Möglichkeiten aufzeigt.

Zusammenfassend würde ich sagen, daß es der übertriebene Einsatz einer engen hedonistisch-individualistischen Psychologie gewesen sein mag, welcher viele von den Schwierigkeiten humanistischer Programme verursachte. Trotzdem werden diese Probleme nicht durch die Suche nach abstrakten Modellen oder die Ausarbeitung positivistischer Forschung gelöst. Nicht die ursprüngliche humanistische Orientierung ist falsch, sondern die unsorgfältige Umsetzung und Anwendung verursachte viele von den Problemen.

Schlußfolgerungen

Confluent Education stellt eine sehr wichtige Alternative zur traditionellen Erziehung dar. Trotzdem könnten wir auf eine falsche Fährte gelenkt werden, wenn wir die Suche nach immer abstrakteren Modellen für die Forschung fortsetzen, nur um dem gegenwärtigen Trend nach empirisch-experimenteller Forschung nachzugeben. Zudem könnte diese verwirrende Suche nach Modellen und das Feedback, welches zitiert wurde, darauf hinweisen, daß wir in Gefahr sind, das grundlegende humanistische Paradigma zu schwächen oder zu verlieren. Das Ziel dieses Artikels war zu zeigen, daß wir dieses implizite Paradigma nicht wegen unausweichlicher politischer Änderungen aufgeben sollten. Trotzdem benötigen wir ein „Auf-den-neuesten-Stand-Bringen" der Bedeutung der Humanistischen Pädagogik — weg von losgelösten Konzepten des Selbst, einer Voreingenommenheit durch das Selbst und durch Bedürfnishierarchien —, um neue Vitalität in dieses Feld zu bringen.

Die Suche nach neuen Paradigmen sollte zweifellos weitergehen, aber ich bezweifle, daß diese Suche dort beginnen sollte, wo wir im Moment stehen. Und wo wir jetzt sind — meiner Meinung nach —, das ist nicht in einer vorparadigmatischen Stufe, sondern immer noch fest verankert auf der wichtigen historischen Basis (die wir deutlicher machen sollten) — einer humanistischen Philosophie und Psychologie.

Übersetzt von Gerhard Fatzer.

Ausblick

Das vorliegende Handbuch hat versucht, Humanistische Pädagogik und ihr weiteres Umfeld (Organisation, Umwelt) möglichst von allen Seiten zu beleuchten, sowohl historisch, politisch, praktisch als auch in ihren Auswirkungen. Der Inhalt soll alle in diesem Bereich Tätigen ermutigen, als Lehrer, Berater, Kursleiter erfahrungsorientierte Lernprozesse zu initiieren im Kontext der Schule, der Erwachsenenbildung, des Management-Trainings, der Organisationsentwicklung oder der Begleitung von Projekten oder Initiativen. Es ist auch klar, daß erfahrungsorientiertes Lernen im Kontext von Schulen, Organisationen und Gesellschaft immer wichtiger wird (vgl. z. B. auch *Stiefel* 1975). Oft fehlt es am Instrumentarium. In diesem Handbuch finden sich viele konkrete Vorschläge. Allerdings reicht das Instrumentarium allein auch nicht, wenn der Hintergrund und die Zielsetzung nicht verstanden wird — da verkommt auch die bestgemeinte Lerngelegenheit zu einem faden Trick.

Zum Abschluß möchte ich am Beispiel der Gestaltpädagogik und der Selbst-Entwicklung von *Weinstein* den Entwicklungsprozeß dieser Ansätze und ihre Hauptzielsetzungen aufzeigen und in wichtigen Punkten einen Vergleich ziehen: bei den Zielsetzungen, im Verhältnis zu den Institutionen, im methodischen Vorgehen, in der Integration, bei Schwierigkeiten und Weiterentwicklungen. Postulate zur Weiterentwicklung von humanistischen Ansätzen sollen das Ganze abrunden (Abb. 11 bis 16). Sie sind entstanden aus Schlußfolgerungen zur Humanistischen Pädagogik in den Vereinigten Staaten. Ich konnte bei verschiedenen Gelegenheiten, unter anderem bei der Süddeutschen Tagung zur Gestaltpädagogik in Bad Tölz, wo ich sie vortrug, beobachten, daß sie hochaktuell sind und daß wir hierzulande Gefahr laufen oder schon dabei sind, genau die gleichen Fehler zu wiederholen. Es wäre bedauernswert, sind doch die dahinterliegenden Anliegen zu wichtig, um das Opfer weltumspannender Vermarktung zu werden.

Gestaltpädagogik

Erster Grundsatz: Zusammenbringen des *affektiven* (Gefühlsmäßigen) und des *kognitiven Aspekts des Lernens*

Erstes Modell (Brown, Hillman): 1973: Affekt — Kognition

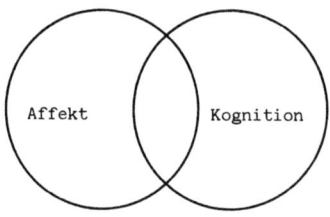 Konfluenz zwischen dem Affektiven und dem Kognitiven

Abbildung 11: Gestaltpädagogikmodell *(Brown-Hillman)*

Zweites Modell: Gloria Castillo (1974) Affekt — Kognition — Bereitschaft — Verantwortung

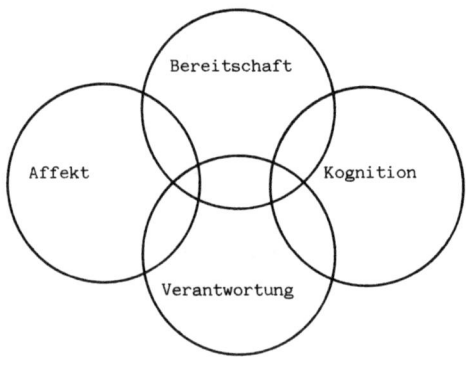 Als neue Elemente des Lernprozesses kommen *Bereitschaft* und *Verantwortung* dazu

Abbildung 12: Gestaltpädagogikmodell *(Castillo)*

Drittes Modell: Tom Yoemans (1974) intrapersonell — interpersonell — unpersönlich (kontext — transpersonell)

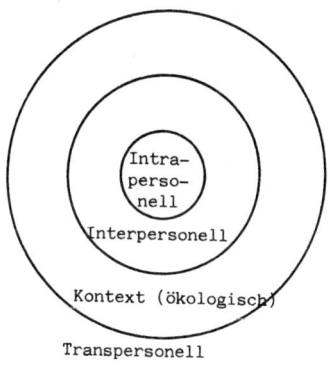

Von innen nach außen gehend

Transpersonell

Abbildung 13: Gestaltpädagogikmodell (*Yoemans*)

Viertes Modell: Eric Marcus' (1977) Hemisphärenmodell

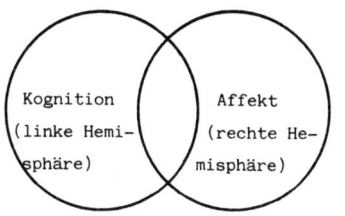

Kognition wird unter Einfluß der *Gehirnforschung* in zwei Hälften aufgeteilt:
Rechte Hemisphäre: entwerfend-kreativ-analog
Linke Hemisphäre: zusammensetzend-ordnend-„logisch"

Abbildung 14: Hemisphären-Modell der Gestaltpädagogik

Fünftes Modell: Brown et al. (1981) Systemmodell

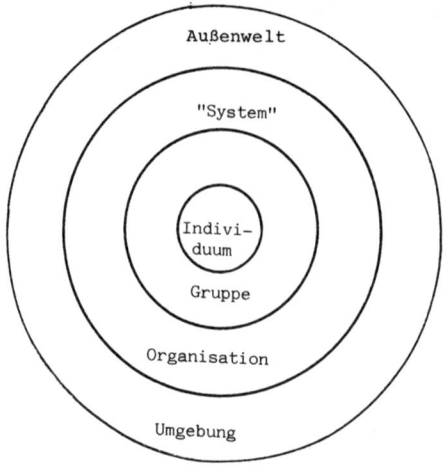

Gestaltpädagogik wird
ausgeweitet von der
Schule auf Administra-
tion und Arbeitsgrup-
pen allgemein:
Systemverständnis

Abbildung 15: Systemmodell der Gestaltpädagogik

Zweiter Grundsatz: Gestaltpädagogik geht von dem aus, was ist (*Hillman:* „was passiert, passiert!"): *Prinzip des „Hier und Jetzt", Idee der
Wertfreiheit (Brown):* Gefahr! *Denn:* Auch Gestaltpädagogik teilt die
Grundwerte der Humanistischen Pädagogik!
Weitere Zielsetzungen:
3. *Entwicklung der Persönlichkeit als Ganzheit*
4. *Entwicklung verantwortungsbewußter Personen*
5. *Entfaltung der Wahrnehmung* (seiner Selbst / Anderer)
6. *Entwicklung nicht-manipulativer Persönlichkeiten*

Selbst-Erziehung und Selbst-Entwicklung (nach Gerald *Weinstein*)
Zielsetzung: In Ergänzung zum „akademischen Wissen außerhalb von
uns" das Wissen „in uns, über uns und über andere" fördern — *Psy-
chologische Erziehung:* Pädagogische Ansätze und Strategien, um dem
Lernenden zu helfen, seine Selbstentwicklung zu fördern.
Hauptinstrument: Die Trompete

Was ist die Trompete?
Die Trompete ist ein *Prozeßwerkzeug* und eine *kognitive Karte*, zudem eine Abfolge von Schritten, um *persönliche Verhaltens- und Reaktionsmuster kennenzulernen.* Sie ist *keine Lösung* von *Problemen.*

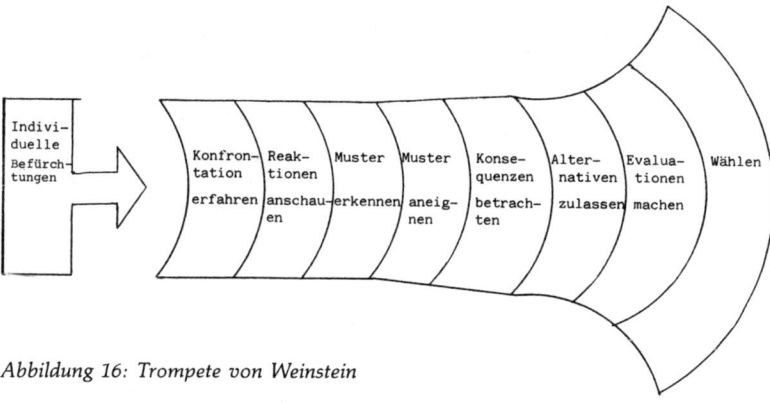

Abbildung 16: *Trompete von Weinstein*

1. Auf Situation reagieren — Daten
2. Wie reagiert? Was war speziell? Was gewöhnlich?
3. Was war typisch?
4. Funktion des Musters?
5. Was könnte deswegen in meinem Leben passieren?
6. Erlaube ich mir Alternativen?
7. Was geschah?
8. Wahlmöglichkeit?

Elemente
Einführung in den Prozeß
Transaktionsanalyseelemente, Tagebuch
Bildung von *Support*-Gruppen
Muster klären
Motivationen zu Mustern betrachten
Alternativen probieren, Evaluation
Wählen, Aktions-Planung

Übungen
1. *Vertrauensübungen*
2. *Gruppenbildung/Gruppenkonflikte*
3. *Berührungsübungen*
4. *Trompetenübungen*
   (gelenkte Phantasien, Rollenspiel)
5. *Feedback-Übungen*

Phase
Konfrontation, Reaktionen
anschauen (1,2)
Klärung von Mustern
Assistieren im Prozeß (3)
Funktion/Konsequenzen von Mustern (4,5)
Alternativen/Evaluation (6,7)
Wahl (8)

Anwendungsbereiche
Lehreraus- und fortbildung
Drogenberatung
Elternberatung
Schulklassen
Soziale Berufe

	Humanistische Pädagogik	Confluent Education (z. T. Integrative Agogik)
Zielsetzungen	— Stark geprägt durch Humanistische Psychologie, insbesondere Rogers	— Stark geprägt durch Gestalttherapie, insbesondere Perls
	— Starke Wertorientierung	Versuch von Wertfreiheit
Verhältnis zu Institutionen	— Starker Angriff — eher institutionsfeindlich	— Institutionen zum Teil ignoriert, heute eher Interesse an Ausweitung auf Institutionen
Methodisches Vorgehen und Unterrichtsinhalte	— Persönlichkeitsorientierte Inhalte („Erziehung des Selbst"), Anwendung auf persönliche Problemkreise wie Drogenberatung, Frauenfragen, Angst vor Mathematik, Redetraining	— Starke Betonung traditioneller Unterrichtsinhalte, eher Sammlung von Übungen als zusammenhängender Ansatz, gut mit „schwierigen Schülern"
Integration	— Einige Programme sind recht gut integriert (z. B. „Erziehung des Selbst" mit Entwicklungsstufen des Selbstbewußtseins, „Humanistische Lehrerausbildung" (A. Combs) mit Grundlagen zur „Helfenden Beziehung"	— Integration gestaltet sich eher schwierig, zugrundeliegender Rahmen fehlt, da Gestaltansatz schwierig auf Unterricht anwendbar ist.
Schwierigkeiten/Weiterentwicklungen	— Zielsetzungen zum Teil stark angegriffen — Negative Aspekte der Antiautoritären Pädagogik werden als Angriffsfläche verwendet — Der politischen Subversion verdächtigt: wenig politischer Rückhalt — Zu wenig Verankerung in Bildungsinstitutionen wie Universitäten — Zu wenig Gewicht auf Basisforderungen der Schule gelegt: Rechnen-Schreiben-Lesen — Aspekte der Entwicklung von Organisationen und von Systemen vernachlässigt — Einzelprogramme statt Kooperation	— Zu wenig Kontakt mit der Gemeinschaft, mehr Anwendungsbereiche für konfluente Methoden — Mehr Gewicht auf Körperarbeit, mehr Gewicht auf Transpersonalen Aspekt — Mehr Support-Gruppen beim Lernen — Mehr Gewicht auf Organisations-Entwicklung zur Einführung von konfluenter Pädagogik in Institutionen — Alternative Forschungsansätze: Qualitatives Forschen: Phänomenologie — Feldforschung — Aktionsforschung

Postulate zur Weiterentwicklung von Humanistischen Ansätzen

— *Mehr Gemeinsamkeit der Anliegen oder Zielsetzungen sehen*
  statt: Künstliche Unterschiede schaffen

— *Kooperation von Programmen*
  statt: Kurzfristiger Wettbewerb

— *Verankerung in Institutionen* der Lehrerausbildung, -fortbildung,
  Erwachsenenbildung, Universitäten
  statt: Freies Experimentieren

— *Stärkerer Einbezug von Organisationsentwicklung und Innovation*
  statt: Zu starkes Gewicht auf der Entwicklung von Methoden
  für Unterricht

— *Stärkere Abkopplung von Herkunftsansätzen aus nicht-pädagogischem Bereich*
  statt: Tendenz zu Anleihen aus anerkannten Therapieansätzen

— *Stärkeres Gewicht auf dem Aufbau von Support-Gruppen und Praxisbegleitung*
  statt: Einzelansätze und -versuche

— *Unkonventionelle Forschungsmethoden*
  statt: Suche nach Anerkennung durch traditionelle Forschung

— *Anerkennung von unterschiedlichen Lernstilen bei Teilnehmern*
  statt: Einschränkung auf affektiv-erfahrungsorientierten Aspekten

— *Stärkerer Einbezug des politischen Rahmens*
  statt: Naivem Idealismus

— *Stärkerer Einbezug des Körpers*
  statt: Körperloser Schule

Anhang

Spielerische Auswertungsmethoden erfahrungsorientierten Lernens

a) Auswertung zu Beginn der Lernsequenz: Erwartungen klären und Kennenlernen

Was? Erwartungen klären und gewichten

Wann einsetzen? Diese Auswertungsmethode kann vor oder zu Beginn des Unterrichts eingesetzt werden und dient dazu, die Erwartungen der Schüler / Teilnehmer zusammenzutragen und zu gewichten. Das Ganze kann auch in schriftlicher Form durchgeführt werden.

Wie durchführen? Wir hängen verschiedene Papierbogen auf. Zuerst schreibt jeder Schüler / Teilnehmer einzeln seine Erwartungen (stofflich, zur Kursgestaltung etc.) auf einen Zettel. So können sich die Teilnehmer nicht gegenseitig beeinflussen. Nachher werden die einzelnen Erwartungen auf die Wandzeitung übertragen. Damit das ganze Vorgehen nicht allzu lange dauert, können die kleinen Zettel einfach hingehängt werden. In einem nächsten Schritt schaut der Leiter / Lehrer, ob Gemeinsamkeiten auftreten. Er kann versuchen, die Erwartungen auf ein paar wenige Punkte zusammenzufassen. Falls nötig, können die Erwartungen in einem nächsten Schritt gewichtet werden, indem jeder Teilnehmer fünf Klebepunkte erhält, die er dann je nach Wichtigkeit zu den einzelnen Erwartungen hinkleben kann. So kann der Lehrer auch sehen, welche Reihenfolge von Themen am angemessensten ist und seinen Unterricht danach ausrichten.

Wieviel Zeit? 20-35 Minuten.

Mögliche Fragestellungen: Was erwarte ich vom Kurs? Was erwarte ich vom Kursleiter? Was erwarte ich von mir? Was erwarte ich von der Gruppe? Etc.

Beispiel: Ich erwarte, daß kein Streß herrscht. Ich erwarte, daß nicht alles vorgekaut ist. Ich erwarte, daß ich auch eigene Ideen einbringen kann. Ich erwarte, daß wir sehr viel Informationen bekommen.

Was? Fotolangage (= Fotosprache)

Wann? Zu Beginn des Unterrichts, um die Erwartungen der Schüler oder des Lehrers bezüglich Programmaufbau, Inhalt, Lernklima und Gruppe in symbolhafter Art darzustellen, als Ausgangspunkt für ein kurzes Eingangsgespräch.

Wie durchführen? Die Methode „Fotolangage" (= Fotosprache) arbeitet mit Bildern. Man kann dabei Fotos aus Zeitschriften nehmen oder ganze Bilderreihen in der Buchhaltung kaufen. Die Fotos werden am Boden oder auf dem Tisch ausgebreitet. Jeder Teilnehmer kann das Bild auswählen, das seine Erwartungen ausdrückt (vor einem Kurs) oder seine momentane Stimmung während des Kurses. Man kann ein bestimmtes Thema vorgeben (Inhalt, Gruppe, Leiter etc.) oder die Bilder frei auswählen lassen. Jeder nimmt dann sein Foto und erläutert der Gruppe, was es für ihn ausdrückt. Man kann es dabei bewenden lassen oder ein Gespräch anschließen.

Wieviel Zeit? 20-30 Minuten (plus Gespräch)

Wichtig: Wählen zwei oder mehr Teilnehmer das gleiche Bild, so heißt das nicht, daß sie das Gleiche sagen wollen. Jeder sollte seine eigenen Erläuterungen geben können. Ein Bild oder ein Foto stellt eine Möglichkeit dar, die eigenen Eindrücke symbolhaft wiederzugeben. Dies führt manchmal dazu, daß man zu sehr auf das Bild statt auf die Stimmung eingeht. Hier kann ein Gespräch zur Klärung beitragen und weiterführen.

b) Auswertung während des Unterrichts/Kurses

Was? Stummer Dialog

Wie durchführen? Wir nehmen große Wandzeitugnen oder -tafeln. Auf diese schreiben wir die drei Spalten:

Ich	Gruppe	Thema

Alle Teilnehmer und der Kursleiter sitzen im Halbkreis davor. Wer will, kann Bemerkungen oder Kommentare in die entsprechenden Spalten schreiben. Es ist auch möglich zu zeichnen.

Wichtige Regel ist: Es darf nicht gesprochen werden! Wenn der Dialog nicht in Gang kommt, weil zu große Schwellenangst vorhanden ist, empfiehlt es sich, als Kursleiter zu beginnen und Mut zu machen. Es braucht eine gewisse Zeit, bis der Dialog beginnt und die Teilnehmer z. B. eine Bemerkung oder Idee eines anderen weiterführen oder darauf antworten. Der Kursleiter/Lehrer kann auch andere Kolonnen vorgeben, die ihn z. B. mehr interessieren und vielleicht stoffbezogen sind.

Wieviel Zeit? 20-30 Minuten (und Nachbesprechung)

Wichtig: Da es sich um eine nichtverbale Methode handelt, ist es wichtig, daß der Dialog stumm erfolgt. Kommentare und Rückfragen sollten erst nach Abschluß des Dialogs gemacht werden, weil sonst der Prozeß unterbrochen wird. Eine Nachbesprechung dient vor allem dazu, das Gesagte zusammenzufassen, Rückfragen zu machen oder Kommentare zu geben. Auf keinen Fall sollen sich die Teilnehmer für das Gesagte oder Gezeichnete rechtfertigen müssen.

Beispiel

Ich	Thema	Gruppe
etwas müde	interessant, aber zu schnell vorwärtsgegangen	gefällt mir gut in der Zusammenstellung
habe sehr viel dazugelernt	einige Punkte sind für mich noch unklar	sehr lebendig
sehr aufmerksam und konzentriert	heute interessierte mich vor allem das Thema „Fotobetrachtung"	manchmal etwas zu passiv
hatte Schwierigkeiten, den Anschluß zu finden, fehlte letztes Mal	gut, aber ich möchte mehr üben mit der Kamera	einverstanden! Manchmal zu passiv. Aber immer gute Pausengespräche.
fühle mich manchmal etwas unterfordert, kenne vieles schon	gut, aber vieles bekannt	zu unterschiedlich in den Voraussetzungen
Wenn du alles schon kennst, könntest Du ja in einen höheren Kurs gehen	gute Verbindung zwischen Betrachtung und Üben	hilfsbereit, manchmal etwas große Unterschiede

Was? Lerntagebuch (Quelle: Eck o. J.)

Wie durchführen? Ermuntern Sie Schüler/Teilnehmer, ihre eigenen Lernprozesse in Form eines Lerntagebuches aufzuzeichnen. Mit der Zeit ergibt sich eine richtiggehende Lernbiographie, bestehend aus Rückblick und Vorausschau. Da das Lerntagebuch eine Form der Selbst-Einschätzung oder Selbst-Auswertung darstellt, sollte es nicht durch den Lehrer oder Kursleiter zur Zensurengebung verwendet werden.

Wieviel Zeit? 30 Minuten

Lerntagebuch

Fach / Thema / Problemstellung: _____

Kurstag / Sitzung vom: _____
Lehrer / Leiter: _____

Die heutige Arbeit gliedert sich in folgende für mich wichtigen Schwerpunkte:	Ich bezug auf die Art der Erarbeitung (Methodik) bzw. den Verlauf der Sitzung war mir wichtig:
Was möchte ich vertiefen? Wie werde ich es können?	Unerledigt für mich ist:

Hinweise für meine Praxis (Transfermöglichkeiten):	Was ist mir heute in bezug auf mich selbst aufgefallen?:	Was bedeutet das für mich?	Was ist mir in bezug auf die andern (Plenum/Gruppe/Einzelne) aufgefallen?:	Was möchte ich damit anfangen?:

Was? Rollenspiel

Wieviel Zeit? 30 Minuten (plus Nachbesprechung)

Wie durchführen? Der Kursleiter gibt bekannt, daß er als Zwischen- oder Schlußauswertung des Kurses ein Rollenspiel durchführen möchte. Er gibt die Fragestellungen für die Auswertung bekannt und kann z. B. vorschlagen, welche Form das Rollenspiel haben kann: ein Gespräch nach Abschluß des Kurses in einem Restaurant beim gemütlichen Beisammensitzen; ein Telefon, wo ein Kursteilnehmer einem anderen Teilnehmer erzählt, was sie das letzte Mal im Kurs gemacht haben; ein Pro-und-kontra-Streitgespräch von Teilnehmern; ein Gespräch eines Kursteilnehmers mit seinem Partner zu Hause, wo er diesem vom Kurs zu erzählen versucht; ein Anbieten und Ausrufen des Kurses, wo ein Teilnehmer versucht, den Kurs anzupreisen etc. Nachdem sich alle gemeinsam für eine bestimmte Spielsituation entschieden haben, können die Mitglieder bestimmt werden. Hier ist es Aufgabe des Kursleiters, ein bißchen für die Idee des Rollenspiels zu werden, weil sehr viele Teilnehmer auf den Vorschlag eines Rollenspiels mit allen möglichen Bedenken reagieren. Die Rollenspielteilnehmer sollten sich entscheiden, welche Rolle sie spielen möchten. Der Kursleiter kann dann einen bestimmten Zeitrahmen vorschlagen, oder auch das Rollenspiel an einer geeigneten Stelle unterbrechen.

Mögliche Fragestellungen: Was war mir heute wichtig? Was möchte ich anders haben, wo hatte ich Schwierigkeiten? Wie möchte ich weitermachen? Was erzähle ich einer bestimmten Person, was ich heute gelernt habe? Wo stehen wir im Moment, was beschäftigt mich? Oder *Stichwörter:* Gedanken, Ideen, Phantasien zum Kurs, auch Ängste.

Was? Collagen

Wie durchführen? Collagen sind Klebebilder, die aus verschiedensten Materialien zusammengesetzt sein können, z. B. Ausschnitten aus Illustrierten, Zeitungen, Prospekten, Verpackungsmaterialien, Farben usw. Die Collagentechnik wird meistens mit Malen kombiniert. In der Collage können Teilnehmer und Kursleiter Fragen, Antworten, Eindrücke schöpferisch ausdrücken. Das Erstellen der Collage kann zu Klärungen beitragen. Ich kann das, was ich herstelle, betrachten, verändern, beurteilen. Da Collagen recht viel Zeit brauchen, sollten sie nur in Kursen verwendet werden, wo dieser Rahmen gegeben ist, oder wo Möglichkeiten bestehen, in der Collage etwas weiterzuführen. Die Themen der Collage können durch die Teilnehmer gewählt oder vorgegeben werden: Kursteilnehmer, Kursleiter, Kurs als Ganzes, Thema, Inhalt, Kursgruppe, Ich.

Wieviel Zeit? 60 Minuten (mit Nachgespräch)

Mögliche Fragestellungen für den Kursleiter: Was fand ich gut am Kurs? Was störte mich? Wie geht es mir, wie fühle ich mich im Moment? Bin ich persönlich weitergekommen? Wo sind für mich Fragen offen? oder *Stichwörter:* Schüler, Lehrer, Inhalt, Thema, Schwierigkeiten, Kursgruppe, Mein Lernen.

Was? Stimmungsbarometer?

Wie durchführen? Hängen Sie ein Packpapier an die Wand und unterteilen Sie es in drei waagrechte Felder. Zeichnen Sie am linken Ende oben ein lachendes Gesicht, in der Mitte links ein Gesicht mit gerader Mundstellung. Die Teilnehmer und der Leiter nehmen sich nun einen selbstklebenden Punkt und hängen ihn dort auf, wo es ihrer momentanen Stimmung entspricht. Jeder Teilnehmer sollte nicht mehr als einen Klebepunkt aufhängen. Man kann dies entweder nur einmal durchführen oder auch an mehreren Abenden, um zu sehen, wie sich die Kursatmosphäre entwickelt.

Diese Methode ist einfach und braucht wenig Zeit zur Durchführung. Sie bringt dem Teilnehmer und dem Kursleiter wichtige Aussagen über sich und die anderen: Ich kann sehen, wie die Stimmungslage in der Gruppe ist, ob sie ausgeglichen oder unterschiedlich ist (Streuung der Punkte) und wie sich die Stimmung über längere Zeit hinweg verändert. Außerdem ist es eine spielerische Methode, an der die Teilnehmer im allgemeinen Spaß haben.

Wieviel Zeit? 10 Minuten (plus eventuell Nachbesprechbung)

Was? Blitzlicht

Wann einsetzen? Während des Unterrichts, wenn Sie als Kursleiter/Lehrer wissen möchten, wo die einzelnen Kursteilnehmer/Schüler stehen, wie sie weitermachen wollen. Dies kann auch sein, wenn Sie als Kursleiter/Lehrer „eine Wand vor sich haben und nicht durchblicken".

Wie durchführen? Der Kursleiter/Lehrer fragt in einer Situation die Gruppe, wo jeder einzelne im Moment steht und wie er weitergehen möchte. Wichtig ist, daß sich zuerst jeder Schüler äußern kann und daß man nicht vorher über diese Rückmeldungen diskutiert. Man kann als Kursleiter eine Reihenfolge vorgeben oder die Teilnehmer sich frei äußern lassen. Wenn jemand nichts sagen kann oder möchte, so sollte er nicht zu einer Rückmeldung gezwungen werden.

Wieviel Zeit: 15 Minuten

c) Auswertung nach dem Unterricht / Kurs

Was? Jahrmarkt

Wie durchführen? Hängen Sie drei Wandzeitungen auf und verteilen Sie an die Teilnehmer grüne, rote und gelbe Kärten und Filzstifte. Auf die grünen Kärtchen schreiben Sie „Was hat mir gefallen?", auf die roten „Was würde ich als Kursleiter anders machen?" und auf die gelben „Was kann ich als praktische Anwendung mit nach Hause nehmen?". Die Kärtchen werden auf die drei verschiedenen Wandzeitungen mit den jeweiligen Überschriften geklebt. Man kann nun an diesem Jahrmarkt entlangspazieren und sehen, welche Meinungen die anderen Teilnehmer und der Kursleiter haben. Daran anschließend kann eine Planungsdiskussion folgen. Man kann aber diese Rückmeldungen auch einfach nur zur Kenntnis nehmen.

Wieviel Zeit braucht man? 15-30 Minuten (plus anschließende Diskussion)

Mögliche Fragestellungen für Kursleiter:

Rote Karten	Grüne Karten	Gelbe Karten
Was würde ich als Kursleiter anders machen?	Was hat mir gefallen?	Was kann ich für mich mitnehmen?
Welches Stoffgebiet hat mir am meisten zugesagt?	Welches am wenigsten?	Wo konnte ich für meine praktische Arbeit am meisten profitieren?
Was hat mir der Kurs nicht gebracht?	Was wünsche ich mir für den neuen Kurs, was erwarte ich?	Was hat mir der Kurs an Sprachkenntnissen vermittelt?
		Was hat mir menschlich gefallen?
Schwierigkeiten	Lobenswert	Profitiert

Was? Gedächtnisprotokoll

Wie durchführen? Diese Auswertungsmethode ist ein Ersatz zu üblichen und in der Erwachsenenbildung eher störenden Leistungsprüfungen. Jeder Teilnehmer kann sich selbst beurteilen, indem er sich auf einem Zettel notiert, was für ihn wichtig gewesen ist. Dabei kann der Kursleiter vorschlagen, daß die Teilnehmer eine Rangliste vom wichtigsten zum unwichtigsten Thema innerhalb des Kurses erstellen. Eine andere Möglichkeit besteht darin, die Kursteilnehmer zu einem behandelten Thema alles aufschreiben zu lassen, was ihnen wichtig war und an was sie sich noch erinnern können. Das Gedächtnisprotokoll verhilft dem Teilnehmer / Schüler zu einer guten Selbsteinschätzung, verbunden mit der Frage: was möchte ich noch vertiefen, was interessiert mich besonders? Der Kursleiter seinerseits kann sehen, was bei den Teilnehmern „hängengeblieben" ist, was sie gut aufgenommen und gelernt haben, was nicht, und wo sie noch zusätzliche Lernbedürfnisse haben.

Wieviel Zeit? 30 Minuten (mit Nachbesprechung)

Wichtig: Gedächtnisprotokolle dienen in erster Linie der Selbstbeurteilung und sollten nicht zu Leistungstests für den Kursleiter umfunktioniert werden.

Mögliche Fragestellungen: Setzen Sie Themen oder Inhalte aus Unterricht/Kurs in eine Reihenfolge: An was erinnern Sie sich am besten? Was war für Sie am wichtigsten? Erstellen Sie eine Rangliste. Was war für Sie in diesem Kurs das Wichtigste? Stellen Sie es in einer Reihenfolge dar, es muß nicht nur Inhaltliches sein. Schreiben Sie alles auf, woran Sie sich aus der letzten Doppelstunde erinnern.

Was? Methode 3 6 5

Wie durchführen? Die Methode 3 6 5 stammt eigentlich aus dem Bereich der Kreativtechniken und wird dort zur Ideenfindung eingesetzt, hier ist sie abgewandelt zu einer Auswertungsmethode.

3-6-5 bedeutet: 3 Spalten, z. B.:   Inhalt-Leiter-Teilnehmer oder
                                     Eindrücke-Fragen-Wertungen
                6 Teilnehmer
                5 Minuten

Die Methode kann variiert werden, z. B. 3(Spalten)-10(Teilnehmer)-10(Minuten)
Durchführung in Gruppen:

a) Jeder Teilnehmer nimmt ein Blatt und fertigt drei Spalten mit den oben vorgeschlagenen Überschriften an.

b) Jeder Teilnehmer schreibt seine Ideen in die drei Spalten und hält so Rückschau auf den vergangenen Kurs.

c) Das Blatt geht weiter zum nächsten Kursteilnehmer, der sich vom bereits Geschriebenen anregen läßt und weitermacht. Das Blatt geht weiter zum nächsten.

d) Nach der vorgeschriebenen Zeit bricht man ab. Die verschiedenen Blätter werden vorgelesen und eventuell kommentiert.

e) Besprechung, Kommentare.

Bei mehreren Kleingruppen kann der Austausch in der Gesamtgruppe stattfinden.

Wieviel Zeit braucht man? ca. 20-30 Minuten (mit Nachbesprechung)

Literatur

Adler, M., The crisis in contemporary education, *The Social Frontier* 5, 1939.

Adler, R., Hemmeler, W., Das Erstgespräch — der biopsychosoziale Zugang zum Patienten. Fischer, Stuttgart (in Vorbereitung).

Alderfer, C. P., Existence, Relatedness and Growth, Free Press, New York 1972.

Alderfer C. P., Brown D. L., Learning from Changing, Sage, Beverly Hills 1975.

Alexander, G. M., Tough and tender minded pedagogy. Unpublished dissertation, University of California, Los Angeles 1976.

Alschuler, A., The Origin and Nature of Psychological Education, *Educational Opportunity Forum* 1 (Fall 1969).

—, Humanistic Education, *Educational Technology*, 10 (May 1970).

—, Teaching Achievement Motivation. Education Ventures, Middletown, Conn. 1971.

—, Toward a Self-Renewing School (Case Study), *Journal of Applied Behavioral Science* 5 (Sept. Oct. 1972) 577-600.

Alschuler, A., Ivey, A., Getting into Psychological Education, *Personnel and Guidance Journal* 51, May 1973.

Alschuler, Phillips, Weinstein, Education for what? *Simulaton and Games* 2 (1977).

Anderson, L. W., Assessing affective characteristics in the schools, Allyn & Beacon, Boston 1981.

Anderson, W., Politics and the new humanism, Goodyear, Pacific Palisades 1973.

—, Comment, *Journal of Humanistic Psychology* 2 (1981) 141-42.

Andrews, J. H., Greenfield, I. B., Organizational themes relevant to change in schools, Ontario Journal of Educational Research, 67 (1967).

Antons, K., Praxis der Gruppendynamik, Hogrefe, Göttingen 1976.

Arends, R., OD: Building human systems, CEPM, Oregon 1973.

—, Understanding school life through organizational psychology, Am. Psychological Association, Washington 1977.

Argyle, M., Social situations, Cambridge Univ. Press, Cambridge 1981 a.

—, Handbook of social skills, Cambridge Univ. Press, Cambridge 1981 b.

Argyris, Ch., Organizational leadership, in: *Petruolo L., (Ed.).* Organizational leadership, Holt and Rinehart, New York 1961.

—, On organizations of the future, Sage, Beverly Hills 1973.

—, Organizational learning, Sage, Beverly Hills 1978.

—, Inner contradictions of rigorous research, Wiley, New York 1980.

Aristoteles, The politics of Aristotle, ed. and trans. by Barker, E. N., New York 1962.

Aspy, D. N., Maslow and teachers in Training, *Journal of Teacher Education* 20 (1969).

—, Better self-concepts through success, *Journal of Negro Education* 40, (1971).

—, Towards a Technology for humanizing education, Research Press, Champaign Ill., 1972.

Aspy D. N., Roebuck, R., A lever long enough, ASCD, Washington 1976.

—, Kids don't learn from teachers they don't like, Mandala, Amherst 1977.

Association for Supervision and Curriculum Development, Fostering mental health in our schools, 1950 yearbook, NEA, Washington 1950.

—, Humanistic Education, NEA, Washington 1978.

Back, K., Research in group dynamics, *Journal of Applied Behavioral Science* (JABS) 3 (1979).

Bailey, S. K., The purposes of education, Phi Delta Kappa, Bloomington Indiana 1976.

Baldridge, J. V., Organizational change, *Educational Researcher* 1, 1972.

Baldridge, J. V., Deal, T. E., Managing change in educational organizations, McCutchan, Berkeley, 1975a.

Baldridge, J. V., Burnham, R., Organizational innovation, *Administrative Science Quarterly*, 20, June 1975 b.

Bandura, A., Social learning and personality development, New York 1963.

Bangerter, Chr., Noack, H., Der klinische Gruppenunterricht im Urteil von Studenten und Tutoren, Projektbericht, IAE, Bern 1986.

Barker, E. N., Humanistic Psychology and Scientific Method, *Interpersonal Development*, 137-172, 1971.

Barnfield, G., Creative drama in schools, McMillan, Glasgow 1974[4].

Basler, H. D., Verschiedene Krankheitsmodelle und deren psychosoziale Konsequenzen, in: *Basler, H. D.*, Medizinische Psychologie II, Kohlhammer, Stuttgart 1978.

Bauer, R. (Hrsg.), Innovation und Schulentwicklung, Beltz, Weinheim, 1978.

Baumann, R., An Ethnographic Framework for the Investigation of Communicative Behavior, in: *Abraham, R. J. (Hrsg.)*, Language and Cultural Diversity in American Education, New Jersey 1972.

Becker, H. S., The Teacher in the Authority System of the Public School, in: *Etzioni, A.* (Ed.), Complex Organizations, New York 1964.

Becker, S. W., Whisler, Th. S., The innovative organization, *Journal of Business*, 40, Oct. 1967.

Beckhard, R., Organizational development, Addison Wesley, Reading 1969.

Bellow, B., Blum, M., Clark, K., Prejudice in seaside, Human Relations, 1947.

Bennis, W. G., Benne,K.-D., Chin, R., Änderung des Sozialverhaltens, Klett, Stuttgart 1975.

Bennis, W. G., The Case Study, *Jabs*, 4, 2, 227-231, 1968.

—, Leadership, *Training and Development Journal* 1984.

Bennis, W., Nanus, B., Leaders, Harper & Row, New York 1985.

Bentzen, M., Tye K., Changing schools, McGraw Hill, New York 1973.

Berman, P., Educational change, Vol. 4, Rand Corporation, Santa Monica 1975.

—, Implementation of educational innovation, *Educational Forum* 40, 3, 1976.

Bickmann, L., Henchy, Th., Beyond the laboratory, field research in social psychology, McGraw Hill, New York 1972.

Bidwell, Ch., The school as formal organization, in: *March, J.* (Ed.) Handbook of organizations, Univ. of Chicago Press, Chicago 1965.

—, Students and schools, in: *Rosengren, W. R.* (Ed.), Organizations and clients, Merrill, Ohio, 1970.

Bindel, R. A., The application of Confluent Education to American Indian Education, University of California, Santa Barbara, 1978.

Blankertz, St., Kritischer Pragmatismus, Büchse der Pandora, Wetzlar 1983.

Block, P., Flawless consulting, University Associates, San Diego, 1981.

Blumberg, A., OD's future in scholls: or is there one?, *Education and Urban Society 8*, 1976.

Blume, F., The role of personal growth groups at Johnston College, *Journal of Humanistic Psychology*, 21 (2), 47-61, 1981.

Bogdan, Rob., Participant Observation in Organizational Settings, Syracuse 1972.

—, Introduction to Qualitative Research, Syracuse 1978.

—, Qualitative Research in Education, Syracuse 1982.

Borton, Terry, Reach, Touch and Teach, McGraw Hill, New York, 1970.

Bowen, Andrew, J., Carl Rogers' view on education, *American Journal of Occupational Therapy 28*, 220, April 1974.

Bradford, C., French, J. R. P., The Dynamics of the Discussion Group, *Journal of Social Issues*, 4, 1948.

314

Bradford, L. P., Making meetings work. University Associates, San Diego, 1976.

Bradley, M. K., School counselors as institutional change agents, unpublished doctoral dissertation. Education Department, University of California, Santa Barbara, 1977.

Brandt, R. M., Studying behavior in natural settings, New York 1972.

Bredo, A. E. and E. R., Effects of environment and structure on the process of innovation, in: Baldridge and Deal (Eds.): Managing Change in Educational Organizations, McCutchan, Berkeley, 1975.

Brenner, M., Marsh, P. (Ed.), The social context of method, St. Martins Press, New York, 1978.

Brenner, M., The social Structure of the Interview, Academic Press, New York 1980.

Brickell, H. M., Organizing for Educational Change. Albany, New York, University of the State of New York, State Education Department, 1973.

Brickman, W. W., Emotional Emphasis in Education, School and Society, 99, 78, Feb. 1971.

Bridge, R. G., Parent Participation in School Innovations, Teachers College Record, 77, 1976.

Bridges, William, The three faces of Humanistic Education, Journal of Humanistic Psychology, II, 3, 325-335, Winter 1973.

Brocher, T., Selbst und Arzt, das Humane in der Medizin, Praxis der Psychotherapie und Psychosomatik, 30, 21-34, 1985.

Brody, H. S., Humanism in Education, Journal of Aesthetic Education, 7, 67-77, April 1973.

Broich, J., Rollenspiele mit Erwachsenen, Reinbek, Rowohlt 1979.

Brooks, Ch., Sensory Awareness: The rediscovery of experiencing, Viking 1974; dt.: Erleben durch die Sinne, Junfermann, Paderborn 1979.

Brown, G. I., An Experiment in the Teaching of Creativity, School Review, 72: 437-450, Winter 1964.

—, An Introduction to Humanistic Education: A Weekend Workshop for Educators, Educational Opportunity Forum, 136-153, Fall 1969.

—, A Plague and Some Medication, Improving College and University Teaching, 18, 92-96, Spring 1970.

—, Human Teaching for Human Learning, New York, Viking Press, 1971 a.

—, Affectivity, Classroom Climate and Teaching, American Federation of Teachers, Washington D. C. 1971 b.

—, Human is as Confluent Does, Theory into Practice, 10, 191-195, June 1971 c.

—, Confluent Education: Exploring the Affective Domain, College Board Review, 4-10, Summer 1971 d.

—, I Have Things to Tell: Confluent Education, Elementary English, 50, 515-520, April 1973.

—, The Training of Teachers for the Affective Role, Seventy Forth Yearbook of the National Society for the Study of Education Chicago 1975a.

—, The Live Classroom. Viking Press, New York, 1975b. Zum Teil übersetzt in: Brown G. I., Petzold H., Gefühl und Aktion, Frankfurt, Flach 1978. und: Brown G. I., Petzold H., Gestaltpädagogik, Pfeiffer, München 1977.

Brown, Glen, J., Humanizing the Schools, Contemporary Education, 45: 90-95, Winter 1974.

Brubacker, D. L., Creative Survival in Educational Bureaucracies, McCutchan, Berkeley 1974.

—, Pitfalls in the Educational Change Process, Teachers College Record, 26, 1975.

Bubolz, E., Bildung im Alter, Lambertus, Freiburg 1983.

315

Budzik, Jerome M., The Realities of Developing Humanistic Public Schools, *Education Digest*, 37: 22-24, April 1972.

Bühler, Charlotte, Humanistic Psychology as an Educational Program, *American Psychologist*, 24, 736-742, August 1969.

—, Humanistic Psychology as a personal experience, *Journal of Humanistic Psychology*, 19, 1, 1979.

Bühler, Charlotte, Massarik, F. (Ed.), The Course of Human Life: A Study of Goals in the Humanistic Perspective, New York, Springer 1968.

Bugenthal, James F. T., Challenges of Humanistic Psychology, New York, McGraw Hill 1967.

Burke, W. W., Organization Development, Little Brown, Boston 1982.

—, Gestalttherapie, Systemtheorie und Organisationsentwicklung, *Gruppendynamik* 4, 1983.

Burow, A., Scherpp, H., Lernziel Menschlichkeit — Gestaltpädagogik, Kösel, München 1981.

Callen, M. F., The effects on teacher's moral judgement of a didactic and experiential training program. Unpublished doctoral dissertation, Education Department, University of California, Santa Barbara, 1976.

Campbell, T. D., Qualitative Knowing in Action Research, Kurt Lewin Award, Sept. 1, 1974.

Canfield, J., Wells, H. C., 100 ways to enhance self-concept in the classroom, New Jersey, Prentice Hall, 1976.

Canfield, J., Phillips, M., A Guide to Humanistic Education, *Paper Dragon* 4, 1970.

Canfield, J., Phillips, M., Humanisticography, *Media and Methods* 8, 41-56, September 1971.

Canfield, Jack, The Inner Classroom: Teaching with Guided Imagery, unv. 1981.

Capra, F., Wendezeit, Scherz-Verlag, Bern 1982.

Carkhuff, R. R., Helping and Human Relations, Holt & Rinehart, New York 1969.

Carlson, R. O., Barriers to Change in Public Schools, d.: Change processes in Public Schools Ceps, Oregon 1965.

Carlson, R. O., Change process in the public schools, CASEA, Eugene 1965.

Carroll, J. B., Monroe, J., Teaching clinical interviewing in the health profession, *Evaluation Health Profession* 3, 1980, 21-45.

Cartwright, D., Some things learned, *Journal of Social Issues* 14, 1958.

Castillo, G., Left Handed Teaching, New York, Praeger, 1974.

Charlton, M., Innovation im Schulalltag, Rowohlt, Reinbek 1975.

Charters, W. W., The process of planned change in the school's instructional organization, CASEA Oregon 1973.

—, Barriers to the innovative process: 4 case-studies, *Educ. Admin. Quarterly*, 9, 1, 1972.

Chein, J., Cook, St., Harding, J., The field of action research, *American Psychologist*, 3, Febr. 1948.

Chesler, J., Innovative Governance Structure in Sec. Schools, *JABS* 9, 2/3, 1973.

Chesler, M., Fox, R., Role playing methods in the classroom, Chicago 1966.

Chesler, M., Flanders, M., Resistance to research and research utilization, *JABS*, 3, 1967.

Clark, Ch., M., Yinger, R. J., The Hidden World of Teaching: Implications of Research on Teacher Planning. Paper presented to American Educational Research Association, Boston, April 1980.

Clark, P. A. (Ed.), Action research and organizational change, Harper and Row, London 1972.

Clark, A. W. (Ed.), Experimenting with organizational life: The action research approach. Plenum, New York 1976.

Coburn-Staege, U., Lernen durch Rollenspiel, Fischer, Frankfurt 1976.

Coch, L., French, J. R. P., Overcoming resistance to change, in: Swanson, G. E., Readings in Social Psychology, New York 1971 (Original: 1948).

Coffey, H. S., Psychology of change within an institution, in: 70 th Yearbook of NSSE, Chicago 1971.

Cogan, M., Educational innovation: Education wasteland, Theory in practice 15, June 1976.

Cohen, A., Gadon, H., Changing the management culture in a public school system, JABS 14, 1978.

Cohn, R., Von der Psychoanalyse zur Themenzentrierten Interaktion, Klett, Stuttgart 1975.

Collier, J., United States administration as a laboratory of ethnic relations, Social Research 12, 1945.

Combs, A. W., Perceiving, becoming, behaving: A new focus for education, Yearbook ASCD, Washington 1962.

—, Can we measure good teaching objectively, National Educational Association Journal, 3, Jan. 1964.

—, The professional training of teachers, Allyn and Beacon, Boston 1971.

—, Some basic concepts for teacher education, The Journal of Teacher Education 23, Fall 1972.

—, The human side of learning, National Elementary Principal 52, Jan. 1973.

—, Humanistic teacher education, Shields, Fort Collins 1974.

—, Choice of future, in: D. D. Nevil (Ed.) Humanistic psychology, new frontiers, Gardner Press, New York 1977.

Comer, J. P., School Power, Free Press, New York 1980.

Conant, E. H., Teacher and Paraprofessional Work Productivity: A Public School Cost Effectiveness Study, Lexington, Massachusetts, D. C. Heath and Co., 1973.

Corey, St., Helping other people change, Ohio Univ. Press, Columbus, 1963.

Corsini, Shaw, Blake, Role playing in business and industry, Free Press, New York 1961.

Corwin, R. G., Strategies for Organizational Innovation, American Sociological Review, 37, Aug. 1972.

Corwin, R. G., Innovations in organizations: The case of schools, Sociology of Education, 48, Winter 1975.

Coser, L., Greedy Institutions, Free Press, New York 1974.

Crandall, D., Training and supportive linking agents, in: Nash, N. (Ed.), Linking Processes in Educational Improvement, Columbus, Merrill 1977.

Cremer, Ch., Klehm, W. R., Aktionsforschung, Weinheim, Beltz 1978.

Cremin, L., The Transformation of the School, New York 1964.

Culver, C. M. and Hoban, G. J. (eds.), The Power to Change. Issues for the Innovative Educator, Mc Graw-Hill, New York 1973 (IDEA-Reports on Schooling).

Daft, R. L., Becker, S. W., Innovations in Organizations, New York, Wile 1978.

Daily, N., Adult learning and organizations, Training and Development Journal Dec. 1984.

Dalin, Per, Strategies for Innovation in Education. Case Studies of Educational Innovation, vol. 4, Centre for Educational Innovation, OECD, Paris 1973.

317

—, Limits to Educational Change, London, Mac Millan 1978.

Dann, H. D., Umweltbedingungen innovativer Kompetenz, Stuttgart, Klett 1978.

De Bie, Louwerse, Projektorientierung im pädagogischen und sozialen Feld, Lambertus, Freiburg 1977.

De Mille, R., Put your Mother on the Ceiling. Children Imagination Games. New York, Viking Press, 1967.

Dennison, G., The Lives of Children, New York 1969; dt.: Lernen und Freiheit, Frankfurt, Fischer 1976.

Delbecq, A. L., The Social Political Process of Introducing Innovation in Human Services, in: *Sarri, R.*: Management of Human Services, 1978.

De Marte, P., Pilot Study to Investigate the Effects of Courses in Humanistic Education on the Self-Perception of Preservice Teachers, Paper for the National Council for Social Studies, San Francisco 1973.

Denzin, N., Symbolic interactionism and ethnomethodology, in: *Douglas, J.*, Understanding everyday life, Routledge, London 1974.

Derr, C. B., OD in a large city school system, *Education and Urban Society*, Aug. 1970.

—, Conflict resolution in organizations, *Public Administration Review* 32, 1972a.

—, Successful entry as a key to successful OD in big city school systems, in: *Burke W. W.* (Ed.) Social technology of OD, University Ass., San Diego 1972b.

—, OD in urban school systems, Sage, Beverly Hills 1974.

—, Schools and OD, *Education and Urban Society* 8, 1976.

De Vries, K., The neurotic organization, San Franzisco, Jossey and Bass 1984.

Dewey, J., Democracy and Education, New York 1916.

—, School and Society, Chicago 1970.

Dickenson, W. A., A Humanistic Program for Change in a Large City School System, *Journal for Humanistic Psychology* 10, 111-20, Fall 1970.

Doll, R. C., Systems Renewal in a Big City School System, *Phi Delta Kappa* 54, 1973.

Douglas, J. D., Investigative social research, Beverley Hills, Sage, 1976.

Drews, E. M., Beyond Curriculum, *Journal of Humanistic Psychology* 8, 97-112, Fall 1968.

Dunn, W. N., Planned Organizational Change, *JABS* 13, 2, 1977.

Dyer, W. G., Team Building, Addison Wesley, Reading 1977.

Ebeltoft, A., Kommunikation und Zusammenarbeit in der Schule, Beltz, Weinheim / Basel, 1974.

Ecker, D. W., Affective Learning, Encyclopedia of Education Vol. 1, 113-120, *Lee Deighton (Ed.)*, New York, MacMillan 1971.

Egan, G., Change agent skills: Models and methods for improving systems, Brooks, Cole 1979.

Eiben, R., Milliren, A. (Ed.) Educational Change. A Humanistic Approach, University Ass. La Jolla, San Diego 1976.

Eisner, E. W., On the differences between scientific and artistic approaches to qualitative research, *Education Researcher*, 10 (4), 6-9, 1981.

Eiss, A. F., Harbeck, M. B., Behavioral Objectives in the Affective Domain, National Science Supervisors Ass., Washington D. C. 1969.

Elberty, William T. Jr., Problems Associated with Humanistic Teaching, *Journal of College Teaching*, 3, 193-196, Febr. 1971.

Emrick, J., Peterson, S., Synthesis of five recent studies of educational dissemination and change. San Francisco, Far West Lab., Jan. 1978.

Engel, G. L., The clinical application of biopsychosocial model, *Am. J. Psych.*, 137, 5, 535-544, 1980.

318

—, The biopsychosocial model and medical education, *The New England Journal of Medicine*, 1, 802-805, 1982.

Erickson, F., Mere ethnography, some problems in its use in educational practice, *Anthropology and Education Quarterly* 10, 1980.

Fairfield, R. P. (Ed.), Humanistic Frontiers in American Education. Englewood Cl., N. J., Prentice Hall, 1971.

Fantini, M. D., On effecting change in educational bureaucracies, *Education and Urban Society*, 4, 1981.

Fantini, M. D., Alternative Schools and Humanistic Education, *Social Education*, 38, 243-47, March 1974a.

—, Humanizing the Humanism Movement, in: *Phi Delta Kappan*, 400-402, February 1974b.

Farson, R., The Technology of Humanism, in: *Journal of Hum. Psychology* 18, 5-35, 1978.

Fatzer, G., Evaluation der Arbeit mit Gruppen, *Zeitschrift für Gruppenpädagogik* 4, 1977.

—, Transfer in der Arbeit mit Gruppen, *Gruppendynamik* 3, 1980a.

—, Jansen, H. H., Gruppe als Methode, Beltz, Weinheim 1980b.

—, Annäherung an Paul Goodman, in: *Prengel A.*, Gestaltpädagogik, Beltz, Weinheim 1983a.

—, Humanistische Pädagogik, *Integrative Therapie 2, 3, 1983b*.

—, Organisationsentwicklung in den USA — neue Tendenzen, Gruppendynamik, Themennummer 4, 1983c.

—, Switzerland, conflict and integration, in: *Hawkins J.*, *LaBelle Th. (Ed.)*, Education and intergroup relations, Praeger, New York 1985.

—, Teamsupervision als Organisationsentwicklung *Gruppendynamik* 1, 1986.

—, Evaluation von Psychotherapie-Ausbildungen. Jahrbuch 1987 für Hum. Psychologie (im Druck).

Feder, B., Ronall, R. (Ed.), Beyond the hot seat: Gestalt approaches to groups, New York 1980.

Ford Foundation, A Foundation Goes to School: The Ford Foundation Comprehensive School Improvement Program. The Foundation, New York, 1972.

Foerster, L. M., Applying Anthropology to Educational Problems, *Journal of American Indian Education*, 20, 3, May 1981.

Foster, M., An introduction to the theory of action research in work organization, *Human Relations* 125, 1972.

Franklin, J. L., Characteristics of successful and unsuccessful OD, *JABS* 11, 1976.

Franzwa, H., Limitations in applying Humanistic Psychology to the classroom, *Today's Speech* 21, 1973.

French, W. L., Bell, C., OD, theory and practice, Gulf, Dallas 1978.

Freudenreich, D., Das Planspiel in der pädagogischen Praxis, München, Kösel 1979.

Frey, K., Die Projektmethode, Beltz, Weinheim 1982.

Fritz, J., Interaktionspädagogik, München, Juventa 1976.

—, Methoden des sozialen Lernens, München, Juventa 1977.

Fürstenau P., Neuere Entwicklungen in der Bürokratieforschung und das Schulwesen, in: *Furck, C. L.* (Hrsg.), Theorie der Schule, Weinheim, Beltz 1969.

Gallaher Art Jr., Directed Change in Formel Organizations: The School System, in: *Janni F. et al.* (Ed.): Cultural Relevance and Educational Issues, Little Brown 1973.

Galyean, B. C., The effects of confluent language and curriculum on the oral and written communication skills and various aspects of personal and interpersonal growth of a college French level one class. Unpublished doctoral dissertation, University of California, Santa Barbara, 1976.

Galyean, B., Language from within. A handbook of teaching strategies for personal growth and self reflection in the language class. Kenzel 1976.

Gazda, G. M., Systematic Human Relations Training in Teacher Preparation and Inservice Education, *Journal of Research and Development in Education*, 4, 47-51, Winter 1971.

Geistert, P., The Dimensions of Measurement of the Affective Domain, Wyoming Univ., Laramie College of Education 1972.

Georgi, D. R., Wilderness as a context for learning, Unpublished doctoral dissertation, Education Department, University of California, Santa Barbara, 1978.

Giacquinta, J. B., The Process of Organizational Change in Schools, in: Review of Research in Education, vol. 1, *Kerlinger, F. N.* (Ed.). F. E. Peacock, Itasca, Ill. 1973, p. 178-208.

Glass, J. F., Glass, J., Improving graduate education, *The Education Forum*, 32, 439-446, 1968.

—, Humanistic Education, *Journal of Humanistic Psychology* 2, 1981.

Glatthorn, A., Curriculum Change in loosely coupled systems, *Educational Leadership*, 39, 1981.

Goldfarb, S., Humanistic Education: New Design for Counselors, *Elementary School Guidance and Counseling*, 8, 12-17, Oct. 1973.

Gollub, W., Graff, K., What-So What-Now What: Teaching People Watching, *People watching*, 1, 18-23, Spring 1972.

Goodlad, J. I., Humanistic Curriculum, *Music Educatiors Journal*, 53, 91-5, March 1967.

—, (Ed.), The Conventional and the Alternative in Education, Berkeley, McCutchan, 1975a.

—, The Dynamics of Educational Change: Towards Responsive Schools, New York, McGraw Hill, 1975b.

—, The elementary school as a social organization, in: *Goodlad, J. I.* (Ed.), 72. Yearbook of the National Society for the Study of Education, part 2, 7-30, 1973.

—, The Trouble with Humanistic Education, *Journal for Humanistic Education*, 8-29, Febr. 1978 (s. Quellenartikel).

—, A study of schooling, UCLA 1979, 1980.

—, A place called school, McGraw Hill, New York 1984.

Goodlad, J. I., Klein, F. M., Behind the Classroom Door. Charles A. Jones Publishing Company, Washington, Ohio, 1970 (revised and retitled, Looking Behind the Classroom Door, 1974).

Goodman, P., Drawing the line, Random House, New York 1962.

—, Growing up absurd, Vintage, New York 1962; dt.: Aufwachsen im Widerspruch, Darmstädter Blätter 1971.

—, Compulservy Mis-Education, Vintage New York 1966.

—, Five years, Vintage New York 1969, in: *Neill, S.*, Summerhill — pro und contra, Reinbek, Rowohlt 1971.

—, Empire City, Vintage New York 1977.

—, Nature heals, Dutton, New York 1981.

Goodstein, L. D., Consulting with Human Systems, Addison Wesley Reading 1978.

320

Gordon, William, J. J., Synectics: The Development of Creative Capacity, New York, Harper & Row, 1961.

Gorton, R. A., School Administration and Supervision. Important Issues, Concepts and Case Studies. Brown Publishers, Dubuque Iowa, 1972, 1980.

Graumann, C. F., Psychologie — humanistisch oder human?, in: *Völker, U.* (Hrsg.). Humanistische Psychologie, Beltz, Weinheim 1980.

Grawe, K., Implikationen und Anwendungsmöglichkeiten der Vertikalen Verhaltensanalyse für die Sichtweise und Behandlung psychischer Störungen, Forschungsbericht aus dem Psycholog. Institut der Universität Bern 1982.

Greene, G., Towards a Teaching Theory of Psychological Education. Dissertation. Univ. of Mass., Amherst 1982.

Greenfield, T. B., Organizations as social inventions, *JABS*, 9, 5, 1973.

Greening, T., Confluent Education: through group methods, mimeo, Los Angeles, 1971.

—, Power, decision making and coercion in experimental colleges, *Journal of Humanistic Psychology* 2, 1981.

Greer, M., Rubinstein, B., Will the Real Teacher Please Stand up? Goodyear Publ., Cal. 1972.

Grendstadt, N. M., The effect of teacher training in mental image preception and use of evocative symbols on teachers' and students' classroom behaviour. Unpublished doctoral dissertation, Education Department, University of California, Santa Barbara, 1975.

Grindal, B., Growing up in two worlds. Education and tradition among the Sisala of Northern Ghana, New York 1972.

Groothoof, H., Funktion und Rolle des Erziehers, München, Juventa 1972.

Gross, N., Giacquinta, J. B., Bernstein, M., Implementing Organizational Innovations. A Sociological Analysis of Planned Educational Change, Basic Books, New York, 1971.

Guetzkow, H., The creative person in organizations, in: *Steiner G. A.* (Ed.), The creative Organization. Chicago 1965.

Gunther, B., Sense relaxation, Collier 1968.

—, What to do till the Messiah comes, Collier 1971.

Haag, F., Aktionsforschung, München, Juventa 1972.

Hage, J., Aiken, M., Social Change in Complex Organizations, Random House, New York 1970.

Harvey, D. F., Brown, D. R., Experiential Approach to OD, Prentice Hall, Englewood Cliffs, 1976.

Haug, F., Kritik des Rollenspiels, Fischer, Frankfurt 1973.

Havelock, R. G., The change agent's guide to innovation, Prentice Hall, Englewood Cliffs 1967, dt. UTB 1976: Schulinnovation.

Heath, D. C., Humanizing schools, Hayden Book Co., New York 1971.

Heim, E., Einführung in die Psychosoziale Medizin, *Therapeutische Umschau*, 41 (11), 739-742, 1984.

Heim, E., Willi, J., Psychosoziale Medizin (II), Klinik und Praxis, Springer-Verlag, Berlin-Heidelberg 1986.

Heinl, H., Petzold, H., Gestalttherapeutische Fokaldiagnose und Fokaltherapie in der Behandlung von Störungen aus der Arbeitswelt, *Integrative Therapie* 1, 20-57, 1980.

Heinze, Th., Unterricht als soziale Situation, Juventa, München 1974.

—, Handlungsforschung im pädagogischen Feld, Junventa, München 1975.

Henderson, L. J., On the social system, University of Chicago Press, Chicago 1970.

Henderson, T., Review of the Literature on Affective Education, *Contemporary Education*, 44, 92-99, November 1972.

Hendrichs, G., Wills, R., The centering book. Awareness activities for children, parents and teachers, Prentice Hall, Engelwood Cliffs 1975.

Hentoff, N., Citizen Varoom, *Harvard Educational Review* 1, 1973.

Herman, St. M., Korenich, M., Authentic Management. A Gestalt Orientation to Organizations and their Development, Addison Wesley, Reading 1977.

Herriott, R. E., Gross, N. (Eds.) The Dynamics of Planned Educational Change. Mc Cutchan, Berkely, California 1979.

Herz, O., Ansätze und Beispiele für Innovationsstrategien in den USA, *Zeitschrift für Pädagogik*, 19, 4, 583-601, 1973.

Herzog, W., Die strategische Natur der Aktionsforschung, *Schweizerische Zeitschrift für Soziologie* 1, 1977.

Hicks, H., Guller, R., Organizations, New York, McGraw Hill 1975.

Hillman, Aaron, An Introduction to Confluent Education, Paper 24, DRICE, Santa Barbara 1973.

—, Concepts and Elements of Confluent Education, DRICE Monograph 3, 1973.

Hirschlein, B. M., Jones, J. G., Education of Affect: A Social Imperative, *College Student Survey* 4, 68-71.

Holt, J., How children learn, New York, Basic 1970.

—, How children fail, New York 1968.

Horn, M. L., Searching for knowledge: A research appraisal, in: D. D. Nevill (Ed.) *Humanistic psychology: New frontiers*, Gardner Press, New York 1977.

House, E. R., The Politics of Educational Innovation, Mc Cutchan, Berkeley, Cal. 1974.

Howsam, R. B., Effecting Needed Changes in Education, in: Morphet, E. E., Ryan, C. O. (eds.): Planning and Effecting Needed Changes in Education. Designing Education for the Future, Citation Press, New York, 1967.

Hoy, W., Miskel, C., Educational Administration: Theory, Research and Practice, Random House, New York 1978.

Hoyle, E., Planned Organizational Change in Education, *Research in Education* 3, 1970.

Hunter, El., Encounter in the classroom: New ways of teaching, Holt Co., New York 1972.

Hurley, J. K., The use of role theory in the conceptualization and application of confluent education to a middle-level. Unpublished M. E.D. project, Education Department, University of California, Santa Barbara, 1980.

Huse, E. F., OD and Change, St. Paul, Mimenston 1975.

Hutchins, J. M., The Higher Learning in America, New Haven 1962.

Hymes, D. H., Educational Ethnology, *Anthropology and Education Quarterly* 9, 1979.

Iannone, R., Carline, J. L., Humanistic Approach to Teacher Education, *Journal of Teacher Education*, 11, 429-33, Winter 1971.

Ihde, D., Experimental phenomenology, New York 1980.

Jannacone, L., Three Views of Change in Educational Politics, in: Simoner, J. (Ed.), Politics of Education, Chicago 1976.

Jannacone, L., Cistone, P. I. (Ed.), Politics of Education. Eric Eugene, Or., 1974.

Jenks, R. S., An action research approach to organizational change. *JABS* 6, 121-130, 1970.

Jenkins, D. H., Feedback and group self-evaluation, *Journal of social issues*, 4, 50-60, 1948.

Jensen, M., Humanistic Education: An Overview of Supporting Data, *High School Journal*, 56, 341-9, May 1973.

Johnson, A. W., Quantification in cultural anthropology, Stanford Press, Stanford 1978.

Jones, D. W., Human Relations in Teacher Education, New York, 1970.

Jones, R. W., The Dream Poet, Schenkmann, New York 1980.

Jones, Richard M., Fantasy and Feeling in Education, University Press, New York 1968.

Kagan, N., Influencing medical interaction, Michigan State University, College of Human Medicine, 1977.

Kaiser, A. u. F., Projektstudium und -arbeit in der Schule, Kleinhardt, Bad Heilbronn, 1977.

Kaplan, A., The conduct of Inquiry, Harper and Row, New York 1964.

Kaplan, R. E., Stages in developing a consulting relationship, JABS 14, 1, 43-61, 1978.

Katz, F. E., The school as a complex social organization, Harvard Educ. Review 34, 3, 428-455, 1964.

Katz, D. & Kahn, R. L., The social psychology of organizations (2nd ed.), New York, John Wiley, 1978.

Kelley, E. C., New Approaches to Educational Outcomes, Educational Leadership, 24, 112-14, November 1966.

Kelley, G., Seducing the Elites: The politics of decision making and innovation in organizational networks, Academy of Management Review, 1, 1976.

Kerschensteiner, G., The idea of the industrial school, New York 1913 (Übersetzung aus dem Deutschen).

Ketterer, R. F., Price, R. H., Politser, P. E., The action research paradigm, in: Price, Politser (Eds.): Evaluation and action in social environments, Wiley, New York 1979.

Ketterer, R. F., Developing practice relevant knowledge about consultation and education programs in community mental health centers, in: Ketterer et al. 1979.

Keys, B., Kreisman, R. L., OD, classroom climate and grade levels, Group and Organization Studies 3, 1978.

Khanna, J. L., A Humanistic Approach to Inservice Education for Teachers. Final Report Project Upper Cumberland, Bureau of Elementary and Secondary Ed., Washington, D. C. 1970.

Kimborough, R. B., Power Structures and Educational Change, in: Morphet, E. L., Ryan, C. O. (eds.): Planning and Effecting Needed Changes in Education, Citation Press, New York 1967.

Kirst, M. W. (Ed.), State, school and politics, Lexington, Mass. 1972.

Klein, N. C., Intervention and Evaluation in Family Settings, in: Ketterer et al. 1979.

Knowles, M., The adult learner, Gull, Housten 1978.

Kolb, D. A., Organizational Psychology, Prentice Hall, Engelwood Cliffs 1971, 1974[2], 1979[3].

Kohl, H., Thirty six children, New York, Basic 1969.

Kozol, H., Death at an Early Age, New York 1971.

Krathwohl, D. R., Bloom, B., Masia, B., Taxonomy of Educational Objectives. Handbook II: Affective Domain, David McKay, New York 1964.

Kuhn, T. S., The structure of scientific revolutions (2nd ed.). University of Chicago Press, Chicago 1970.

Kündig, H., Kommunikation und Kooperation in der Schule. Analyse und Innovationsansätze im Bereich der Zürcher Volksschule. Diss., Universität Zürich, 1979.

La Borde, G. Z., An exploration into the practicability of using confluent approaches in increasing awareness of introjects. Unpublished doctoral dissertation, Education Department, University of California, Santa Barbara, 1976.

Lacey, Richard, A., Seeing with Feeling. Film in the Classroom, Sanders, Philadelphia 1972.

Langmeyer, D., Organizational training in subsystems of school districts, in: Claiborn, W., School Intervention, Vol. 1, New York 1973.

Langton, K. P., Karus, D. A., The relative influence of the family, peer group and the school in the development of political efficacy, Western Political Science Quarterly, 22, 813-836, 1969.

Laurer, R., Creative Writing as a therapeutic tool, Hospital and Community Psychiatry 23 (1972), 55-56.

Laurence, Paul, R. How to deal with resistance to change: Developing an effective organziation, Harvard Business Review, reprint Nr. 21072.

Lawrence, J. R. (Ed.), Operational research and social sciences, Plenum, London, 1966.

Lawrence, P. R., Lorsch, J. W., Organization and Environment, Sage Publ., Beverly Hills 1975.

Leer, N., Innovation and power struggle, Journal of Hum. Psychology 13, 15-24, 1973.

Lederman, J., Anger and the Rocking Chair: Gestalt Awareness with Children, Viking Press, New York 1969.

Leiter, K., A Primer in Ethnomethodology, Oxford Press, Oxford 1980.

Levine, H. G., Teaching participant observation research methods, Anthropology and Education Quarterly, 11, 1, 1981.

Lewin, K., Patterns of aggressive behavior in exp. created social climates, Journal for Social Psychology, 10, 1939.

—, The Research Center for Group Dynamics, Sociometry 2, 1945.

—, Frontiers in group dynamics: Social planning and action research, Human Relations, 1, 142-153, 1947a.

—, Group decision and social change, in: Newcomb (Ed.): Readings in Social Psychology, 1947b.

—, Feldtheorie in den Sozialwissenschaften. Ausgewählte theoretische Schriften, Bern 1963.

Lieberman, A., Linking Processes in Educational Change, in: Nash, N. et al.: Linking Processes in Educational Change, Marik, Ohio 1977.

Lighthall, F. F., Multiple realities and organizational non-solutions: anatomy of educ. innovation, School Review, 81, 1983.

Lippitt, G. u. R., Consultative Process in Action, Univ. Associates, San Diego, 1980.

Lippitt, R., Training in community relations, N. Y. 1949.

—, The Teacher as Innovator, Seeker and Sharer of New Practices, in: Miller, R. I. (ed.) Perspectives on Educational Change. Appleton, Century, Crofts, New York 1966.

Little, A. D., A Model for Innovative Adoption in Public School Districts, New York 1968.

Lohmann, Ch., Prose, F., Organisation und Interaktion in der Schule, Köln 1975.

Lohmann, Ch. (Hrsg.), Schule als soziale Organisation, Bad Heilbronn, Klinkhardt, 1978.

Lohölter, R., Kleingruppenunterricht und studentische Unterrichtsevaluation in der ärztlichen Ausbildung und ihre Erprobung im Kursus der medizinischen Terminologie, Diss., Frankfurt 1983.

Lortie, D. C., The balance of control and autonomy in elementary school teaching, in: Etzioni, A., Semi Professions and Their Organizations, Free Press, New York 1969.

Love, C. A., Introduction to models in social sciences, Harper and Row, New York 1975.

324

Lutz, F. W., Jannacone, L. (Eds.), Public Participation in Local School Districts, Lexington, Mass. 1978.

Lynton, R. P., Linking an innovative subsystem into the System, Admin. Science Quarterly, 19. 3. 1969.

Maslow, A. H., Some Educational Implications of the Humanistic Psychologies, Harvara Educational Review, 38, 685-696, Fall 1968.

—, Humanistic Education vs. Professional Education, New Directions in Teaching, 2, 6-8, Summer, Fall 1969.

—, Peak Experiences in Education and Art, Theory into Practice, 10, 149-53, June 1971.

Massarik, F., Das phänomenologische Interview, unv. 1980.

Massarik, F., Fatzer, G., Forschung in der Hum. Psychologie, Jahrbuch 1987 für Hum. Psychologie (im Druck).

Merry, U., Allerhand, M., Developing Teams and Organizations, Addison & Wesley, Reading 1977.

Miller, L., Wolf, Th., Staff Development for School Change, Teachers College Record, Sept. 1978.

Miles, M. B., Learning to work in groups: A Program Guide for Educational Leaders, New York, Columbia Univ. 1959 (1981²).

Madsen, K. B., Humanistic Psychology and the Philosophy of Science, Journal of Hum. Psych., 1, 1971.

Mann, F. C., Williams, F. K., Observations on the dynamics of a change to electronic data processing, Administrative Science Quarterly, 5, 1960.

Marcus, E. S., Cerebral hemispheric specialization in the theory and practice of confluent education. Unpublished doctoral dissertation, Education Department, University of California, Santa Barbara, 1977.

Margulies, N., Wright, P., Scholl, R., OD techniques: their impact on change, Group and Organization Studies, 2, 4, 428-448, 1977.

Margulies, N., Raia, A., Action Research and the Consultative Process, Business perspectives 5, 1968. Action Research, in: ds. Conceptual Foundations of Organization Development, New York, McGraw Hill 1978.

Marrow, A., Bowers, D., Management by participation, N. Y., 1967.

Marrow, A. J., The practical theorist: Kurt Lewin, N. Y. 1969, dt.: Lewin, Stuttgart, Klett 1975.

McCarthy, D. N., A confluent reading and English fundamentals curriculum: Derivation description and evaluation. Unpublished doctoral dissertation, Education Department, University of California, Santa Barbara, 1975.

McCall, G., Simmons, L. (Eds.): Issues in participant observations, Addison Wesley, Reading Mass, 1969. (dt. Schwann 1974).

McGill, M., Horton, M., Action research design for training and development, Washington 1973.

McIntire, Ronald, G., The Development of a Conceptual Model for the Selection of Optional Educational Programs in an Elementary School, unpublished doctoral dissertation, University of California, Los Angeles, 1976.

Martin, W. B. W., The negotiated order of the school, Toronto, 1976.

—, Innovation in Education. Bureau of Publications, Teachers College, Columbia University, New York, 1964.

—, OD in schools: State of the Art, Review of Educational Research, 1980.

Mead, M., Coming of age in Samoa, Morrow, New York 1961.

Mills, Th., Changing Paradigms in the Research of Human Groups, JABS 3, 1979.

Milstein, M. (Ed.), Schools, Conflict and Change, Teachers College Press, New York 1980.

Moore, S. A., Heald, J. E., Resistance to Change. A Positive View, *Phi Delta Kappa* 50, October 1968.

Moreno, J. L., „Play school" 1931, zit. nach Petzold, Mathias (1983) S. 384.

—, „Who shall survive", Beacon House, Beacon 1934.

—, Psychodrama I, Beacon House, Beacon 1946 (dt. 1964).

—, Psychodrama II, Beacon House, Beacon 1953.

Morphet, E. L., Planning and Effecting Needed Changes in Education, Denver 1967.

Morse, N., Reimer, E., The experimental change of a major org. variables, *Journal of Abn. and Social Psychology,* 2, 1956.

Moser, H., Aktionsforschung als kritische Theorie der Sozialwissenschaften, Kösel, München 1975.

—, Aktionsforschung, Kösel, München 1977.

Mosher, E. K., Wagoner, J. L. (Ed.): The changing politics of Education: Prospects for 1980's, Mc Cutchan, Berkley 1978.

Mosher, R. L., Sprinthall, N. A., Psychological Education in Secondary Schools, *American Psychologist,* 25, 911-24, October 1970.

Muessig, R. H., To Humanize Schooling, *Educational Leadership,* 30, 34-60, Oct. 1972.

Myrick, R. D., Helping Humanize Education, *Elementary School Guidance and Counseling,* 7, 295-99, May 1973.

Naase, Ch., Konflikte der Organisation, Enke, Stuttgart 1978.

Neale, D. C., Strategies for School Improvement. Allyn, Beacon, Boston 1981.

Nevis, Ed. C., Gestalt Awareness Process in Organizational Assessment. Massachusetts Institute of Technology, Internal Paper, 1980; dt. *Gruppendynamik* 4, 1983.

Newberg, N., Education for Student Concerns: Courses in Communication and Urban Affairs, *Educational Opportunity Forum,* 1, 17-36, Fall 1969.

—, Strategies for Impacting an Urban School System: The Philadelphia Affective Education Program. Dissertation, Univ. of Cal. Santa Barbara, 1978.

—, The bureaucratic milieu, *Education and Urban Society,* 4, 1981.

Nicholas, J. M., Evaluation research in organ. change intervention, *JABS,* 15, 1, 23-40, 1978

Noack, H., Medical education and primary health care, London 1980.

Nohl, H., Die Pädagogische Bewegung in Deutschland und ihre Theorie, Frankfurt 1928.

Nyquist, E. G., Making Education more Humanistic, *New York State Education,* 58, 21-2, October 1970.

Oaklander, V., Windows to the Children. Real People Press, Utah, 1978. (dt. Gestalttheorie mit Kindern, Stuttgart, Klett 1983).

OECD, (Dalin, P.), Case Studies in Educational Innovations, Vol. 3, *Schools,* 1973.

Oevermann, U., Sprache und soz. Herkunft, Suhrkamp, Frankfurt.

Ogbu, I. U., The next generation, New York 1974.

—, Minority education and caste, New York 1978.

—, School ethnography, *Anthropology and Education Quarterly* 1, 1981.

Ojemann, Ralph, H., Education for Change, *Educational Forum,* 34, 447-56, May 1970.

—, Humanizing the School, *National Elementary Principal,* 50, 62-65, April 1971.

Osborn, Alex, F., Applied Imagination: Principles and Procedure of Creative Thinking, Scribners, New York 1953.

Owen, C. M., The Practice of Humanistic Teaching-Learning, *American Journal of Occupational Therapy,* 28, 222-25, April 1974.

Owens, R. G., Steinhoff, C. R., Administering change in schools, New Jersey, Prentice Hall, 1976.

Pagès, M., L'emprise de l'organisation, PUF Paris 1980.

Patterson, C. H., Humanistic Education, Prentice Hall, N. J. 1973.

Patterson, C. H., Preparation of Humanistic Teachers: Experts from Humanistic Education, Intellect, 101, 195-200, December 1972.

Pauls, W., Psychotherapie — ein Gegenstand, der Aktionsforschung fordert, Gruppendynamik 6, 1978.

Pauls, W., Walter, H. J., Zur Bedeutung des Aktionsforschungsansatzes für Psychotherapie und Beratung, in: Voelker, U., Humanistische Psychologie, Weinheim, Beltz 1980.

Perls, F., Hefferline, Goodman, P., Gestalttherapie, Klett, Stuttgart 1979.

Perrow, Ch., Demystifying organizations, in: Sarri R. C., Hasenfield Y. (Ed.): Management of Human Services, New York 1978.

Perrow, Ch., Complex Organizations. Scott, New York 1975.

Pestalozzi, H., Texte für die Gegenwart (Hrsg. H. Roth), Band 3, Erziehung und Unterricht, Zug 1978.

Peter, H. U., Schule als soziale Organisation, Weinheim, Beltz 1973.

Peters, T., Waterman, In search for excellence, Basic, New York 1983.

Petzold, H., Mathias, M., Rollenentwicklung und Identität, Junfermann, Paderborn 1983.

Petzold, H., Moreno, nicht Lewin, der Begründer der Aktionsforschung, Gruppendynamik 1980.

Pino, R. F., Preparing Educational Consultants, 1 und 2. Portland, Oregon 1976.

Phillips, M., Follow up Report on DRICE Participants, DRICE Monograph 6, June 1974a.

—, Confluent Education in Dimension: Present Perspectives and Future Directions, unv. Ms. Sept. 1974b.

Phillips, M., Brown, G. I., Shapiro, S. B., Getting it all together, Phi Delta Kappa, 1974.

Phillips, M., Reflections on confluent education. Unpublished manuscript, Education Department, University of California, Santa Barbara 1981.

Plato, Politeia, Sämtliche Werke, Bd. 3, Rowohlt, Hamburg 1958.

Porras, J., Berg, P., Evaluation methodology in OD, JABS, 14, 2, 151-173, 1978.

Porras, J., Patterson, K., Assessing planned change, Group and Org. Studies, 4, 1, 39-57, 1979.

Prengel, A. (Hrsg.), Gestaltpädagogik, Beltz, Weinheim 1983.

Price, R. H., Cherniss, C., Training for a new profession: Research as social action, Professional Psychology, May 1977.

Price, D. D., Barrell, J. J., An experiential approach with quantitative methods, Journal of Humanistic Psychology 3, 1980.

Prince, G., Leadership for Creativity and Synectics Meeting, Educational Opportunity Forum 1, 125-37, Fall 1969.

Prince, G., Toward the Human Element. Beginning Handbook for Change, Vol. 1, 1972. (Available from Bell Junior High School, Jefferson County, Golden, Col. 80401.)

Pulido, J. A., ACABA, a confluent cultural awareness model — an alternative for meeting the educational needs of underachieving Chicano youth in Santa Barbara secondary schools. Unpublished doctoral dissertation, Education Department, University of California, Santa Barbara 1981.

Rauh, Ch., Eltern und Lehrer lernen zusammenarbeiten, Aarau, Frankfurt, Sauerländer, 1979.

Read, D. A., Simon, S. B., Humanistic Education Sourcebook, Prentice Hall, New Jersey 1975.

Ready, R. K., A short primer for case writers, *JABS* 2, 1968.

Reason, P., Rowan, J., Human Inquiry, Wiley, New York 1981.

Reddin, L., Gestalt Principles applied in Art Classes, *People Watching*, 2 22-25, Spring 1973.

Renne, C. H., Criteria for Evaluating Curriculum Materials in Human Relations, *Educational Leadership* 32, 37-40, Oct. 1974.

Rich, J. H., Humanistic Foundations of Education, Worthington (Ohio), 1971.

Ripple, R. F., Affective Factors Influence Classroom Learning, *Educational Leadership*, 22, 476-80, April 1965.

Rist, R. C., On the relations among educational research paradigms, *Anthropology and Education Quarterly* 1977.

Robinson, Ph., An ethnography of classrooms, in: *Eggleston J.* (Ed.), Contemp. Research in sociology of education, 1974.

Rogers, C., A plan for self-directed change in an Educational System, *Educational Leadership*, 24, 717-731, Mai 1967a.

—, The Interpersonal Relationship in the facilitation of Learning, ASCD 1967b (auch in: *Read, Simon* 1975).

—, Freedom to learn, Ohio, Merill, 1969 (dt. 1975).

Rogers, E. M., Shoemaker, F. F., Communication of Innovations. A Cross-cultural approach, Free Press, New York 1971.

Romey, Bill, Confluent Education in Science, New York, Ash Lod 1976.

Rosen, Robert, Do We Really Need Ends to Justify the Means? Center Report, February, 1976.

Rosini, L. A., Research perspectives in the psychological study of experience. In: *D. D. Nevill* (Ed.), *Humanistic psychology: New frontiers.* New York: Gardner Press, 1977.

Rousseau, J. J., Émile, Übersetzung, New York 1962.

Ruben, A. G., Humanizing School Principles, *NASSP Bulletin*, 56: 20-25, Dec. 1972.

Runkel, Ph. S., A consultant's view of research methods, in: *Bar Tal, D. et al. The social psychology of education*, Washington 1978.

—, Organizational Self-Renewal in a School District. CEPM, Oregon, 1980.

Runkel, Ph., Bell, W., Some conditions affecting the schools Readiness to profit from OD training, *Educ. and Urban Society*, 8, 2, 127-144, 1976.

Rust, Val, in: *Goodlad* 1975a.

Ryback, D., Sanders, J. J., Humanistic vs. traditional teaching styles and students satisfaction, *Journal of Hum. Psych.*, 20, (3) 87-90, 1980.

Sanday, P. R., Anthropologists in Schools: School Ethnography and Ethnology, in: *Gilmore, P. et al.* (Eds.), Children in and out of school, Pennsylvania 1979.

Sapolsky, H. M., Organ. Structure and Innovation, *Journal of Business*, 41, Oct. 1967.

Sarason, S. B., The Culture of the School and the Problem of Change, Boston, Mass., Allyn and Bacon, 1971 (1982²).

Schatzmann, L., Strauss, A. L., Field research, Prentice Hall, New York 1973.

Scheer, J. W., Gegenwärtige Lage, Probleme und Perspektiven des medizinisch-psychologischen Unterrichts, *Medizinische Psychologie*, 8, 210-245, 1982.

Schenkel, H., Zum Stand der Einführung des Unterrichts in psychosozialer Medizin an den medizinischen Fakultäten der Schweiz, *Schweiz. Ärztezeitung*, 65, 4, 130-136, 1984.

Schmuck, R., Group Processes, in: *Ebel* (Ed.): Encyclopedia of Educational Research, New York, Macmillan Co. 1969.

—, Handbook of OD in Schools. Cal. National Press Books, Palo Alto 1972, 1977².

—, Consultation for Innovative Schools, CEPM, Oregon, 1975.

—, Peer Consultation for School Improvement, in: *Cooper, Alderfer* (Eds.): Advances in exp. social processes, New York, Academic Press 1977.

—, Renewing Urban Schools, *Theory into Practice*, 18, 2, 1979.

Schmuck, R. A., P. A., Group Processes in the Classroom, Brown, Iowa 1971.

—, A Humanistic Psychology of Education. Ca. National Press, Paolo Alto 1974.

Schmuck, R. A., Miles, M. B., Organization Development in Schools, La Jolla, Cal., University Associates, 1971.

Schneider, D., Time is Ripe for Affective Education, *Clearing House*, 49, 103-6, Oct. 1972.

Schüffel, W., Sprechen mit Kranken — Die Anamnesegruppe als Mittel patientenzentrierter Ausbildung zum Arzt, Urban & Schwarzenberg, München, 1982.

—, Can medical students acquire patient centered attitudes at medical schools? *Psychoth. Psychosom.*, 40, 22-32, 1983.

Schulenberg, W., Schule als Institution der Gesellschaft, Juvenal München 1970.

Schweingruber, R., Das Projekt in der Schule, UTB 1975.

Seashore, K. L., Dissemination of information and the linking agent, *Human Relations*, 30.1.1977.

Sergiovanni, T., Excellence for schools. *Educational leadership* 1984.

Shaftel / Shaftel, Rollenspiel als soziales Entscheidungstraining, UTB, München, Basel 1973.

Shallcross, D. J., Teaching Creative Behavior, N. J., Prentice Hall 1981.

Shapiro, M. T., The effects of a confluent pre-retirement education program on women in midlife. Un published doctoral disseration, Education Department, University of Califoronia, 1979.

Shapiro, S. B., Developing models of confluent education by unpacking. In: *Brown, G. I.*, (Ed.), The live classroom, New York, Viking Press 1975.

Shapiro, S. B., Development of a life-meanings survey, *Psychological Reports*, 39, 468, 1976.

Shapiro, S. B., Theoretical foundations for a meanings-oriented education. Unpublished Manuscript, Education Department, University of California, Santa Barbara 1979.

Shedd, M. R., Newberg, A., Yesterdays curriculum — todays world, 70. yearbook of Nat. Soc. for Study of Education, Chicago 1971.

Shiflett, J., Brown, G. I., Confluent Education, University Press, Cal. 1977.

Sieber, S., Organizational Resistance to Innovative Roles in Education, New York, Columbia University, Bureau of Applied Social Research, 1967.

—, Images of the Practitioner and Strategies of Educational Change, *Sociology of Education*, vol. 45, Fall, 1972, p. 362-385.

Siegrist, J., Lehrbuch der medizinischen Soziologie, Urban & Schwarzenberg, München-Wien-Baltimore 1977.

—, Der Einfluß sozialer Faktoren auf die Entstehung chronischer Erkrankungen am Beispiel ischämischer Herzkrankheiten, *Internist*, 25, 659-666, 1985.

Sievers, B., Organisationsentwicklung als Aktionsforschung, *Zeitschrift für Organisation* 1978.

Signer, R., Verhaltenstraining für Lehrer. Beltz, Weinheim 1977.

Simpson, Elizabeth L., Democracy's Stepchildren: A Study of Need and Belief, Jossey Bass, San Francisco 1971.

Sindell, P., Anthropological Approaches to the Study of Education, Review of Educ. Research 39, 5, 1969.

Singleton, J., Nichu. A Japanese School, New York 1967.

Smith, L. M., The microethnography of the classroom, Psychology in the Schools 4, 1967.

Smith, L. M., Anatomy of an Educational Innovation. An org. Analysis of an elementary school, New York 1971.

Sofer, C., Reactions to Administrative Change, Human Relations 8, 1955.

Speierer, G. W., Selbsterfahrungsgruppen als Lehrveranstaltung und Dienstleistung der Medizinischen Psychologie? Medizinische Psychologie 1, 1974.

Spillane, J., Levenson, R., Humanizing preservice Teacher Education: Strategies for alcohol and drug abuse Prevention, Eric Clearinghouse 1977.

Spradley, J. P., The Ethnographic Interview, New York, Holt Rinehart 1979.

—, Participant Observation, New York, Holt Rinehart 1980.

Sprinthall, N. A., Humanism: New Bags of Virtue for Guidance, Personel and Guidance Journal, 50, 349-56, January 1972.

Standley, J., An investigation into the effects of temperature biofeedback on individual assumplions of responsibility for health. Unpublished doctoral dissertation, Education Department, University of California, Santa Barbara 1982.

Stevens, John, Kunst der Wahrnehmung, Kaiser, München 1975.

Stiefel, R., Humanistische Management-Schulung, 1975.

Stodolsky, Susan, Identifying and Evaluating Open Education, Phi Delta Kappa, 113-117, Oct. 1975.

Stuhr, U., Aktionsforschung — eine humanere Forschungsstrategie?, in: Voelker, U.: Humanistische Psychologie, Beltz, Weinheim 1980.

Tageson, Carroll W., Humanistic Education, Counseling and Values, 17, 96-96, Winter 1973.

Temkin, S. (ed.) What Do Research Findlings Say abourt Getting Innovations into Schools. A Symposion. Research for Better Schools, Philadelphia, 1974.

Thayer, L. (Ed.) 50 Strategies for experiential learning, Vol. 1 and 2, University Associates, San Diego 1981.

Thommen, M., Valach, L., Lehr- und Lernzielstruktur im klinischen Gruppenunterricht der Psychosozialen Medizin (in Vorbereitung) 1985.

Toffler, A., The third wave, Bantam, New York 1980.

Torbert, W. R., Pre and post-bureaucratic stages of OD, Interpersonal Development 5, 1974/75.

Turner, R. (Ed.) Ethnomethodology, Penguin, London 1974.

Tye, K. A., Schools in Transition: The Practicioner as a Change Agent, Mc Graw Hill, New York 1975.

Ulich, D., Gruppendynamik in der Schulklasse, Ehrenwirth, München 1971.

Unterrichtsveranstaltung des Curriculums Psychosoziale Medizin, Medinische Fakultät, 1985.

Victoria, J., A Language for Affective Edcuation, Theory into Practice, 10, 300-4, Oct. 1973.

von Cranach, M., Zielgerichtetes Handeln, Hans Huber Verlag, Bern-Stuttgart-Wien 1980.

Vopel, K., Interaktionsspiele, Isko Hamburg 1975 ff.

Walker, R., Towards a sociography of classrooms, Mac Millan, London 1972.

Walter, G. A., Existential Learning and Change, New York, Wiley 1981.

Wass, H., Humanistic Teacher Education, Shilds, Fort Collins 1974.

Watson, G., Resistance to Change, in: Watson G. (Ed.): Concepts for Social Change. Washington D. C., National Training Laboratories 1967.

Watson, G. (ed.) Change in School Systems. National Education Association, Washington D. C. 1967.

Wax, R. H., Doing fieldwork. Univ. Press, Chicago 1971.

Wax, M. L., Anthropological Perspectives on Education, Basic Books, New York 1971.

Webb, E. J., Unobtrusive Measures: Nonreactive Research in Social Sciences, University of Chicago Press, Chicago 1966.

Weick, K. E., Educational Organizations as loosely coupled Systems, Admin. Science Quarterly, 21, März 1976.

—, Organization design: Organizations as self designing systems, Organ. Dynamics, 6, 31-46, 1977.

Weinberg, Carl, Social Science and Humanistic Education, in: Seventy Third Yearbook of the National Soc. for the Study od Education, Part II, 1974, Chicago, p. 100-122.

Weinberg, Carl (Ed.), Humanistic Foundations of Education. Prentice Hall, New Jersey 1972.

Weinstein, G., Fantini, M. D., Toward Humanistic Education: A Curriculum of Affect, Praeger, New York 1970.

Weinstein, G., Trumpet: A Guide to Humanistic Psychological Curriculum, Theory into Practice 10, 196-203, June 1971.

Weinstein, G., Self Science Education: The Trumpet, Personnel and Guidance Journal, 51, 600-606, May 1973.

Weinstein, G. et al., Education of the self, Mandala, Amherst 1976.

Weiss, C. H. (Ed.), Evaluating action programs, Boston Allyn, Beacon 1972.

Weller, R. (Ed.), Humanistic Education. A Symposion, Phi Delta Kappa 1977.

Whitlock, G., A learning paradigm at Johnston College, Journal of Humanistic Psychology, 1981, 21, 2, 111-118.

Whiteside, T., The sociology of Educational Innovations, Mac Millen, London 1978.

Whorf, B. L., Sprache—Denken—Wirklichkeit, Rowohlt, Reinbeck 1971.

Williamson, J. N., The inquiring school: toward a model of organizational self renewal, Educational Forum 38, 1974.

Willi, J., Heim, E., Psychosoziale Medizin, Springer-Verlag, Heidelberg 1985.

Wolfe, D. E., Student Teaching: Toward a Confluent Approach, Modern Language Journal 57, 113-119, March 1973.

Yankelovich, D., New rules: Searching for self-fulfillment — a world turned upside down, Random House, New York 1981.

Yoemans, T. R., Toward a confluent theory of English, with implications for teacher education. Unpublished doctoral dissertation, Education Department, University of California, Santa Barbara 1973.

Zaltman, G., Duncan, R., Innovations and Organizations, Wiley, New York 1973.

Zaltman, G., Processes and Phenomena of Social Change, Wiley, New York, 1973.

Zaltman, G., Florio, D., Sikorski, L., Dynamics of Educational Change, Free Press, New York 1977.

Zand, D. E., Collateral Organization: a New Change Strategy, JABS 10, 1974.

Zander, A., Small group research, JABS 3, 1979.

Verzeichnis der Übungen und Auswertungsmethoden

33 Schwieriger Schüler
34 Kontaktvermeidung

Verzeichnis der Abbildungen und Tabellen

Verzeichnis der Mitautoren

Arthur W. Combs
Distinguished Professor in Foundations of Education, University of Northern Colorado, Greeley (USA). *Arthur Combs* ist neben *Carl Rogers* der berühmteste Vertreter und Mitbegründer der Humanistischen Pädagogik. Er baute an der Universität von Florida ein vollständiges Lehrerbildungsprogramm auf. Er publiziert vor allem zum Themenbereich Erziehung, Humanismus und Politik.

John I. Goodlad
Professor of Education an der Washington State University in Seattle (USA). Bis 1983 war er Professor und Dean der School of Education an der bekannten University of California in Los Angeles. Mehr als 25 Jahre lang hat er Schulen und Unterricht auf allen Stufen und in den verschiedensten Ländern untersucht und großangelegte Schulentwicklungsprojekte geleitet. Er hat mehr als 20 Bücher und ca. 200 Artikel veröffentlicht, darunter das neueste, bereits berühmte „A Place Called School". (*Goodlad* kann als einer der einflußreichsten amerikanischen Pädagogen der Gegenwart betrachtet werden.)

Aaron Hillman
Cedarc-Center, Dos Pueblos High School, Goleta (USA). *Hillman* ist einer der Gestaltpädagogen der ersten Stunde und leitet als Lehrer das Cedarc, ein Zentrum, das die Gestaltpädagogik in der Praxis weiterentwickelt.

Carl Rogers
Professor Emeritus, Fellow am Center for the Studies of the Person, La Jolla (USA). Weltberühmter Begründer der klientenzentrierten Therapie und der Humanistischen Pädagogik, die er in seinem Klassiker „Freedom to Learn" (dt. „Lernen in Freiheit") beschrieb.

Stewart Shapiro
Professor of Confluent Education, University of California, Santa Barbara (USA). *Stewart* arbeitet seit 1970 zusammen mit *George Brown* im Confluent Education Program. Seine Interessen konzentrieren sich auf Forschung in der Gestaltpädagogik und auf Kleingruppenprozesse, wie sie im Bereich der Humanistischen Pädagogik angewendet werden. Er war auf einer „langen Suche" nach geeigneten Modellen für Confluent Education.

Martin Thommen
Diplompsychologe.

Edgar Heim
Dr. med., Professor für Psychosoziale Medizin, Psychologische Universitätspoliklinik, Bern (Schweiz). *Edgar Heim* und *Martin Thommen* haben zusammen mit den im Quellentext erwähnten Mitautoren das Curriculum für „Psychosoziale Medizin" an der Universität Bern aufgebaut. Dieses stellt eine Pionierleistung in der Kombination von humanistischem Lernen und Medizin dar und ist deshalb als Beitrag wichtig, weil es zeigt, daß humanistische Ansätze nicht nur in Schule und Erwachsenenbildung, sondern auch in der Medizin eine sinnvolle Alternative darstellen könnten. *Edgar Heim* ist führend im Bereich der Psychosozialen Medizin und hat wichtige Grundlagenliteratur publiziert.

Gerald Weinstein
Professor of Education, University of Massachusetts, Amherst (USA). *Weinstein* hat mit seinem Ansatz, der die Selbst-Entwicklung in den Mittelpunkt stellt, eines der wichtigsten Programme der humanistischen Pädagogik aufgebaut. Er startete 1970 — gleichzeitig mit *George Brown* — mit der Unterstützung der Ford Foundation. Zudem hat er aufgrund von Forschungsergebnissen eine „Theorie der Selbst-Entwicklung" aufgebaut, die er in seinen Quellentexten darstellt.

Personenregister

Sachregister

Reihe
Innovative Psychotherapie und Humanwissenschaften
Herausgegeben von
HILARION PETZOLD

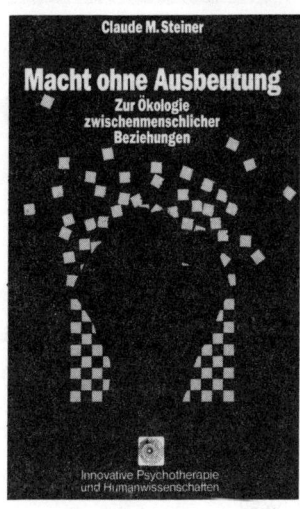